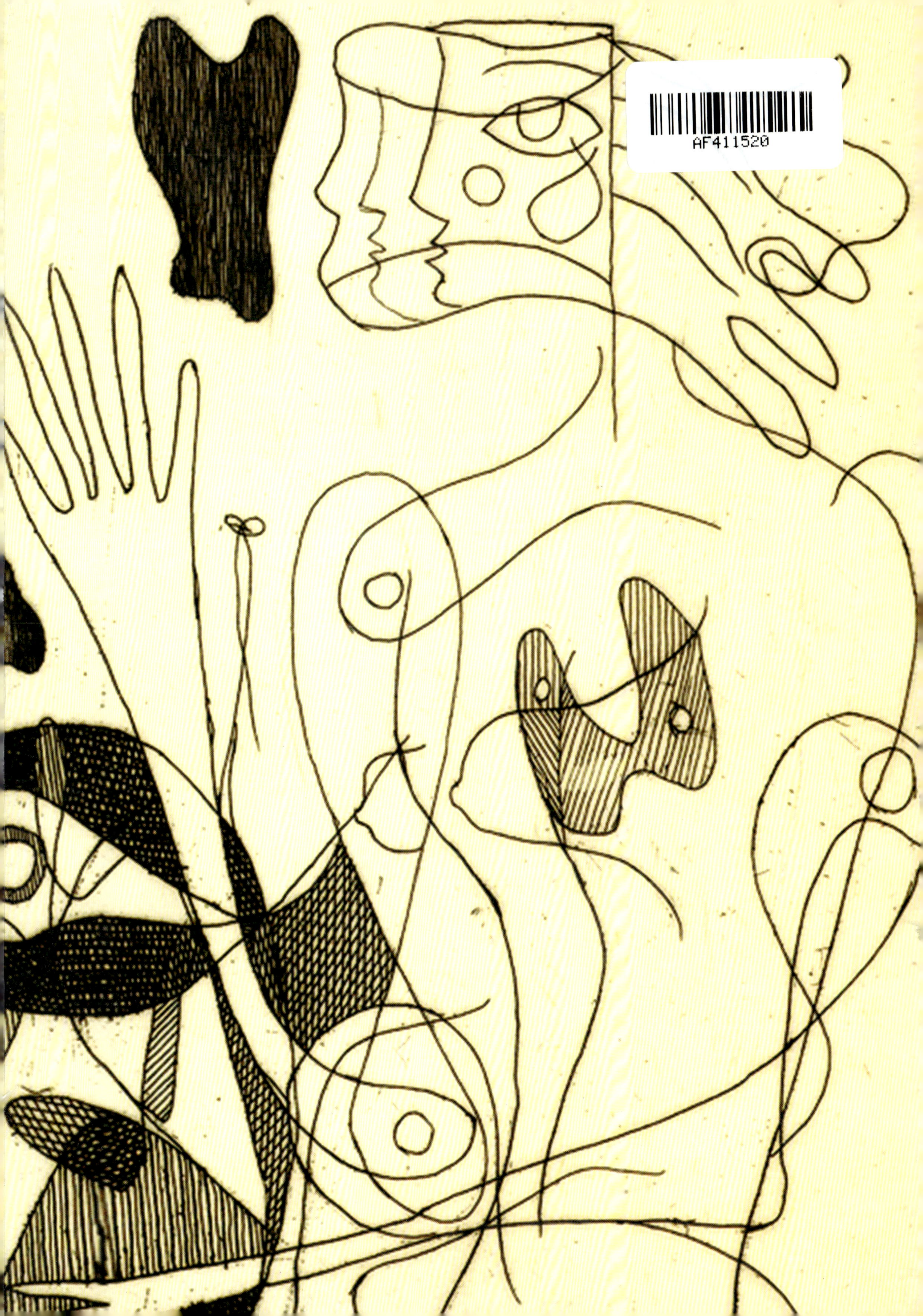
AF411520

Musée d'art moderne Lille Métropole

Commissariat général : Joëlle Pijaudier-Cabot,
conservatrice en chef du musée d'Art moderne
Commissariat : Nicolas Surlapierre, conservateur
Corinne Barbant, attachée de conservation,
responsable de la bibliothèque Dominique Bozo
Administrateur : Olivier Donat
Documentation : Corinne Barbant, Eleni Renaux et Hélène Bergès
Régie des œuvres : Ludovic Chauwin
Administration : Jérôme Simonnet
Service technique : Directrice Virginie Thiéry et Jean-Guillaume
Dufour, Patrick Fruit, Antoine Van Hecke
Communication : Doriane Huart, Florentine Bigeast
Service éducatif et culturel : Claudine Tomczak
Sécurité : Hubert Roussel
et l'ensemble des équipes scientifiques,
administratives et techniques du musée

Bibliothèque municipale de Lille

Commissariat général : Dominique Arot, conservateur général
directeur de la Bibliothèque municipale de Lille
Commissariat : Didier Queneutte
Communication : Pascale Foks
Et l'ensemble des équipes techniques de la Ville de Lille
Cet ouvrage a été publié dans le cadre de l'exposition
*La Grèce des Modernes, l'impression d'un voyage,
les artistes, les écrivains et la Grèce (1933-1968)*
du 20 janvier 2007 au 22 avril 2007
à la Bibliothèque municipale de Lille.

Catalogue :

Conception et suivi éditorial : Corinne Barbant, Nicolas Surlapierre
Textes : Dominique Arot, Corinne Barbant, Isabelle Duquenne,
Joëlle Pijaudier-Cabot, Didier Queneutte, Nicolas Surlapierre,
Frédérique Toudoire-Surlapierre, Isabelle Westeel
Conception graphique :
Jean-Étienne et Jacqueline Grislain, Adeline Richard
Scénographie : Véronique Lambert

Crédits photographiques :

© ADAGP, Paris, 2006, Francisco Borès, p. 29, Georges Braque,
p. 1, 62, 63, 65, 66, 67, 77, 103, 138, 141, 142, 145, 146, 149, 150,
153, 154, 157, 158, 192, Jean Cocteau, p. 107, 112, Salvador Dali,
p. 35, André Derain, p. 38, Oscar Dominguez, p. 23, Marcel
Duchamp, p. 35, Max Ernst, p. 32, Jean Fautrier, p. 128, André
Lanskoy, p. 124, 125, Henri Laurens, p. 50, 55, 69, 70 à 74, Le
Corbusier, p. 18, 36, 37, André Masson, p. 32, 110, Moholy-Nagy,
p. 68, Mario Prassinos, p. 102, 116, Kurt Seligmann, p. 61, Jacques
Villon, p. 49
© Archives Boissonnas, Genève, 2006, p. 78 à 99
© Philip Bernard, 2006 (sauf mention contraire)
© Succession H. Matisse, 2006, p. 24, 25, 31, 34
© Herbert List, 2006, p. 41, 42, 56
© Succession Picasso, 2006, p. 4, 20, 33, 45, 46, 75, 76
© Malevey, p. 61
Tous droits réservés

Couverture, Georges Braque, 1940.

Cet ouvrage est édité à l'occasion de l'exposition *La Grèce
des Modernes, l'impression d'un voyage - les artistes,
les écrivains et la Grèce (1933-1968)* réalisée par le musée
d'art moderne Lille Métropole en collaboration avec la
Bibliothèque municipale de Lille, dans le cadre de la manifestation *Feuille à Feuille, estampe et images imprimées
dans les collections des musées du Nord – Pas-de-Calais*,
organisée par l'Association des conservateurs des musées du
Nord – Pas-de-Calais d'octobre 2006 à juin 2007.

Feuille à Feuille a été réalisé avec le concours de la DRAC
Nord – Pas-de-Calais, du Conseil régional Nord – Pas-de-
Calais, du Conseil général du Nord, du Conseil général du
Pas-de-Calais, des villes d'Arras, de Calais, de Cambrai, de
Douai, de Dunkerque, de Gravelines, de Lille, de Saint-
Omer, de Tourcoing, de Valenciennes, de Villeneuve d'Ascq
et de la Communauté urbaine de Lille Métropole ainsi que
de l'Institut de Recherches historiques du Septentrion de
l'Université de Lille 3.

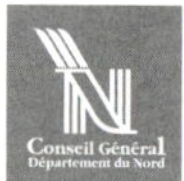

Cette exposition est reconnue d'intérêt national par le
ministère de la Culture et de la Communication, Direction
des Musées de France. Elle a bénéficié à ce titre d'un soutien
financier exceptionnel de l'État.

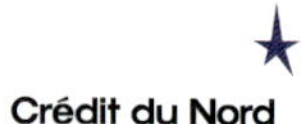

Feuille à Feuille a bénéficié du partenariat du Crédit du Nord,
de Leclercq Transport d'œuvres d'art, et de nombreuses
entreprises qui ont préféré garder l'anonymat.

Feuille à Feuille a également reçu le prix 2006 de l'IFPDA
(International Fine Print Dealers Association).

©Association des conservateurs des musées du Nord – Pas-
de-Calais, Roubaix 2006 - ISBN 978-2-907515-58-0
éditions Gourcuff Gradenigo - ISBN 978-2-35340-013-3

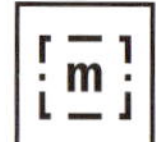
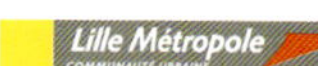
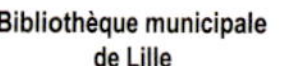
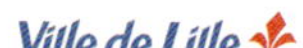

• La Grèce des modernes

Villeneuve d'ascq, Musée d'art moderne Lille métropole

lille, Bibliothèque municipale Jean Lévy

Nous remercions tous ceux qui, à des titres divers, ont soutenu l'exposition et ont permis sa réalisation et celle du catalogue :
Les prêteurs
Bibliothèque nationale de France, Jean-Noël Jeanneney, président
Céline Chicha, conservatrice au Cabinet des Estampes
Bibliothèque Kandinsky, Didier Schulmann, directeur
Agnès de Bretagne, conservatrice
Institut national d'Histoire de l'art,
Antoinette Le Normand-Romain, directrice générale
Bibliothèque de l'Institut National d'Histoire de l'art,
Martine Poulain, directrice
Bibliothèque littéraire Jacques Doucet, Yves Peyré, directeur
Musée d'Art et d'Histoire de Belfort – Donation Maurice Jardot,
Christophe Cousin, conservateur en chef
Musée d'Art et d'Histoire de Saint-Denis,
Sylvie Gonzalez, directrice
Musée national d'Art moderne – Centre Georges Pompidou,
Alfred Pacquement, directeur
Isabelle Monod-Fontaine, directrice adjointe
Musée d'Art moderne de Saint-étienne, Lorand Heygi, directeur
Musée d'Art moderne de la Ville de Paris, Fabrice Hergott, directeur
Musée national Picasso, Anne Baldassari, directrice
Nadine Lehni, conservatrice en chef
Musée départemental Matisse, Dominique Szymusiak,
conservatrice en chef
Fonds national d'art contemporain,
Claude Allemand-Cosneau, directrice
Fondation Le Corbusier,
Michel Richard, directeur ainsi qu'Arnaud Dercelles
Association des amis du Musée d'art moderne Lille Métropole
et Pierre Quandalle, président
Héritiers Matisse, Claude Duthuit, directeur
Wanda de Guébriant
Galerie Louise Leiris, Quentin Laurens, directeur
Mathias Springer, Paris

La Bibliothèque municipale de Lille et le Musée d'Art moderne de Lille Métropole remercient également les collectivités qui se sont associées à la réalisation de l'exposition
Lille Métropole Communauté urbaine
Pierre Mauroy, Président
Jean-Michel Stievenard, Vice-Président délégué aux équipements et réseaux d'équipements culturels
Maire de Villeneuve d'Ascq
La Ville de Lille
Martine Aubry, Maire
Catherine Cullen, Adjointe au maire, déléguée à l'action
et développement culturels
Le Conseil Régional du Nord-Pas de Calais
Daniel Percheron, Président
Le Conseil Général du Nord
Bernard Derosier, Président
La Direction régionale des affaires culturelles du Nord-Pas-de-Calais
Richard Lagrange, Directeur
Martine Mathias, conseillère pour les musées
Centre National des Arts Plastiques, Jérôme Bouet, directeur
L'Association des conservateurs des musées du Nord Pas de Calais,
Aude Cordonnier présidente
Pascaline Dron, administratrice
ainsi que les auteurs pour leur contribution
et pour la recherche documentaire et iconographique
Hercules Papaioannou, conservateur,
Musée de la photographie de Thessalonique.
Gad Borel et Ninon Boissonnas, Archives Boissonnas, Genève.
Musée Benaki, Athènes.

L'Association des conservateurs des musées du Nord - Pas de Calais tient particulièrement à remercier

Pour leur concours tout au long du projet :
Le commissaire général :
Dominique Tonneau-Ryckelynck, conservateur en chef du musée de Gravelines
Le commissaire associé : Sophie Raux, maître de conférences en histoire de l'art moderne à l'Université de Lille 3
Le comité scientifique :
Dominique Tonneau-Ryckelynck, conservateur en chef du musée de Gravelines
Sophie Raux, maître de conférences en histoire de l'art moderne, Université de Lille 3
Jean-Étienne Grislain, maître de conférences en arts plastiques, Université de Lille 3
Émilie Ovaere, conservateur adjoint, musée Matisse
Nicolas Surlapierre, conservateur au musée d'art moderne Lille Métropole
L'administration de l'Association des conservateurs des musées du Nord - Pas de Calais :
Aude Cordonnier, présidente
Pascaline Dron, secrétaire générale
Marlène Thauzies, secrétaire
Le service communication :
Ève Flament, chargée de mission tourisme, développement et communication
Le service multimédia :
Anne-Sophie Legrand, chef de projet multimédia
Les chargés de mission Feuille à Feuille :
Stéphanie Fardel-Dewaël, Alexandre Holin, Alexandre Lardeur,
Claire Fanjul et Valérie Robbe.

Pour leur concours technique au projet Feuille à Feuille et le commissariat des différentes expositions :
Vincent Maliet, président de l'Association des conservateurs des musées du Nord - Pas de Calais
Arras (Musée des Beaux-Arts) : Stéphanie Deschamps, Barthelemy Jobert, Hélène Portiglia
Calais (Musée des Beaux-Arts) : Barbara Forest
Cambrai (Musée Municipal) : Véronique Burnod, Tiphaine Hébert
Le Cateau (Musée départemental Matisse) : Émilie Ovaere, Dominique Szymusiak
Douai (Musée de la Chartreuse) : Françoise Baligand, Gaëtane Maës
Dunkerque (L.A.A.C.) : Frédéric Chappey, Aude Cordonnier, Myriam Morlion, Sophie Warlop
Gravelines (Musée du dessin et de l'estampe originale) : Samy Engramer, Dominique Tonneau-Ryckelynck,
Lille (Palais des Beaux-Arts et Musée de l'Hospice Comtesse) : Cordélia Hattori, Alain Tapié
Saint-Omer (Musée de l'hôtel Sandelin) : Yves Bourel, Célia Fleury
Tourcoing (Musée des Beaux-Arts) : Évelyne-Dorothée Allemand, Yannick Courbes
Valenciennes (Musée des Beaux-Arts) : Emmanuelle Delapierre, Sophie Raux

Pour leur précieuse aide scientifique et technique (aide à l'inventaire, stages de formation, prêt de matériel) :
Le Musée du Dessin et de l'Estampe Originale de Gravelines
Mathilde Bommel, service inventaire
Virginie Caudron, service des publics

Pour leur participation à l'inventaire des collections d'estampes des musées participants à Feuille à Feuille :
Les étudiants du Département Histoire de l'art de l'Université de Lille III
Céline Bourbiaux, Juliette Brice, Claire Cordi, Ludovic Demathieu, Anne-Sophie Destrumelle, Nadia Harabasz, Frédéric Lach, Aurélie Massin, Hélène du Mazaubrun, Samuel Parmentier, Pierre-André Poinsignon, Magali Soler, Colombe Soulary, Julien Strypsteen, Stéphanie Verdavaine, Benjamin Wehrly
Les étudiants du Département d'Arts plastiques de l'Université de Lille III
Manon Dequet, Julie Mathieu

Les stagiaires de l'Association des conservateurs des musées du Nord - Pas-de-Calais :
Tatiana Apprelev, Évelyne Asasrakoh, Géraldine Biczinski, Sarah-Catherine Grisot, Audrey Sacher, Hélène Villette

Pour leurs contributions diverses :
Maria-Teresa Caracciolo-Arizzoli, Daniel Dubuisson, Christian Heck, Sophie Niklan

Sommaire

Alors que les travaux de modernisation et d'extension du Musée d'art moderne de Lille Métropole Communauté urbaine sont entrés dans une phase active, il nous importe de faire vivre ses collections. Nous nous y étions d'ailleurs engagés et c'est ce que nous faisons avec, notamment, l'exposition itinérante *Modigliani, Picasso et leur temps*. Constituée à partir des chefs-d'œuvre de la donation Geneviève et Jean Masurel, elle est présentée dans six institutions prestigieuses japonaises et assure notre rayonnement international.

Plus près de chez nous, dans la Métropole, l'exposition *La Grèce des Modernes* va à la rencontre des amateurs d'estampes, des curieux mais aussi d'un public jeune qui, dans le cadre de ses études, a sûrement eu l'occasion de découvrir ou d'analyser les grands textes anciens. Sous la forme singulière et féconde d'un dialogue entre l'art et la littérature – une partie peut-être moins connue des collections – elle éclaire l'estampe qui, depuis la Renaissance, a bouleversé l'histoire de la culture visuelle et de la perception de l'œuvre d'art.

Elle s'inscrit dans le projet *Feuille à Feuille – Estampe et images imprimées dans les collections des musées du Nord – Pas -de-Calais* qui est mené par l'Association des conservateurs sous l'égide de Dominique Tonneau-Ryckelinck, conservatrice en chef du musée de Gravelines et de Sophie Raux, maître de conférences en histoire de l'art à l'Université de Lille III. Grâce aux nombreux thèmes qu'ils ont décidé d'aborder, les commissaires des différentes expositions présentées dans ce programme ont su montrer la richesse de l'estampe et de la gravure : par leurs applications variées, allant des plus nobles aux plus humbles, elles mettent en effet l'image à la portée de tous.

Si en 1967, au moment où il publiait une étude sur le sujet, l'historien de l'art Jean Adhémar s'étonnait encore de la méconnaissance et des préventions contre la gravure. Elle a désormais acquis, sous différentes formes, une place entière dans l'histoire de l'art et participe pleinement de la richesse d'une collection. L'art moderne n'échappe évidemment pas à cet impératif, tant sa reconnaissance a également été mêlée de façon très étroite à l'histoire de l'édition et de l'illustration.

Avec le Fonds Maurice Jardot et celui de Geneviève et Jean Masurel, le Musée d'Art moderne de Lille Métropole fut très sollicité dans le cadre de ce projet. Directeur artistique de la galerie Louise Leiris, Maurice Jardot avait, en effet, collectionné de nombreux livres, illustrés par les artistes qu'il appréciait particulièrement comme Léger, Masson, Miró, Picasso. Quant à Geneviève et Jean Masurel, ils avaient su compléter leur collection grâce aux revues précieuses *Documents, Verve* ou encore *Cahiers d'art* .

Présentée à la Bibliothèque municipale de Lille, *La Grèce des Modernes* est le fruit d'une véritable collaboration – inédite sous cette forme – entre deux institutions aux collections différentes mais qui s'avèrent être très complémentaires. Avec la confrontation entre certains ouvrages anciens, livres rares, manuscrits ou enluminures et les œuvres du XXe siècle, cette exposition nous raconte une aventure artistique et littéraire passionnante. Elle marque ainsi la vie culturelle métropolitaine. Loin de proposer des récits clinquants évoquant les retours et les maintiens de l'ordre dans nos sociétés, les principaux artistes du siècle dernier se sont en effet interrogés sur l'héritage laissé par l'antiquité grecque : Henri Laurens, Le Corbusier, André Masson, Henri Matisse, ou encore Pablo Picasso ont su apporter des réponses à cette injonction morale, politique et culturelle. Ils ont transformé ce qui semblaient être des valeurs éternelles en désir de changement.

Mais *La Grèce des Modernes* ne nous invite pas seulement au voyage. En accueillant Paul Éluard, Pierre Reverdy, Louis Aragon ou encore Marguerite Yourcenar, elle retrace une étonnante aventure de lecteur dont le symbole demeure, malgré les vents parfois mauvais de l'histoire, celui de la liberté.

PIERRE MAUROY

Président de Lille Métropole Communauté Urbaine

Sénateur du Nord

Ancien Premier Ministre

Président du Musée d'art moderne Lille Métropole

La Bibliothèque Municipale, en collaboration avec le Musée d'Art Moderne de Lille Métropole, accueille « la Grèce des Modernes », une magnifique exposition qui forme une escale au cœur de l'opération « Feuille à Feuille. Estampe et images imprimées dans les collections des musées du Nord – Pas-de-Calais ».

La Grèce, par son histoire et sa civilisation, a influencé nos sociétés modernes et inspiré nos diverses illustrations du monde.

La seule mention du mot « Grèce » éveille en chacun de nous une multitude de connotations et d'images : le souvenir des récits mythologiques entendus à l'âge de l'école, du lycée ou de l'université, la découverte des grands textes de la philosophie, du théâtre, de la poésie et de l'histoire, de Platon à Sophocle en passant par Homère ou Hérodote, l'évocation des origines de notre démocratie, la lumière de paysages entrevus au gré des voyages, l'histoire d'un Etat qui a trouvé sa place au sein de l'Union Européenne.

Cette exposition autour de la Grèce connue pour les voyages qu'elle a nourris, invite à une itinérance entre les arts et les époques.

Le principe est de faire se confronter écrivains et plasticiens, livres de tous âges, estampes modernes et contemporaines.

Parallèlement, l'exposition convoque diverses époques en offrant à chacun de poser le regard sur l'édition humaniste d'un texte classique puis d'apprécier une estampe moderne inspirée par un sujet contemporain.

Par-delà les siècles, continuités et ruptures se répondent dans un échange toujours renouvelé et toujours fidèle.

Je tiens à saluer cette formidable collaboration entre deux institutions culturelles essentielles de notre territoire métropolitain : la Bibliothèque Municipale de Lille dont le maillon central, la médiathèque Jean Lévy, magnifiquement rénovée, offre un fonds de documentation d'une richesse exceptionnelle et le Musée d'Art Moderne de Lille Métropole qui dévoile une prestigieuse collection de livres précieux donnés par Maurice Jardot.

Je souhaite que ce voyage dans la Grèce des Modernes soit l'occasion pour tous de dialoguer avec les œuvres et les textes à travers les âges.

MARTINE AUBRY
Maire de Lille
Vice-Présidente de Lille Métropole
Communauté Urbaine

Feuille à Feuille

Sophie Raux

Dominique Tonneau-Ryckelynck

L'opération Feuille à Feuille, estampe et images imprimées dans les musées du Nord – Pas-de-Calais a pour ambition de révéler la richesse et la diversité des fonds d'estampes des musées de la région et de sensibiliser les publics à ce domaine artistique encore trop méconnu, souvent négligé et pourtant si fascinant. Entre l'automne 2006 et le printemps 2007, onze expositions, réparties sur douze villes du Nord – Pas-de-Calais, tisseront dans toute la région un stimulant réseau d'activités autour de l'estampe : Arras, Calais, Cambrai, Douai, Dunkerque, Gravelines, Le Cateau, Lille, Saint-Omer, Tourcoing, Valenciennes, Villeuneuve d'Ascq. Le projet, fédérant de nombreux partenaires tant en France qu'à l'étranger, a été conçu dans une large perspective associant aux expositions, réflexion scientifique, création contemporaine et pédagogie autour de l'art de la gravure. Ces ambitions ont été confortées par une double reconnaissance nationale et internationale, avec le label d'Exposition d'intérêt national décerné par le Ministère de la Culture et de la Communication, et l'obtention d'un prix accordé par l'International Fine Print Dealers Association à New York.

Depuis la Renaissance, l'estampe a constitué une révolution capitale dans l'histoire de la culture visuelle et de la perception de l'œuvre d'art : l'idée de graver un sujet sur une matrice, puis de l'imprimer en de multiples exemplaires, a totalement bouleversé les notions d'originalité et d'unicité traditionnellement attachées à l'œuvre d'art. Bien moins coûteuse et moins fragile que le dessin ou la peinture, l'estampe a trouvé des applications extrêmement variées – des plus nobles aux plus humbles – destinées à des publics élargis, mettant quasiment l'image à la portée de tous. Mais paradoxalement, le caractère multiple des estampes originales, la soumission au modèle inhérente à l'estampe dite « de reproduction », la complexité de certains procédés techniques, la question des retirages posthumes de planches, ont pu entraîner, incompréhension, méfiance et préjugés. Il est vrai que le terme « estampe » recouvre des réalités fort variées, parfois complexes, mais justement si stimulantes pour l'ouverture de l'esprit au décloisonnement des catégories et des hiérarchies en art.

Il est vrai aussi que l'on peut se demander quelle place peut encore occuper l'estampe, dans nos sociétés inondées d'images photographiques, numériques ou virtuelles, véhiculées par la presse, le livre, la publicité, le cinéma, la vidéo ou l'Internet. Si l'estampe est ainsi au cœur des grands questionnements actuels des études sur l'image, l'histoire de l'art et la sociologie, elle se doit aussi de gagner la place qu'elle mérite auprès du public. C'est bien l'un des enjeux majeurs de Feuille à Feuille : les onze expositions illustrent chacune par un propos spécifique, une contribution originale à la définition des statuts et de la fonction de l'estampe et de l'image imprimée. L'ampleur du champ chronologique et géographique est à l'image de cette diversité : de la Renaissance au XXIe siècle, du Nord de la France à l'Extrême-Orient. Certains musées ont fait le choix de présenter principalement une sélection de leurs fonds autour d'une thématique particulière ; d'autres ont construit leur propos à partir d'un noyau provenant de leurs collections confronté à des prêts extérieurs. Dans tous les cas, ces expositions donnent lieu à une réflexion approfondie et ouvrent de nombreuses perspectives de recherches futures. Un colloque international, organisé en janvier 2007 en partenariat avec le laboratoire IRHIS de l'Université de Lille 3, offrira un prolongement à ces questions.

À l'origine de ce projet, il y a une vaste campagne de recensement et de pré-inventaire des fonds, entamée dès 2002, par l'Association des Conservateurs des Musées du Nord – Pas-de-Calais et le musée de Gravelines, soutenue par la DRAC Nord – Pas-de-Calais, la Région Nord – Pas-de-Calais, les Conseils Généraux du Nord et du Pas-de-Calais et avec la participation de l'équipe de recherches en histoire de l'art de l'Université de Lille 3 (ARTES puis IRHIS). Cette collaboration université-musée, inédite par son ampleur, a constitué une expérience des plus enrichissantes, alliant professionnalisation et recherche : elle a permis à dix-huit étudiants de niveau master de recevoir une formation muséographique spécifique à l'estampe, tout en suscitant de leur part des travaux de recherches en liaison avec les fonds inventoriés. Grâce à ce travail préalable, des temps forts, des trouvailles inattendues, des spécificités originales ont pu être dégagés à travers les quelques vingt-cinq mille estampes recensées, dont les onze expositions offrent un premier aperçu au public. Parallèlement, une campagne de numérisation des collections, destinée à la diffusion de ces inventaires dans la base de données du site Internet de l'Association des Conservateurs des Musées du Nord – Pas-de-Calais, est en cours pour constituer à terme un outil de recherche de premier plan (www.musenor.com). Deux mille cinq cents fiches sont d'ores et déjà consultables en ligne.

Hormis quelques exceptions, les fonds d'estampes des musées du Nord – Pas-de-Calais étaient rarement présentés et mal connus. Parmi ces exceptions, citons le musée de Gravelines, seul musée français contrôlé par la Direction des Musées de France qui soit entièrement consacré à l'estampe et aux arts graphiques. L'impulsion donnée par Feuille à Feuille aura permis une synergie sans précédent dans l'implication de nombreux musées, pour une meilleure appréciation de l'estampe à travers les fonds régionaux. De l'imagerie populaire régionale à l'estampe japonaise, du livre illustré à l'estampe de sculpteur, de la gravure de la Renaissance à la création la plus contemporaine, de la gravure originale au fac-similé, des rapports entre gravure et photographie… autant de questions passionnantes qui seront accompagnées d'une politique de médiation active et innovante, combinée à un haut degré d'exigence scientifique, afin de satisfaire le visiteur le plus néophyte comme le chercheur le plus averti.

Pour aller au devant des publics les plus larges, un vaste programme de médiation culturelle a été mis en place dans les musées. Des activités hors les murs ont également été prévues, avec la mise en place d'ateliers nomades d'initiation à la pratique de l'estampe : une invitation au voyage dans le temps, dans l'espace et dans les arcanes de la création artistique qui résume l'esprit d'ouverture de l'ensemble de l'opération Feuille à Feuille.

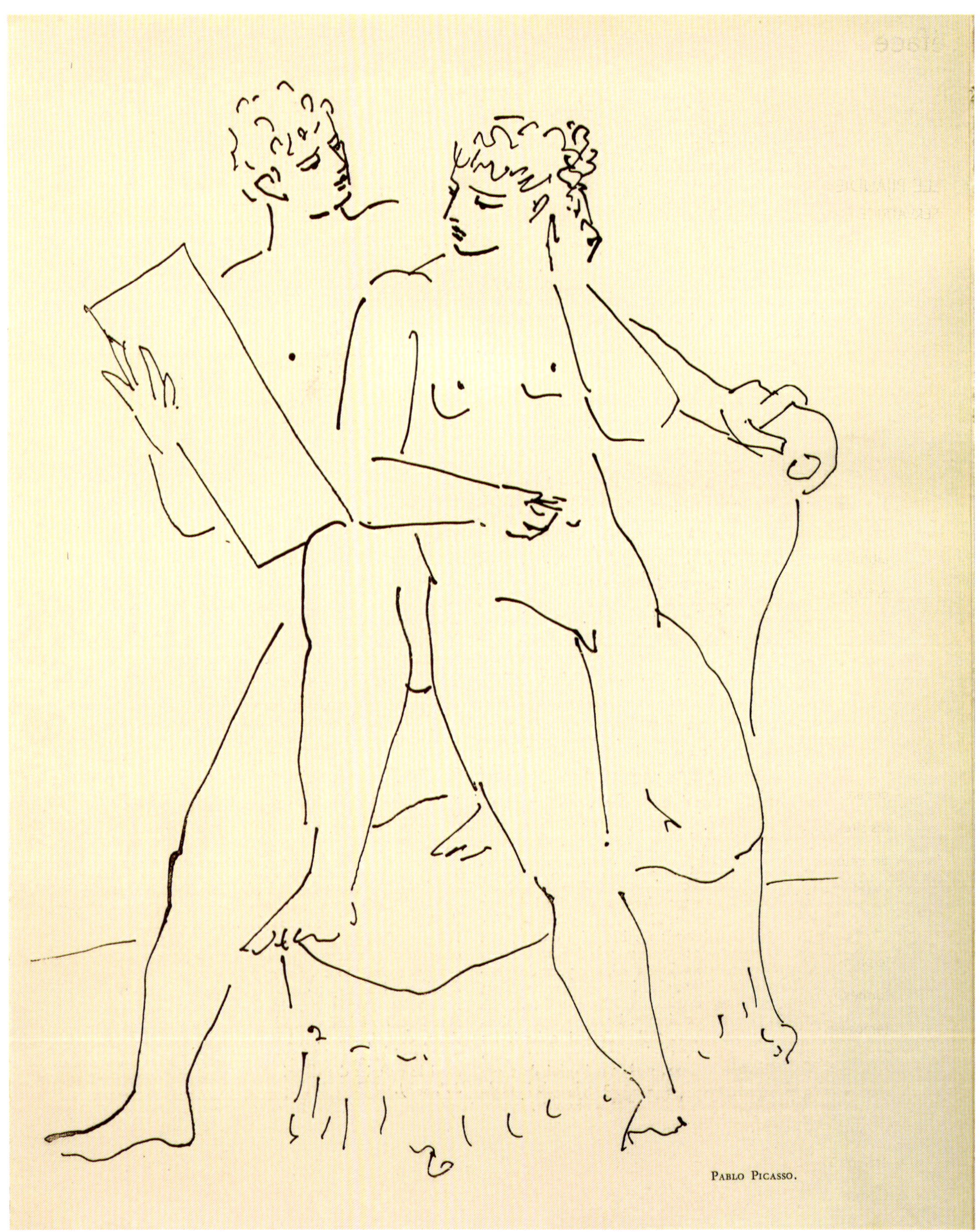

Messages de la Grèce

Lithographie de Pablo Picasso

1946, Collection particulière

Du sens de l'observation au sens de l'orientation

JOËLLE PIJAUDIER-CABOT
CONSERVATRICE EN CHEF DU MUSÉE D'ART MODERNE LILLE MÉTROPOLE

« Tout choix de poèmes est d'abord esthétique, et doit l'être[1]. » Marguerite Yourcenar révélait dans un texte limpide ce qui l'avait tant attiré en Grèce. Il servait de préface à son anthologie des poètes et dramaturges qu'elle avait intitulée, avec la distinction qui lui était coutumière, *La Couronne et la lyre*. La couronne, celle des lauriers d'un aurige échappé d'une ode pindarique, et la lyre, celle d'Orphée qui charmait de son chant la faune et la flore, avaient servi d'emblème que peu d'illustrateurs, graveurs et artistes avaient négligé. Entre les années 1930 et 1960, la Grèce a exercé son pouvoir de fascination en renvoyant autant à des évocations poétiques qu'à des images qui, immédiatement, se sont imposées comme si, à tout moment, ce qui avait fait sa magie séculaire apparaissait nettement et s'y matérialisait. Les réflexions de Roland Barthes sur le *Guide Bleu* peuvent résumer la tonalité générale de l'exposition puisque le guide de voyage a longtemps emprunté une économie et une logique qui n'étaient pas si éloignées de l'histoire visuelle des arts. Ces éditions avaient souvent recours à la gravure, ne serait-ce que pour reproduire les plans, les moyens d'accès, les sites remarquables ou signaler les monuments dont parfois ils ne restaient plus grand chose sinon quelques bases de colonnes et quelques amas de pierres au milieu des broussailles. La gravure était, traditionnellement, depuis l'origine du voyage en Grèce qui s'institutionnalise, dès le XIVe siècle, le meilleur outil pour faciliter la compréhension de ces lieux parfois âpres ou hostiles, celle-ci avait aidé à prendre la mesure de la poésie de ces paysages. Elle secondait le promeneur dans ses déplacements, l'aidait à se repérer et apprécier ces panoramas. La gravure, sous ses nombreuses formes, avait été le média privilégié pour rendre compte des découvertes archéologiques et reconstituer ce que le temps avait détruit ou s'était réapproprié. Étrangement, l'invention de la photographie n'avait pas supplanté la gravure, elle était toujours sollicitée, quoique différemment, se complétant l'une l'autre et se prolongeant en raison de leur familiarité technique. Les éditeurs des revues de littérature et d'art moderne ne faisaient pas non plus de distinction entre ces deux modes de reproduction. De nombreuses illustrations lorsqu'elles n'étaient de la main des artistes étaient inspirées par la photographie de sites ou encore citant les étapes des voyages prestigieux comme celui du Comte de Choiseul-Gouffier. À tout moment, le sens de l'orientation de l'historien se substituait à son sens de l'observation.

Au XXe siècle, particulièrement à partir des années 1930, la Grèce a été associée d'une façon souvent trop monolithique au retour à l'ordre. L'expression a servi à décrire, après « les extravagances » des avant-gardes le renouveau d'une figuration réintégrant des références issues de la tradition classique. Le volume d'articles, publié en 1926, par Jean Cocteau *Le Rappel à l'ordre* avait assuré à cette expression la fortune d'un bon mot, mémorisable et habile alors que ce son analyse était beaucoup plus complexe et ambivalente. La gravure, entre ordre et anarchie, avait largement su jouer de ces nuances. La modernité devait gérer un retour ou un recours à un répertoire qui n'était pas sans générer des ambiguïtés ni soulever des paradoxes en regard de l'orthodoxie d'un discours sur lequel elle s'était grandement basée. Comment concilier l'éternel nouveau et renouveau des formes avec ces références associées à l'académisme et à ses résurgences néo-classiques ?

Dès lors que l'on s'intéresse à l'univers de l'estampe et de l'image imprimée, l'historien, le chercheur ou le curieux sont frappés par l'importance du répertoire grec et de l'hétérogénéité de ses moyens d'expression et de ses prolongements. Il n'est pas simplement le résultat de réminiscences assez vagues, de souvenirs scolaires, de leçons apprises par cœur; la Grèce reste un thème majeur du livre illustré et de l'estampe modernes. Parallèlement à l'instrumentalisation par les régimes fascistes et nazis – ce qu'Éric Michaud avait parfaitement stigmatisé dans *L'Art de l'éternité* – s'est dégagée une Grèce symbole de la liberté et non plus une Grèce garante des valeurs morales ou des formes issues de la tradition. La Grèce que les artistes modernes redécouvraient, parcouraient de différentes manières était celle décrite par Paul Éluard, dans *Grèce ma rose de raison*, une terre âpre mais courageuse, fondamentalement faite pour représenter, à un moment décisif de son histoire, la démocratie et la liberté.

Les artistes modernes – Braque, Hayter, Laurens, Le Corbusier, Masson, Matisse, Picasso, Prassinos, Seligmann, Springer, Zadkine ou encore Lanskoy - ont largement puisé dans ce répertoire pour dénoncer la montée des totalitarismes et les fascismes. Ils illustraient des légendes et des épopées en reconsidérant les valeurs républicaines ou l'héritage de la culture humaniste pour finalement appeler à la vigilance. La relation ainsi que la parenté avaient été établies, principalement par Pierre Reverdy, Paul Éluard, Louis Aragon et par les artistes qui choisirent de défendre un idéal qu'ils sentaient menacés et qu'ils disputaient à l'illusion, à la séduction facile. Ils cherchaient des confirmations et des analogies dans l'histoire qui leur donnait étrangement raison, il fallait préserver un pays à l'origine de tant de valeurs européennes, de la pensée de nos institutions et de l'histoire de l'art.

Si, pour André Masson, la Grèce était brutale et sombre, venant *d'on ne savait trop quelle nuit*, ainsi qu'il l'avait saisie dans la violence de sa « beauté panique » et de sa cocasserie, elle était pour Le Corbusier solaire et orgueilleuse, minérale et lisse comme un toit plat ou une pierre polie par les flots. Ce sont donc sur les contrastes, avec et contre les idées reçues et les attributs trop commodes que les artistes modernes ont su remodeler cet héritage. Le patrimoine grec, dont les fouilles et l'archéologie étaient les paradigmes, rendait sensible la circulation entre modèle, interprétation et gravure. Les artistes donnaient ainsi l'impression, en dépit de tous les démentis techniques, qu'une gravure d'observation était possible. De nombreux artistes avaient perçu l'analogie entre les vestiges de l'art grec (céramiques, poteries peintes, terres cuites, petites sculptures, statères, monnaies ou glyptique) et les plaques auxquelles le graveur avait recours. Braque ou Laurens s'inspiraient de ce répertoire observé au département des Antiquités grecques du Louvre ou encore en puisant dans des formes simplifiées ou souveraines qu'ils pouvaient voir reproduites luxueusement dans les revues (*Verve* et *Cahiers d'art*). La Grèce du passé redevenait ainsi vivante, dans sa matérialité même, par l'utilisation de ces références empruntées à l'art populaire primitif ou à la Grèce archaïque. Le renvoi à cette période de l'art grec, simple et sauvage, garantissait les artistes de l'a priori de prétention que toute référence à l'antiquité sous-entendait. Jean Giono avait montré que la Grèce, à laquelle il faisait référence, était si vaste et pérenne qu'elle se transposait facilement ailleurs. Un champ d'oliviers, un paysage autour de Manosque ou encore pour évoquer Picasso, Vallauris ou Antibes devenaient, pour un temps, l'arrière pays grec ou Antipolis l'enclave de « la joie de vivre[2] ». L'art en Grèce en partie disparu, souvent recomposé à l'époque romaine laissait libre cours à l'imagination. Genre lacunaire (comme la gravure dans sa définition même), le répertoire grec stimulait le jeu des associations, favorisait l'emploi de techniques parfois oubliées et reliait ensemble époques lointaines et évènements proches, favorisant une donnée chère à l'historien de l'art Pierre Francastel : la spéculation. C'était donc à cette Grèce à la fois érudite et touristique que les artistes s'intéressaient, aussi précise parfois qu'imaginaire et trouble, elle laissait libre cours à l'analogie tout en parlant d'un temps où la peinture n'était pas (ou pas tout à fait) le support le plus noble de l'art; ce qui ne l'empêchait nullement d'être un soubassement essentiel de tout discours sur l'art. La Grèce imprimée rendait tangible ce qu'André Malraux avait repéré grâce à son érudition et son flair et dont il situait l'origine en Grèce, le passage du destin de l'art à sa conscience.

Volontairement et légitimement, le milieu éditorial est largement évoqué dans la présente exposition. Il ne peut en être autrement compte tenu de la place réservée à la Grèce (à une certaine Grèce) dans les revues et, plus largement, dans les études sur l'art, notamment à un moment où historiens de l'art ou critiques essayent de comprendre le cubisme et d'autres épigones entrés dans une certaine forme de classicisme. Ces questions sont soulevées principalement dans des revues qui ont un lien tout particulier à la Grèce. On pense à l'influence de l'éditeur et critique Christian Zervos d'origine grecque et de la place que ce pays a occupé dans sa somptueuse revue *Cahiers d'art*. On peut aussi songer à Tériade, son compatriote, qui, dans sa revue *Verve*, n'a jamais manqué de souligner le tribut à une Grèce un peu différente, plus ancrée dans l'univers pastoral et dans le cycle de la nature, retrouvant en cela la position poétique de son ami Reverdy pour lequel la Grèce était avant tout un jardin ou un verger donnant sur la mer. Enfin la figure, peut-être moins connue d'Hercule Joannidès, ami de Tériade, est évoquée par la publication de la revue *Le Voyage en Grèce*[3] qui a réuni écrivains et artistes, photographes de tous les horizons politiques et esthétiques, scrutant dans les paysages grecs la modernité, ses signes avant coureur ou alors évoquant sa valeur intemporelle. Singulier personnage, Joannidès directeur de la Société Neptos, qui en voulant « créer un lien entre la Grèce et ses voyageurs, par l'intermédiaire des écrivains, des artistes et des savants contemporains » eut pour idée d'associer dans un périodique le classicisme et les avant-gardes. Loin du but initialement touristique, la Grèce se prêtait aux circulations et aux mélanges. Artistes, écrivains, photographes, éditeurs s'étaient faits leur idée de la Grèce qu'ils expérimentaient dans toutes sortes d'aventures (humaines, artistiques, éditoriales) en intégrant ces traces, ces vestiges ou coïncidences dans les creux ou les rehauts, ou dans le nappage de la lithographie, adaptant à chacune des sources ou des références la multiplicité de l'image imprimée.

Suivant la stimulante répartition de Marguerite Yourcenar, l'exposition est rythmée en trois séquences conçues comme des escales pour circuler dans l'esprit de la Grèce. *Le Poème des origines* est la première d'entre elles. C'est légitimement sous l'égide de la *Théogonie* d'Hésiode illustrée par Georges Braque (1932) que cette première section s'inscrit. La *Théogonie* relate le récit de l'apparition des dieux, elle constitue une véritable charte poétique et graphique de leur naissance et de leur filiation. À cette généalogie, Hésiode avait associé les éléments : l'eau, la terre, la nuit donnèrent à l'ensemble une dimension stellaire, reprenant certains principes allégoriques de la genèse. Braque, en conservant l'empreinte de l'écriture, évoquait combien la graphie de l'alphabet grec était optique. Revenir à la Grèce des origines, c'était se demander comment elle avait été peuplée et comment s'étaient réparties les forces entre des cités souvent rivales : Sparte et Athènes. La première représentant l'esprit guerrier, l'endurance, la seconde la sagesse et la tempérance que les clivages nationalistes s'étaient empressés d'instrumentaliser. Articuler une section autour de cette suite de 16 planches gravées ayant appartenu à Maurice Jardot et donnée au musée de Belfort, c'est s'inscrire aussi dans une logique de collection et d'échanges entre nos deux institutions. Cette partie se veut l'écho de la saillie coruscante de Picasso à Tériade : « Tout l'intérêt de l'art se trouve dans le commencement. Après le commencement, c'est déjà la fin. »[4]

La deuxième partie de l'exposition s'intitule *Le Poème du destin*. André Malraux dans le premier numéro de la revue d'art et de littérature *Verve* (décembre 1937) soulignait que la Grèce était la première civilisation où la vie des hommes s'était transformée en destin. Encore une fois, les dieux présidaient au sort des demi-dieux, des héros et des hommes, le souvenir de leur séjour (dont la trace était souvent caractérisée par le report de l'ombre que l'on peut observer chez Braque ou Laurens) était toujours présent. S'il était difficile de choisir parmi les nombreux mythes qui avaient inspiré les artistes et dont le choix aurait été arbitraire, la Grèce a trouvé son unité (y compris d'un point de vue géographique) à travers les deux poèmes d'Homère *L'Iliade* et *L'Odyssée* véritables inventaires et missions exploratoires sous forme de récits. Les héros grecs partis à la conquête de Troie ou encore les pérégrinations d'Ulysse ou de Télémaque, lors des réécritures respectives d'Aragon (1922) ou de Joyce (1928), étaient l'occasion de décrire un territoire, que le héros s'appropriait ou encore les dangers auxquels il allait devoir échapper. Les déplacements s'effectuaient pratiquement toujours par la mer, offrant ainsi l'opportunité aux artistes d'évoquer librement les figures de nymphes, tritons et autres divinités marines mais aussi son aspect redoutable ou sauvage, son indépendance par rapport au pouvoir des cités. L'un des artistes pour lequel la mer Méditerranée a le plus compté est sans doute Le Corbusier. La couleur et la fluidité ont été souvent comparées au nappage chromatique. La mer était le lieu où individuel et collectif s'alliaient. Au régime des pierres, il avait associé le nappage et le polissage du ressac, la mer était avant tout une présence, comme un liant elle permettait d'intégrer le dessin au paysage sans que celui-ci ne soit trop heurté, sans oublier le soleil qui était décrit comme un œil immense. Bien que Picasso ait repris cette analogie entre le soleil et l'œil, notamment en 1947, sa perception de la Méditerranée était encore différente. Plus ironique encore que dramatisée, la mer constituait un élément dont le fondement érotique, selon les jeux et les danses bachiques, était puissant et se prêtait à la stylisation. Les grands évènements ou les moments de loisirs apparemment anodins, semblant toujours se souvenir de l'*Iliade* et l'*Odyssée*, se décidaient, surgissaient ou survenaient toujours au bord du rivage.

La Grèce n'était pas simplement une terre de mythes et de récits fondateurs, le pays a été et reste le symbole de la construction moderne de l'État. C'est donc au *Poème politique* et à ses métaphores que la troisième partie de l'exposition est consacrée. Le terme de démocratie est créé et pensé en Grèce. Que ce soit les textes philosophiques qui ont fondé la république et l'idée même de démocratie ou encore le mode de fonctionnement politique des cités, la Grèce est apparue comme une terre où la tyrannie la plus cruelle pouvait côtoyer le « bon gouvernement ». Parmi les différentes allégories qui avaient servi pour reproduire ce modèle de pensée politique, celle de l'Arcadie, ce paysage doux et tempéré, avait représenté l'État parfait. Les artistes, même s'ils avaient su puiser dans une tradition iconographique riche telle que les incunables et manuscrits, ouvrages rares conservés par la Bibliothèque municipale de Lille le prouvent, ne s'étaient pas contentés de l'iconographie arcadienne habituelle. Ce paysage rythmé par les saisons, à l'abri des excès, des guerres ou des rigueurs du climat n'échappait pas aux effets du temps, au vieillissement ou la mort. L'idylle, devenue le symbole même de la vie harmonieuse plus que de la simple pastorale, servait de méta-phore, sinon de rêverie politique. Le bon pasteur, dont la sculpture *L'Homme au mouton* de Picasso était l'archétype, savait protéger, gouverner et réunir.

Parallèlement, à ces réflexions politiques, souvent abstraites ou symboliques, la seconde guerre mondiale a considé-rablement modifié le rapport que les artistes modernes entretiennent avec le sol grec. En effet, la Grèce est un enjeu pour les théoriciens du nazisme qui y situent le berceau du génie germanique. Malgré la reddition de la Grèce, un mouvement de résistance se développe de sorte que le pays redevient un modèle pour tous les artistes et écrivains antifascistes. Cette politisation de la Grèce trouve sa résonance la plus terrifiante et dépaysante dans le portfolio d'Ossip Zadkine, illustré pendant la seconde guerre mondiale mais dont l'impression n'a pu avoir lieu qu'en 1960. Les *12 travaux d'Hercule* servent de prétexte pour décrire la situation de l'Europe. Tout ce qui faisait la nature même de la représentation de la Grèce néoclassique est balayé, le caractère obscur des forces telluriques évoque l'ambiance de ces combats sanguinaires et la plongée dans la nuit. Ces planches ne sont pas sans rappeler, par leur facture, et plus encore par leur thème celles de l'Album *Vaincre* (un des portfolio emblématique de la Résistance) où la caricature prend le relais de l'insoutenable de la représentation. Tout un réseau de publications clandestines, parfois simplement ornées d'une gravure comme *Grèce citadelle vivante de justice* représentant un résistant fusil au poing, se diffuse, suppléant le pittoresque par la mise en place d'une iconographie commune à l'Europe en résistance. Ces publications illustrées influencent même les artistes étrangers à ce genre de préoccupation.

Au sein de chacune des catégories, les oppositions dominent à la manière du périple cocasse en Grèce de Michel Leiris dont les mésaventures dédramatisent la solennité de tout voyage initiatique ou de formation. Peu d'artistes finalement, excepté Henri Laurens, dont les principaux ouvrages illustrés sont présentés dans l'exposition dans l'esprit de la divinité casquée qui orne la couverture de *Messages de la Grèce*, ont choisi ou retenu une Grèce apollinienne, au contraire même. Plus encore que dans la photographie, la Grèce des Modernes s'est définie par le retour aux origines sous la forme d'un primitivisme « revivifié » et contemporain, échappant à tout soupçon de colonialisme, se résumant, en quelque sorte, à celle décrite par André Masson dans la revue *Acéphale*, placée sous l'égide de Dionysos, tiraillée entre les excès et la pensée, entre la dépense et la conscience. En s'inscrivant sous la tutelle de celui qui a séduit Ariane, pourtant inconsolable du départ de Thésée, ce dieu des festins et de l'ivresse, de la démesure est surtout, selon les textes, celui que « l'on ne peut pas honorer » autrement dit, un dieu qui échappe aux dérives réactionnaires, aux mégalomanies de toutes sortes ou aux récupérations idéologiques faciles. De l'apollinien que même Le Corbusier n'a pas suivi dans sa recherche de l'harmonie, préférant la clameur et la déclamation, la Grèce des Modernes aura été celle tentée par Dionysos, le dieu espiègle un peu faune, un peu flore, se jouant en permanence du caractère emphatique ou académique d'un répertoire et d'une source d'inspiration dont la distance prise par rapport au « maintien de l'ordre »[5], selon la belle intuition de Jean Laude, a constitué la grande modernité.

1 - Marguerite Yourcenar, *La Couronne et la Lyre – Poèmes traduits du grec*, Paris, Gallimard, 1979, p. 13.
2 - Il s'agit du numéro 19-20 de la revue *Verve* publié en avril 1948 entièrement consacré à Picasso et à son séjours à Antibes en 1946, sous le titre générique *Antipolis* ou *Couleur de Picasso*.
3 - Les 11 cahiers périodiques sont parus entre 1934 et 1939 auxquels on peut adjoindre le dernier fascicule *Messages de la Grèce* conçu comme un numéro spécial et qui est édité en 1946.

4 - Propos de Picasso à Tériade, *L'Intransigeant* le 15 juin 1932, n. p.
5 - Jean Laude, « Retour et / ou rappel à l'ordre », *Le retour à l'ordre dans les arts plastiques et l'architecture, 1919-1925*, Jean-Paul Bouillon – Bernard Ceysson dir., Saint-Étienne, C.I.E.R.E.C, Travaux VIII, 1986, p. 37.

(page suivante)

Cahiers d'art n° 1
Vue du musée d'Antibes

1948, Donation Geneviève et Jean Masurel, Musée d'art moderne Lille Métropole

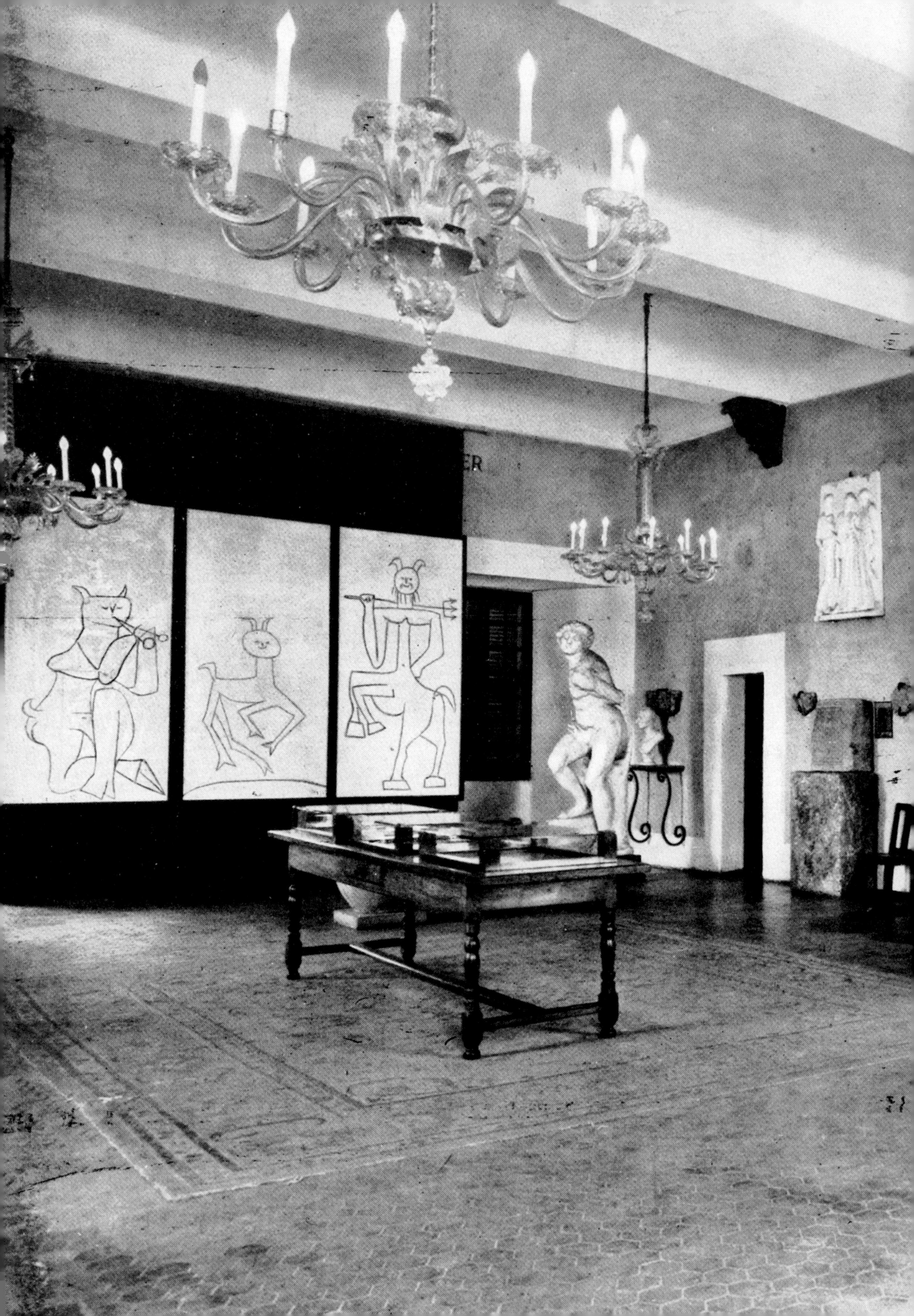

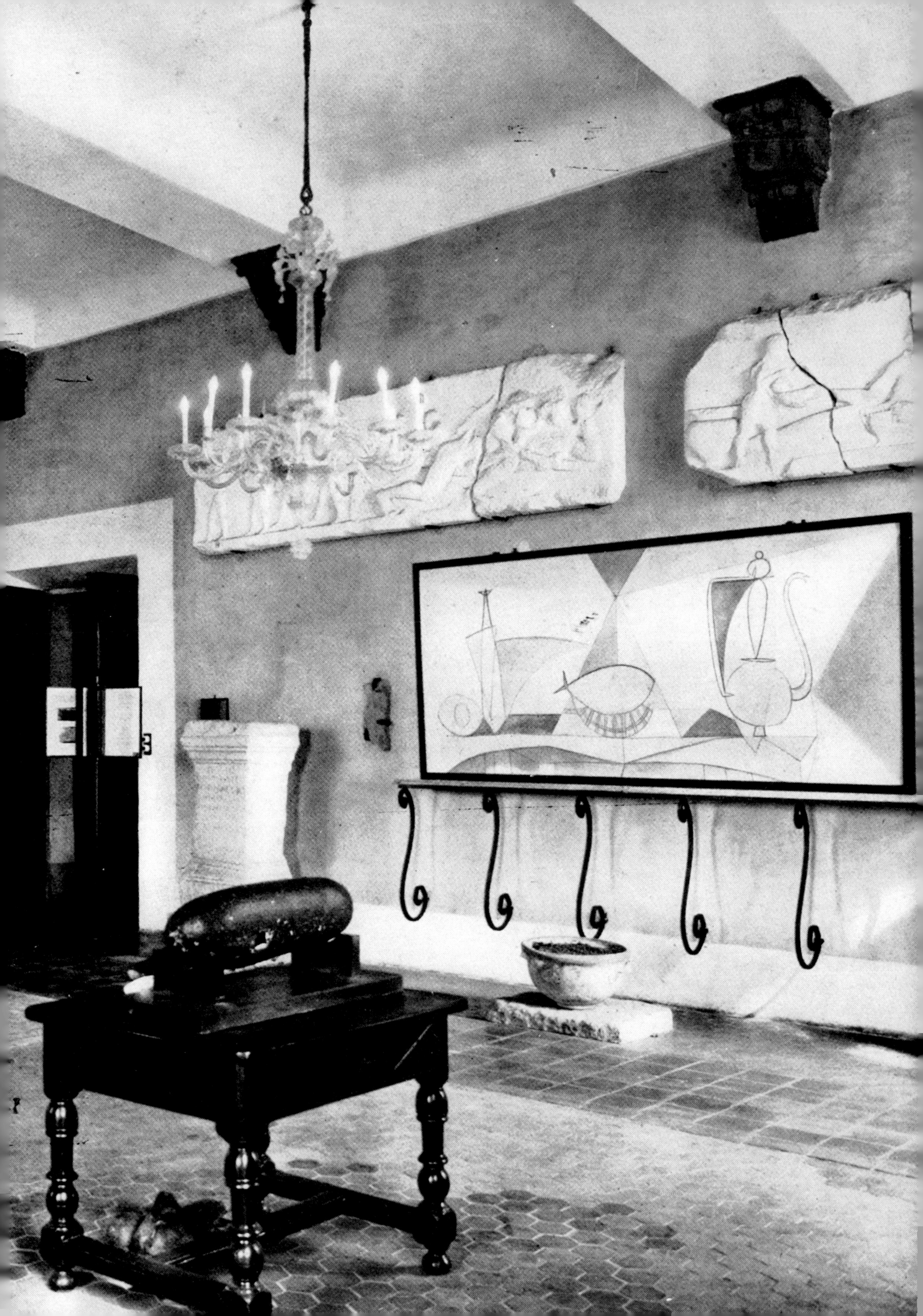

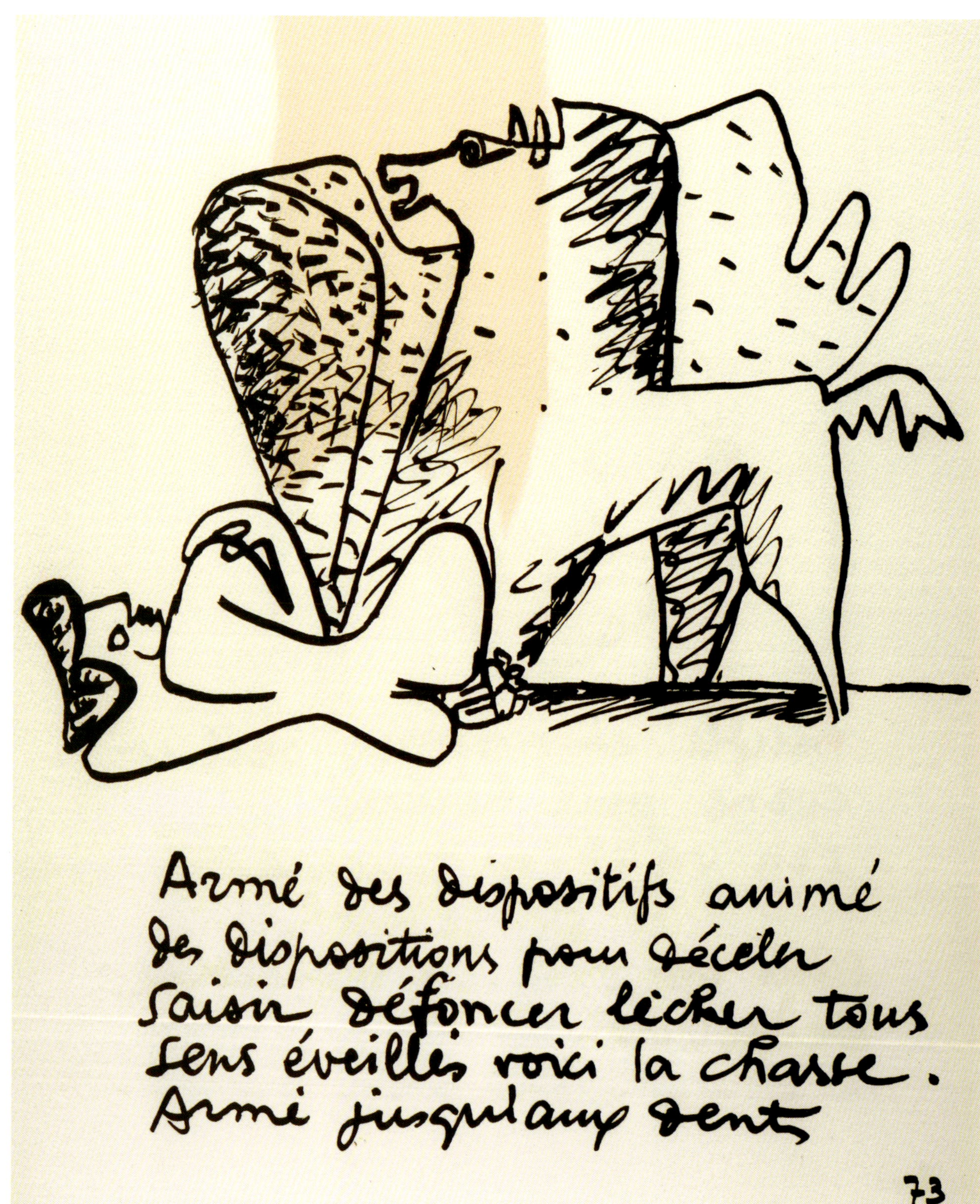

Le Corbusier

Poème de l'angle droit

Lithographies de Le Corbusier

Paris, Tériade, 1955, legs Maurice Jardot, Musée d'art moderne Lille Métropole

Héliogravures

NICOLAS SURLAPIERRE

« Calypso comme un coquillage au bord de la mer répétait inconsolablement le nom d'Ulysse à l'écume qui emporte les navires. Dans sa douleur elle s'oubliait immortelle. Les mouettes qui la servaient s'envolaient à son approche de peur d'être consumées par le feu de ses lamentations. Le rire des prés, le cri des graviers fins, toutes les caresses du paysage rendaient plus cruelles à la déesse l'absence de celui qui les lui avait enseignées. À quoi bon porter ses regards à l'infini, si l'on n'y doit rencontrer que les plaines amères du désespoir ? En vain les rivages de l'île fleurissaient-ils au passage de leur souveraine, elle ne prêtait attention qu'au cours stupide des marées. »

Louis Aragon, *Les Aventures de Télémaque*

« Lasse d'attendre que Thésée remonte du Labyrinthe, lasse de guetter son pas égal et de retrouver son visage parmi toutes les ombres qui passent, Ariane vient de se pendre. Au fil amoureusement tressé de l'identité, de la mémoire et de la reconnaissance, son corps pensif tourne sur soi. Cependant, Thésée, amarre rompue, ne revient pas. Corridors, tunnels, caves et cavernes, abîmes, éclairs sombres, tonnerres d'en dessous : il s'avance, boite, danse, bondit. »

Michel Foucault, *Ariane s'est pendue*

Une assez vieille habitude occidentale feignait d'ignorer le rôle que la peinture avait joué en Grèce, il était plus simple de penser à son architecture, à l'archéologie, aux représentations d'un monde en ruine, à leur valeur de « digression historique[1] ». Ces effets de lecture, d'observation, d'écriture touchaient la littérature et l'art ou leur histoire qui s'organisaient selon plusieurs niveaux, les strates d'un savoir ou d'un cru savoir. Il était difficile de séparer nettement dans les années trente ce qui faisait de cet imaginaire un atavisme culturel et ce qui relevait de l'actualité, la recherche de la Grèce perdue était une réponse à l'imagination latine, les sources mythiques, historiques, archéologiques se mélangeaient entre elles, paraissant ne rien remettre véritablement en cause, tout cela dans une sorte de chronologie vaste aux frontières mouvantes ou repoussées de la grande Grèce à Alexandrie qui rappelaient les conquêtes imaginaires ou réelles. Face à l'importance du *corpus* et à l'étendue de son espace dispersé, la Grèce avait consciemment trouvé un mode de justification et inconsciemment un principe de situation. Artistes, écrivains, historiens, philosophes se croisaient et mêlaient le plus souvent leurs réflexions sans se préoccuper de la discipline voisine pour pallier peut-être les manques, les zones où leur spécialité avait touché à l'indicible ou à l'opacité. Les manifestations si multiples de la Grèce avaient répondu nécessairement dans les années 1930 et 1940 à un effet de mode, à une déformation de lecture qui disait, au-delà de l'inflation du descriptif, un désir[2]. La Grèce était le plus souvent « porte de l'Orient », « sentinelle », « avant-poste », « promontoire rocheux », « citadelle », dominant un passé fabuleux, charriant toute une taxinomie réservée à l'histoire de la modernité et à celle de l'avant-garde, quelque chose de défensif pour protéger les valeurs occidentales contre elles mêmes alors que, paradoxalement, elle n'y croyait que vaguement, fondées aussi par d'autres cultures orientales et slaves, par la conformation de l'histoire de l'art au dix-neuvième siècle dont l'influence semblait plus durable qu'ailleurs et par un *pourana* de cultures indo-européennes. Certains avaient eu raison d'imaginer une Grèce altière, farouche, âpre pour tout dire qui ne se laissait pas faire, qui avait appris à résister, en dressant des deux cotés des frontières, des limites à la modernisation et des entraves pour faire face à l'envahissement, à l'éclat du doute sur les valeurs sûres de la grammaire des styles, peu disposée à faire entrer la modernité dans la zone franche d'un langage « démilitarisé[3] ». Les mouvements et les individus touchés par ce génie de la Grèce ne donnaient jamais réellement la désinence profonde d'une telle influence. Le pays était autant le fruit d'une expérience pittoresque qu'une projection rêvée, qu'une représentation scolaire, entre le manuel et le guide pour « les forts en thèmes[4] », ce qui ne l'empêchait pas d'être grisante pour l'esprit[5], « recueil des

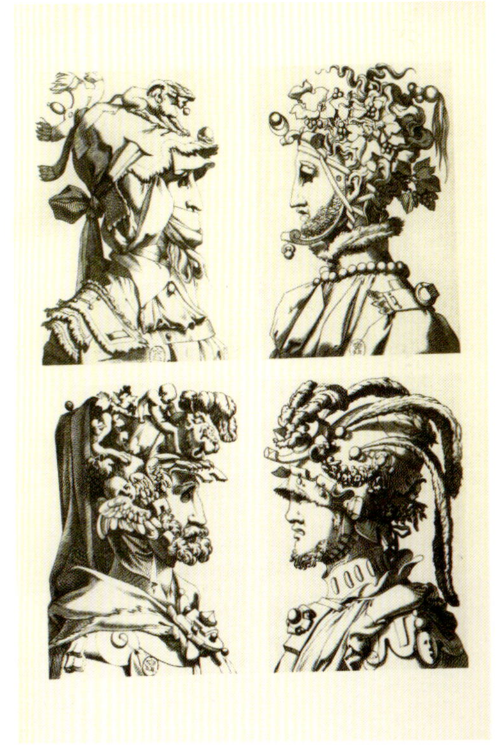

Verve n° 2

Printemps 1938, Musée d'art moderne Lille Métropole

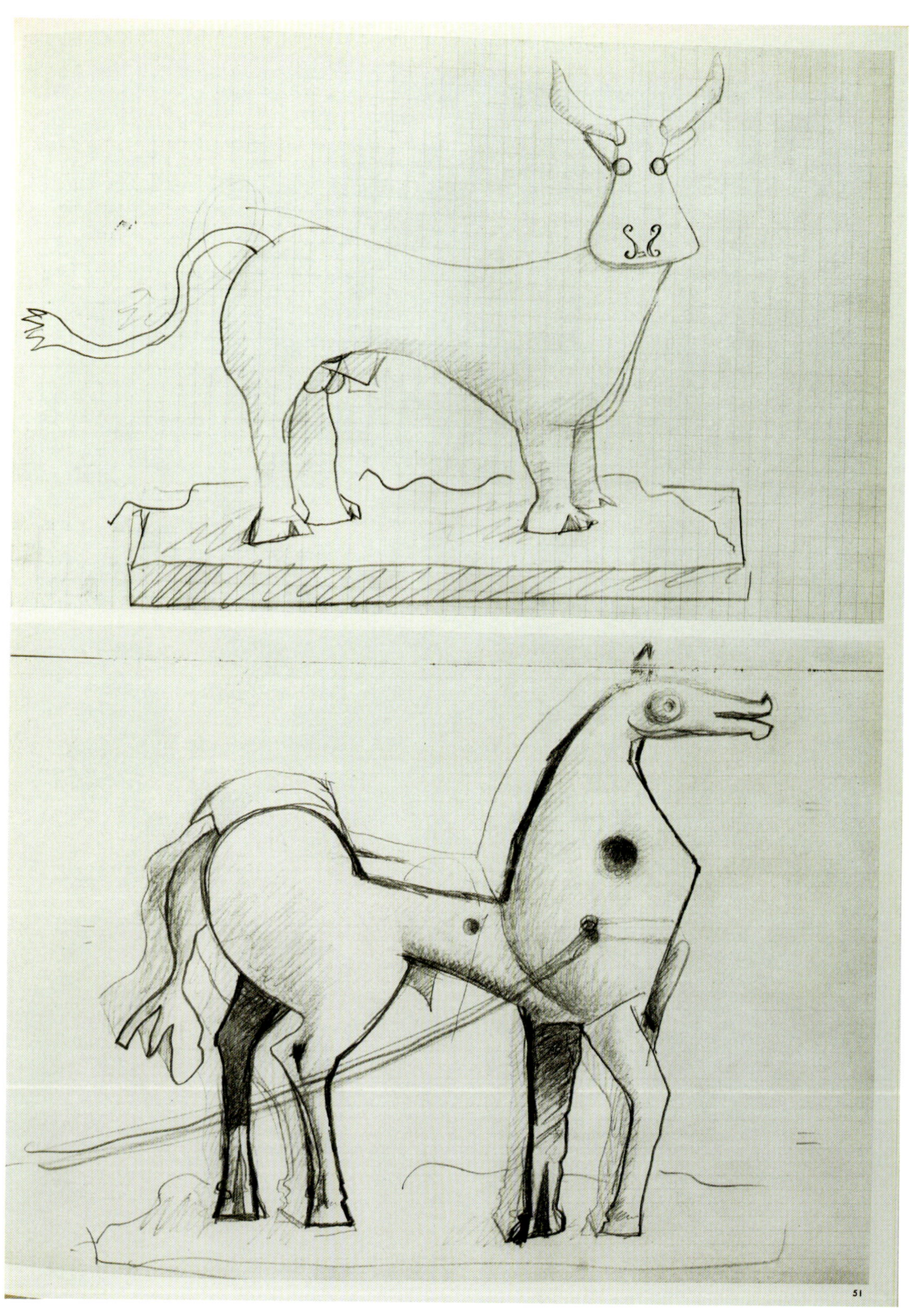

Verve n° 19-20
Illustrations de Pablo Picasso

Avril 1948, « Antipolis », legs Maurice Jardot, Musée d'art moderne Lille Métropole

on-dit par lesquels les hommes d'autrefois se contèrent tout ce qu'ils voyaient ou entendaient[6] ». Ce territoire, ainsi esquissé, demeurait, conformément à ce que l'on attendait de lui, profondément solaire, à un tel point que les artistes et les écrivains avaient imaginé que cet ensoleillement représentait un péril ou, avec leur sens du *fatum*, une sanction pour le fond (le sujet) et la forme (la couleur) ; ils avaient pensé à la blancheur ou à la monochromie dorée et chatoyante des temples en ruine, à tout ce qui restait de l'art lorsqu'il avait perdu son alibi pictural et dont le caractère indescriptible concernait, au premier chef, la pratique de l'art ou son analyse[7]. Ils s'étaient peut-être dits, encore que cela ne soit pas tout à fait certain, que l'histoire de l'art moderne, malgré les contradictions ou les faux départs, débutait en Grèce et finissait aussi par la Grèce. L'historien, le chercheur, le touriste et le *grand tourist*, passés maîtres dans l'étude de « la philologie moderne du voyage, mélancolique et intrépide[8] », continuaient de soutenir qu'elle était aride et lumineuse, ils la dotaient comme une allégorie de fortes résonances psychologiques. Les pays comme les villes se prêtaient docilement à la personnification, aux anamorphoses, c'était un pays capable de tout, de perturber les écoles dont elle avait permis la fondation, de brouiller les limites, les contours géographiques et chronologiques, de bouleverser toutes ces choses apprises par cœur et celles qui, de mémoire, avaient fondé un univers préfabriqué. La Grèce influençait-elle les grands mouvements ou leur montrait-elle, selon différents procédés, leur fragilité et leur relativité ? À son contact et à son approche, théories et manifestes se nuançaient, ce qui les constituait intrinsèquement, ce qui avait mis si longtemps pour être nommé, tout cela ne résistait pas bien à l'épreuve de la traduction, non pas tant de la transplantation ou de l'acclimatation en terre étrangère mais cet idiome qui avait traversé les siècles, fier, hybride, oriental aussi bien qu'extrême occidental, avait travaillé de ses déclinaisons inouïes ce qui semblait pourtant fonctionner et répondre à des caractéristiques de style ou à des attitudes.

L'ambivalence politique et esthétique de la Grèce, son passé prestigieux, sa force morale, sa souveraineté imposaient moins de contraintes que des prises de positions. La façon dont les années 1930 s'étaient appropriées un répertoire *à tout faire* ne s'inscrivait pas simplement dans la continuité de l'après-guerre, ce qui départageait la Grèce des uns et celle des autres occupait exactement le fragile espace entre le rappel et le maintien de l'ordre[9]. Cesare Pavese avait utilisé, pour en traduire la nuance, l'image du professeur qui devait exiger un impossible retour à l'ordre après avoir laissé trop de liberté à ses élèves, tandis que celui qui avait maintenu l'ordre n'avait jamais failli. L'historien aurait pu se demander s'il fallait absolument concevoir la référence à la Grèce selon une telle distinction et s'appuyer sur l'un ou l'autre de ces clivages, et, au regard des textes et des témoignages, il aurait pu logiquement conclure que ceux-ci induisaient tout autant un effet contraire, un retour lorsque cela était nécessaire ou une affirmation (et cela l'était toujours) de la liberté, peut-être valait-il mieux tabler sur une distinction entre histoire naturelle ou factuelle de l'art moderne. L'historien mentirait et se mentirait en niant que ce qui pourrait paraître comme un désir et un besoin de retour avaient certainement caché ce que Pavese avait appelé le retour au style qui n'était pas un moyen d'expression, qu'il comprenait simplement dans l'aménagement de « situations stylistiques[10] », celles de la place spirituelle ou matérielle de l'image. La séparation, opérante et commode, entre l'apollinien et le dionysiaque, avait quelque chose de trop tranché et de trop imbriqué pour ne pas révéler, à travers leurs figures aux fortunes inégales, d'autres enjeux, elle ressemblait à de vieux vestiges sous leurs atours flatteurs de ruines, « débris ingénus » ou « débris sceptiques » constituant les fragments concassés du langage et de la syntaxe de la modernité. Dionysos le dieu qui ne s'honore pas et Apollon le dieu un peu trop honorable ne satisfaisaient séparés schématiquement aucun des besoins réels de filiation et de structure. Comme son histoire de l'art, le voyage en Grèce avait quelque chose de singulier par rapport à la tradition littéraire et scientifique du voyage en Méditerranée, peut-être parce qu'il avait contrebalancé en partie l'omnipotence de l'héritage italien, le systématisme du patrimoine gréco-latin que les artistes avaient utilisé parfois corrélativement ou successivement, lesquels témoignaient moins d'une parfaite connaissance de la culture classique que de ses effets et de son imprégnation, parfois assez diffuse, qui confinait lorsqu'elle devenait plus évidente à la stupeur.

Anachronique, large et éclatée, l'influence grecque ne l'avait été que trop, les correspondances ne se faisaient plus si naturellement car à une Grèce, imitée ou rêvée la moins évidente et la plus troublante ou alors celle qui, par le truchement des mythes, n'avait pas véritablement à passer par la copie, se substituait une Grèce moderne dans sa violence, dans sa structure qui relativiserait également les discours exaltant la modernité. Que le répertoire grec ait pu prendre une coloration politique si singulière, qu'il ait pu devenir autre chose, sinon le lieu de la raison (ce qui expliquait en partie l'aversion d'André Breton) ou l'expression d'une mémoire revendiquée par des artistes plus à l'aise avec le néoclassicisme, qu'il ait pu également servir de fond à l'expression de la déraison, à l'incroyable force démente de la guerre, tout cela semblait aussi surprenant qu'ahurissant compte-tenu du maintien de l'ordre qu'il continuait d'incarner. La violence avec laquelle ce répertoire s'était progressivement affirmé, issu de la transgression et de la régression, les débats qu'il suscitait, clairement ou d'une façon elliptique, n'étaient que comparables à la force de l'affolement ou du malaise général qui ne traduisaient pas autre chose que la façon dont les formations historiques éprouvées étaient devenues les marqueurs simples et décisifs d'une modernité désireuse de signifier d'où elle venait, ce avec quoi elle voulait rompre et ce avec quoi elle voulait renouer en connaissance de cause[11]. La Grèce avait une fonction, y compris stratégique, elle était le rempart contre la barbarie qui, loin de venir d'orient, pouvait également surgir de l'occident, elle était la mieux placée car elle était celle qui, peuplée par les barbares, les avait transformés après toutes sortes de métamorphoses en aventures[12]. Élie Faure avait deviné que le passage de la Grèce des vandales à la Grèce antique, dont l'historien devrait protéger la valeur d'archaïsme de ses temps fondateurs, n'avait pas simplement produit un changement de formes, ni ne s'était manifesté par la création d'un panthéon mais par celle de l'individu et de l'individualisme moderne, tout le découpage géographique en archipel, le morcellement en cités grandes ou petites, rivales ou alliées[13] propageait la conquête de la psyché individuelle moderne à laquelle les mythes prêtaient leurs symboles ambivalents pour éclairer de leurs ombres les choses incomprises. Les nombreuses exégèses avaient contraint le mythe à l'errance[14], au dépaysement ou au déracinement auxquels répondaient les citations et les emprunts littéraires, artistiques à une véritable religion agreste ou bucolique[15]. La violence des origines, « la merveilleuse sauvagerie encombrée d'idoles, d'incestes et de mythes »[16], ne s'était pas complètement effacée dans le temps, elle était pondérée par la volonté des artistes et des écrivains à prouver leur attachement à des valeurs générales et à un répertoire aux origines floues lequel, par nature et par principe, pouvait endosser la responsabilité de bien des messages. Son instrumentalisation, avant d'atteindre la Grèce même, avait réveillé chez les artistes modernes leur goût du paradoxe et de la riposte. L'ambivalence du modèle grec avait rendu plus surprenante encore les modes d'incarnation d'un idéal démocratique et d'un républicanisme acharné, la Grèce « citadelle vivante de justice » avait matérialisé, pour Paul Éluard et quelques autres, le passage d'un ordre persistant à un emblème résistant. L'isochronie s'était transformée, la Grèce assumait son authentique visage, défaite de ses masques de tragédie et de ses ornements mythiques, elle s'était départie de la tutelle romaine, elle avait montré une indépendance stylistique antérieure plus obscure, sa puissance d'invention en rompant avec ce répertoire d'emprunt aux allures de faussaire, elle ne tendait pas à être première, elle aspirait à se présenter telle qu'elle était toujours primitive, violente et acharnée, rétive au progrès, fantasque et brutale ce qui ne l'empêchait nullement d'incarner, dans sa pensée, la douceur qui n'était pas comparable à « la douceur de vivre, ni tout ce que les Grecs ont pu déclarer doux dans

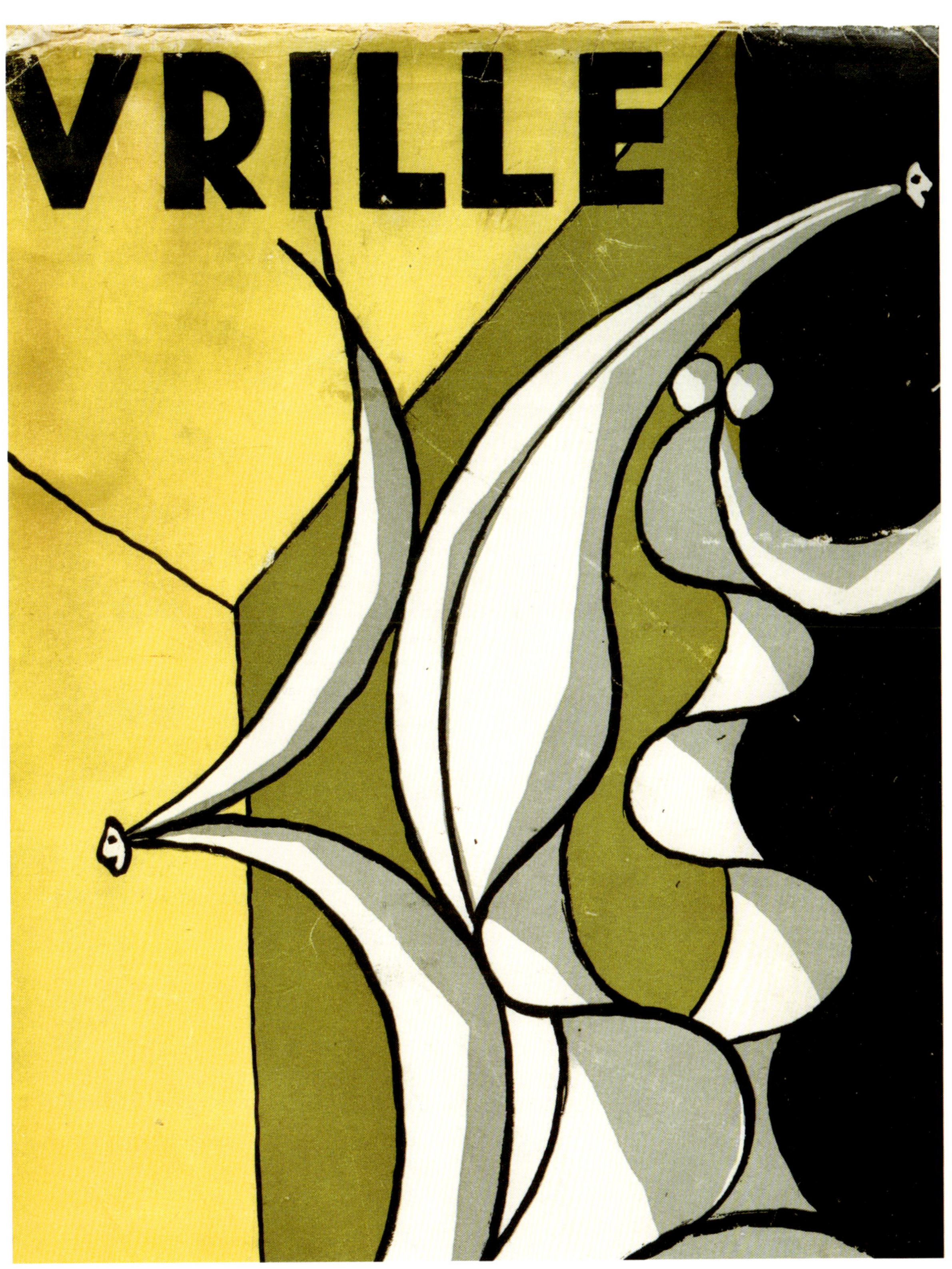

Vrille n° 1
Couverture d'Oscar Dominguez

Paris, 1945, Bibliothèque municipale de Lille

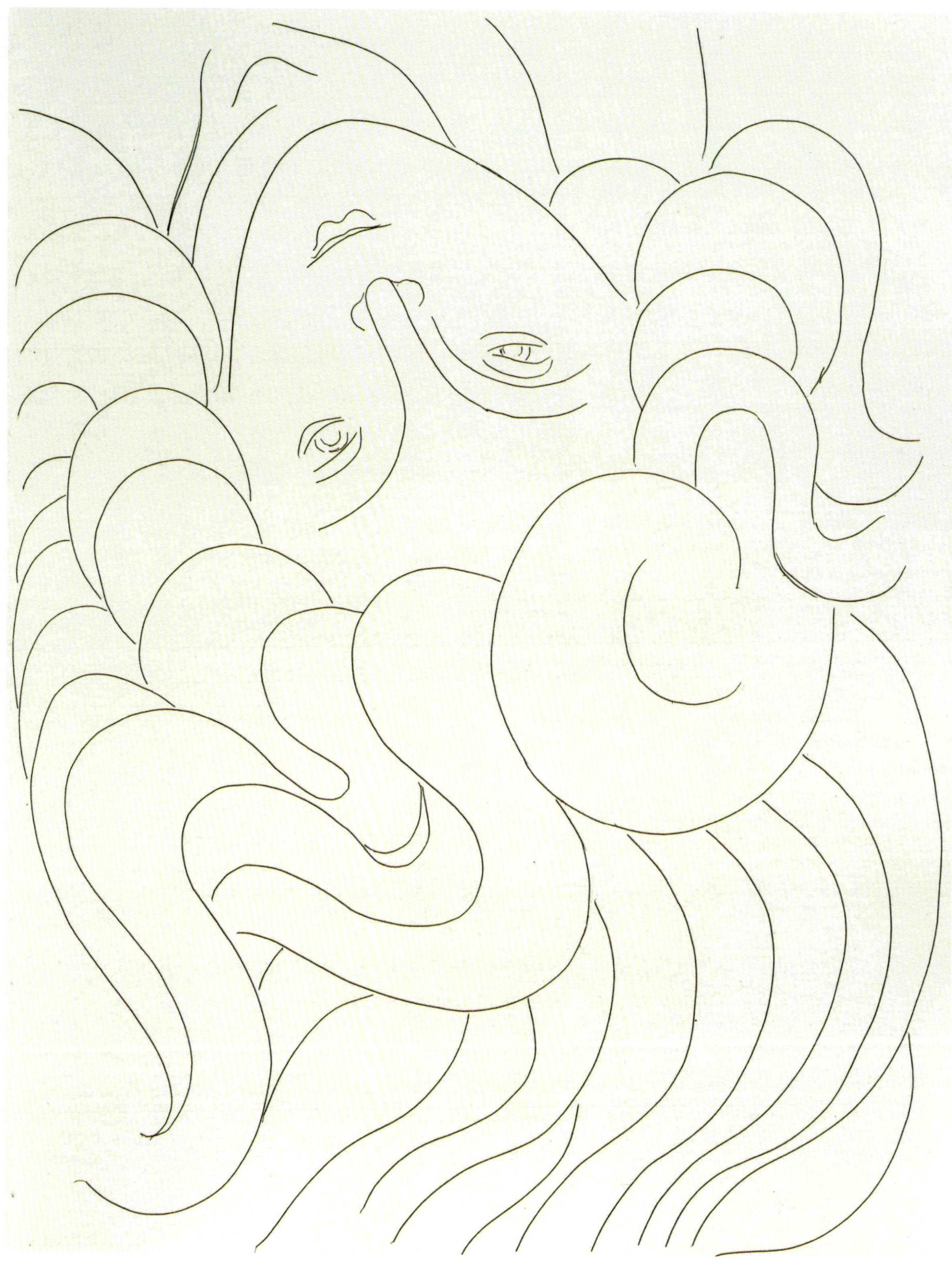

Poésies

Eau-forte de Henri Matisse

Lausanne, Skira, 1932, legs Maurice Jardot, Musée d'art moderne Lille Métropole

ce sens, depuis le fait de voir la lumière jusqu'à celui de se venger[17] ». Le voyage en Grèce avait conforté l'image d'un pays un peu lointain, un peu désert ou déserté où la force humaine n'était pas exclue, soucieuse d'affirmer une individualité primordiale, préférant aux groupes les citoyens, aux portraits les arbres généalogiques, aux types les sites qui débarrassaient alors de certains réflexes la littérature de voyage et de l'érudition. Les modalités et les relations entre voyage et art continuaient d'être opérantes, notamment lorsque les auteurs, peintres et écrivains devaient verbaliser le pittoresque « quelque chose qui risque d'être dépassé[18] » ou fixer le sublime qui « suggère un intérêt différencié grâce à un véritable jeu fondé sur la variété, l'apparence, l'enche-vêtrement, l'inachevé[19] ». Avant la guerre, il fallait être voyageur ou l'avoir été pour mesurer l'importance de la Grèce, non ces voyageurs échappés d'une *Europe galante*, elle réunissait explorateurs, chercheurs, archéologues, attachés d'ambassades et reporters et toutes ces personnes un peu en quête d'elles-mêmes et de leurs origines. Si les liens entre littérature et reportage ont été analysés, les circulations entre « informer, convaincre, divertir et émouvoir » auraient mérité d'être appliquées aux modalités du voyage des artistes, une part devait être également accordée à la littérature mineure qui participait pleinement de cette atmosphère et ne comptait pas pour rien dans les connaissances et les méconnaissances des artistes ou des écrivains sur la Grèce. La critique s'était interrogée sur le rapport frontal des écrivains aux événements, par toutes sortes de compte-rendus, pour les artistes il aurait pu ou dû prendre la forme de la prise de croquis ou de la photographie, complétant les modes de témoignages plus habituels (journaux ou correspondance) cependant l'actualité, au moins jusqu'à la seconde guerre mondiale et la guerre civile, n'était pas le but recherché par les artistes bien qu'ils ne niassent pas les composantes et les contraintes du reportage. La Grèce des modernes, contrairement à cette littérature voyageuse, n'avait pas favorisé la copie ni l'authentique mais l'iden-tique. La confrontation avec les sites, même si ceux-ci décevaient parfois ou étaient devenus méconnaissables, comptait parmi les expériences incontournables pour les artistes sensibles à un effet de mémoire, obligés de reconnaître à force d'entendre les noms d'un passé qu'ils pensaient uniquement fabuleux, la persistance de son imprégnation et à sa résistance en étant (et de différentes manières) toujours là. Dans l'estampe, rares ont été les croquis des sites ou des voyages venus directement illustrer tel ou tel récit fabuleux, le point de vue fondamentalement différé dans le temps jouait de la nuance entre l'histoire (Chronos) et la mémoire (Mnémosyne), dieu terrible et nymphe fuyante, préférant au génie du lieu finalement plus conceptuellement italianisant, celui des situations. Que les artistes aient ou non voyagé en Grèce finissait par importer assez peu, cela déterminait tout au plus un attachement plus fort au pays, des réflexions, des anecdotes, des mésaventures qui ne réduisaient pourtant pas l'emprise de ce que l'histoire de l'art et de l'architecture avait appelé les trois ordres, toujours debout et influant dont les nombreuses nuances s'établissaient grâce aux altérations qui avaient détourné ces catégories formelles lorsqu'il arrivait à la Grèce d'être l'objet d'une insatisfaction. Le cas le plus exemplaire a été certainement celui du demi échec, selon Matisse, de son illustration d'*Ulysses*[20]. Qu'il n'ait jamais mis les pieds en Grèce n'expliquait sans doute pas sa déception ; la somme de Joyce était incomplètement illustrée comme si Matisse avait abandonné en chemin son héros ou plus certainement l'avait perdu des yeux. Cependant, si l'ouvrage manquait certainement de cohérence et de ce suivi, il pouvait se lire autrement, s'il était associé à d'autres, sa proximité avec l'ambiance des *Poésies* de Mallarmé, bien plus idéalement grec[21] qu'il n'y paraissait dans sa limpidité et ses claire-voies azuréennes ou l'illustration délibérément naïve et comique qui ressemblait plus à la forêt de Meudon qu'à Ithaque reprenait, à s'y méprendre, la configuration du *chemin faisant* de *Fenêtre à Tahiti*, progression par palier et par cercle concentrique de la fable ulysséenne où, au bout de chemin, un bâtiment un peu ridicule singeait le palais d'Ulysse et le retour à la maison, en l'occurrence un pavillon vaguement néoclassique, dont les colonnes, pliant légèrement sous le poids imaginaire, ressemblaient, fidèles à l'anthropomorphisme de la typologie des colonnes à des

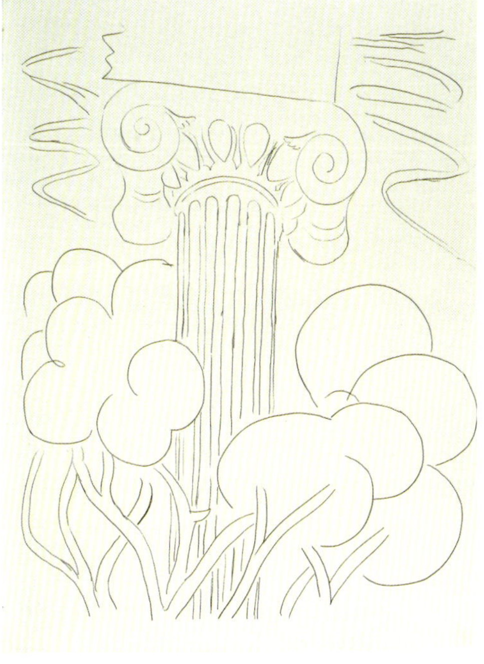

STÉPHANE MALLARMÉ
Poésies
Eau-forte de Henri Matisse

Lausanne, Skira, 1932, legs Maurice Jardot,
Musée d'art moderne Lille Métropole

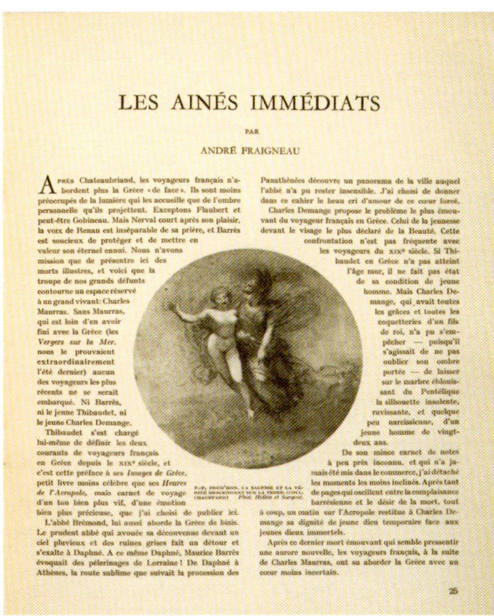

LES AINÉS IMMÉDIATS

PAR

ANDRÉ FRAIGNEAU

Après Chateaubriand, les voyageurs français n'abordent plus la Grèce «de face». Ils sont moins préoccupés de la lumière qui les accueille que de l'ombre personnelle qu'ils projettent. Exceptons Flaubert et peut-être Gobineau. Mais Nerval court après son plaisir, la voix de Renan est inséparable de sa prière, et Barrès est soucieux de protéger et de mettre en valeur son éternel ennui. Nous n'avons mission que de présenter ici des morts illustres, et voici que la troupe de nos grands défunts contourne un espace réservé à un grand vivant: Charles Maurras. Sans Maurras, qui est loin d'en avoir fini avec la Grèce (les *Vergers sur la Mer*, nous le prouvaient extraordinairement l'été dernier) aucun des voyageurs les plus récents ne se serait embarqué. Ni Barrès, ni le jeune Thibaudet, ni le jeune Charles Demange.

Thibaudet s'est chargé lui-même de définir les deux courants de voyageurs français en Grèce depuis le XIXe siècle, et c'est cette préface à ses *Images de Grèce*, petit livre moins célèbre que ses *Heures de l'Acropole*, mais carnet de voyage d'un ton bien plus vif, d'une émotion bien plus précieuse, que j'ai choisi de publier ici.

L'abbé Brémond, lui aussi aborde la Grèce de biais. Le prudent abbé qui avoue sa déconvenue devant un ciel pluvieux et des ruines grises fait un détour et s'exalte à Daphné. A ce même Daphné, Maurice Barrès évoquait des pèlerinages de Lorraine! De Daphné à Athènes, la route sublime que suivait la procession des Panathénées découvre un panorama de la ville auquel l'abbé n'a pu rester insensible. J'ai choisi de donner dans ce cahier le beau cri d'amour de ce cœur forcé.

Charles Demange propose le problème le plus émouvant du voyageur français en Grèce. Celui de la jeunesse devant le visage le plus déclaré de la Beauté. Cette confrontation n'est pas fréquente avec les voyageurs du XIXe siècle. Si Thibaudet en Grèce n'a pas atteint l'âge mûr, il ne fait pas état de sa condition de jeune homme. Mais Charles Demange, qui avait toutes les grâces et toutes les coquetteries d'un fils de roi, n'a pu s'empêcher — puisqu'il s'agissait de ne pas oublier son ombre portée — de laisser sur le marbre éblouissant du Pentélique la silhouette insolente, ravissante, et quelque peu narcissienne, d'un jeune homme de vingt-deux ans.

De son mince carnet de notes à peu près inconnu, et qui n'a jamais été mis dans le commerce, j'ai détaché les moments les moins inclinés. Après tant de pages qui oscillent entre la complaisance barrésienne et le désir de la mort, tout à coup, un matin sur l'Acropole restitue à Charles Demange sa dignité de jeune dieu temporaire face aux jeunes dieux immortels.

Après ce dernier mort émouvant qui semble pressentir une aurore nouvelle, les voyageurs français, à la suite de Charles Maurras, ont su aborder la Grèce avec un cœur moins incertain.

P.-P. PRUD'HON, LA SAGESSE ET LA VÉRITÉ DESCENDANT SUR LA TERRE. (COLL. CHAUFFARD) *Phot. Hélèn et Sargent.*

25

Le voyage en Grèce
Texte d'André Fraigneau

Printemps 1938, Musée d'art moderne Lille Métropole

silhouettes callipyges ou stéatopyges même si ces petites idoles ironiques n'appartenaient plus à aucun ordre. Plus conformes à l'emprise de la mythologie, la barque d'Ulysse et la lutte avec le géant Polyphème ne laissaient plus aucune hésitation sur le sujet et l'ascendance mythique, le lecteur pénétrait alors, moins pour s'y égarer progressivement comme en une forêt obscure que pour être retardé comme si le graveur, l'illustrateur et l'artiste avaient perdu de vue les formes d'antiquité, ressassées par le quotidien et qu'ils retrouvaient toujours au bout de chemin, comme s'il repassait sans cesse par un point de départ où les menait « l'œil de la Méditerranée ». La Grèce des Modernes serait le résultat d'une imprégnation (de longue date) et dans son sens propre et figuré d'une impression (de courte durée) de cet héritage « livré toujours davantage par l'entremise des estampes qui montraient partout l'image de pièces de collections et des sites archéologiques. Les formes épurées de l'art antique, ajoute Georges Duby, s'imposèrent avec plus de puissance aux artisans et aux artistes[22]. » Dans le livre illustré moderne, celle-ci intervenait directement par le fond, l'illustration des classiques et d'une façon elliptique par la forme ; allusive, elle se réduisait à quelques attributs stylisés ou à l'évocation d'un mythe, cela aurait pu s'expliquer d'un point de vue strictement technique ; l'estampe parce qu'elle est peu voyageuse (demandant une presse, des moyens plus ou moins importants) se serait prêtée moins facilement aux déplacements, à l'observation sur le motif, et pourtant les guides, les histoires de l'art grec ont eu souvent recours à ces moyens de reproduction pour évoquer un site, une peinture à demie effacée ou une sculpture disparue ou encore l'empreinte d'un motif ou d'une fable sur les vases lorsque l'estampe ne servait pas à reproduire les architectures palatiales telles qu'elles avaient pu être ou toutes sortes d'itinéraires illustrés par des cartes savamment conçues et repliées. Si la gravure ne réagissait pas ce n'est pas parce qu'elle ne le pouvait pas mais parce que les artistes ne demandaient pas, en cette situation, à ce moyen de le faire, ce n'était pas au moins jusqu'à la seconde guerre mondiale sa fonction, en dépit de cette habitude qu'elle avait par le biais de la caricature et de son histoire de jouer un rôle de contre pouvoir et de dépasser certaines formes de censure. Bien que matériellement opposé au style de croquis ou au rendu de l'esquisse qui caractérisaient le mieux l'esprit des estampes, les artistes (Picasso, Hayter, Masson, Zadkine) maintenaient le stress et l'urgence, l'affolement du crayon ou de la gouge pour restituer « les étreintes, les rapts, les morsures[23] » et exprimer, en même temps, la force, la douleur, la bonhomie et le drame des sous-entendus. La Grèce avait servi de cobaye au *ça a été* de la gravure puisque par ses moyens d'apparitions et de disparitions, elle n'était pas si éloignée de ceux de la photographie (y compris matériellement et épistémologiquement) qui ponctuaient les guides, remplaçant mentalement et parfois techniquement les estampes de leur ressemblance vague de simili gravures ou d'héliogravures, empreintes photoniques les gravures comme les photographies enregistraient les négatifs de l'histoire[24]. « Les photos de voyage sont des écheveaux que l'on démêle à loisir chez soi. Celui-ci est décidément d'un fil bon à faire les cordes d'un instrument tragique sur lequel se jouer les somptueuses tragédies de l'histoire[25] ». Les gravures n'étaient pas les seules à être concernées par la perte de l'aura, les récits de voyage en eux-mêmes étaient touchés par ce qu'habituellement Benjamin réservait à la photographie. L'art grec disait inlassablement du fin fond de ses ruines *cela sera* ou *cela risque de se passer ainsi*. Outre les mythes, la Grèce instaurait, à l'échelle d'un pays et d'un peuple, le plus parfait exemple d'un *il aura été une fois*, du futur antérieur de tout art et de toute civilisation, brillante ou obscure, réactionnaire ou tolérante, indifférente ou zélée, le pouvoir inconscient du retour auquel Ulysse prêtait le flanc de ses pérégrinations[26].

S'appuyant sur un corpus en réalité hétérogène aux frontières mal établies, aux sources incertaines la tentation avait été grande de bannir de Grèce le rôle de la peinture, « la vertu de remplacement de l'art[27] » se serait peut-être substituée à l'art lui-même, au fait de peindre et d'appliquer des couleurs oubliant l'incipit de *Daphnis et Chloé* ou profitant des ambivalences des traductions. La peinture lorsqu'elle n'était pas envisagée dans son acception moderne retrouvait sa valeur mobilière et d'échanges dans la société grecque. Accepter de considérer la place de la peinture transformait l'idée selon laquelle l'histoire de l'art serait née en Italie, à la Renaissance, avec la *Vies de peintres* de Vasari. Un tel préjugé qui confinait au mythe historique, et au poncif, s'était vu renforcé par la fortune critique (justifiée) de *L'Histoire de l'art dans l'Antiquité* de Johann Joachim Winckelmann, étude menée à partir des œuvres conservées, principalement à Rome et en Italie, lorsqu'il n'étudiait pas des répliques et qu'il ne devait pas découdre avec un certains nombre d'erreurs, notamment dans les attributions, tout en en commettant également, presque inévitablement, il avait néanmoins mis en place et en fonctionnement un véritable *corpus* de sources dont certaines des plus douteuses, qui n'avaient pas « le beau rôle[28] », se constituaient néanmoins en culture malgré le caractère fruste et aléatoire. Il prenait manifestement plaisir à démontrer qu'il y avait eu une histoire de l'art chez les anciens grecs, même si elle était sommaire et n'avait que peu de liens avec l'histoire de l'art moderne, c'était dans l'art grec ou dans ce qu'il en restait qu'il fallait chercher les origines de l'histoire de l'art moderne, même si Winckelmann avait eu à faire face à trop de séductions et de désirs pour mesurer l'ampleur méthodologique de la portée de ses théories. « L'histoire de l'art chez les Anciens que j'ai entrepris d'écrire n'est pas une simple chronologie des changements qui la constituent, car je prends le mot *histoire* dans sa signification étendue, celle qu'il a dans la langue grecque, et mon intention et de donner un essai de système doctrinal[29] ». Par histoire, Winckelmann n'entendait pas s'astreindre à l'exactitude du détail ou du petit fait, il préférait pour des raisons scientifiques, pratiques (et sans doute affectives) l'aborder selon le sens d'une histoire générale, globale qui conviendrait à l'idéal du beau antique et à son hypothèse (toute allégorique) que l'histoire de l'art était une discipline fonda-mentalement ou nécessairement néoclassique, dans le sujet et dans les exemples et illustrations l'accompagnant, l'encadrant, même dans une mise en page répondant à des principes iconographiques arcadiens ou structurellement tributaires des trois ordres qui, finalement, stigmatisaient trois façons d'écrire sur l'art. Entre les récits fondateurs de *L'Iliade* et de *L'Odyssée* ou ceux de la mythologie qui servaient de socles pour établir une iconographie et une répartition stylistique, une sorte d'empathie se faisait par séduction et par induction, entre le sujet et son analyse. Lorsque Winckelmann concluait, il ne le faisait pas sans emphase ni sans rappeler que le sujet étudié avait disparu pour partie, comme s'il l'avait en quelque sorte perdu du regard. Il suggérait déjà que l'historien de l'art, l'artiste dupliqueraient, sur un mode imagé, les relations entre Mentor et Télémaque et que sa discipline, sa méthode, ses recherches esquisseraient autant d'allégories d'Ulysse, abandonnant, laissant de grands vides, devant ou derrière lui, au gré de ses talents et de ses tropismes, attendant dans le vague à l'âme un retour de principe.

> « Le point auquel je suis parvenu dans l'histoire de l'art en dépasse déjà les limites, et bien qu'en examinant le déclin et la mort de cet art, je sois presque dans l'état d'esprit de celui qui, décrivant l'histoire de sa patrie, serait tenu d'en aborder la destruction qu'il a lui-même vécu, je n'ai pu m'empêcher de suivre le destin des œuvres d'art, aussi que l'on portait ma vue. Ainsi l'amante restée sur le rivage suit, les yeux baignés de larmes et sans espoir de le revoir, son amant qui prend la mer et qui croit en voir l'image dans la voile déjà lointaine. Nous n'avons plus, comme l'amante qu'une sorte d'ombre de l'objet de nos désirs ; mais cette silhouette nous fait d'autant plus regretter l'objet perdu ; et nous examinons les copies avec bien plus d'attention que nous ne le ferions si nous avions la jouissance des originaux. Nous sommes bien souvent dans le cas de ce qui, voulant connaître les spectres, croient les voir où il n'y en a pas : le nom de l'Antiquité est devenu un préjugé ; mais même ce préjugé n'est pas sans utilité[30]. »

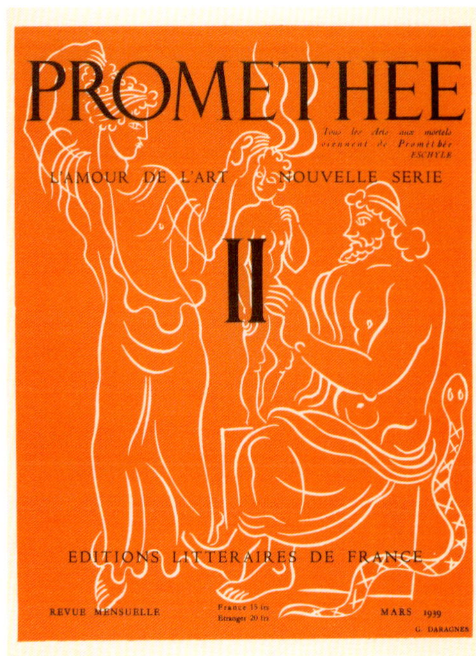

Prométhée n° II

Mars 1939, Collection particulière

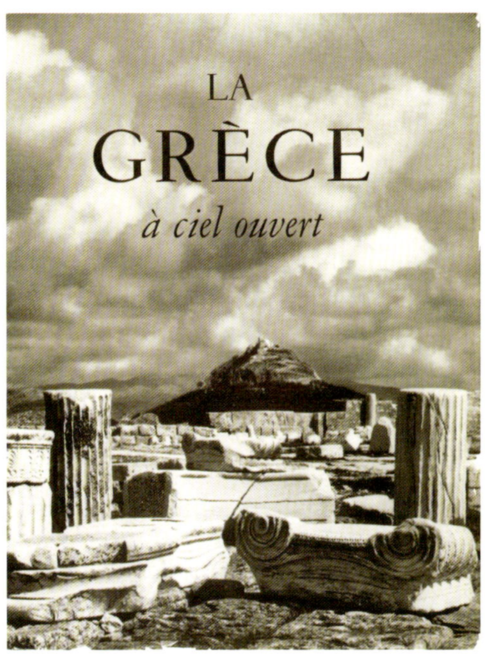

Pierre Jacquet
La Grèce à ciel ouvert

Lausanne, Éditions Clairefontaine, 1953, Bibliothèque Municipale de Lille

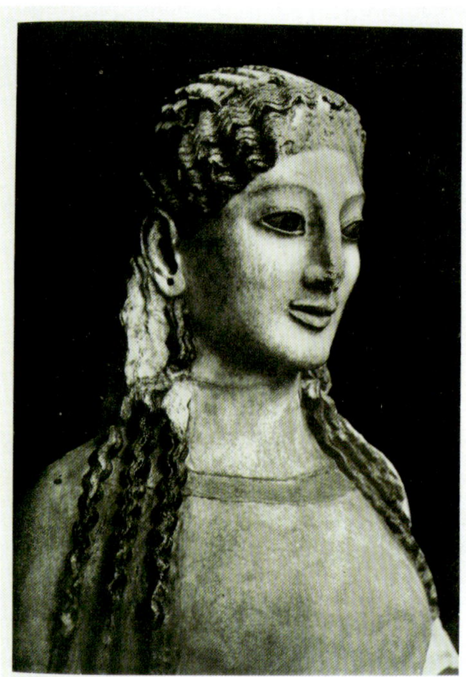

Cahiers d'art n° 7-10

1933, Donation Geneviève et Jean Masurel,
Musée d'art moderne Lille Métropole

TÊTE-BÊCHE

L'histoire de l'art moderne aurait surgi avant même que ses protagonistes aient éprouvé le besoin d'élaborer des outils de lecture, d'analyse, de comparaison ou de décryptage tout simplement parce qu'une envie de passer par les mots était devenue nécessaire avant même d'imaginer la disparition des œuvres, par exemple, celles décrites par Pausanias. Les artistes considéraient que la gravure venait fixer la connaissance mémorielle des sites tandis que les textes des classiques ou des guides documentaient les situations, les estampes en équilibre entre ces deux règles correspondaient à la fixation des ressorts narratifs dont le travail relevait d'une mnémotechnique. La Grèce qui impliquait la première histoire, philosophie et langue du monde connu, avait été souvent mêlée à un désir de renouveler moins les formes que les formulations des discours dont la prononciation nuancerait ou gauchirait l'assurance. Le message de la Grèce avait touché les artistes atteints du sentiment presque angoissant ou paniquant de l'invraisemblable isochronie entre leurs impressions, leurs engagements et leur savoir faire. Les deux moyens de reproductions privilégiés (estampe et photographie) avaient corroboré le préjugé, selon lequel, la Grèce aurait été une terre sans peinture, et donc sans peintre, au moins nominativement, même si bien évidemment la place et le rôle de la peinture étaient si complexes qu'ils devenaient indissociables pour les historiens du passage de l'objet d'art en sujet de l'art[31]. La Grèce n'avait pas été un pays sans peinture, sa proto-modernité résidait dans le fait que la peinture s'était progressivement effacée, avait été détruite ou déposée de son support d'origine, contenant, selon Albert Dresdner, chaque période en elle-même, chacune des classifications temporelles modernes où la peinture était devenue une valeur superflue[32]. La gravure et l'architecture avaient servi de support à une science qui, en ses origines, n'avait pas besoin d'être nommée, ni de s'entendre dire qu'elle était sans nom[33] mais de témoigner. La peinture apparaissait, d'après les études, les récits, lourde, chargée, opaque, rétive au moins dans les imaginations à toutes variations atmosphériques, purement spéculatives ses traces demeuraient à l'état de vestiges autant dans la polychromie des temples, des statues que dans les rues bariolées et dans les éventaires des échoppes, les tentes d'un marché et les baraquements aux échos homériques dont le pittoresque suppléait, par le vivant, toute tentative de représentation du peuple athénien, le passage d'une Grèce en noir et blanc à une Grèce en couleurs avait eu presque les mêmes résonances et répercussions que dans le cinéma. Un spécialiste comme Jean-Germain Tricot, qui avait délibérément aimé croire en l'absence de la peinture en Grèce, ne feignait pas même d'ignorer une des études de Georges Méautis qui avait rétabli au peintre sa place (entre artisan et noble) et son poids dans le fonctionnement de la cité antique grâce à une approche d'histoire de l'art nominative, conçue en sous-chapitres monographiques, élaguant dans son érudition pour montrer sa proximité avec une histoire de l'art moderne. Il n'avait pas été le seul à avoir besoin de dire que la Grèce demeurait foncièrement aride donc sculpturale et qu'elle était faite de l'archéologie des sites et de strates, de bas et de hauts reliefs. Jacques de Lacretelle reconnaissait que le Parthénon était mieux ainsi décoloré et doré par les lichens, disait-il, fin comme le pelage d'un lion : « Je sais, je sais… on va me répondre que ce n'est pas le vrai Parthénon que je regarde en ce moment ; que ce prétendu symbole de l'intelligence et de la mesure était non seulement bariolé de couleurs et surchargé de statues, mais transformé en étal de boucherie ; que telle était sa raison d'exister, et que c'est une fausse doctrine que de le représenter comme une conception sobre et intègre[34] ». Lacretelle ou Tricot ne mesuraient qu'ils prenaient part à un débat d'historiens opposant les tenants, comme Deonna, d'une histoire de l'art hiérarchisée au dogmatisme tout académique et ceux, comme Jean Cassou, qui comparaient, associaient et ne faisaient pas de différence entre les différentes périodes de l'art grec, tenant à sa « valeur intemporelle[35] » et davantage à la compréhension des phénomènes, à la mise en relation des formes qu'à une pratique positiviste de l'art. Finalement Deonna ne comprenait pas la faveur dont jouissait l'art grec primitif dans l'art moderne qui avait « ébranlé la situation morale du classicisme[36] » et dont la fortune

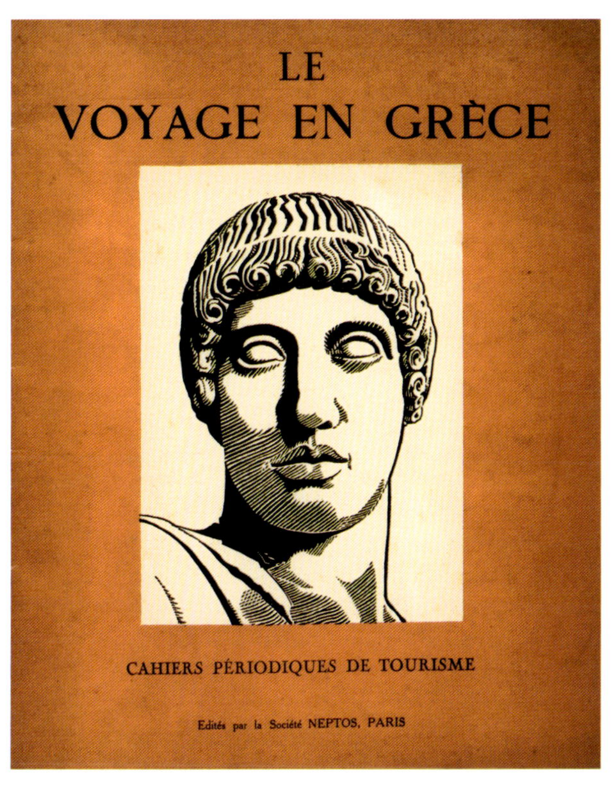

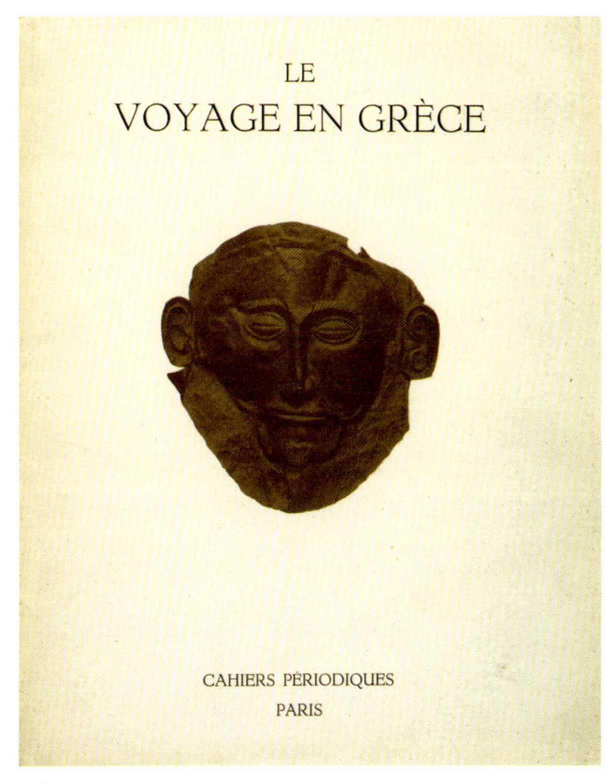

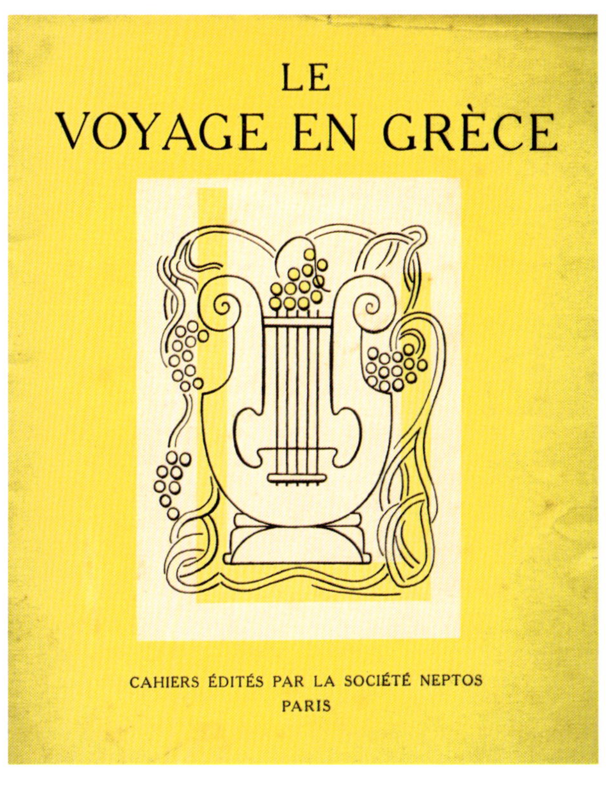

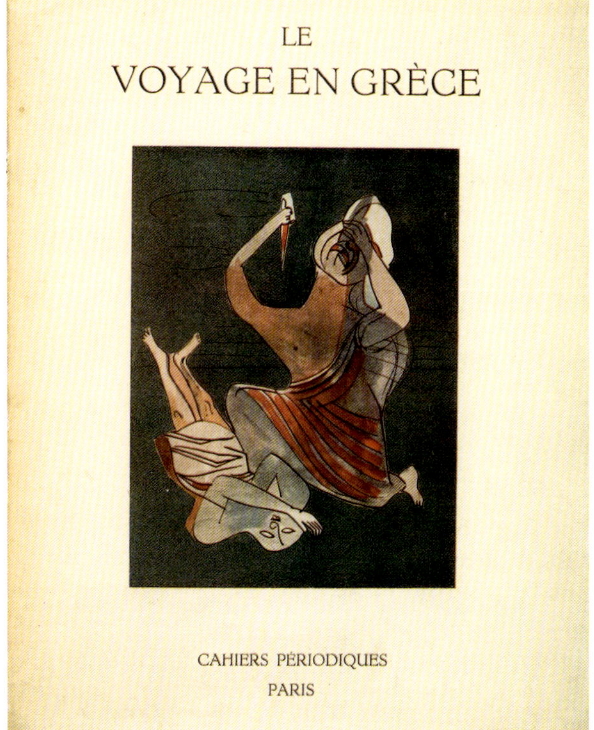

Le Voyage en Grèce
Printemps-été 1934, Collection particulière

Le Voyage en Grèce
Printemps 1939, Musée d'art moderne Lille Métropole

Le Voyage en Grèce
Été 1935, Collection particulière

Le Voyage en Grèce
Couverture de Francisco Borès
Été 1937, Musée d'art moderne Lille Métropole

n'était pas loin de constituer une injustice faite à la « Grèce des archéologues[37] ». La Grèce se différenciait de l'Italie, notamment autour de l'idée d'orignal et de réplique, la plupart étant des copies romaines en bronze éparpillées dans les musées étrangers, aux attributions complexes ou douteuses, il était peut-être moins périlleux d'imaginer que la peinture avait été effacée comme certaines villes, certains sites arasés ou seuls quelques amoncellements de pierres, deux fûts de colonne encore debout ou leurs bases aient pu suffire à donner l'idée d'un retour à l'antique moderne. La sculpture traversait mieux le temps que la peinture car même fragmentaire elle continuait souvent d'être admirable et d'encourager dans ses parts manquantes l'imagination. Hormis peut-être l'Acropole, il semblait difficile de s'imaginer la ville grecque[38], elle-même apparaissait dans les mémoires comme fragmentaire, mutilée plus proche du terrain vague que du plan d'urbaniste alors que dans les textes philosophiques ou de philosophie politique, la ville était le support même de la conquête de l'individu, appelé citoyen. Le Corbusier y avait certainement pensé lorsqu'il avait visité en quelques jours Pompéi où effectivement, par la comparaison, il prit conscience de l'absence de réelle civilisation urbaine en Grèce ce qui ne voulait pas dire que, dans l'habitat des Cyclades, ne s'établissaient pas les règles fondamentales d'un art d'habiter et de construire[39], il tenait ainsi à distance toute tentation d'idéalisation de la Grèce à laquelle il cédait, par ailleurs volontiers, par contraste et dans des termes qui excluaient le pastiche, tout plagiat et toute imitation, tout ornement superflu, toutes citations ou situations géographiques trop précises, c'était le passage du plan au volume, du mur à la plasticité de l'urbanisme[40]. La force de l'art grec dans le temps avait rendu possible l'analogie, la métamorphose d'un récit en une forme, façonnant celle-ci, pouvant loger la modernité dans les manques, dans les parties mutilées des architectures ou des statues ou dans le peu qu'il en restait parfois comme cette Victoire du musée de l'Acropole, décapitée qui, en rattachant la bride de sa sandale, touchait « l'idée de volupté rien que par l'âme des formes[41] » ou telle autre prenant instinctivement la position d'un tireur d'épine. Élie Faure, par d'autres sporades et d'autres équivalences, considérait que la Grèce antique préparait l'individu et rendait habitable l'idée d'un monde (éclaté en archipel, en cités) sans peinture[42]. Christian Zervos déplorait l'indifférence des cultures à l'égard de celles dites classiques notamment parce que les historiens de l'art ne s'étaient jamais véritablement « pris d'affection ».

> « Grâce à la gymnastique spirituelle de chaque instant à laquelle nous a soumis l'art moderne, nous sommes mieux préparés à évaluer avec un sentiment juste l'excellence des diverses composantes de l'art préclassique, à le situer plus exactement sur le plan de l'histoire de l'art et d'en être séduits. Le goût pour l'élan instinctif et pour la règle, l'attachement aux âmes passionnées en même temps que l'expression claire, ainsi que l'amour pour la poésie qui ne moud pas seulement des mots, tout cela est du plus pur et du plus incontestable esprit moderne[43]. »

De telles positions avaient conforté les relations et les échanges avec d'autres formes de l'art de la Méditerranée et avec les moyens de connaissance d'une civilisation commune sur laquelle la fondamentale intuition archéologique projetait désirs et fantasmes, contenu latent et manifeste, impasse et refoulé. La psychanalyse avait considérablement changé le rapport à l'archéologie, Freud était apparu, dans sa relation aux antiques, aussi bien l'Européen bourgeois cultivé fasciné par le polythéisme, les incarnations de toutes sortes du génie de l'antiquité que l'inflexible et salvateur monothéiste, celui de dieu le père ou de Moïse l'avant-courrier[44]. Il avait senti que l'antique relevait de la survivance et du deuil infaisable tandis que l'art chrétien de la sécularisation et, s'en vouloir rendre l'Europe orpheline de ce qu'il l'avait constituée, il avait imaginé qu'une telle relation avait certainement eu des conséquences sur la psyché d'une civilisation, empruntant à la mythologie ses complexes et ses transferts, tâtonnant avec le désir de trouver à chacun des termes de la psychanalyse des

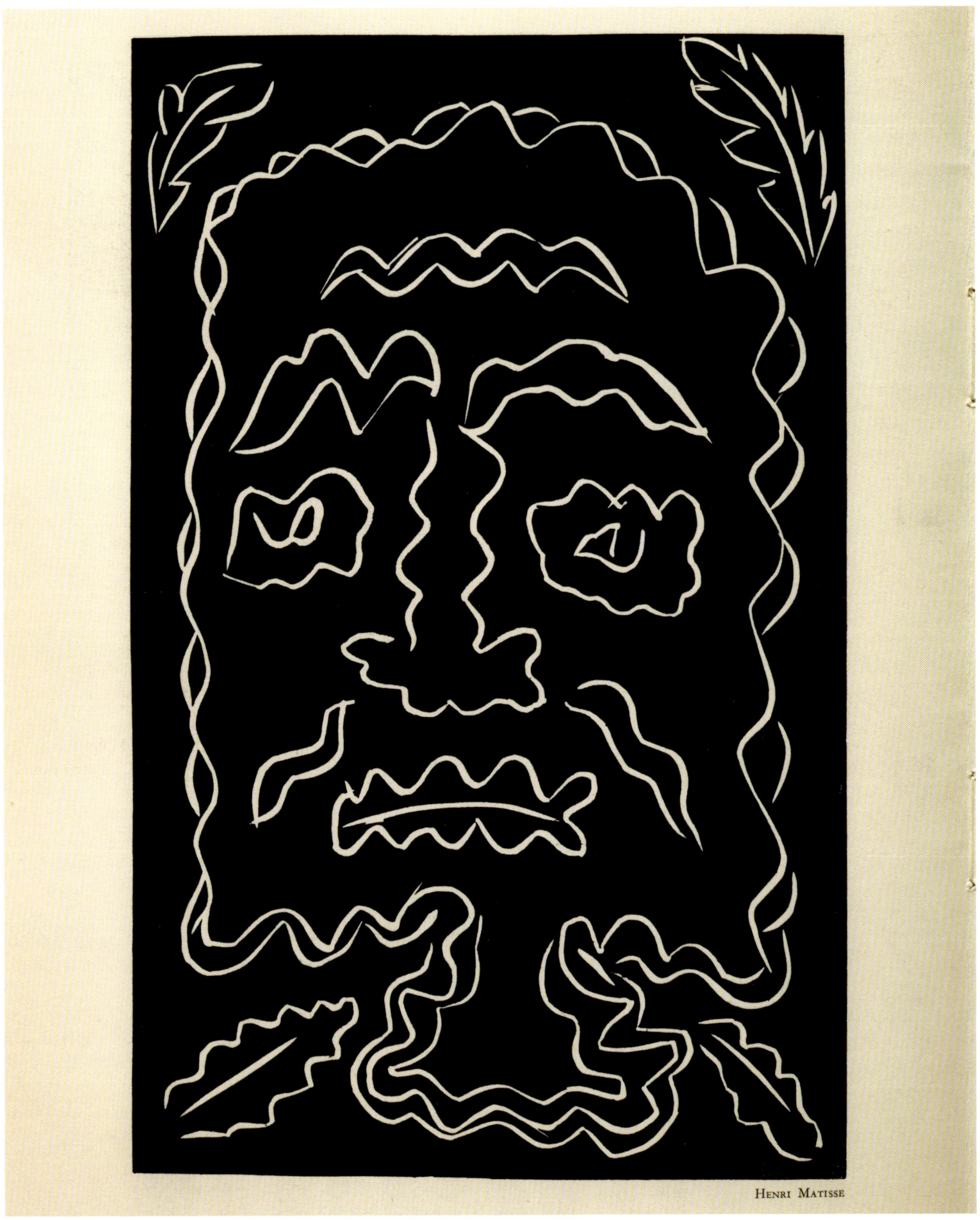

Messages de la Grèce

« Portrait présumé d'Homère » de Henri Matisse

1946, Collection particulière

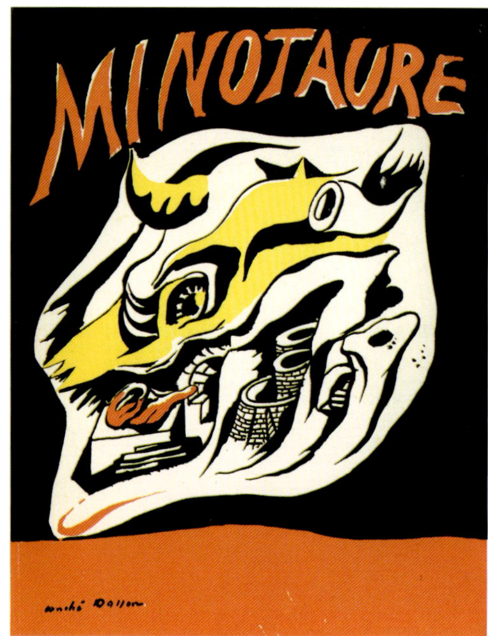

Minotaure n° 12-13
Couverture d'André Masson

Mai 1939, Bibliothèque municipale de Lille

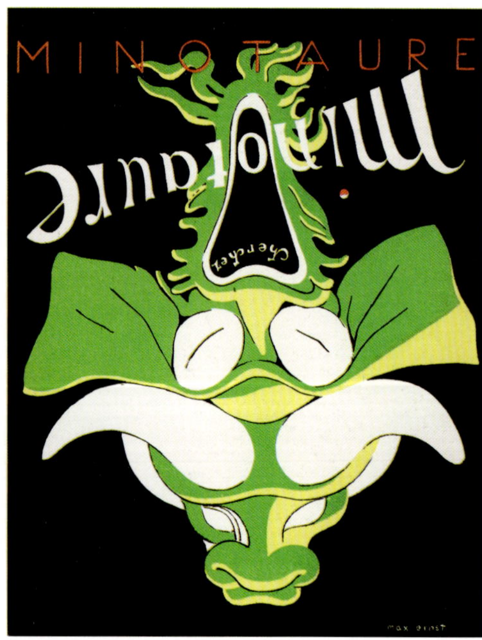

Minotaure n° 11
Couverture de Max Ernst

Mai 1938, Bibliothèque municipale de Lille

correspondances dans la méthode graphique. Il était pratiquement impossible pour l'Européen voyageur, pour l'écrivain ou le chercheur d'aborder la Grèce sans mêler, à la rémanence, des réflexes de sécularisation et, par conséquent, de ne pas gauchir tout principe de retour. Le fait d'extraire, d'imaginer ou de reconstituer suscitait échos et répercussions que Claude Michel Cluny avait un peu ironiquement appelé, avec son sens des formules, le faux masque funéraire d'Agamemnon qui était en réalité celui de Freud[45] dont les conséquences, auxquelles lui-même n'avait pas encore songé, équivalaient à la « chute des masques ». La Grèce était obligatoirement un paradigme de ce que la logique et la méthode auraient fait à l'histoire et à l'histoire de l'art, les conséquences se plaçaient à un niveau philologique et sémantique suivant une sorte de nouvelle acception archéologique. « L'archéologie, c'est la constitution d'une surface d'inscription. Si vous ne constituez pas une surface d'inscription le non-caché restera non visible. La surface, ajoute-t-il, ne s'oppose pas à la profondeur (on revient à la surface), mais à l'interprétation[46] ». Une conception archéologique de la peinture grecque avait rendu nécessaire l'utilisation de ses outils et de ses emblèmes (le trait, la répétition et l'imitation) pour faire apparaître de nouveaux « rapports entre des formations discursives et des domaines non discursifs (institutions, évènements, pratiques, processus)[47] ». Les auteurs, les critiques avaient éprouvé profondément le besoin d'accéder à un pays et d'entretenir un imaginaire où la peinture était à son état le plus fruste, arrivé à son stade de délabrement ou de destruction ; lorsque la peinture s'était absentée, avait été détruite ou lorsqu'elle ne se réduisait plus qu'à une situation contingente et transitoire. L'art en Grèce s'était mis à parler à la modernité avec la même ambiguïté et le même ton que l'histoire, dans *Les mémoires d'Hadrien*, il avait adopté les principes du roman contemporain, il ne décrivait pas la possibilité de rendre proche la langue grecque ou latine par le biais de l'érudition ni par l'étude des classiques ou la traduction mais de souligner les effets multiples de ses récits, déplaçant une situation temporelle du passé en une condition matérielle du présent. De la même manière ou pour les mêmes raisons, les situations avaient prévalu sur les sites qui avaient surpassé les personnes, peu de récits ou de romans avaient fait l'économie des étapes célèbres (principalement des cités), qui de la géographie s'étaient transformées en une sorte de doxographie et doxagraphie de la citoyenneté. Le mouvement était contraire de celui qui poussaient les artistes au voyage, ils voulaient rattraper un pays *qui n'allait pas vers* qui, au contraire, essayait de se dérober[48]. Les artistes graveurs y avaient été particulièrement sensibles, notamment parce que la technique de la gravure impliquait des gestes plus sculpturaux, de taille douce et directe, de volume même mince, fait de contact et d'aspérité, elle épousait en quelque sorte la minéralité du pays, les dépôts lapidaires, les chaos naturels, les gouffres ou les montagnes, sans compter les pentes abruptes qui accueillaient toutes sortes de rêveries en creux, en rehaut en lui donnant la légère épaisseur d'un plan-relief gigantesque un peu fou ou à la manière d'un moulage ou d'une empreinte. Tous ces chantiers de fouilles alimentaient « l'Académie des Inscriptions » ou alors un paysage qui ressemblait à s'y méprendre à une rocaille[49] qui se refondait sans cesse, sensible à l'anamorphose que la gravure rendait si pleinement parce qu'elle tendait des pièges au bon gré mal gré de ses métaphores filées (filets). La Grèce apparaissait donc comme un vaste champ de fouilles, plaque à l'échelle d'un pays qui matérialisait, par différents moyens de reproductions, le lieu pour graver ces découvertes et créer de toutes pièces une autre *carrière centrale* poétique dans laquelle prenait sens « le sens des formes ». Une réflexion de Jean Cocteau, apparemment incidente croisée à la spécificité d'un support privilégié (l'estampe) et d'un milieu favorable (le réseau éditorial) laissait rêveur sur le choix déterminant la technique. « Les bibliophiles interdisent la photographie. Les dessins exacts sont impossibles dans une épopée[50] ». Or, dans les revues *Verve*, *Minotaure*, les *Cahiers d'art*, *Vingtième siècle*, la prolongation d'un support dans l'autre, les échos formels entre photographies et gravures, impressions et imprimés, héliogravure et chromophotographie étaient une pratique expérimentale quasiment constante, les raisons techniques ou de mise en page, de rythme ou d'alternance ne suffisaient pas

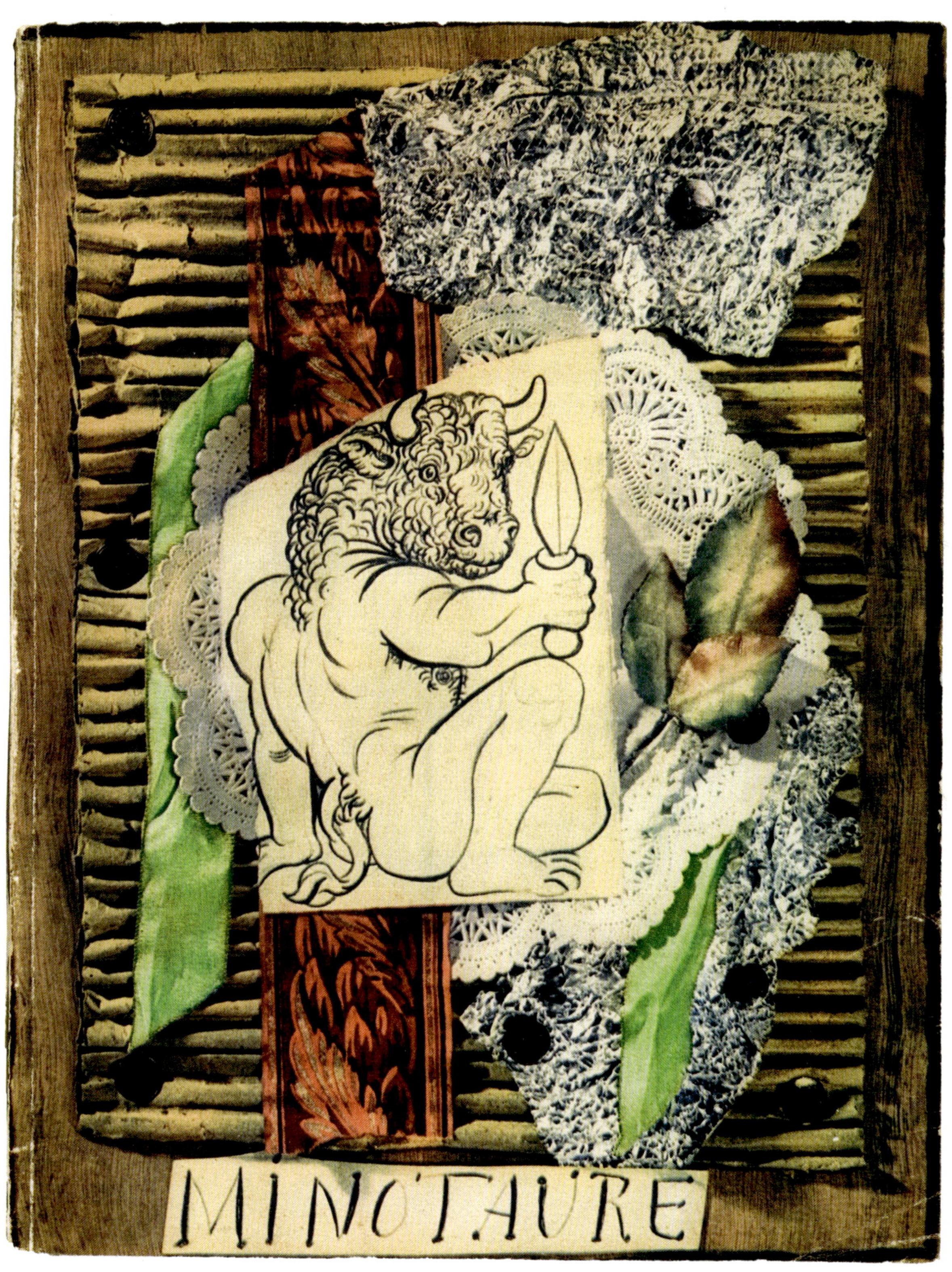

Minotaure n° 1
Couverture de Pablo Picasso

Juin 1933, Bibliothèque municipale de Lille

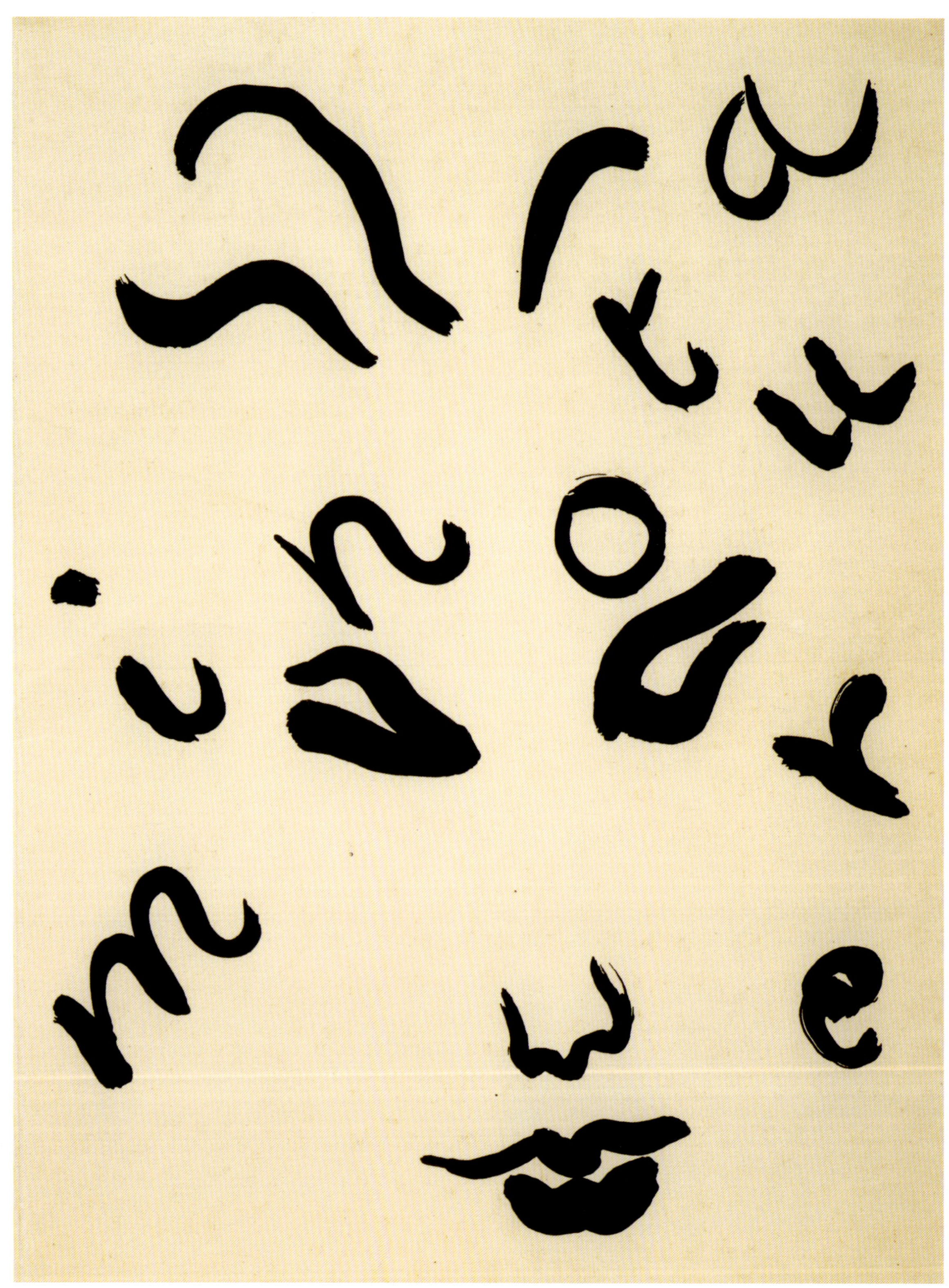

Minotaure n° 9
Couverture de Henri Matisse

Octobre 1936, Bibliothèque municipale de Lille

à expliquer les relations entre ces deux modes d'illustration. L'influence du photo-journalisme d'art sur l'ensemble des textes anciens illustrés avait permis de les rendre plus accessibles, moins savants, de les dédramatiser par un moyen quotidien en les mêlant à une imagination qui se nourrissait largement de l'actualité et qui incorporait la photographie aux visions du passé pour exploiter leur valeur d'anachronisme et la crise future de la représentation. La photographie avait eu une influence considérable sur la gravure dont les conséquences, loin d'être transparentes, bouleversaient en un jeu de circulations complexes, l'apparition et la disparition d'une histoire de l'art qui devait apprendre à parler de ce qu'elle n'avait plus sous les yeux ou de ce qu'elle n'avait jamais vraiment vu ou encore de ce qu'elle voyait désormais grâce à de nouveaux supports faisant de chaque dieu ou demi-dieu un « grand photographe virtuel[51] ». Cocteau avait peut-être ainsi signifié que les dessins (les reports) de l'épopée étaient impossibles, non qu'aucun épisode ne puisse se prêter à une forme d'illustration, simplement ces péripéties, qui auraient dû être prises dans leur symbolisme, supposaient une compréhension interne des faits, presque psychologiques ou plus exactement psychanalytiques, les récits étaient davantage aptes à révéler les troubles (y compris ceux de la mémoire) et à ne négliger aucune résonance plus qu'à restituer la découverte ou l'arpentage des sites, elle plaçait le flâneur dans une situation temporelle confuse car personne ne savait exactement ce qui s'était joué de la Grèce hors de la Grèce. La Grèce « idéologique et académique » occultait souvent la multiplicité de sa pensée, les phases contradictoires de sa préhistoire et de son histoire, l'amplitude chronologique et stylistique favorisaient la cohabitation de théories fondamentalement opposées, tiraillées entre l'hédonisme et le pyrrhonisme, entre les excès dogmatiques ou l'ascé-tisme[52] qui ne réduisaient pas l'héritage du pays à une ambiance et à un décor, cette Grèce n'était pas forcément celle du Palais de Cnossos ni celle de la Villa Kérylos, celle des reconstitutions à partir desquelles Mario Praz avait pu fonder les nuances séman-tiques et sentimentales du goût néoclassique, réfléchissant à partir d'imperceptibles graduations qui existaient entre l'ambiance, le décor ou l'ornementation. L'histoire de la Grèce antique avait établi la relativité temporelle de la modernité, elle annonçait, avec mesure et démesure, non sans malentendu prophétique, la fragilité obscure de tout devenir, de ce que deviendrait toute forme d'art lorsqu'il aurait disparu. La gravure n'était pas plus attirée vers le répertoire néoclassique, ni plus sensible à l'architecture mais parce que les pierres, les anfractuosités, les colonnes avaient un lien tout matériel avec le geste et les instruments du graveur, à commencer par la lithographie, une association et une analogie s'étaient faites entre imagination archéologique et traité de la gravure[53], quelque chose en Grèce parlait de sa pratique parce que la pierre affleurait partout et lorsqu'il ne s'agissait pas de cet âge de pierre, les métaux recueillis lors des fouilles répercutaient l'âge de fer qui, du *Museum metallicum* d'Aldrovandi aux traités de gravures, décrivait visuellement « la métamorphose de la forme naturelle en forme artis-tique[54] », le chaos organisé et l'ordre organique du cabinet de curiosités et de l'amateur. Le pays, ainsi subsumé, aurait rapproché sophistications langagières historiques et moyens les plus frustes, cette segmentation séquentielle préhistorique signifiait, aussi paradoxal que cela puisse paraître, que le trait, l'incision n'excluaient nullement la peinture ni ces découpages spatiaux, ces abattements d'ailes, ces replis, ou le report des ombres par de simples hachures qui renvoyaient, pour Henri Laurens notamment, autant à une façon d'écrire dans l'espace en creusant des volumes et des vides qu'à une conception de la production de l'art. L'aporie sous-entendue dans la relation entre gravure, grécité et modernité était particulièrement saisissante pour le livre illustré qui avait eu à s'affranchir moins des classiques que du tribut architectural soutenu par le carcan typographique renaissant. Il n'était pas si simple de réintégrer la Grèce classique et par là même une certaine idée du rationalisme (qui disait toujours juste ce qu'il fallait et qui semblait toujours en savoir un peu plus), les artistes avaient trouvé une parade, en ne réduisant pas la référence à la grécité à une modénature ou à un ornement, ils approchaient « l'esthétique de l'âme, de la terre et de l'histoire grecques »[55] par l'exégèse

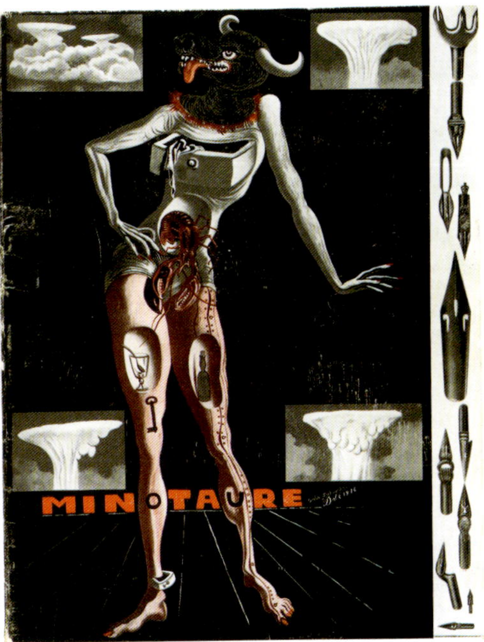

Minotaure n° 8
Couverture de Salvador Dali

Juin 1936, Bibliothèque municipale de Lille

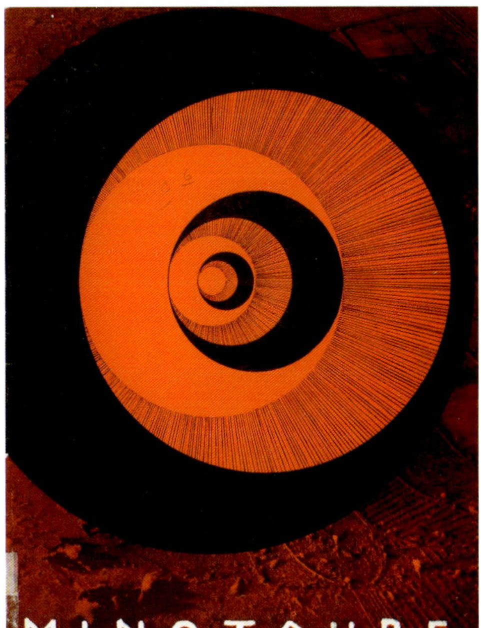

Minotaure n° 6
Couverture de Marcel Duchamp

Décembre 1934, Bibliothèque municipale de Lille

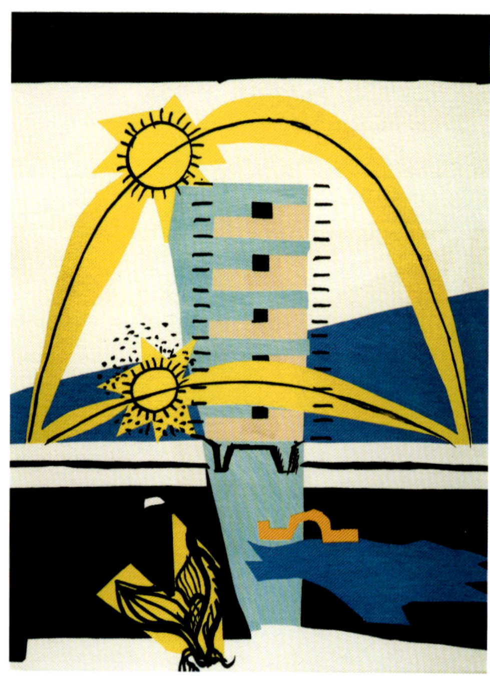

Le Corbusier

Poème de l'angle droit
Lithographies

Paris, Tériade, 1955, legs Maurice Jardot,
Musée d'art moderne Lille Métropole

et l'instrument stylistique. Les ruines de ces motifs architecturaux étaient suffisamment fragilisés, déstabilisés et intégrés au paysage pour qu'il n'y ait pas de risque ou de velléité de reconquête architecturale sur le livre et sur la gravure, grandement tributaire des marges, des colonnes, ayant longtemps dû s'astreindre à suivre et à intégrer les plans des palais ou des monuments remarquables, et souvent contraint de suivre certains principes vitruviens que le graveur ou l'artiste feignaient pourtant n'avoir jamais connus. Aussi ne manquaient-ils jamais, soit dans la fable, soit dans le traitement, d'indiquer ce retour de la nature qui colonisait temples et métopes, architraves et frontons et défendre le naturalisme contre l'académisme tel que la Grèce et les arts primitifs avaient permis de le redéfinir[56]. Ils avaient suivi l'exemple de l'aménagement des jardins à l'anglaise qui, pour associer les *tempietti*, avait concilié les deux (retour à la nature et architecture), rapprochement que Panofsky avait appelé « un classicisme pittoresque » suggérant que ce dernier pouvait répondre aux normes d'une désinence toute classique[57] et imiter l'ordre véridique d'une nature sans fard. « Il me semble, en effet développe Zervos, que la clé de l'histoire de l'art grec c'est la question du spectacle naturel, autrement dit, le principal facteur de l'art grec, c'est le paysage. Ni les coutumes ni les mœurs, ni la religion ni les lois n'ont joué un rôle aussi déterminant que le paysage dans la formation de l'esprit grec[58] ». L'art grec se prêtait de bonne grâce à la reprise en main d'une histoire naturelle et naturaliste de l'art, basée sur la disparition des œuvres et à la volonté de retrouver l'origine matérielle de la forme classique grâce à la nature dont la puissance était toujours préhistorique[59]. La distinction entre gravures originales, de reproduction ou d'interprétation n'était plus l'unique préoccupation, pas davantage que la course aux attributions ; le livre illustré était fondamentalement autonome lorsqu'il dotait d'un peu de toutes ses caractéristiques les illustrations, il ne respectait ni les catégories chronologiques ni matérielles tout en paraissant déférent envers les sujets ou une certaine tradition iconographique, fidèles à une compréhension en profondeur ou de longue date qui se perpétuait malgré leur apparent irrespect ou leur négligence. Le Corbusier avait harmonisé architecture, illustration et grécité grâce à la voix analogique et n'avait pas craint, dès *L'esprit nouveau* et surtout dans *L'art décoratif d'aujourd'hui* de procéder à des rapprochements saisissants qu'il expérimentait concrètement dans la mise en page, afin de voir autrement les déplacements entre architecture et gravure, entre construction et illustration, entre machinisme et mythe, entre mécanisme et inconscient, situant dans chacun de ces interstices respectivement la méthode, le plan, la plasticité, l'automatisme. Dans ses livres illustrés[60], Le Corbusier avait privilégié la lithographie d'un rendu plus organique et pictural qui mangeait littéralement les volumes et rompait peut-être l'équilibre de ces architectures en balance et en porte-à-faux, il jouait un peu trop savamment des analogies pour qu'il n'y ait pas tout un système complexe mis en place de longue date, depuis toujours ou presque, qui réduisait la Grèce à quelques motifs stylisés, à quelques volumes, à quelques aplats, à quelques attitudes (courbures, cambrures, mouvements du corps…), à quelques ustensiles, symboles ou animaux communs et à leurs contours fabuleux qui animaient les espaces de leurs traits amples et majestueux, peuplant les vides ou les ombres portées d'un équivalent graphique de la clameur. Il avait ainsi modifié le regard sur la Grèce par la Grèce même, particulièrement dans deux ouvrages se partageant « tics et rites[61] » dont la désinence et la destination, profondément distinctes, martelaient le projet grec comme une « idée fixe[62] ». L'historien chercherait en vain, peut-être, à quelle image de la Grèce faisait-il alors allusion, celle du voyage, celle de l'architecture, celle de l'antiquité ? L'énigme d'un texte manifeste *La Charte d'Athènes* qui demeurait de son origine puriste à sa rédaction et sa publication en pleine occupation démentait une approche qui se bornerait à le lire uniquement comme un traité d'architecture ou d'urbanisme. Il fallait peut-être les pistes élégantes et distanciées, encore que pleines du sentiment national, de la préface de Jean Giraudoux[63] pour comprendre certaines équivalences ou prophéties parodiques qui dépassaient largement l'art de construire. La place faite aux monuments, sinon le sort, ne paraissait pas centrale ni d'une grande utilité pour l'artiste moderne ou l'illustrateur. Sa fonction se situait donc ailleurs et résonnait peut-être mieux confronté au texte de Fernand Léger sur les équivalents plastiques, chaque grande réalisation se valait lorsqu'elle conservait la précision malgré les aléas du temps qui, sans rien avoir à envier ni de commun avec l'art de l'ingénieur « était fini comme un microscope[64] ». *La Charte d'Athènes* était l'antipode du dialogue imaginé par Paul Valéry *Eupalinos ou l'architecte*, l'un prônait une pratique dialogique du classicisme qui n'excluait aucun des doutes, l'autre une réflexion plus monologuale de l'antiquité, un manifeste davantage qu'une philosophie de l'architecture. En griffonnant sur une version ancienne et répandue de *l'Iliade*, sur ce qui était considéré comme l'archétype même du beau livre, Le Corbusier avait franchi une limite, il s'appropriait en surimposant aux gravures fines et pondérées du livre illustré classique le nappage et la liberté, tout en restant fidèle aux motifs gravés qui apparaissaient sous ses dessins, il y instillait des notions aussi essentielles à la gravure que le stress, la violence, l'arrachement. Le Corbusier avait préféré donner plus d'ampleur à l'illustration et donc à l'épisode que l'iconographie d'origine avait rendu un peu étriqué, en faisant ressortir les expressions toutes faites qui scandent les chants composant l'*Iliade* pour souligner le débordement, il allait jusqu'à bouleverser le sens de lecture, son intervention transformait l'image d'origine, celle-ci devenait horizontale[65], souvent elle pouvait se lire dans les deux sens, obligeant le lecteur à manipuler son exemplaire et ainsi à dédramatiser l'épisode ou encore à « allonger » la représentation et la déplacer sur un autre plan. Le Corbusier avait décrit, à grands traits, une sorte de courbe et d'ellipse comme s'il redonnait au récit une valeur symbolique, non contingente, qui ne témoignait qu'accessoirement des mœurs, des coutumes, des liens de parenté. Cet exemplaire unique aurait pu n'avoir aucune réelles conséquences sur la pratique de l'estampe et serait resté une sorte de curiosité ou de prototype précieux si *Le poème de l'angle droit*[66] ne venait pas concrétiser et incorporer à la gravure (et pas simplement par le biais de la lithographie) la couleur sans que celle-ci ne respecte le tracé ni même le texte qui avait abouti à une théorie. Ces correspondances ne se faisaient plus d'une façon synchronique, au fil de la lecture selon le déroulement de l'intrigue, l'ordre de l'illustrateur n'était pas exactement celui de la lecture ni du déroulement d'un récit ou d'une intrigue. Le Corbusier avait annoté certains passages, ou parfois entouré un mot ayant retenu son attention, de sorte que ces indications puissent devenir les repères se reportant à son propre dessin, les mufles du destin sanglant du Minotaure que « l'on égorge, on dépèce ; on découpe les cuisses ; des deux côtés on les couvre de graisse ; on dispose dessus des morceaux de chair crue[67] » ou encore Iris qui entraîne Hélène sur les remparts de Troie pour contempler le champ de bataille depuis les portes Scées, soutenue par ses suivantes, Éthré et Clymène, et assister à la représentation « incroyable de l'histoire[68] ». Par la voie empirique et l'introduction de l'unique dans le multiple, cet exemplaire avait induit une nouvelle faculté des moyens et des détours pour illustrer la relation entre un sujet, son substitut et sa survivance. La peinture qui n'était pas secondaire en Grèce, était placée au même niveau que les autres techniques et pratiques, la façon dont les artistes allaient s'approprier ce préjugé ou le faire perdurer aidait justement à comprendre la nature même de leur rapport à l'antiquité. L'absence de référence à la peinture grecque ou pseudo-grecque avait déterminé la nature de leur néo-classicisme, ils n'échappaient pas plus que les autres à la méconnaissance, à l'étrangeté d'un répertoire qui ne correspondait que rarement à ce qu'il avait pu paraître. Les artistes et les écrivains n'avaient peut-être jamais si bien vu ou perçu la peinture grecque qu'à Naples au Musée Archéologique, en errant dans Pompéi ou encore dans Rome, ils étaient libres de faire le lien s'ils le souhaitaient avec la poésie des sites grecs ou de préférer la stylisation brossant à larges traits les paysages et noyant le pittoresque ou l'anecdotique dans quelque chose qui les dépassait. Le désir d'analogies comptait pour beaucoup dans l'intention, si stimulante pour l'imagination, de découvrir les traces de ce passé glorieux et l'imprégnation littéraire dans les curiosités naturelles (pierres, pommes de pins, cailloux, coquillages, galets, bois flottés), dans la fabrique des styles et d'une certaine manière de se mettre dans la position du chercheur, de l'archéologue dont le but, qui était une disposition d'esprit tantôt horizontale tantôt verticale, n'avait pas été le trésor mais sa valeur de trouvaille et peut-être même de retrouvaille[69].

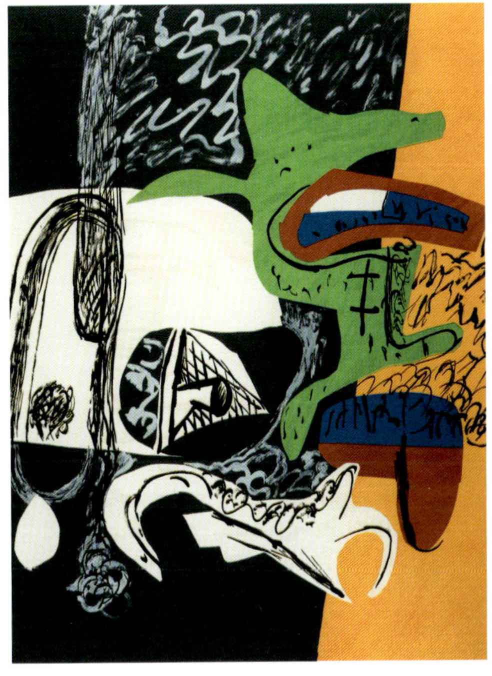

Le Corbusier

Poème de l'angle droit
Lithographies

Paris, Tériade, 1955, legs Maurice Jardot,
Musée d'art moderne Lille Métropole

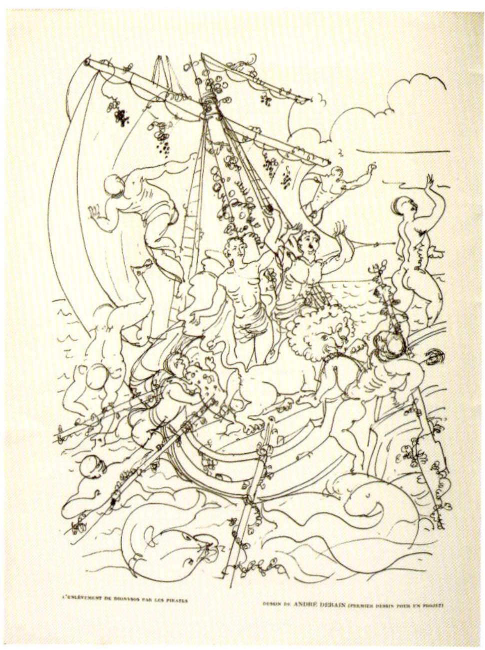

Messages de la Grèce
Illustration d'André Derain,
« L'enlèvement de Dionysos par les pirates »

1946, Collection particulière

CROISIÈRES OU PIRATES ?

Le désir de retour, le renouveau contradictoire de la Grèce n'étaient pas uniquement imputables à un fait sociologique et économique consécutif à des crises, à un développement du tourisme, à d'habitudes nouvelles ou à une affaire de goût, d'attirances comme le laissait sous-entendre André Gide[70] ou Jean Cocteau qui l'exprimait sans ambages lorsqu'il avait découvert son caractère mortifère et phantasmatique. L'effet de mode n'expliquait pas ce retour ambivalent auquel le répertoire de l'art et de la littérature « art déco[71] » s'étaient montrés particulièrement réceptifs et dont les lignes et les motifs grécisants incarnaient la stabilité dans le temps de l'art décoratif en dépit des changements du goût. « Il faut bien se résoudre à le dire pour la simple bizarrerie du fait : la Grèce est une idée qu'on se forme et qui se forme continuellement sous un ciel apte à ce genre de phantasmes au point qu'on se demande si la Grèce existe, si l'on existe lorsque l'on y voyage, et si toutes ces îles et cette Athènes où vole le poivre des poivriers, ne sont pas une fable, une présence aussi forte et aussi morte que celles de Pallas, par exemple, ou de Neptune. On se demande et on grimpe comme chèvre à travers les ossements des rois embaumés par ces immortelles d'où l'orage dégage une tisane d'odeurs aussi vivantes et aussi défuntes que cette aurige qui marche sans bouger les pieds et traverse les siècles avec son regard pareil à la canne blanche d'un aveugle[72] ». De telles résonances et répercussions œdipiennes, qui avaient été interprétées d'une façon un peu trop monolithique, avaient nimbé d'une coloration homogène la conjoncture artistique des années 1920-1930 alors que des distinctions s'établissaient dans les différentes modalités du retour, selon que cette appropriation puisait plutôt dans la romanité ou dans la grécité. Les artistes avaient peut-être fini par admettre que l'idéal grec et son répertoire les plaçait face à ce qui caractérisait, selon Ernst Hans Gombrich, le mieux l'apport des Grecs à l'art des Grecs, c'était « le désir de visualisation[73] » seulement cette aspiration avait supposé une inflation descriptive qui était devenue indissociable du fonctionnement sémantique de la peinture moderne, la façon naturelle d'intégrer des références, plus ou moins anciennes, contradictoires, libres et parfois purement imaginées ou erronées ainsi qu'une certaine mythologie inhérente à son discours. « L'absence de la catégorie *art* dans la culture grecque et dans celles qu'elle a informées par la suite ne constitue pas une lacune mais une ontologie. C'est la marque d'une plénitude, ajoute Régis Debray, non d'une insuffisance. Et le peu de considération réservé aux tailleurs d'images ne procède pas seulement d'une indignité sociale mais d'un constat philosophique d'inanité[74] ». N'ayant pas tellement le choix entre « redondance et errance[75] », la Grèce troublait la tradition limpide des voyages en Méditerranée où le glissement progressif de l'armateur à l'amateur que favorisait la quasi-homophonie, l'oscillation entre le guide touristique et l'essai érudit, l'impossibilité d'établir une histoire sur des certitudes, la possibilité en revanche de laisser libre cours à la spéculation lui avaient peut-être conféré une sorte de spécificité. Une annonce parue dans *Les Cahiers du Sud* dont les encarts publicitaires étaient largement dédiés aux compagnies de croisière, aux banques, aux réseaux ferroviaires, aux embarcations de toutes sortes, aux messageries maritimes, aux comptoirs commerciaux caractérisaient assez fidèlement l'esprit du voyage en Grèce, en marge de l'exotisme et de l'esprit colonial, comme si le pays avait gagné en autonomie un peu à la manière de ce charme discret que Marguerite Yourcenar trouvait « à une Athènes que l'on ne reverra plus », tout à la fois, celle de l'Antiquité, de la diplomatie, de la géographie et de la création de toutes pièces d'une bourgeoisie cosmopolite étrange sinon étrangère[76] qui ne savait pas bien sortir du XIXe siècle. Pas de slogan, pas de réclame, l'encart publicitaire des *Cahiers du Sud* était accompagné d'un texte de Jacques Boulenger « le touriste littéraire[77] » qui brodait sur la tradition se modernisant des vacances culturelles, les organisateurs des croisières proposaient alors d'animer, le séjour de leurs passagers à bord, de conférences, en faisant appel à des écrivains et des professeurs connus. Après avoir d'une façon attendue filé la métaphore de l'Odyssée, répondant ainsi au nom donné à ce voyage « Les escales d'Ulysse », après avoir flatté la mer Méditerranée, avoir su être aussi elliptique en évoquant le collier d'Hélène, didactique face au chapelet des Cyclades et chanté le ciel dans la mer (et inversement) où « les mouettes calligraphes traceront avec art sur l'azur les huit invisibles dont elles encadraient déjà le vaisseaux d'Ulysse. Et emplissant une fois encore le ciel de son impitoyable fête, le soleil épousera comme jadis cette mer déserte et nue, étendue entre ses rives aux courbes pures[78] », il promettait une récompense aux voyageurs qu'ils ne pourraient obtenir qu'à bord d'une croisière sur la Mer Égée. La vraie valeur du voyage en Grèce résidait dans l'oubli, non pas le déni de la mémoire, ni l'inattention aux tracas politiques, sentimentaux, pécuniaires, les passagers pouvaient effectuer ce passage, entre la reconnaissance et la rémanence, dans la suspension du flux descriptif et du temps diégétique[79]. Parmi les conférenciers réputés, André Bellessort qui allait d'un pays à un autre, d'une spécialité à l'autre, de la traduction au roman, du reportage à l'enseignement, avait pris l'habitude de se déplacer « parmi les âmes étrangères » à un moment où l'histoire de l'art et de la littérature avaient, non pas nouvellement conscience de leur appartenance nationale mais avaient eu l'impression de faire face à une réelle crise d'inspiration. Le retour à des sujets identifiables, connus ou visibles avait semblé être le meilleur des moyens pour s'en protéger. De ce besoin dérivait celui de définir l'âme d'un pays et ses prolongements, grand mythe imagologique. André Bellessort s'attardait donc parmi les âmes étrangères comme s'il traversait un monde en ruine, ses errances et ses impressions, d'ordre plutôt littéraire, visaient chacune des spécialités du pays. Lorsqu'il brossait le portrait de l'autre, Bellessort esquissait toujours les tropismes identitaires ou nationalistes de deux pays, en l'occurrence (l'Allemagne et la Grèce) par le truchement, plutôt insidieux ou insinuant, de la relation des Allemands au monde méditerranéen et au néoclassicisme romantique, colonisation scientifique, politique et architecturale de la Grèce[80]. Le livre de Bellessort se voulait une instrumentalisation adroite, sous couvert d'un vague pacifisme et d'une élégance toute humaniste, de ce qui préoccupait plus fondamentalement l'Europe avant et pendant la pluie. Il critiquait au passage son alter ego allemand Emil Ludwig, et quelques figures marquantes de l'histoire des mentalités en ses frontières aussi diplomatiques qu'aux accents subtilement racistes comme Sieburg et Curtius qui avaient, malgré tout, un mode d'approche et un imaginaire proche qui transformait l'image de l'autre en intrigues d'ambassade ou en chuchotements dans les couloirs d'un institut, en enjeux géostratégiques. Sous prétexte de rendre compte de l'ouvrage d'Emil Ludwig sur Heinrich Schliemann qui a cru découvrir Troie et qui a néanmoins découvert Mycènes dont le portrait en pied, fils de pasteur et épicier érudit, dédramatisait l'aura de prétention que tout rapport à l'antiquité risquait d'avoir, pointant non sans un léger mépris la relation beaucoup moins lointaine entre l'archéologie et le commerce, il faisait, non sans un certain snobisme, une différence entre chantier et champ de fouilles, entre archéologue et entrepreneur. Il coûtait à André Bellessort de trouver au savant allemand une sorte de « génie », pour des raisons de suprématie culturelle par rapport à l'hellénisme à la française qui n'avait pas de conquêtes archéologiques aussi fameuses que celles de l'aventurier un peu pirate, polyglotte accumulant erreurs et trésors, allant un peu trop vite en besogne, toujours un peu trop entreprenant comme s'il allait de l'avant.

> « Il (Emil Ludwig) fait d'Heinrich Schliemann un génie. C'est se moquer du monde. Schliemann fut simplement un original, servi par un don des langues extraordinaire et par un savoureux mélange d'opiniâtreté autoritaire, d'esprit pratique et d'idéalisme. Représentez-vous un épicier, qui parle toutes les langues, l'ancien grec comme le grec moderne, qui adore Homère, et qui, dès qu'il a lâché ses barils de pruneaux, court explorer les ruines du palais de Priam ou le tombeau d'Agamemnon[81]. »

Bellessort ne dépassait pas les clivages franco-allemands et les conceptions assez divergentes opposant la tradition hellénique française et la version allemande du classicisme plus romantique, expéditive ou impérieuse, pour tout dire dionysiaque[82]. L'historien imaginait peut-être que les humanités étaient restées en dehors des rivalités ou

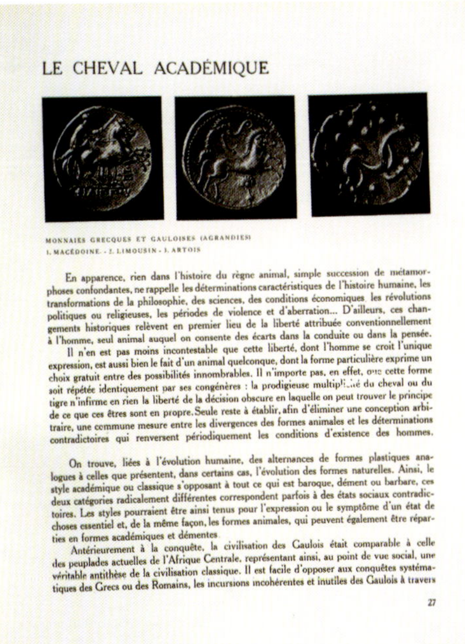

Documents n° I

1929, Musée d'art moderne Lille Métropole

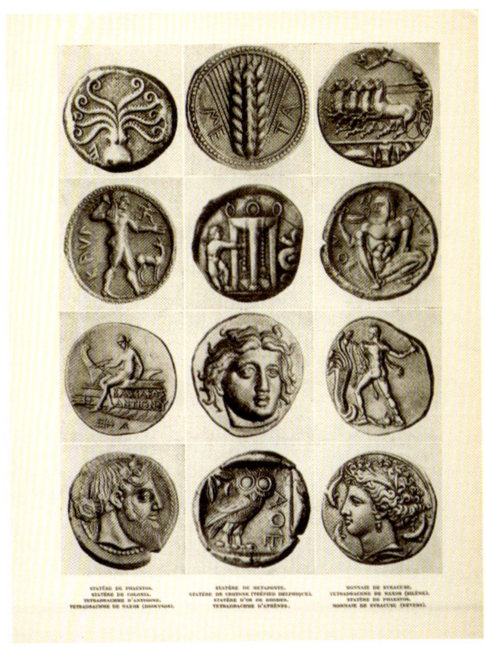

Le voyage en Grèce

Printemps 1939, Musée d'art moderne Lille Métropole

des schismes identitaires ou de la modernité politique alors qu'elles étaient en proie à toutes sortes d'instrumentalisations. Le manque de raffinement du rapport de l'Allemagne à la Grèce revenait souvent – et pas simplement à propos des fouilles archéologiques – aux tenants de la reconstitution vernaculaire, parfois un peu clinquante, s'opposaient les partisans du simple repérage, du débroussaillage et du semi-abandon plus propice à transmettre l'âme de la Grèce. L'archéologie de l'Antiquité induisait-elle fondamentalement une approche romantique (panique) ou devait-elle, dans ses modalités, dans ses conclusions même, être conforme à un certain néoclassicisme ? Les chercheurs, les historiens, les artistes savaient comment, en France, s'était départagée l'idée même du néoclassicisme entre les tenants d'une peinture historique dont la haute tenue morale intimait le respect et ceux d'une peinture romantique dont l'orientalisme et le médié-valisme laissaient songeur sur leur capacité à avoir compris le sens de la Grèce, la gravure plus encore que la photographie, ou différemment, se prêtait à la reconstitution palliant les manques, les absences, les mutilations temporelles[83]. Établis entre la « gestion émotionnelle de la scène et rendu descriptif[84] », les modes d'analyse plus que les moyens plastiques et littéraires avaient rendu possible le dépassement du pittoresque, malgré l'empathie ou l'imitation qui confinait parfois au plagiat. Tout un pan de la culture classique en France était rythmé par certaines règles qui s'étaient affirmées plus clairement dans le domaine de la littérature ou du théâtre[85], elle continuait d'avoir des effets de représentation, notamment sur l'archéologie qui, en mettant au jour (presque scéniquement comme des théâtres) des espaces où ces fables et faits des origines avaient pu, dans leur littéralité ou dans leur primitivisme, avoir lieu, contredisaient les principes séculiers que transmettaient maîtres et élèves, persuadés de l'ubiquité du modèle grec et de l'inutilité de s'astreindre à une unité de temps et de lieu. Braque procédait, lorsqu'il illustrait la *Théogonie* d'Hésiode, par incursions et par excursions dans la sculpture grecque archaïque et dans la poésie où il avait cherché autant ce qui se faisait que ce qui se défaisait dans la seule suggestion « de toutes les possibilités d'aspects en attente[86] » et de leur effacement. *La Théogonie* correspondait à l'assimi-lation des innombrables divinités grandes et petites dans un récit homogène, dont l'instabilité descriptive variait au gré des traductions et des découvertes, et authentifiait une généalogie, claire et indivisible, afin de les sortir de leur nuit ou d'éclairer leur « forêt touffue[87] ». L'image de l'autre, dont l'humanisme douceâtre et le style un peu dépassé n'était pas très informatif, se gargarisait du terme d'âme grecque ou égéenne qui ne disait pas grand chose, si ce n'est l'impossibilité (de et grâce à l'étude de l'antiquité) à penser la comparaison.

Que la temporalité du voyage en Grèce n'ait pas été celle du quotidien, que les croisières aient représenté une forme d'alternative aux voyageurs qui hésiteraient, en raison de scrupules politiques, à partir en Italie (dans un moment de radicalisation du fascisme), tout cela a probablement joué un rôle encore aussi diffus que flou ; l'Italie restait à quelques encablures et singulièrement pour les peintres comme s'ils avaient senti qu'il ne fallait pas nécessairement apprendre à se passer de certains pays, de certaines influences mais à les contourner, à les instituer ailleurs. La Grèce n'était pourtant pas un pays neutre politiquement même si les voyageurs, les touristes, les écrivains et les artistes n'avaient la plupart du temps qu'une connaissance assez vague de sa situation politique, finalement, celle-ci dispensait le voyageur du tracas de l'actualité, du fardeau plus ou moins conscient d'avoir à se tenir au courant, de la tyrannie des nouvelles et des nouveautés.

« Il est aujourd'hui incontestable que la Grèce, dans tous les sens et dans ses plus grandes dimensions, exercent depuis quelques années sur tous les esprits une définitive et nouvelle séduction. Cette néo-découverte, en rapport avec l'actualité artistique et les préoccupations lyriques de ce temps, permet d'entrevoir une autre chance d'évasion et aussi une source de rajeunissement dans le domaine de la pensée et de l'action.

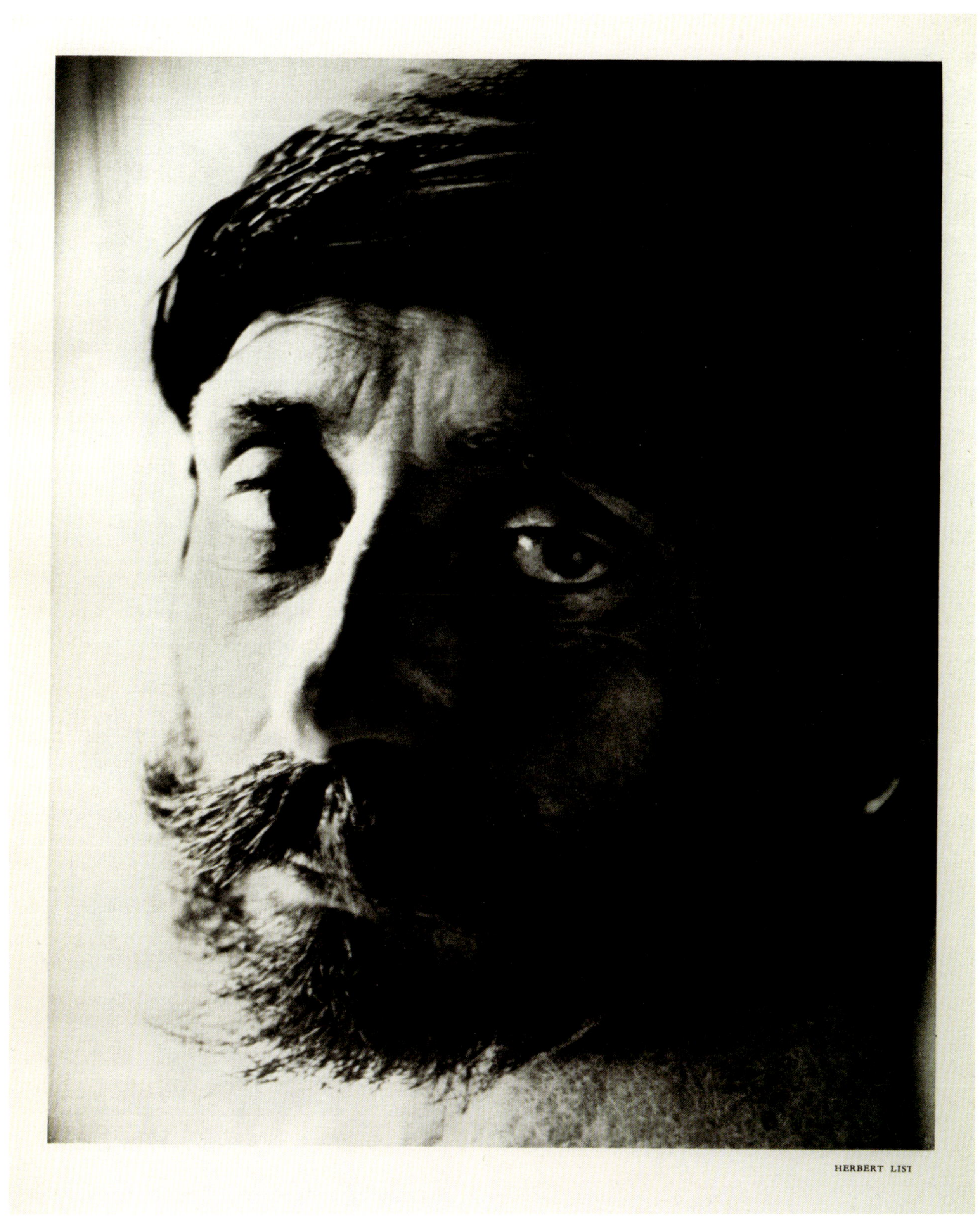

Verve n° 5-6
Photographie de Herbert List

Printemps 1939, legs Maurice Jardot Musée d'art moderne Lille Métropole

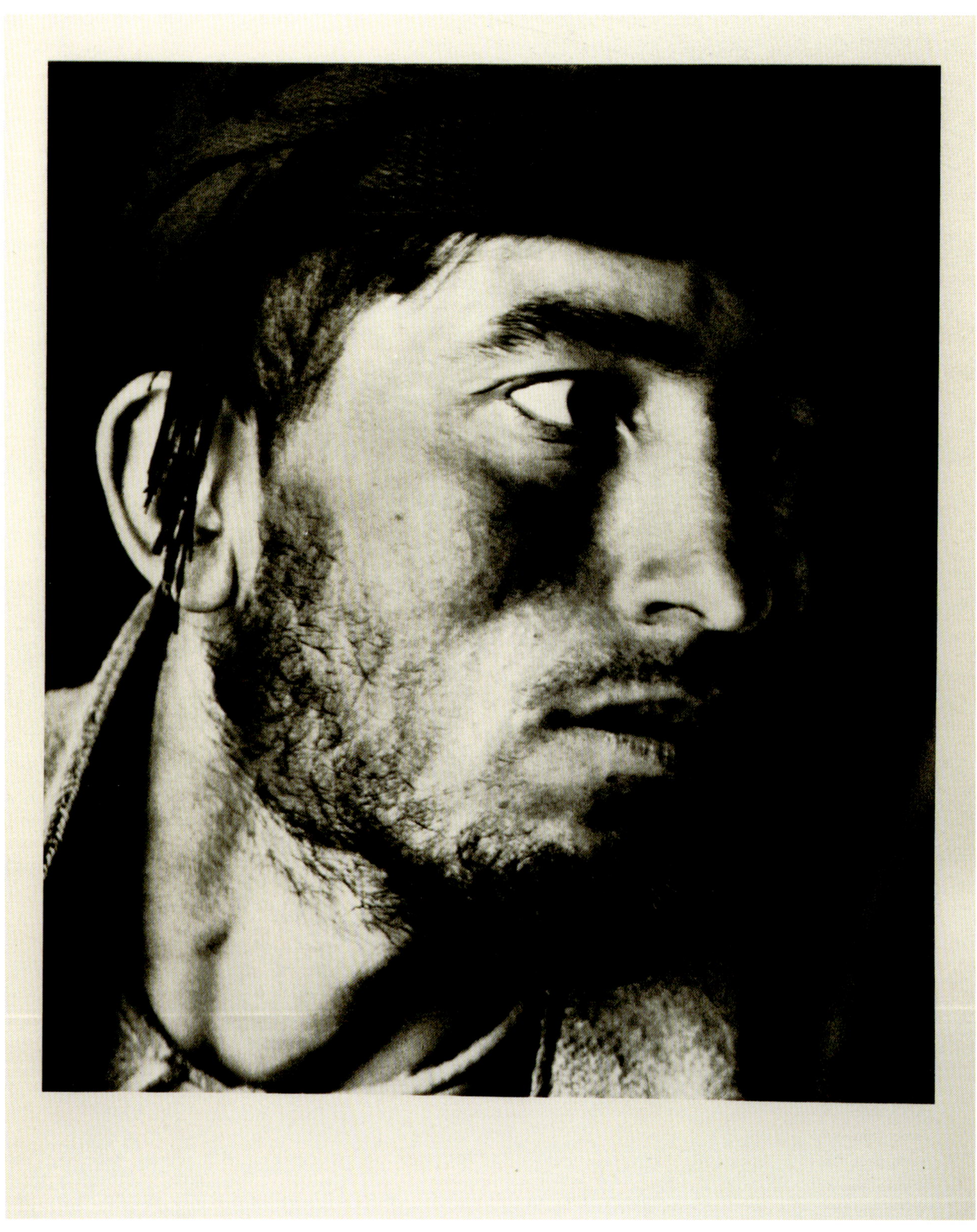

Verve n° 5-6
Photographie de Herbert List

Printemps 1939, legs Maurice Jardot Musée d'art moderne Lille Métropole

Le Voyage en Grèce, dans un but d'information et de libre critique, essaiera de créer
un lien entre la Grèce et ses voyageurs par l'intermédiaire des écrivains, des artistes
et des savants contemporains[88]. »

La Grèce était restée, pour l'étranger, en dehors de l'actualité, du temps protégée par
l'archéologie et ses mythes, ce n'était pas l'oubli, elle avait été oubliée comme on
dirait épargnée. Or, cet héritage, en ce qu'il avait de plus méthodique, qui bénéficiait
de l'aura qui enveloppait l'étude des humanités aurait pu ou dû paraître assez éloigné de
l'esprit des artistes modernes, qui gardaient encore en tête les dangers de l'académisme
ou de l'académique, de la narrativité, désireux de rompre avec le poids ou la séduction
de la culture classique. L'historien se perdrait probablement en conjectures s'il devait
établir sur des faits un tel engouement, la période envisagée était suffisamment vaste
pour que l'actualité politique, des rencontres, des prix et autres consécrations puissent
éclairer en partie les changements. Les artistes ne savaient pas que ce qu'ils cherchaient
en Grèce, ne répondait pas directement à des évènements ou plus exactement à la
pression de l'actualité à laquelle le pays n'échappait pourtant pas, il était peut-être plus
facile de s'y soustraire ; celle-ci apparaissait plus qu'ailleurs métissée et immédiatement
comparable avec ce passé humain textuel et formel. Il importait peu de dire que la
Grèce changeait de visage, de noter la moindre de ses mutations, qu'elle était le berceau
de la civilisation européenne de Socrate au tourisme de masse, ce n'était pas une réelle
spécificité, en revanche les mouvements définis en France, en Allemagne et dans une
certaine mesure en Italie s'acclimataient souvent mal à la réalité de l'art en Grèce, à ce
qu'il exigeait comme règles propres et comme faculté d'adaptation dont les modulations
successives, souvent contradictoires par rapport au mouvement d'origine, avaient des
allures de glissement de terrain. La réception du surréalisme en Grèce était typique de
ce que le pays avait dépaysé (dans le sens qu'en donnaient les écrivains surréalistes eux-
mêmes) les principes du surréalisme qu'il avait rejetés ou assimilés, pour aboutir quand
même à une de ses résurgences possibles. Malgré la déconfiture de la langue puriste,
les attaques dont elle faisait l'objet en Grèce, les surréalistes grecs la choisirent pour
ruiner ses effets en l'adaptant à l'automatisme. Le purisme n'était donc pas, ou plus
seulement, le mouvement défini par Le Corbusier et Ozenfant, était appelée puriste la
langue officielle de l'État, des journaux, de l'éducation, langage auquel, malgré les
détournements, les surréalistes grecs étaient restés attachés. Il était troublant de
constater que le purisme notamment d'Ozenfant[89] était animé par une sorte d'aspiration
à un néoclassicisme analytique, il se serait fondu avec un mouvement plus vaste, appelé
en Grèce le modernisme, dont le développement, entre 1935 et 1947, confirmait que
les mouvements peinaient à mourir, ou bien qu'ils cédaient volontiers, sous la forme de
la synthèse, à la rétrodiction de l'histoire[90]. Le surréalisme en Grèce avait représenté un
formidable prétexte pour contrer ou se confronter aux débats politiques et prendre
position dans les conflits qui opposaient communistes et surréalistes. Dans le fond, le
néoclassicisme, l'ombre portée des mythes ou encore le rationalisme teinté d'éthique
et d'un bagage philosophique n'avaient pas empêché l'acclimatation du mouvement en
Grèce, seule une différence de culture révolutionnaire telle qu'elle s'était développée
en Europe, et plus particulièrement en France, expliquait que la révolution surréaliste
en Grèce ne signifiait pas grand chose, malgré les figures de grands politiques et les
idéaux révolutionnaires ou libertaires propre au pays[91]. Or les clivages nés du surréalisme
même avaient peut-être empêché les artistes et les écrivains grecs de se laisser pleinement
convaincre, soucieux et curieux de concilier les quelques grands systèmes de la pensée
le romantisme, le mysticisme avec leur conception du rationalisme et de la métaphysique.
Les artistes grecs avaient profité de l'étrangeté de leur conception et de leur tradition
artistique pour s'approprier la taxinomie surréaliste, pour résister à son impérialisme par
l'abordage, en doublant également le mouvement sur ces propres contradictions
et finir par l'accepter simplifié, épuré.

« Rejet de la valorisation comme œuvre d'art d'un désordre incontrôlé et non-élu.
Rejet de la signifiance incompatible avec l'existence humaine de la tradition littéraire grecque (diachronique).
Rejet du bizarre, du kitsch, de la technicité rhétorique tournant à vide.
Rejet de la provocation pour elle-même.

Accueil de la liberté dans le hasard exploré et choisi sous le signe du point surréaliste unificateur ;
Accueil à ce qui, à la fois universel et compatible avec la sensibilité grecques, l'élargit et la revivifie ;
Accueil de l'étrange, articulé dans la composition solaire du génitif, héritée à travers le surréalisme du cubisme apollinarien (et reverdien), en " un mystère blanc méditerranéen " ;
Accueil de la résistance irréductible et de l'affrontement inévitable lorsque sont en jeu *amour, liberté, rêve, vérité*, et tout ce qu'évoquent les mots *lumière grecque*[92]. »

De tels *accueil*s et *rejets* transformaient le mouvement, et malgré une taxinomie commune, ils constituaient une tangente grâce à l'union libre des mots – rêve, amour, liberté, lumière – qu'ils respectaient dans leur désinence ou leur profil surréaliste, même s'ils relevaient plus d'un rationalisme magique ou d'une approche romantique du rationalisme que strictement du surréalisme. Sans doute les passeurs, au nombre desquels Pierre Reverdy se souciaient-ils moins des écoles et peut-être se souvenaient-ils avoir reçu une formation plutôt classique mais ces raisons paraissaient tout de même superficielles pour expliquer ce que de grec pouvait avoir eu leur œuvres, leurs récits ou leurs poèmes. Lorsque les artistes illustraient les textes grecs anciens, ils savaient qu'ils s'inscrivaient dans une tradition de la bibliophilie plus séduite par les auteurs classiques, ils protégeaient, consciemment ou non, leur modernité et leurs innovations sous l'égide, parfois trompeuse, des œuvres dont nul ne contesterait désormais la stature. Une telle rémanence (hystérésis) était aussi bien un effet de style éclairant tout un pan de l'illustration qu'une stratégie éditoriale des marchands, galeristes et éditeurs. L'image de la Grèce classique et moderne était toujours faussée, elle avait été façonnée de toutes pièces bien que deux voies se fussent ouvertes, dotant ce répertoire de sa spécificité, lui apprenant à en avoir conscience, la Grèce des modernes n'était pas forcément la Grèce moderne dont la nuance se mesurait au gré de la raison, des mythes et des mysticismes à commencer par celui de la modernité suivant les inspirations du bruit qui court. « Le bruit court que nous n'avons pas fini avec les Grecs et que leur part dans une anthropologie englobant l'histoire, serait à la mesure de leur présence insidieuse ou déclarée, dans un savoir partagé trois siècles avant que ne surgisse le héros hégélien de l'odyssée phénoménologique, le Grec traçant la voix hauturière de la conscience naturelle à la conscience philosophique[93]. »

LA CINQUIÈME COLONNE

Dans son *Homme au mouton*, Picasso n'avait pas simplement opposé le barbu au mauvais génie d'Arno Brecker, il avait contraint inconsciemment les nazis à reconnaître du plus profond de ce stéréotype que rien, pas même la séduction vaguement polyclétéenne, n'empêcherait les artistes modernes de continuer à croire anarchiquement en leurs mythes[94] et de garder à l'esprit une certaine idée de la philosophie qui, lorsqu'elle devait s'incarner, portait une sorte de barbe ou de collier, ou encore se limitait à son attribut le plus simple. La chouette d'Athéna (ou de Minerve) ne prenait pas son vol, en tous les cas elle ne s'effarouchait pas si facilement puisqu'elle n'était pas l'allégorie de la sagesse mais de la vigilance, gardant un œil impuissant et sagace sur les débordements politiques. Le bon pasteur ne se réduisait à la représentation d'un paysage idyllique

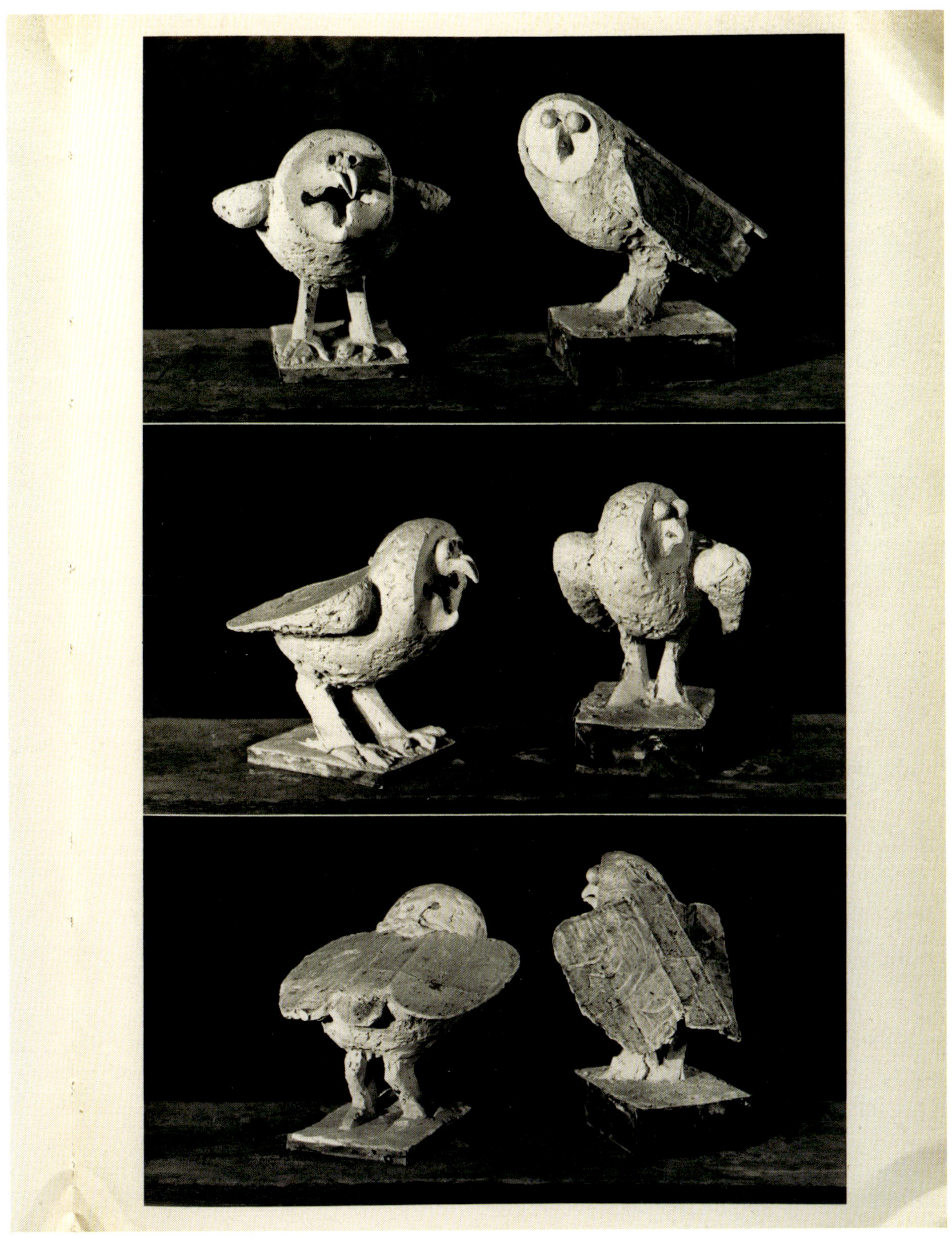

Verve n° 25-26

Plâtres de Pablo Picasso,
« Picasso à Vallauris, 1949-1951 »

Automne 1951, legs Maurice Jardot, Musée d'art moderne Lille Métropole

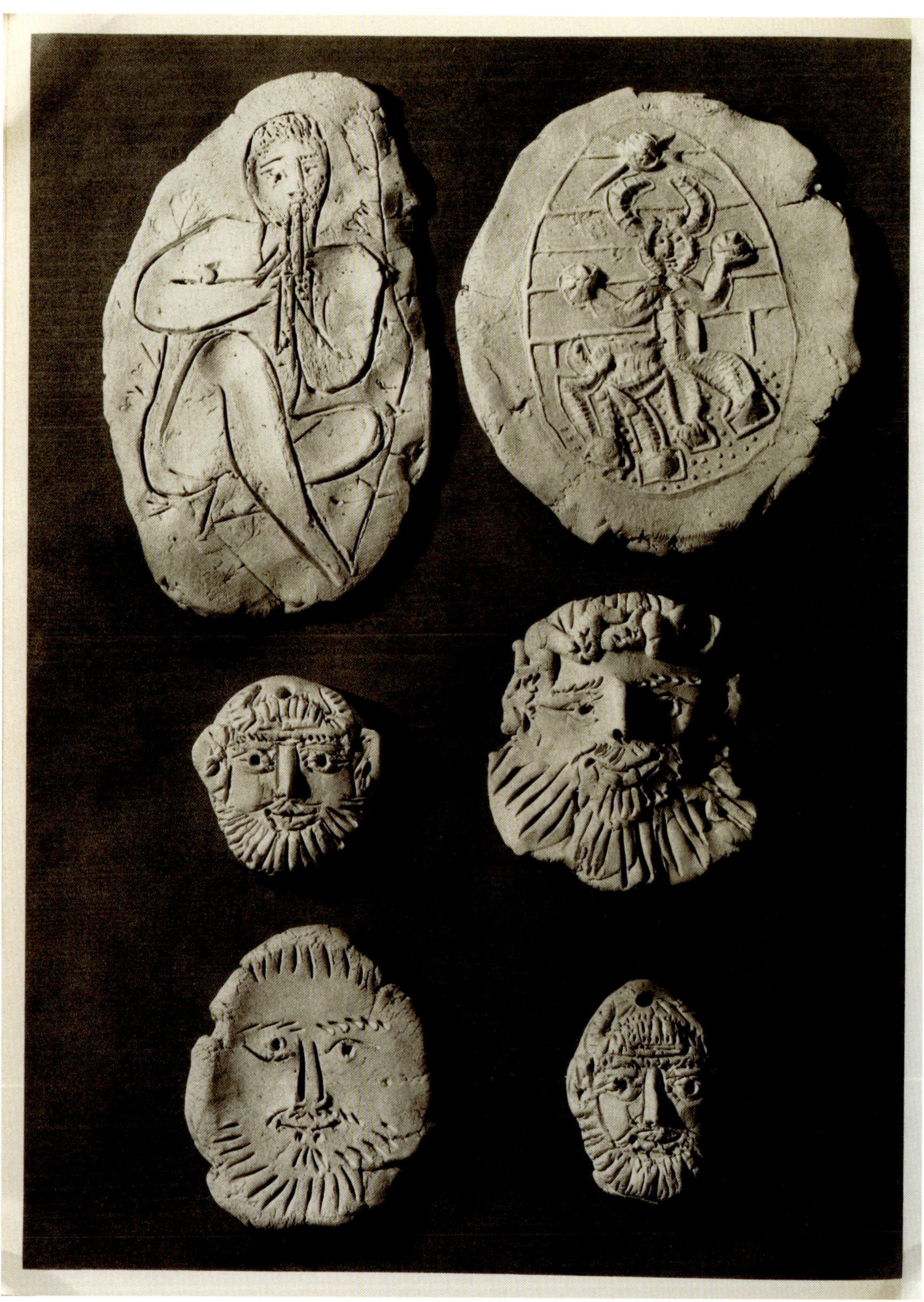

Verve n° 25-26

Plâtres de Pablo Picasso,
« Picasso à Vallauris, 1949-1951 »

Automne 1951, legs Maurice Jardot, Musée d'art moderne Lille Métropole

ou rassurant, il servait l'allégorie du bon gouvernement, ramenant toujours les brebis égarées dont il assurait la protection, débarrassé des dates et des contraintes de l'histoire[95]. Le mythe avait, entre autres vertus, sa versatilité, ses doubles sens, sa réputation d'un savoir partagé un peu par tous qui, dans son éclatement, avait conquis « sa valeur d'autonomie[96] ». Cela n'avait pu échapper à Odysseus Elytis qui, dans ses équivalences sur Picasso, se plaisait à croire qu'il n'y avait pas tellement de distances entre certaines petites cités de Grèce et Vallauris non pas parce que la ville de la « céramique des peintres » aurait pu y ressembler d'une quelconque façon mais, tout simplement, parce que les thèmes des œuvres de Picasso rendaient le rapprochement plus vif encore, le glissement se faisait « par analogie une table d'équivalences multiples. En plein air comme dans les ateliers, il s'agit du même drame que l'homme est appelé à jouer, toujours face à son destin et par grands gestes du triomphe au désespoir[97] ». Elytis isolait ce qui, précisément, continuait d'agir en Grèce et tout ce qui s'intégrait mal dans l'histoire de la modernité, l'instinct de bâtisseur compensait les discours qui s'étaient généralisés s'appuyant sur leur contraire, sur l'inclination à la destruction. L'instinct, dans sa sonorité de quasi réflexe, dans sa rapidité d'exécution et de réponse qui allait de pair avec celle de sa prononciation, supposait le passage à une force primitive, naïve, incontrôlable dont la désorganisation servirait de résistance à la barbarie. Elytis comparait Picasso à l'artiste primitif grec, il l'imaginait transformant la collecte d'objets en un acte rituel ironique, il recueillait pour parodier les pirates de l'archéologie, pour singer le pillage des tombes royales, pour mimer une façon de rétablir les témoignages, pour montrer que les moyens matériels étaient relatifs et ambivalents, que l'artiste pouvait leur faire tout dire et que le style néoclassique, pour se manifester, n'avait pas besoin de la gravité et de l'éthique, l'humour, la moquerie, la récupération étaient aussi vigilants au passé que le pastiche et l'imitation.

« Il (Picasso) n'avait jamais cherché la Grèce, mais la Grèce l'a trouvé. Depuis ce jour, c'est la mer de Golfe Juan et le soleil de Vallauris qui guident ses pas. Il nous parle de l'univers à travers la femme qu'il aime et ses propres enfants. (…) Debout, la face brûlée au soleil, il avance aussi des deux archétypes qui représentent le mieux un message de la femme enceinte et de la célèbre chèvre. (…) Qu'il s'appelle Vallauris ou dignité humaine, le double jeu et la flatterie découragée, ce domaine est là offert à nous une fois pour toutes. Il représente enfin le merveilleux équivalent des moyens dont Picasso se sert afin de faire face à son époque et ce point extrême où – disons-le – la lumière du soleil et le sang de l'homme ne font qu'un[98]. »

Elytis avait remarqué que Reverdy, lorsqu'il évoquait la Grèce, ne parlait ni des dieux ni de la géométrie, il comparait le pays à « un jardin d'orangers entre deux mers[99] » comme s'il fallait, pour goûter ce pays, aller vers justement ce qui avait poussé Reverdy à Solesmes et donc s'avancer vers la « désensibilisation », se déshabituer des motifs folkloriques, pittoresques, des monuments, des sites afin d'abroger, comme on abolirait des privilèges, le trompe l'œil, l'analyse, l'anecdote, le clair-obscur tout ce qui altérait « la véritable leçon de la Grèce »[100]. Que restait-il alors de la Grèce, dans cette écriture et dans ce constat, qu'un lointain souvenir et une sorte de tournure d'esprit indéfinissable, l'empreinte vague et franchement classique *d'un je ne sais quoi*[101] ? Étaient incités peut-être au retour et à la rémanence ceux qui, formellement et historiquement, avaient fait du cubisme la première étape d'une nouvelle sorte de figuration et dont la fortune, au sein du surréalisme, ne se limitait ni à ses frontières ni à André Masson. Le surréalisme n'était pas le seul mouvement à pouvoir prétendre être un aimant, puisque le cubisme également disposait de nombreux atouts, au dire d'Elytis, pour s'acclimater à l'esprit de la Grèce, la simultanéité comme un des ressorts formels du mouvement prédisposait le cubisme à exprimer le caractère statique qui faisait l'essence des dieux antiques[102]. La Grèce usait simplement de son pouvoir « magnétique » (et c'est en cela qu'elle rejoignait le magnétisme du surréalisme) et aussi parce qu'une telle attirance favorisait, selon la formule elliptique d'Elytis, « le retour de l'esprit à la matière recomposée[103] ».

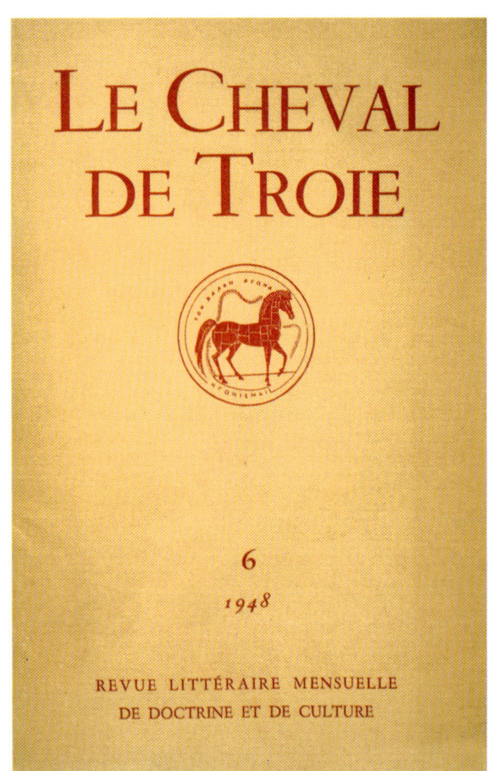

Le Cheval de Troie n° 6

Collection particulière

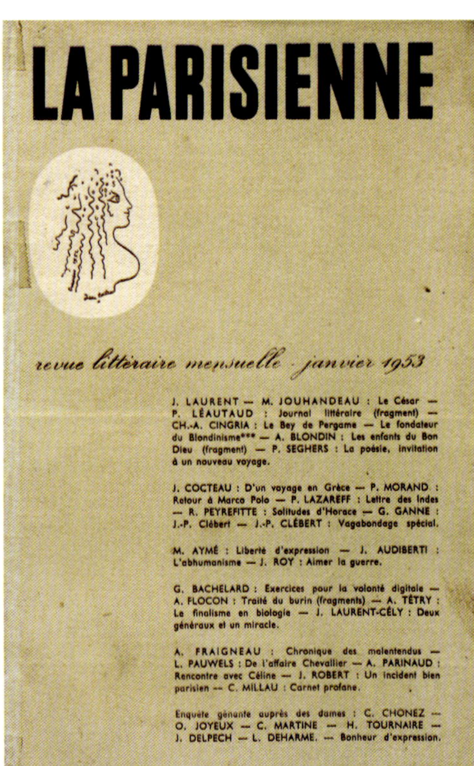

La Parisienne

Collection particulière

Ce refus de la géométrie (et plus particulièrement de la symétrie) n'excluait pas les nuances lumineuses qui, dans les plans et les pans, découpaient l'espace sans pour autant qu'il s'agisse du clair-obscur dont Pierre Reverdy déniait le rôle dans la poésie de la Grèce qui était trop solaire, trop dénuée et dénudée pour laisser la place à des pans obscurs, il croyait à un au-delà des apparences, à sa traversée par le temps uniforme et poreux de la métaphysique. La Grèce était passée d'une symbolique à l'autre, entre-temps, dans la longueur que les choses et les formes, après s'être éteintes, mettent à revenir, autrement dit, entre le moment des premières expositions surréalistes et la Grèce des Colonels, le pays avait eu le temps de devenir un enjeu d'autant qu'il n'avait pas été pas simplement annexé comme n'importe quelle autre conquête par le Troisième Reich, il avait servi en amont de base à *l'art de l'éternité*, socle décoratif, motif de toutes sortes aux parures et aux fioritures de l'aryen, cortèges lugubres empêchant toute la distance dans le travail de relecture[104]. Entre les Jeux Olympiques d'Athènes et les défilés pendant ceux de Berlin, il était désormais difficile de ne pas les confondre, de ne pas penser aussi que ceux d'Athènes avaient donné à Hitler l'idée des fausses panathénées, de scénariser la Grèce comme un *péplum* et de la mettre en scène et en musique par Wagner, de ne plus savoir qu'elle était le sens des mouvements tant leur portée et leur récupération les avaient métamorphosés. Toutes sortes d'écrits qui avaient porté sur l'univers olympique se départageait difficilement entre la réaction et l'humanisme oscillant entre l'Olympie de Montherlant ou celle de Yourcenar qui, dans *Pindare*, essayait de contrer ces récupérations. Olympie « reine de vérité » était rarement mentionnée explicitement par les artistes qui tentaient davantage de synthétiser par une typologie ce qui serait un site intrinsèquement grec, moins un emplacement que la reconnaissance d'un lieu d'une situation politique possible « où il pourra asseoir à la fois sa paix et sa domination[105] ». Braque ne cachait pas qu'il s'était largement inspiré des odes pindariques harnachant ses chevaux « trapus et élégants » dont la fluidité était une sorte d'équivalent graphique de ces courses codifiées et triomphales qui, souvent, défilaient sous un ciel étoilé, cette nuit qu'il aimait, selon Christian Zervos, écrire en grec, n'était pas simplement un prétexte pour cerner de sombre ces gravures ni même pour contrer l'image un peu trop habituelle d'une Grèce diurne par essence, elle revenait au geste du graveur, à la nuit primordiale et effroyable qui, du chaos, avait enfanté dieux et déesses, cosmogonie et théogonie, hiérarchie et société. Ce fracas qu'il stylisait dans les chevaux cabrés ou les piques des javelines de frêne[106], attelés à un char d'apparat ou encore l'aspect de petits plâtres rappelait l'effarement de ces « terres cuites de Béotie[107] » goguenardes et naïves, explicites et stylisées « un peu carnivores, un peu cocasses (…) un peu saouls tous ensemble on s'en irait voir les statues d'aujourd'hui… et le grand fou rire nous prendrait devant les monument aux morts, devant le monument aux malades, devant le monuments aux vieillards… aux châtrés… à l'assassin… au maréchal de France.. aux goûteux, au fou, au feu à l'aide »[108]. Dans ce bestiaire, les chevaux[109] qui ressemblaient à des poneys avec des oreilles d'âne, celles de Loukios ou à la silhouette hagarde du Minotaure hésitaient encore entre le jouet et le bibelot, le souvenir pacifique de la pastorale et le bellicisme du Cheval de Troie[110]. Leur polymorphisme entretenait l'inépuisable lacis des analogies si bien que ces poteries frustes étaient aussi celles de la terre cuite sous le soleil et de la feinte bêtise de leur origine, ces chars ressemblaient trop à des instruments du labour des commencements pour ne pas évoquer l'origine même de la gravure qui, dans son étymologie, « révèle souvent son sens profond. Il en va ainsi du mot graver qui vient de l'allemand *graben*, qui veut dire bêcher ou encore fossé. Lorsque le fossé est comblé c'est un *grab* une tombe[111] ». La gravure était ce terme composite qui, géographiquement et avec ses consonances de *gravité*, entretenait un lien avec quelque chose de tombal, l'art des paysans et des fossoyeurs réuni dans la tradition iconographique par les représentations arcadiennes, plaque de gravure ambivalente sur laquelle était inscrit *Et in Arcadia ego* qui ressemblait à une épitaphe et qui rappelait ironiquement que tout procédé de gravure risquait un jour de passer pour l'objet fané d'un genre suranné[112]. Jacques Villon illustrant *Les Travaux et les Jours* d'Hésiode avait

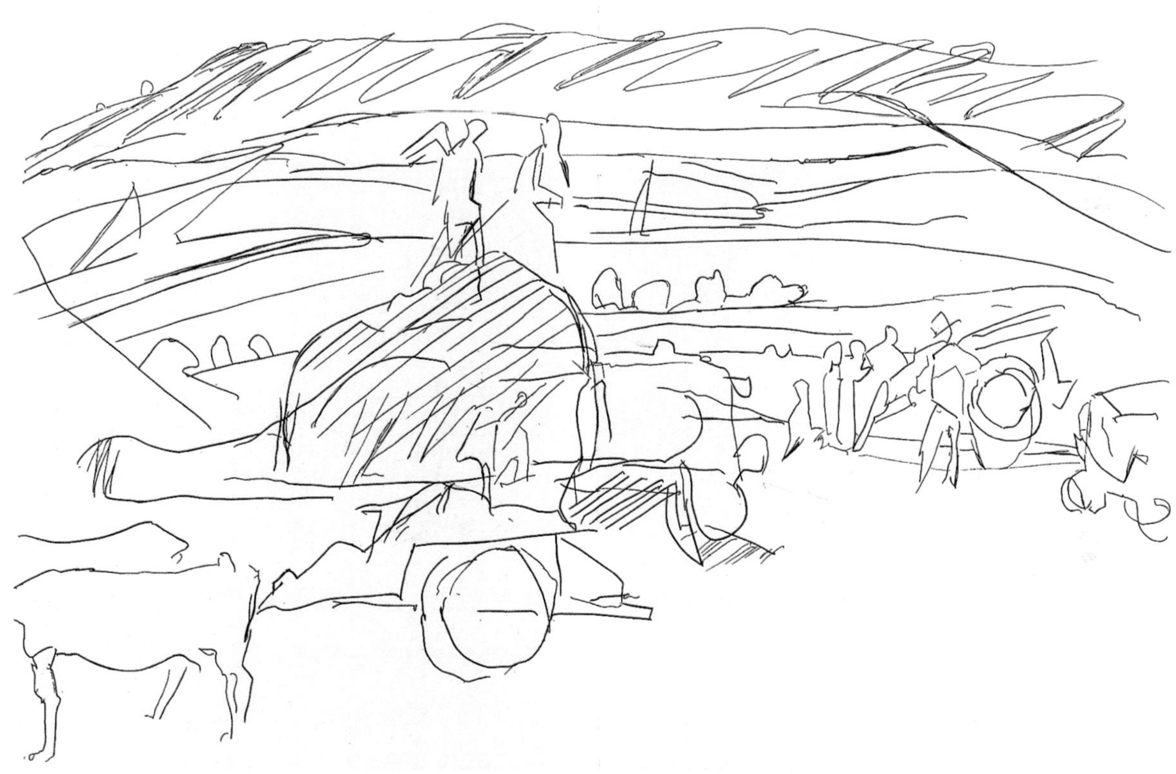

Hésiode

Les travaux et les jours
Planche V, eau-forte de Jacques Villon

Paris, Tériade, 1962, Musée départemental Matisse, Le Cateau-Cambrésis.

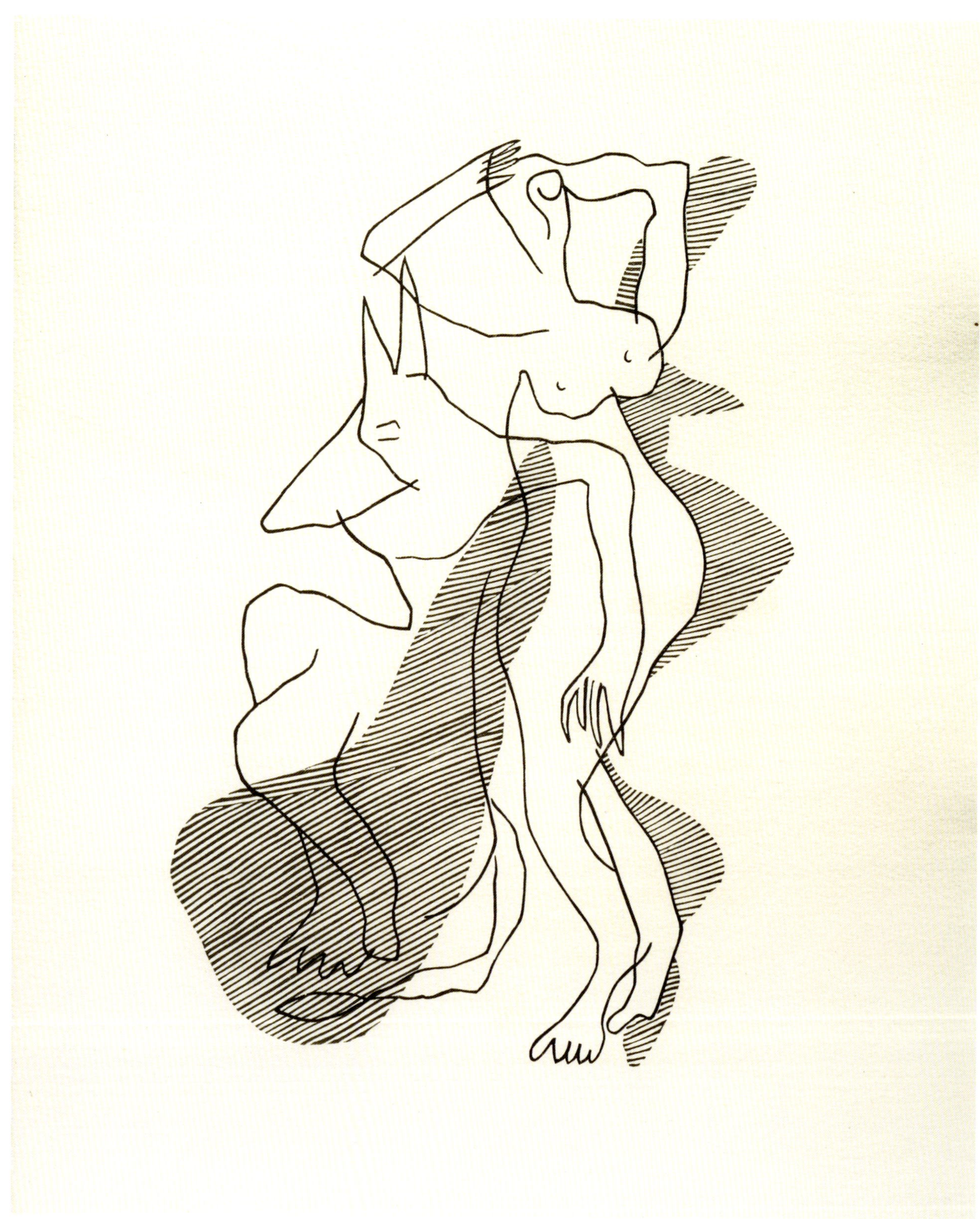

LUCIEN DE SAMOSATE

Loukios ou l'âne
Gravures sur bois de Henri Laurens

Paris, Tériade, 1947, legs Maurice Jardot, Musée d'art moderne Lille Métropole

approfondi le parallèle entre la gravure et l'agriculture de sorte que le poème se lisait également comme un parodique ou métaphorique traité du burin qui dissimulait dans ses lignes heurtées des figures qui apparaissaient en anamorphose et qui décrivait l'action d'une « volonté d'organisation[113] » et d'intégration dans un ensemble, obligeant l'œil à comprendre plutôt qu'à voir. Il établissait finalement deux types d'agricultures, l'une guerrière symbolique et politique, l'autre patiente, cyclique promettant l'abondance. La gravure décrivait la prise de possession de l'artiste face à l'âge de fer qui résumait à un éclat métallique toutes les activités de l'homme. La gravure dans les sociétés archaïques était probablement la « fille de la lance[114] » et de la charrue, idéale pour délimiter l'étendue d'un pouvoir. Les pièces de monnaie également se mêlaient dans les revues d'art aux reproductions en gros plan des poteries afin que la relation se fasse tout naturellement entre les moyens modernes de la reproduction des œuvres d'art ou de l'image imprimée et les deux formes (la fonte et l'empreinte) qui, selon Walter Benjamin, étaient les seuls « procédés techniques » que les Grecs connaissaient de sorte que les monnaies et les terres cuites n'avaient pas « être conçues pour durer éternellement[115]. »

L'idéal de la république qui s'était reconstitué, dans les années 1930, avait préféré à tout autre site l'Acropole comme lieu symbolique, relayé en cela par les graveurs ou les illustrateurs qui se sont plus à effacer toute construction, laissant celui-ci apparaître tel qu'il n'avait jamais pu être[116] en ce qui faisait, pensaient-ils, sa différence avec Sparte, une forteresse ceinte de remparts, frappée dans son isolement tout héraldique, matérialisant physiquement l'intuition de Michel Foucault, la rareté. « Les faits humains sont rares, dit-il, ils ne sont pas installés dans la plénitude de la raison, il y a du vide autour pour d'autres faits que notre sagesse ne devine pas[117] ». Ces évocations de citadelle avaient séduit ceux qui cherchaient à en faire un emblème résistant (lieu et symbole), il semblait net et dégagé, proclamant insolemment que « le site c'est ce qui a été et ce qui sera ». Il dévoilait, issu d'un chant patriotique de la résistance, l'homme se « battant avec la montagne » ou l'équivalent d'entrelacs et d'atermoiements psychologiques, les lieux altiers ne s'éloignaient jamais vraiment, même si les temples avaient été détruits, les statues fondues ou pillées, l'esprit politique du pays et « le génie du troupeau » survivaient toujours par la seule imprégnation. L'oscillation aurait pu se résumer à celle qui séparait Maurice Barrès d'Édouard Herriot, tantôt l'Acropole était un plateau caillouteux, tantôt le Parthénon un monument en ruine qui risquait toujours de se montrer un peu trop sensible au romantisme et de flatter l'idéalisation, les clichés et le penchant aux reconstitutions : « Édifice plus irrégulier, écrit Luc Durtain, plus insoumis qu'aucun édifice gothique, car sa simplicité souligne les différences d'échelle entre les parties, l'opposition entre les lois intimes[118] » dont l'eurythmie paraissait toujours en lutte avec les incarnations éthiques. Pourtant les romantiques, les écrivains, les artistes au XIXe siècle avaient souvent été déçus ou avaient eu bien du mal à comprendre et à percevoir sous la monotonie et l'âpreté presque médiévale de forteresse dont l'accès demeurait ardu, la forme de sublime et la valeur initiatique. Le site se prêtait trop bien au « malentendu des fausses reconnaissances[119] » et, comme toute remontée vers les origines, se traduisait par d'incroyables ou de terribles lapsus. La description de Jean-Germain Tricot se lisait à double sens, allégorie et personnification du lieu, l'Acropole « est seul toujours et pour toujours » ou encore lorsqu'il précisait que le site devait être visité « pour tout homme qui veut savoir qui il est » ou qui souhaite prendre « une victoire définitive sur soi » ; accents héroïques, parodies de la psychanalyse ou alors contre exemple de la proximité des cultures, l'Acropole imposait des distances et des règles. Ce n'était pas un monument à visiter, c'était avant tout un symbole et une syntaxe[120]. Lorsque le Parthénon avait pris possession de la terre, il avait fondé une représentation *d'état* dans l'écart entre la culture d'origine et celle décrite, elle gagnait sa place dans la carte et dans l'atlas de géographie. L'image de l'autre, si perméable aux stéréotypes, s'était construite dans un système contradictoire, parler de l'autre c'était forcément induire une opposition

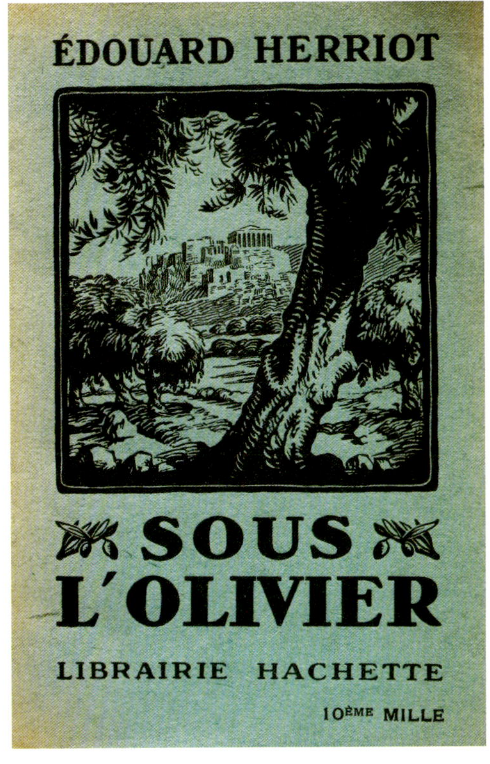

EDOUARD HERRIOT
Sous l'Olivier

Paris, Hachette, 1930, Collection particulière

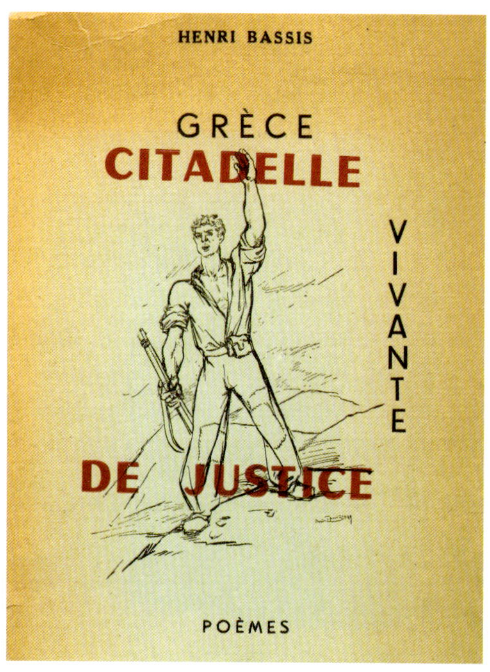

Henri Bassis
Grèce citadelle vivante de justice
Couverture de Boris Taslitsky

[édité par le Parti communiste français, 1949]
Collection particulière

ou choisir une approche qui aurait facilité et exemplifié la relation entre la norme et le discours. Ce détour paraissait efficient essentiellement pour la littérature de voyage alors que la façon, dont les artistes s'étaient emparés de l'image de l'autre à un moment donné, avait eu moins d'effet pendant la création que par l'antécédence de la matière qui avait constitué la culture regardante et qui expliquait en partie la représentation ou la dérive imaginaire. Ce moment donné de l'image avait institué l'essentiel du vocabulaire symbolique lorsque l'attribut devenu effigie mêlait les idées, les fantasmes, les clichés, les écarts de langage. Faire de la Grèce un pays représentant l'esprit de la démocratie et de la république était simple par l'origine même de ces mots malgré le vieux tropisme académique et réactionnaire, la culture grecque (celle exaltée dans les mythes et dans les œuvres archaïques) était aux antipodes de l'idée de démocratie puisque les artistes et les écrivains restaient persuadés de l'imprégnation qui faisait du pays une théocratie, partagée d'un côté entre la Grèce de raison et de l'autre la Grèce dionysiaque, cruelle et sauvage, entre l'imagination (la démocratie, l'antifascisme et l'esprit de la résistance) et l'aspiration au caractère révolutionnaire et subversif de certains mythes, prêts à tout balayer, sans discernement, bons et méchants, innocents et coupables. Pour résoudre cette aporie, les artistes ou les écrivains pensaient que c'était en Grèce que la conscience collective avais pris « pied solidement dans les masses. (…) Dans le nouveau monde des relations humaines formé par la Renaissance, le principe contraire l'emporta nettement. Il n'est pas nécessaire de pousser l'analyse en profondeur pour se convaincre que l'élément constituant de la nouvelle génération créée par la Renaissance, c'est l'individu séparé de la conscience collective. Dès ce moment on voit entrer en opposition " l'homme de génie " avec la " médiocrité des masses ". Celles-ci ne comptent plus pour lui puisqu'il se contente de travailler sur les ressources individuelles. Avec le développement de l'esprit de la Renaissance, la position antagoniste entre l'individuel et le collectif s'accentue[2] ».

Lorsque Éluard écrit *La Grèce, ma rose de raison*, il se plaçait davantage du côté de l'imagination comme système d'opposition et de construction historique qu'il ne tendait véritablement à l'imaginaire. Les conditions de représentation expliquaient une partie du poème, ses choix renouvelaient de vieux fantasmes imagologiques[122] qui reposaient sur des rapports analogiques assez simples entre les colonnes et la raison « les leviers de commande[123] » qui n'imiteraient pas la capacité à penser mais à accompagner ce dévoilement par la représentation sur le mode métaphorique des éléments de monstration et de démonstration. Le sentiment d'une pensée nue (et à nue) revenait constamment à propos de tout un ensemble de mots plus ou moins synonymes : le site, le plan, la construction, l'idée de théorème architectural et spatial. Le Parthénon écrivait Jean-Germain Tricot « veut que nous soyons », il exprimait ainsi cet impératif et cette entéléchie de la prise de conscience de l'éternel présent de l'histoire, de sa facture quotidienne. Le Parthénon, contrairement au Forum, à Pompéi ou à d'autres lieux de fouilles « plus évasifs », était perçu alors comme la plus contemporaine des ruines puisque, selon les auteurs, devant ces sites l'homme s'interrogeait moins sur le passé que sur le présent dans lequel il vivait. Le volume des ruines du Parthénon, extrêmement contemporain et peu romanesque[124], n'empruntait rien à l'effroi ni au sentiment de la beauté *panique*. Ce qui faisait écho au trouble de la psychanalyse[125] ce n'était pas la pénétration du regard dans le *moi* mais le calme d'avoir appris à se connaître, à se déplacer en soi avec maîtrise. Dès lors deux entités se distinguaient nettement, le *moi* qui détruisait l'âme d'un pays et le *peuple* au contraire qui la construisait, sentiments contradictoires nés sur « le rivage d'un désir[126] » et de ce que Jean-Pierre Vernant avait dénommé la psychologie historique dont Malraux avait deviné la place fondamentale de la Grèce à l'élaboration de celle-ci[127]. Cette histoire de la base et du soubassement de l'histoire saisissait simultanément la pensée géographique, historique et archéologique, elle servait de tuteur et souvent, pour les stylites, de signe d'un avertissement. Un étrange tableau tardif de Nicos Engonopoulos *Au rendez-vous allemand* rendait un curieux hommage à Paul Éluard, à son ouvrage sur l'occupation allemande de Paris et à son voyage en Grèce en 1948. De sorte que l'influence d'Éluard, tout en s'inscrivant dans une sorte de lignée surréaliste, échappait pour une grande part au mouvement, il rejoignait en cela plus l'esprit d'Aragon qui avait transformé sa conception du mouvement par le pressentiment, par la philosophie des paratonnerres qui, d'Héraclite à Nietszche, celui du *Gai Savoir*, faisait du pays un réceptacle capable de recevoir et contenir la foudre, de tenir tête à toutes les sortes de colères, à commencer par les orages qui donnaient lieu à d'étranges prouesses photographiques et inspiraient à la gravure des effets de contrastes lumineux. Dans son discours d'inauguration du lycée Paul Éluard, Aragon s'était senti obligé de citer *Grèce ma rose de raison*, malgré le souvenir confus qu'il en gardait, il y avait perçu non seulement l'idée d'une renaissance moins italienne que grecque et la continuité un peu solennelle et finalement assez nostalgique de l'esprit de la résistance et de l'antifascisme qui, depuis Guernica, confirmait les artistes et les écrivains dans un rôle et dans une direction où ne s'opposait pas nécessairement le fou de raison et le fou de liberté[128]. Les associations aux noms et aux sonorités étranges remplaçaient les réseaux et les prête-noms, les poèmes d'Éluard étaient devenus des modèles ; la liberté qui, en Grèce, devait une nouvelle fois se dire à mots couverts, était symbolisée par la mer[129], le soleil et les dieux que l'allégorie transformait en pains, en une nourriture frugale. La pastorale était un motif présent dans les poèmes d'Éluard qui satisfaisait ainsi l'image que les écrivains se faisaient de la Grèce, elle ne servait pas que de prétexte à transformer un paysage en pays, ni simplement à représenter physiquement et politiquement le bon gouvernement, la pastorale était le lieu du maquis afin d'échapper à un sort, à une prophétie[130]. Kostas Zaroukas[131] avait retracé brièvement l'histoire en Grèce de la poésie hellénique et de la résistance, comparable, en bien des points, à celle de la France, née entretenue, diffusée par les revues et les imprimés, qui comme toute la poésie de la « clandestinité[132] » décrivait un arrière-pays de l'édition qui, en dépit des circonstances, des particularités répondait à certaines constances qui en faisait un élément transfrontalier privilégié et fiable. Le rôle du livre, des plaquettes et des illustrations avait été essentiel, les tracts étaient insérés dans les ouvrages autorisés et ce destin commun de l'écriture contrainte au secret avait renforcé des liens entre certains écrivains français qui l'avaient vécu et les auteurs grecs. Jean Varbot ne se contentait pas d'expliquer l'état d'esprit résistant ou libertaire qui animait les combattants grecs contre le fascisme et la dictature, il essayait d'éclairer les composantes narratives de cette forme de poésie qui avait pu agir, influencer en dépit de l'histoire. Après toute une série d'analogies plus ou moins superficielles (l'art populaire primitif en Grèce, les Grecs combattant en chantant) et certaines troublantes « où le relief est propice au maquis » qui, finalement, faisaient partie du folklore de l'honneur antifasciste, le combat, qui continuait en Grèce, se laissait désormais approcher théoriquement parce qu'il était moins une réponse à l'histoire que la confirmation que, ce qui avait fédéré des écrivains et des artistes si différents pendant la seconde guerre mondiale, était forcément puissant. En dépassant le quotidien, les tropismes identitaires, les histoires locales une telle communion avait permis à l'esprit européen de prendre de la hauteur, de trouver sa forme. Les racines de la poésie populaire et citoyenne avaient abouti (on peut imaginer que c'est ainsi que les écrivains l'ont pensé) à ce que les spécialistes ont appelé la poésie *akritique*, la chanson de combat qui était née en Grèce. Les *akrites* étaient des soldats qui défendirent les frontières de l'empire byzantin contre les invasions tout en étant eux-mêmes des Barbares, troupes de mercenaires composées d'une mosaïque de peuples, ils s'étaient mêlés dans les imaginations européennes souvent approximatives à celles des *klephtes,* ces bandits et voleurs qui, par la suite, avaient pris le maquis pour résister et dont leur poésie chantée était entièrement improvisée, simple et ramassée. « Le monde de la kleptouria se modèle sur des lois non écrites, mais nettes et impérieuses : bravoure, sacrifice, endurance, grandeur morale, beauté de l'âme[133] ». Dans cette poésie, la mort était un fait plus important que les événements heureux de la vie. L'empathie était donc totale avec une Grèce dont on ignorait la peinture et une grande partie de la culture

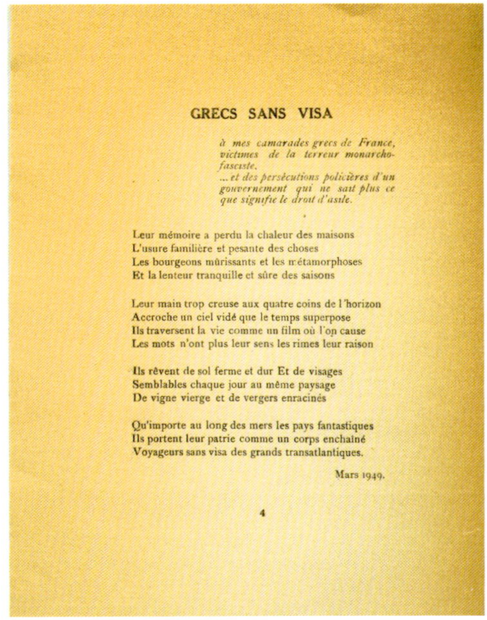

HENRI BASSIS
Grèce citadelle vivante de justice

[édité par le Parti communiste français, 1949]
Collection particulière

contemporaine mais dont les principaux thuriféraires ou passeurs imaginaient avec déférence que la culture grecque devait se maîtriser comme une langue morte ou ancienne (antienne). Le thème de la révolution trahie flattait évidemment les aspirations politiques et le passage s'était fait entre une Grèce qui avait servi de référent par le biais de ses mythes et de ses sites aux écrivains et artistes muselés à un pays qui avait mérité de sa république et de sa démocratie, allant du message de la Grèce à sa permanence[134]. Pendant la seconde guerre mondiale, c'était largement la Grèce primitive, celle de la nuit, qui correspondait obscurément à l'idéal de la résistance. Jean Cassou dans la présentation qu'il fit des *Douze travaux d'Hercule* illustrés par Ossip Zadkine avait perpétué cette image lorsqu'il évoquait ensemble prophètes, messagers de la France prisonniers et revenait constamment à l'idée selon laquelle le style de l'artiste se caractérisait par cette poussée de sève née « d'une torsion de racine » qui ressemblait à s'y méprendre aux torsions prométhéennes de l'homme brûlant de rompre avec sa nuit. Zadkine avait souhaité, pour présenter l'ouvrage, insérer en guise de préface quelques pages du journal qu'il tenait pendant l'occupation et plus précisément celles correspondant à l'hiver 1943-1944 « au milieu des hurlements et des cris désespérés », avait-il noté, ou encore qualifiant le récit de « narration de la fureur de tuer ; fureur qui a embrasé toute la terre, l'enveloppant dans son linceul troué par la grêle du sang et des souffrances[135] ». Les illustrations équivalaient à une *daphnéisation* qui *a contrario* du mythe toucherait également les hommes aussi fuyants que les faunes et les nymphes. Les occurrences de l'analogie entre la musculature du torse et « le peuplier blanc » revenaient constamment. Pour quiconque essayerait de s'imaginer la végétation en Grèce, il ne penserait évidemment pas à aux arbres sinon aux oliviers et aux poivriers ou peut-être aux bosquets de Daphnis et Chloé, s'il n'avait en tête le texte de Pausanias et le commentaire de Jacques Lacarrière s'autorisant selon les humeurs de son érudition fine, grimée en notices de Baedeker, des digressions savantes et des exégèses symboliques sur la végétation en Grèce.

> « Pausanias, dans tout le cours de ses récits, s'intéresse beaucoup aux arbres. Il les connaît, il les affectionne, il leur voue même une sorte de passion au point de les décrire avec minutie et de dresser, parallèlement à son œuvre archéologique, une sorte d'inventaire des plus beaux et des plus anciens arbres de Grèce. Ces arbres poussaient le plus souvent autour des temples ou le long des allées menant vers les sanctuaires. On les entretenait car ils étaient sacrés, on les vénérait car ils avaient eux aussi une histoire. Beaucoup d'entre eux passaient pour la forme végétale d'antiques héros ou de nymphes transformés en arbre par un dieu vengeur ou compatissant. Ainsi s'expliquaient le frémissement et les lamentations de leurs feuilles quand le vent les ployait : paroles informes d'un être enfermé sous l'écorce (...)[136]. »

Le voyageur chercherait en vain ce qu'il restait, dans ces gravures, de la Grèce solaire ou lumineuse[137], de sa minéralité apprise par cœur, à laquelle il aurait substitué les feuilles, les lambeaux, les charpies de la représentation, le renversement des mythes contre eux-mêmes, le retour par la végétalisation à l'obscurité primordiale de la tragédie comme si la gravure retournait dans sa nuit, celle que Braque avait touchée lorsqu'il teignait de noir ses plaques de plâtre[138]. Héraclès avait été trop instrumentalisé dans l'iconographie nazie pour que Zadkine le dote des capacités très plastiques du combattant méthodique, il le préférait égaré et négligent emporté par une sorte de fureur, pas simplement la rage mais la *furor*, le combat, la plupart du temps inéquitable, avec les dieux. Son signe de distinction correspondait à une métamorphose physique et graphique qui ressemblait à la forme des racines, qui mimait leur progression dans le sol mais dont la torsion remémorait surtout l'empêtrement du héros brûlé par la tunique empoisonnée.

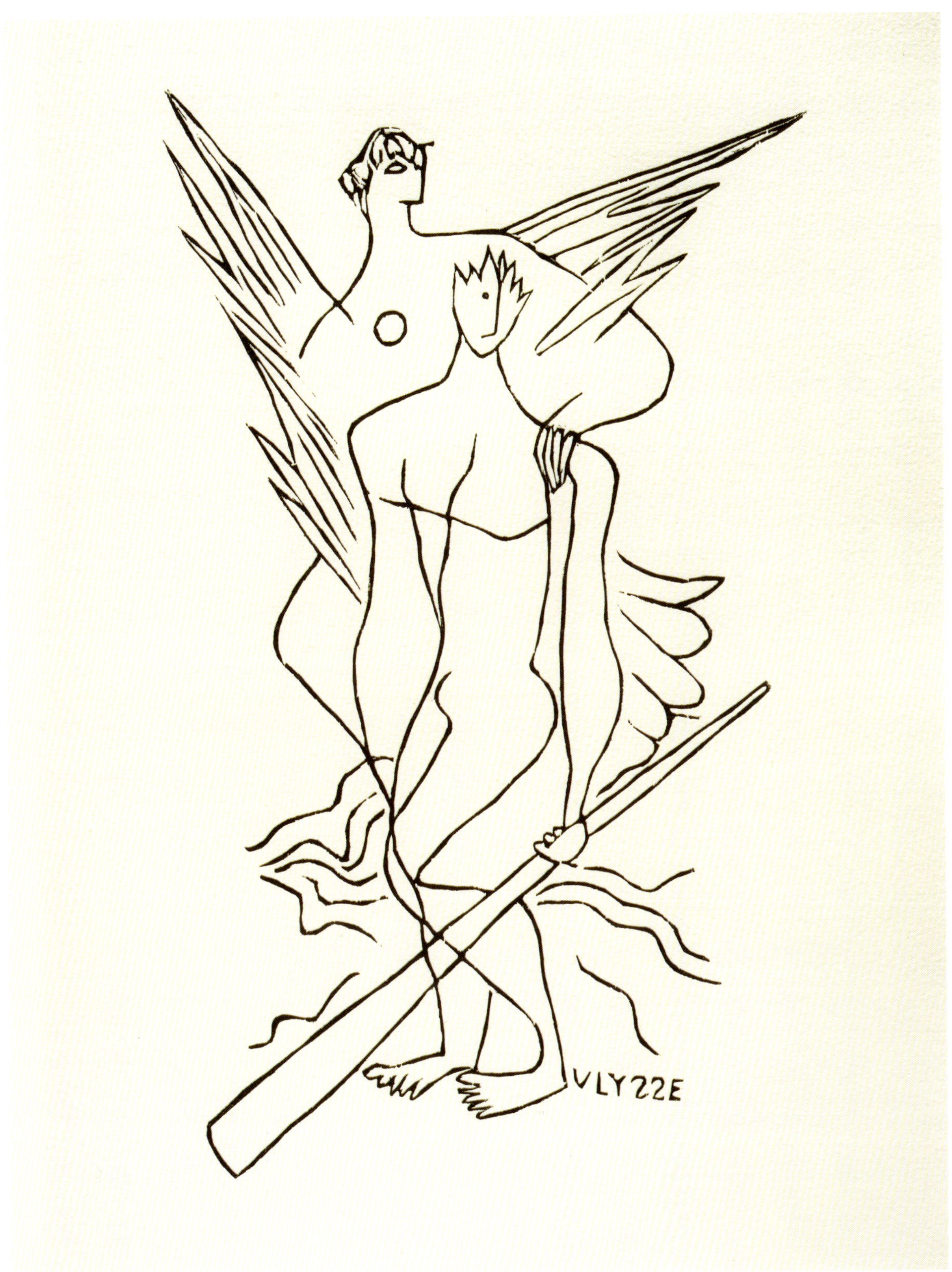

VLY22E

LUCIEN DE SAMOSATE

L'Odyssée
Gravures sur bois de Henri Laurens

Paris, Tériade, 1952, legs Maurice Jardot,
Musée d'art moderne Lille Métropole

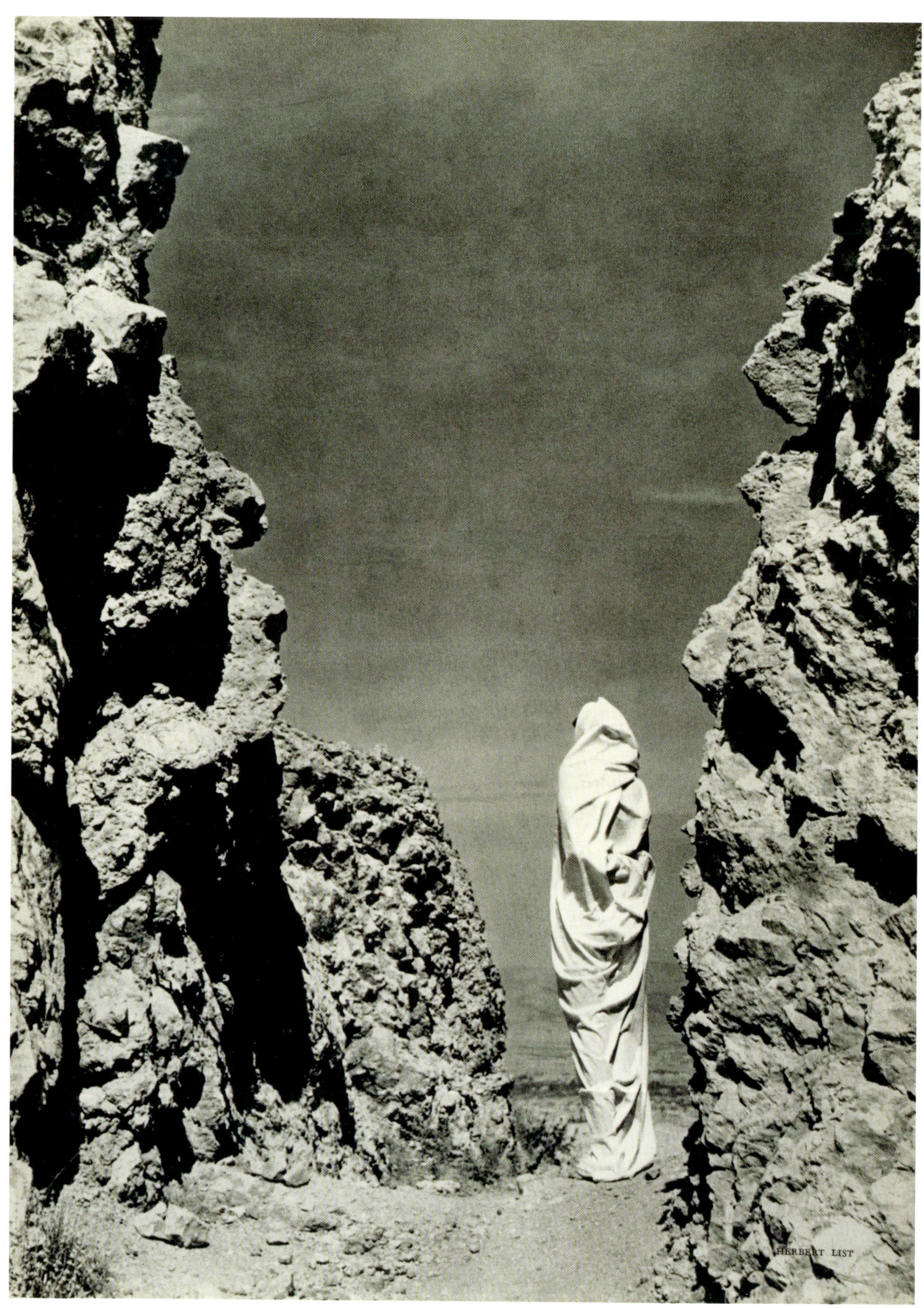

Verve n° 2
Photographie de Herbert List

Printemps 1938, legs Maurice Jardot, Musée d'art moderne Lille Métropole

Il serait peut-être inutile ou illusoire de vouloir synthétiser la fonction des mythes et de la mythologie en se demandant lequel d'entre eux était le plus souvent cité ou utilisé et sous quelle forme, le mythe n'avait pas à revenir parce qu'il n'avait jamais disparu. Peut-être aurait-il fallu essayer de comprendre pourquoi, à ce moment de l'histoire un mythe plutôt qu'un autre s'imposait, tenu à distance par son caractère hautain et, simultanément, apprivoisé par l'humour[139]. Les mythes grecs ne mouraient jamais vraiment, ils se répondaient et se répétaient sous la forme d'échos tout en subissant d'infinies ou d'infimes variations, celles du temps et de l'érudition au point de devenir les formes hybrides sous l'effet de leur propre affolement dans la versatilité des histoires. Or la puissance d'irradiation du mythe a été certainement la plus forte pour donner une image des hantises de la société, le mythe n'était pas simplement un récit plus ou moins fabuleux, il servait grâce aux croyances et aux superstitions à exorciser et donner une forme à l'incontrôlable. Plutôt que de passer en revue les principaux mythes, l'historien remonterait la piste du mythe de départ jusqu'au mythe d'origine, acceptant qu'il existât plusieurs versions, états et répliques d'un mythe et qu'il fût, à l'instar de la gravure, un multiple pour lequel la composante narrative et poétique continuait d'opérer, il saisirait peut-être que le mythe avait été doté de cette puissance d'anamorphose qui lui permettait de traverser les siècles en s'actualisant toujours. Si le mythe raconte, explique et révèle[140], il est surtout le récit des explications ou encore de la révélation. Symboliquement, *Les Cahiers du Sud* publiait comme une sorte d'écho au renouveau de la Grèce un numéro spécial de la revue consacré aux mythes grecs que la longue vue d'André Chastel avait dépeint comme l'« épopée de la Méditerranée ». Il était donc quasiment impossible de faire l'économie de l'*Iliade* et l'*Odyssée* dans lesquelles se devinaient les intentions profondes du voyage en Méditerranée dont les invasions, la violence des déclarations de guerre ou les errances des héros, dans un contexte précis, n'étaient pas sans rappeler les déportations ou les disparitions. Chaque nouvelle traduction lorsqu'elle était l'occasion de rénover la langue confortait la place du récit des origines. « L'*Iliade* ne raconte pas la Guerre de Troie ni L'*Odyssée* le retour d'Ulysse, la vie des princes achéens. L'*Odyssée* est le poème du retour des héros et l'*Iliade* le poème de la querelle des rois[141] ». La nouvelle traduction modernisait le texte en s'appuyant sur le sens plus général de la fable et revenait sur des passages comme l'épisode de la tente de Péléide qui n'avait jamais été une tente mais un véritable baraquement militaire ou encore Zeus qui traitait Héra de pauvre folle, cela donnait évidemment un aspect plus courant moins compassé, à ce qui paraissait éloigné des préoccupations des Français au tout début de l'été 1939 ou celui de l'année suivante. L'actualité du langage de L'*Odyssée* rendait plus tangible ces récits, déjà, Pausanias lisait Homère comme un guide de voyage dans la Grèce pittoresque puisque le poète signalait les temples, les oratoires et les stèles qui attestaient le passage ou la présence des dieux, répétant la monodie un peu maniaque de l'inventaire homérique. La traduction qui prévalait sur toutes était celle que ces récits composaient avec de nombreuses explications, ils en savaient toujours plus que ceux qui les utilisaient. Fuzellier avançait quelques règles de « la valeur et du sens des mythes à l'heure actuelle », en sachant combien tout cela était trouble car le mythe se formait et se reformait constamment, il ne se saisissait jamais sous l'apparence pour laquelle il était poursuivi, il se métamorphosait presque toujours au moment où l'historien, le critique ou l'artiste pensaient l'avoir identifié. Les mythes permettaient ou suscitaient des conclusions plastiques et incarnaient un récit ou une forme disponible, proche de la foulée de la nymphe ou du souffle du marathonien, le mythe ne se fixait jamais dans une image, infidèle à son iconographie propre, il allait de l'un à l'autre, susceptible de se laisser séduire par toutes les instrumentalisations, il se distinguait entre tous les récits lorsqu'il savait conquérir sa liberté grâce à l'interprétation qui, créatrice, le réinventait sans cesse. Les mythes résistaient à la méthode, ils n'avaient pas simplement à voir avec l'antiquaille ni même la figuration bien que leur rapport à la peinture ou à l'art n'aient été qu'une forme modernisée ou refoulée du tableau vivant, il ne pouvait y avoir de mythe qu'au présent puisque, dans le passé,

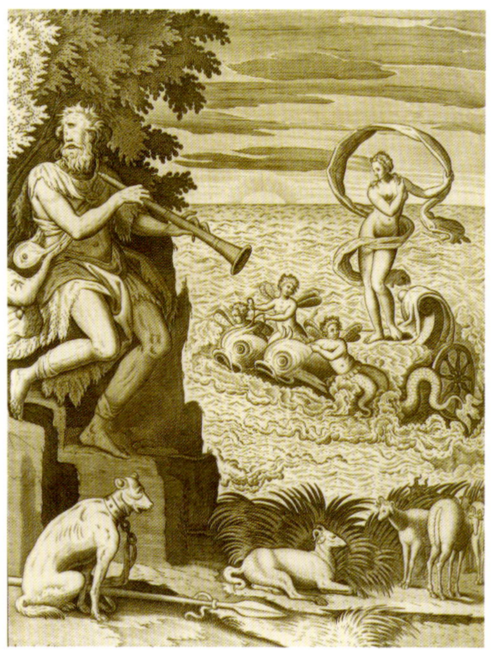

« Cyclope »

dans *Les Images ou Tableaux de la platte peinture des deux Philostrates sophistes grecs et les status de Callystrate, mis en françois par Blaise de Vigenère*

1629, Bibliothèque municipale de Lille

ils n'existaient pas complètement en raison des incertitudes, perdus dans le rhizome de ses interprétations et de ses incarnations.

Il restait de toute cette poussière d'érudition, d'images et de lectures, de parti pris la tentation de discerner dans le mirage grec l'ombre mal comprise du byzantinisme, plus simplement dans le sens d'une influence de l'art byzantin sur l'art en Grèce[142] mais plutôt comme ce chapitre risqué des franges de l'histoire littéraire ou de l'art, de sorte que la Grèce byzantine n'avait pu se résumer à la période médiévale. Le recensement toujours plus ou moins partial des écrivains sur l'art byzantin qui ne visitaient pas les chapelles frustes ou ne savaient pas trop que, ce qu'ils pouvaient admirer, avait des allures orientales, le byzantinisme était le même que celui de Julien Benda lorsqu'il écrivait *La France byzantine*, jouant du pouvoir que l'hybridation des références avait de désorienter. Cela voulait dire que la Grèce était une province d'Orient et qu'elle donnait plus que jamais raison aux propos de Delacroix, le néoclassicisme n'avait pas survécu dans les pastiches architecturaux, seuls l'orientalisme et l'architecture moderne avaient su conserver vivant l'esprit de la Grèce. Les périodisations se voyaient assigner des fonctions démonstratives et didactiques précises, elles avaient un rôle comparatif évident et une fonction de réemploi des temporalités vacantes. La Grèce n'était pas indescriptible, elle mimait assez précisément l'indescriptibilité et l'imprescriptibilité des références, leur fonction fragile et poreuse à toute approche, peureuse aussi à celle d'un improbable Cyclope. Malgré ses désirs de permanence, imaginer une Grèce intemporelle était impensable, tout, au contraire, forçait le voyageur à se situer comparativement en fonction des grandes périodes de l'histoire, intériorisées avec tant d'application et d'aller vérifier que tout ce qui semblait être oublié ou disparu ne demeurait jamais bien loin.

1 - Hermann Broch, « Logique d'un monde en désintégration », *Logique d'un monde en ruine*, Paris, Éditions de L' Éclat, « Philosophie imaginaire », (1975), 2004, p. 35-37.

2 - Marielle Macé, « La ligne phénoménologique de l'essai sur l'art », *L'écrit sur l'art : un genre littéraire ?*, Pau, Éditions des Presses Universitaires « Figures de l'art 9 », 2005, p. 168.

3 - Didier Ottinger, « Moderne et après », *La parenthèse du moderne*, Paris, Éditions du Musée national d'art moderne – Centre Georges Pompidou, 2005, p. 11.

4 - Jean-Louis Vaudoyer, cité dans sa réponse à l'enquête de la rédaction de la revue *Le Voyage en Grèce* sur ce que la croisière leur a apporté, *Le Voyage en Grèce*, printemps été 1934, p. 20.

5 - Stéphane Mallarmé , *Les Dieux Antiques – Nouvelle Mythologie illustrée d'après George W. Cox*, Paris, Éditions J. Rothschild, 1880, p. 1-2.

6 - *Ibid.*, p. 4.

7 - Sophie Basch, *Le voyage imaginaire – Les écrivains français en Grèce au XXᵉ siècle*, Paris, Éditions Hatier « Confluences », 1991, p. 20-21 : « La Grèce existe mal ou n'existe pas vraiment. Les plus beaux textes l'évoquent sans la décrire, les descriptions la saccagent. On peut bien l'affirmer en cette fin de siècle : la Grèce est indescriptible et ne l'a jamais plus été que depuis qu'elle est accessible. Il n'y a pas de miracle grec mais un mirage grec. »

8 - Marc Fumaroli parlait de Mario Praz. Se reporter à l'introduction de l'ouvrage de Mario Praz, *Le monde que j'ai vu*, Paris, Éditions Julliard, 1991, p. XVIII et suivantes.

9 - Jean Laude, « Retour et / ou rappel à l'ordre », *Le retour à l'ordre dans les arts plastiques et l'architecture, 1919-1925*, Jean-Paul Bouillon – Bernard Ceysson dir., Saint-Étienne, C.I.E.R.E.C, « travaux VIII », 1986, p. 37.

10 - Cesare Pavese, *Le métier de vivre*, Paris, Éditions Gallimard, « Folio », (1958), 2005, p. 204-205.

11 - Nous faisons allusion à l'analyse de Gilles Deleuze sur Foucault, *Pourparlers*, Paris, Éditions de Minuit, (1990), 2003, p. 144.

12 - Hans Blumenberg, *La raison du mythe*, Paris, Éditions Gallimard, « Bibliothèque de philosophie », 2001, p. 64

13 - Élie Faure, « Découverte de l'Archipel », *Œuvres Complètes*, t. III, Paris, Éditions Jean-Jacques Pauvert, 1964, p. 483. Cette analyse de l'art en Grèce renvoie bien évidemment à son étude plus détaillée de l'histoire de l'art antique et présentement à des petits textes sur les différents pays qu'il réunit dans un chapitre intitulé Sporades.

14 - Marcel Detienne, *L'invention de la mythologie*, Paris, Éditions Gallimard, « Tel », (1977), 1998, p. 242.

15 - Alain, *Mythes et Fables*, Paris, Éditions Gallimard, « Tel », (1934), 2006, p. 183-185.

16 - Propos de Michel Leiris cités dans sa réponse à l'enquête de la rédaction de la revue *Le Voyage en Grèce* sur ce que la croisière leur a apporté, *Le Voyage en Grèce*, printemps – été 1934, p. 16.

17 - Jacqueline de Romilly, *La douceur dans la pensée grecque*, Paris, Éditions des Belles Lettres, « Études Anciennes », 1979, p. 1. Au terme de douceur les Grecs semblaient avoir préféré celui de justice ou d'héroïsme, elle n'est pas seulement la philanthropie mais une certaine forme de banalité, se reporter à p. 8. La douceur dans Homère malgré les combats et les déchirements familiaux et politiques les protagonistes ont des mots doux « les douces paroles » témoignent de ce goût passionné pour la persuasion, p. 14.

18 - Attilio Brilli, *Quand voyager était un art*, Paris, Éditions Gérard Montfort, 2001, p. 39.

19 - *Ibid.*, p. 38.

20 - Sur l'histoire du livre se reporter au catalogue raisonné des livres illustrés de Matisse établi par Claude Duthuit et publié par Les Héritiers Matisse, 1988.

21 - Sur la relation de Mallarmé à la Grèce on ne saurait être que superficiel, nous renvoyons au chapitre qui lui est consacré « La tentation de l'idylle chez Mallarmé » dans l'essai de Pierre Brunel *L'Arcadie blessée – Le monde de l'Idylle dans la littérature et les arts de 1870 à nos jours*, Paris, Éditions Eurédit, 2005, p. 53 et suivantes.

22 - Georges Duby, « L'héritage », *La Méditerranée – Les hommes et l'héritage*, Fernand Braudel – Georges Duby dir., Paris, Éditions Flammarion, « Champs », (1986), 2006, p. 212-213.

23 - Jacques de Lacretelle, *Le demi dieu ou le voyage de Grèce*, Paris Éditions Bernard Grasset, 1931, p. 47-48.

24 - Gérard Genette, *L'œuvre de l'art – Immanence et transcendance*, Paris, Éditions du Seuil, 1994, sur la gravure voir les p. 56-58 et pour le rapprochement technique et matériel entre gravures et photographies, p. 57.

25 - Amédée Ozenfant, « Du canon », *Cahiers d'art*, nᵒ8-10, 1932, p. 349.

26 - C'était une des rares qualités que Breton avait pu lui trouver.

27 - Jean-Germain Tricot, *Les harmonies de la Grèce*, Paris, Éditions Bernard Grasset, 1939, p. 138

28 - Frédéric de Towarnicki, *A la rencontre de Heidegger*, Paris, Éditions Gallimard, « Arcades », 1993, p. 184-186.

29 - Johann Joachim Winckelmann, *Histoire de l'art dans l'antiquité*, Paris, Éditions du Livre de Poche, « La Pochothèque », 2005, p. 39.

30 - *Ibid.*, p. 611.

31 - Nous faisons allusion au dernier numéro éponyme de la revue *Le voyage en Grèce* publié en 1946.

32 - Albert Dresdner, *La genèse de la critique d'art*, Paris, Éditions de l'École nationale supérieure des Beaux-Arts – Institut Allemand d'Histoire de l'art, 2005, p. 58 : . « L'art antique connut alors sa période baroque, rococo, son réalisme, son impressionnisme. »

33 - Frédéric de Towarnicki, *A la rencontre de Heidegger, op. cit.*, p. 184 et suivantes.

34 - Jacques de Lacretelle, *Le demi dieu ou le voyage de Grèce, op. cit.*, p. 91.

35 - Jean Charbonneaux, « L'originalité de l'art grec classique », *Permanence de la Grèce*, numéro spécial des *Cahiers du Sud*, 1948, p. 93.

36 - *Ibid.*, p. 91.

37 - W. Deonna, « La Grèce des Archéologues et l'Art contemporain », *Le Voyage en Grèce*, printemps 1939, p. 8-9.

38 - Marguerite Yourcenar, « En pélerin et en étranger », *Essais et Mémoires*, Paris, Éditions Gallimard, « Bibliothèque de la Pléiade », 1991, p. 436-437. Dans ce texte intitulé « Villages grecs », publié en 1935, Marguerite Yourcenar s'amuse en rappelant à son lecteur que l'Athènes de Thésée n'était pas plus grande qu'un village, cela relativise un peu l'idée de la cité puissante et étendue et surtout cela permet au voyageur qui traverse l'Attique de voir dans les villages ce que devaient être à l'origine les cités antiques.

39 - Panos Dejpely, « Les maisons de l'archipel grec observées du point de vue de l'architecture moderne », *Cahiers d'art*, nᵒ1-4, 9ᵉ année, 1934, p. 93-97.

40 - *Ibid.*, p.94.

41 - Jacques de Lacretelle, *Le demi dieu ou le voyage de Grèce, op. cit.*, p. 104.

42 - Élie Faure, « Découverte de l'archipel », *Œuvres complètes*, t. III, *op. cit.* Se référer au chapitre « Sporades », p. 481-490.

43 - Christian Zervos, *L'art en Grèce du troisième millénaire au IV siècle avant notre ère*, Paris, Éditions des Cahiers d'Art, 1946, n. p.

44 - Sur ce frottement délicat entre polythéisme et monothéisme, pensée mythique et chrétienne se reporter aux analyses de Hans Blumenberg, *La raison du mythe, op. cit.*, p. 53.

45 - Claude Michel Cluny, *Le silence de Delphes – Journal littéraire 1948-1962*, Paris, Éditions de la Différence, 2002, p. 70.

46 - Gilles Deleuze, « Fendre les choses, fendre les mots », *Pourparlers 1972-1990*, Paris, Éditions de Minuit, « Reprise », (1990), 2003, p. 120.

47 - Michel Foucault, *L'archéologie du savoir*, Paris, Éditions Gallimard, (1969), 2004, p. 212.

48 - Pierre Seghers, « La poésie – Invitation à un nouveau voyage », *La Parisienne*, nᵒ1, janvier 1953, p. 44 : « Toutes les géographies vieillissent. Ils nous proposent un nouveau périple. Il faut aller absolument vers ce qui vient. Les pionniers de cette conquête poétique sont rares, qui en connaissent bien la cartographie. Combien de non-valeurs et de bonnes volontés impuissantes. Une marée. »

49 - Marthe Oulié – Hermine de Saussure, *La croisière de Perlette – 17 000 dans la mer Egée*, Paris, Éditions Hachette, 1926, p. 7 : « Depuis que nous avions treize ans, nous apprenions le grec, non pas comme un pensum, mais comme une musique divine. L'histoire des hommes et des cités de la Grèce était pour nous plus vivante que bien des réalités actuelles. Un brin d'imagination nous laissait voir, entre les lettres serrées des éditions Hachette, de bleus, de fauves paysages, des troupeaux de chèvres aux cornes torses, des portiques de marbre et des figuiers au long des routes…

On avait beau nous dire que la Grèce n'était qu'une rocaille, une turquerie, une banlieue levantine, nous savions que nous retrouverions là-bas suffisamment notre Grèce. »

50 - José Corti, *Souvenirs désordonnés (… – 1965)*, Paris, Éditions Christian Bourgois, « 10/18 », (1983), 2003, p. 270.

51 - Pierre Guéguen, « En marge de la Théogonie », *Cahiers d'art*, nᵒ8-10, 1932, p. 392.

52 - Marguerite Yourcenar, « En pèlerin et en étranger », *Œuvres complètes, op. cit.*, p. 432. Le texte publié en 1936 est intitulé « À quelqu'un qui me demandait si la pensée grecque vaut encore pour nous ».

53 - Gaston Bachelard l'avait analysée à propos de l'œuvre d'Albert Flocon et que Le Corbusier avait stigmatisée dans *La Charte d'Athènes*, Paris, Éditions du Seuil, « Points Essais », 1971, p. 171 : « Un sentiment et une passion archéologiques tout récents, venus des nouvelles possibilités machinistes de l'impression (« l'âge du papier » est de notre siècle) avaient bousculé le principe de contiguïté auquel nos destinées étaient naturellement liées (…). »

54 - Horst Bredekamp, *La nostalgie de l'Antique – Statues, machines et cabinet de curiosités*, Paris, Diderot Éditeur, « Arts et Sciences », (1993), 1996, p. 54.

55 - Georges Séféris, « De la grécité en art », *Essais – Hellénisme et Création*, Paris, Éditions du Mercure de France, 1987, p. 32.

56 - Jean Charbonneaux, « L'originalité de l'art classique », *Permanence de la Grèce, op. cit.*, p. 96.

57 - Erwin Panofsky, « Les antécédents de la calandre Roll Royce », *Trois essais sur le style*, Paris, Éditions Le Promeneur, 1988, p. 157.

58 - Christian Zervos, *L'art en Grèce du Troisième Millénaire au IVᵉ siècle avant notre ère, op. cit.*

59 - Horst Bredekamp, *La nostalgie de l'Antique – Statues, machines et cabinet de curiosités, op. cit.*, p. 19-20 et suivantes.

60 - Si on excepte le cas particulier de *L'Iliade*, deux livres semblent particulièrement s'inspirer du voyage en Grèce de Le Corbusier bien que celle-ci n'apparaissent pas directement. Le texte écrit pour *Le Poème de l'angle droit* est à cet égard tout à fait intéressant, il traduit un dépassement d'une Grèce littérale et littéraire au profit de son incorporation dans des manifestes.

61 - Georgios Simeoforidis, Georgios Tzirtzilakis, « Méditerranée et Modernité : le dernier voyage en Grèce », *Le Corbusier et la Méditerranée*, Paris, Éditions Parenthèses – Musées de Marseille, 1987, p. 71.

62 - Jean Cocteau, « D'un voyage en Grèce », *La Parisienne*, nᵒ 1, janvier 1953, p. 47.

63 - Jean Giraudoux a certainement été comme Cocteau pour le théâtre le parangon des modalités du retour à l'Antiquité classique.

64 - Fernand Léger, « De l'Acropole à la Tour Eiffel », *Le Voyage en Grèce*, printemps – été 1934, p. 6.

65 - C'est le cas de l'illustration datée 17 février 1955, planche V.

66 - Texte et lithographies originales de le Corbusier publié aux Éditions Tériade en 1955.

67 - Chant I de *L'Iliade*, verset 460, p. 21.

68 - Allusion aux propos d'Iris à Hélène soulignés dans la marge par Le Corbusier, Chant II de *l'Iliade*, verset 130, p. 68 : « Viens, ma chère, viens voir : l'histoire est incroyable ! Les Troyens dompteurs de cavales et les Achéens à cotte de bronze jusqu'ici dans la plaine, allaient portant les uns contre les autres d'Arès source de pleurs ; ils ne songeaient qu'à la guerre exécrable : les voilà maintenant assis et muets ». Quel sens Le Corbusier a-t-il pu donner dans ce contexte au sens du mot « histoire », cela renseignerait différemment le rapport de celui-ci à la discipline qui semble complètement niée lors que la notion de patrimoine est au cœur de son œuvre architecturale, poétique et plastique.

69 - Jean-Bertrand Pontalis, *Le dormeur éveillé*, Paris, Éditions Gallimard, « Folio Essais », (2004), 2006, p. 63.

70 - Pierre Brunel, « Gide ou la guirlande de Virgile », *L'Arcadie blessée – Le monde de l'idylle dans la littérature et les arts de 1870 à nos jours, op. cit.*, p. 134.

71 - Myriam Boucharenc, *L'écrivain reporter au cœur des années trente*, Villeneuve d'Ascq, Éditions Presses Universitaires, du Septentrion, 2004, p. 10-12.

72 - Jean Cocteau, « D'un voyage en Grèce », *La Parisienne*, nᵒ 1, janvier 1953, p. 47.

73 - Ernst Hans Gombrich, « L'art des Grecs », *Réflexions sur l'histoire de l'art*, Nîmes, Éditions Jacqueline Chambon, (1987), 1992, p. 19.

74 - Régis Debray, « Anatomie d'un fantôme : l'art antique », *Vie et mort de l'image – Une histoire du regard en Occident*, Paris, Éditions Gallimard, « Folio Essais », (1991), 2005, p. 250.

75 - *Ibid.*, p. 250.

76 - Marguerite Yourcenar, « En pèlerin et en étranger », *Œuvres Complètes*, op. cit., p. 439. Dans « Lettre de Gobineau à deux Athéniennes », publié en 1937, l'auteur a profondément compris sur le mode presque parodique la relation complexe entre la modernité et la Grèce au XIX siècle, la difficulté d'y adapter les modèles politiques, esthétiques et décoratifs européens.

77 - Nous faisons allusion à son essai intitulé *Le tourisme littéraire*, Paris, Éditions de la Nouvelle Revue Critique, 1928 qui, s'il ne traite pas directement de la Grèce, était au même titre que les écrivains reporters extrêmement lus et finalement avait créé tout un imaginaire mêlant photographies, actualités cinématographiques, reportages et dessins de presse.

78 - Jacques Boulenger, « Sur la mer de l'archipel », *Les Cahiers du Sud*, août-septembre 1939, n. p. Ce numéro est entièrement consacré au « retour des mythes grecs ».

79 - Paul Ricœur, *La mémoire, l'histoire, l'oubli*, Paris, Éditions du Seuil, « Points Essais », 2000, p. 556 et suivantes.

80 - Ce préjugé qui s'est formé avant la Première guerre mondiale est resté très ancré dans les esprits, la propagande nazie s'est largement appuyée sur ces prétendues continuités, voir entre autres sur ce point le texte d'Albert Londres, « Dans les papiers de l'auteur », (1916), *Si je t'oublie Constantinople*, Paris, Éditions Christian Bourgois, « 10/18 », 1985, p. 304-306 et le texte de Pierre Loti plus ciselé encore que très méchant *Méditerranée*, Paris, Éditions Flammarion, 1926, p.73.

81 - André Bellessort, « L'homme des fouilles de Troie et de Mycènes », *Parmi les âmes étrangères*, Paris, Éditions de la Librairie Académique Perrin, 1942, p. 225.

82 - Georges Séféris, « Grèce et Occident de la Création poétique » *Essais – Hellénisme et création*, op. cit., p. 179 et suivantes.

83 - Gérard Genette, *L'œuvre de l'art – Immanence et transcendance*, op. cit., p. 57.

84 - Attilio Brilli, *Quand voyager était un art*, op. cit., p. 41.

85 - Pierre Albouy, *Mythes et mythologies dans la littérature française*, Paris, Éditions Armand Colin, 1969, p. 27-28 et 210-211.

86 - Christian Zervos, *Georges Braque – Nouvelles sculptures et plaques gravées*, Paris, Éditions Albert Morancé, 1946, p. 10.

87 - Christian Zervos, *La civilisation hellénique IX-VIII siècle avant notre ère)*, Paris, Éditions des Cahiers d'Art, 1969, p. 67.

88 - Note de la rédaction du *Voyage en Grèce – Cahiers périodiques de tourisme*, n° 1, printemps-été 1934, p. 1.

89 - Amédée Ozenfant, « Du canon – Sur la Grèce », *Cahiers d'art*, vol. VIII-X, 1932, p. 343-351.

90 - Paul Veyne, *Comment on écrit l'Histoire*, Paris, Éditions du Seuil, « Points Histoire », (1971), 1996, p. 201-209.

91 - L'esprit révolutionnaire tel qu'il s'était défini dans les revues *La Révolution Surréaliste* et *Le Surréalisme au Service de la Révolution*, avait fait significativement peu de place à la Grèce excepté dans les articles consacrés à De Chirico ou à son frère Savinio.

92 - Xavier Bordes, « Odysseus Elytis du Surréalisme à l'Architecture solaire », *Surréalistes grecs*, Paris, Éditions du musée national d'Art moderne – Centre Georges Pompidou, « Cahiers pour un temps », 1991, p.

93 - Marcel Detienne, *Dionysos mis à mort*, op. cit. p. 7.

94 - Paul Veyne, « Le mythe employé comme langue de bois », *Les Grecs ont-ils cru à leurs mythes? Essai sur l'imagination constituante*, Paris, Éditions du Seuil, (1983), 1992, p. 89-104. Sur l'idée du mythe utilisé à des fins politiques et ses répercussions sur l'écriture de l'histoire , se reporter aux p. 89-94.

95 - Le Corbusier, « La Grèce à échelle humaine », *Le Voyage en Grèce*, 1939, n° II, p. 4-5 : « L'être occupé des travaux quotidiens normaux n'incline point à des divertissements puérils ; mais il chante et danse, il peint de blanc de chaux sa maison, dedans et dehors, la veille de chaque dimanche en certains endroits, ou pour les grandes fêtes de l'année ; il mange des olives, du pain, du miel ; il se vêt de laines blanches (partout ou la confection de série n'a pu le toucher). Il se tient simple et actif de ses mains et de son cœur. Il est un sage n'est-ce pas ? depuis longtemps, depuis toujours. Il n'y a pas de dates ni d'histoires aux étapes de son logis. Son logis est de toujours se perpétuant inchangé, vivant, propre reflet humain. »

96 - André Malraux, « Le musée imaginaire », *Écrits sur l'art*, t. I, Paris, Éditions Gallimard, « Bibliothèque de la Pléiade », (1951), 2004, p. 208-209.

97 - Odysseus Elytis, « Équivalences chez Picasso », *Verve* n°25-26, 1951, n. p.

98 - *Ibid.*

99 - Odysseus Elytis, « Pierre Reverdy entre la Grèce et Solesmes », *Mercure de France*, numéro consacré à Pierre Reverdy, janvier/avril 1962, t. 344, p. 74.

100 - *Ibid.*, p. 75.

101 - Nous faisons allusion aux *Aventures de Télémaque* de Fénelon qui ponctue son récit régulièrement de cette expression « un je ne sais quoi de pur et de sublime ».

102 - Pierre Guéguen, « En marge de la *Théogonie* », *Cahiers d'art*, n° 8-10, op. cit., p. 390 et p. 392.

103 - Odysseus Elytis, « Pierre Reverdy entre la Grèce et Solesmes », *Mercure de France*, op. cit., p. 76.

104 - Éric Michaud, *Un art de l'éternité – L'image et le temps du national-socialisme*, Paris, Éditions Gallimard, « Le temps des images », 1996, p. 165 et suivantes.

105 - Jean-Germain Tricot, *Les Harmonies de Grèce*, op. cit., p. 30.

106 - Jean-Pierre Vernant, *Mythe et pensée chez les Grecs – Étude de psychologie historique*, vol. I, Éditions François Maspéro, « Petite collection », 1965, p. 26.

107 - Jacques Prévert, « Terres cuites de Béotie », *Minotaure*, n° 9, 15 octobre 1936, p. 40-43.

108 - *Ibid.* p. 42.

109 - Paul Vigneron, *Le cheval dans l'Antiquité*, Nancy, Éditions des Presses Universitaires, « Annales de l'Est », 1968, p. 254 sur le harcèlement grâce à la cavalerie et p. 296 sur la technique du combat par le choc

110 - Ces appropriations sous la forme de l'humour permettaient d'éviter la prétention du mythe et toute dérive académique.

111 - Albert Flocon, « Traité du burin », *La Parisienne*, n° 1, janvier 1953, p. 82.

112 - Pierre Brunel, « Seuils de l'Idylle », *L'Arcadie blessée*, op. cit. p. 20

113 - Gaston Bachelard, « Exercices pour la volonté digitale », *La Parisienne*, n° 1, janvier 1953, p. 80-81.

114 - Jean-Pierre Vernant, *Mythe et pensée chez les Grecs – Étude de psychologie historique*, op. cit., p. 29.

115 - Walter Benjamin , « L'œuvre d'art à l'ère de sa reproductibilité technique », *Œuvres*, vol. III, Paris, Éditions Gallimard, « Folio-Essais », (1989), 2000, p. 82-83. La première version de cet essai date de 1935, il en existe trois autres comprenant des variantes. La dernière version a été probablement achevée à la fin de 1938. Une des deux versions de 1936 a été publiée en français.

116 - Ernst Hans Gombrich, « L'art des Grecs », *Réflexions sur l'histoire de l'art*, op. cit., p. 13.

117 - Paul Veyne, *Comment on écrit l'histoire*, op. cit., p. 386.

118 - Luc Durtain, *Le globe sous le bras*, Paris, Éditions Flammarion, 1936. Pour la Grèce nous renvoyons aux chapitres « Réponse de l'Acropole », p. 194-201 et « Europe et Balkans », p. 202-208, et pour la citation p. 197.

119 - Hervé Duchêne, « Voyageurs au pays de l'Odyssée », *Le Voyage en Grèce – Une anthologie du Moyen Age à l'époque contemporaine*, Paris, Éditions Robert Laffont, 2003, p. IV et p. V.

120 - Jean-Germain Tricot, *Les harmonies de Grèce*, op. cit., p. 61.

121 - Christian Zervos, *L'art en Grèce du Troisième Millénaire au IV siècle avant notre ère*, op. cit.

122 - Daniel-Henri Pageaux, « De la géocritique à la géosymbolique. Regard sur un champ interdisciplinaire : littérature générale et comparée et géographie », *La Géocritique mode d'emploi*, Limoges, Éditions des Presses Universitaires, 2000, p. 125 et suivantes. Se reporter tout particulièrement aux p. 140-143.

123 - L'expression est de Christian Zervos cité dans *L'art en Grèce du Troisième Millénaire au IV siècle avant notre ère*, op. cit.

124 - Sophie Basch, « Et le roman ? », *Le voyage imaginaire – Les écrivains français en Grèce au XX siècle*, op. cit., p. 189-195.

125 - Notamment à l'évocation de Freud « Un trouble du souvenir sur l'Acropole », *Sigmund Freud – Romain Rolland, Correspondance (1922-1936)*, Paris, Éditions des Presses Universitaires de France, 1993, p. 404-410.

126 - Nous faisons allusion au livre d'Alain Corbin *Le ciel et la mer* publié aux Éditions Bayard en 2005 ainsi qu'au catalogue de l'exposition intitulée *Désir de rivage : de Granville à Dieppe : le littoral normand vu par les peintres entre 1820 et 1945*, musée des Beaux-arts de Caen, 1994.

127 - André Malraux, « Publications des premiers fragments de la psychologie de l'art », *Verve*, n° I, décembre 1937, p. 45.

128 - Paul Éluard, *Grèce ma rose de raison*, Paris, Éditions Gallimard, « Bibliothèque de la Pléiade », (1949), 1996, p. 278 et suivantes.

129 - Nous pensons bien évidemment au recueil de poèmes de Pierre Reverdy *La liberté des mers*. Publié en 1959 chez Maeght illustré de lithographies originales de Georges Braque.

130 - Paul Éluard, « Grèce ma rose de raison », *Œuvres complètes*, op. cit., p. 279.

131 - Kostas Zaroukas, « La poésie hellénique et la Résistance », *Poésie 47*, n° 41, 8 année, numéro d'hommage et de soutien à la Grèce intitulé *Signal de Grèce*, p. 145-146.

132 - *Nea Hestia* et *Kallitechnika néa*.

133 - Jean Varbot, « La chanson de résistance en Grèce », *Europe*, n° 43, juillet 1949, p. 53.

134 - Le dernier numéro de la revue *Le Voyage en Grèce* est résolument à part, il est intitulé *Messages de la Grèce* et est publié en 1946, richement illustré il publie de nombreux témoignages des écrivains et gravures d'artistes français en faveur d'une Grèce libre et démocratique.

135 - Ossip Zadkine, *Le Maillet et le Ciseau, Souvenirs de ma vie*, Paris, Éditions Albin Michel, 1968, p. 164. Repris du texte de Zadkine pour l'édition *Les Douze travaux d'Hercule* en 1960.

136 - Jacques Lacarrière, *Promenades dans la Grèce antique*, Paris, Éditions Hachette, (1967), 1978, p. 50.

137 - Telle qu'il l'a décrite dans *Voyage en Grèce – Trois lumières* publié chez Van Boeschoten en 1955 à Amsterdam et dont la préface est datée de 1933.

138 - Pierre Guéguen, « En marge de la Théogonie », *Cahiers d'art*, n° 8-10, 1932, p. 392.

139 - Raymond Queneau, « Le rat, la vigne et le larron », *Le voyage en Grèce*, été 1935, p. 25. L'approche de l'auteur est non seulement drôle lorsqu'il évoque (en vis-à-vis de celle de Marguerite Yourcenar « Apollon tragique ») un « Apollon ratier », autrement dit, chasseur des rats qui dévastaient les vignes mais aussi assez pertinente lorsqu'il suggère le caractère relatif de tous les dieux que l'on oppose alors que certainement ils ne forment qu'un seul et même protagoniste. Il s'appuie sur le couple antithétique Apollon – Dionysos.

140 - Pierre Brunel, Introduction au *Dictionnaire des mythes littéraires*, Monaco, Éditions du rocher, 1988, p. 12-15.

141 - André Chastel, « L'épopée de la Méditerranée », *Les Cahiers du Sud*, numéro consacré au *Retour des Mythes grecs*, août-septembre 1939, p. 133.

142 - Sophie Basch, « La grande pitié des églises byzantines (la Grèce médiévale) », *Le voyage imaginaire – Les écrivains français en Grèce au XX siècle*, op. cit., p. 107-127.

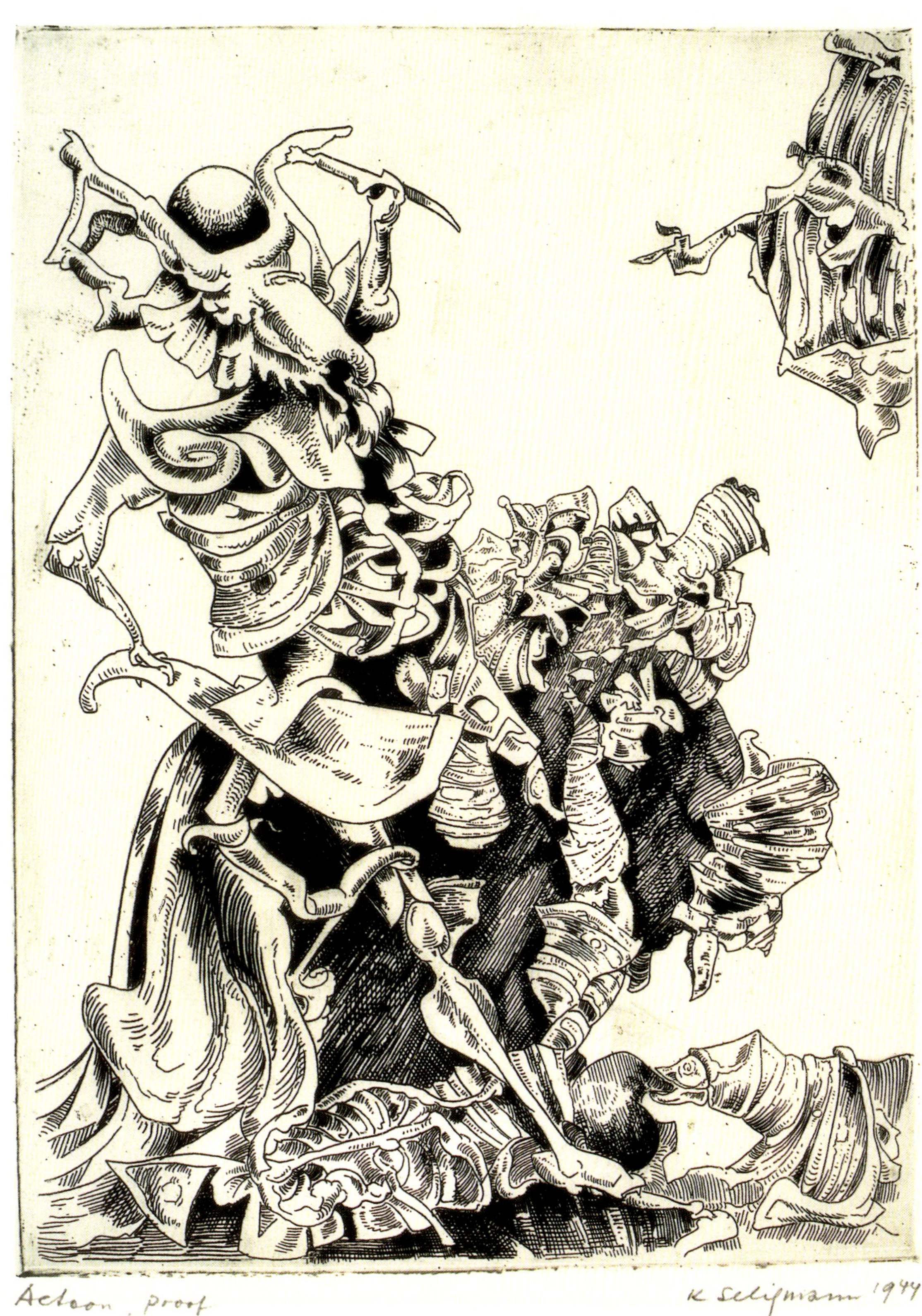

KURT SELIGMANN

Actéon
Eau-forte

de l'album *Bunidor I, 1947*
Musée du dessin et de l'estampe originale, Gravelines.

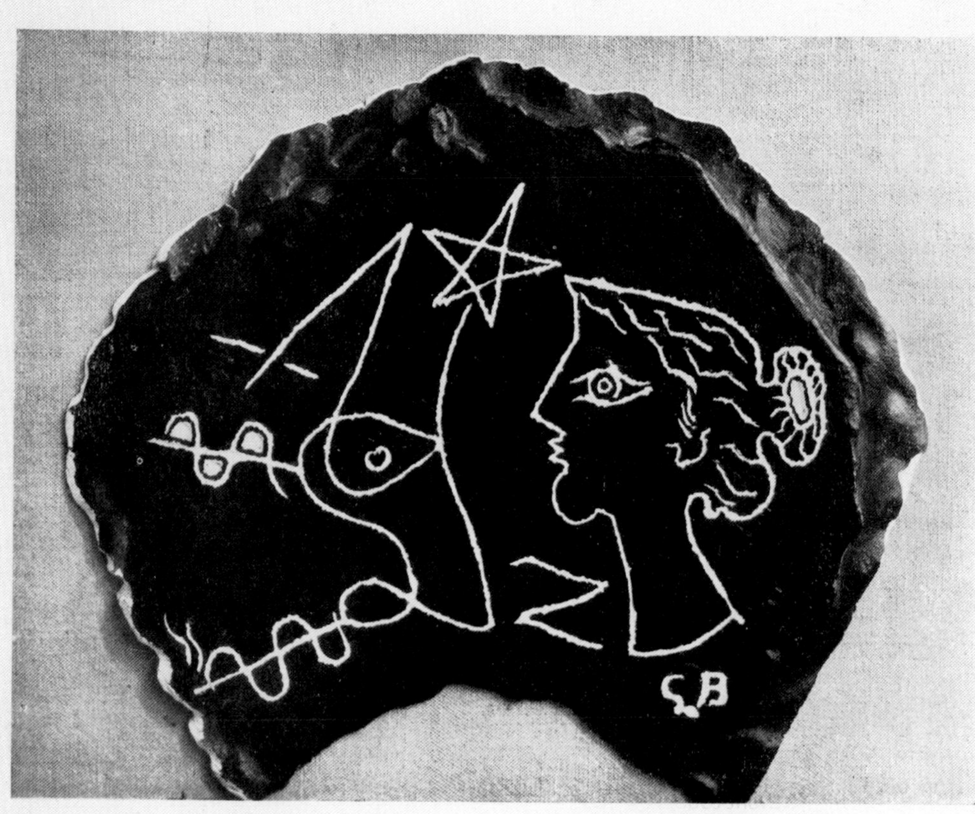

G. Braque. Sujet mythologique. Plâtre gravé. 1945.

PARMÉNIDE ET L'ABSOLU

Si l'on perd de vue que les penseurs hellènes ont moins tenté de définir *l'essence* du monde (tout au plus se sont-ils préoccupés d'en découvrir l'origine) que de résoudre le problème capital pour eux, comme aujourd'hui encore pour nous, du *devenir* — on risque de porter sur leur philosophie un jugement erroné. Particulièrement, quand il s'agit des « présocratiques », il est nécessaire de renoncer à retrouver chez eux la distinction stérile que la pensée moderne a établie entre *esprit* et *matière*.

C'est au nom de cette distinction fallacieuse que l'on a revendiqué, de l'un ou l'autre bord, des pensées aussi originales, aussi hautaines et *irréductibles* que celles d'un Héraclite, d'un Empédocle, d'un Parménide. En face de « l'école matérialiste ionienne », on a dressé *l'éléatisme*, et Parménide est devenu le tenant de l'idéalisme absolu. Ou bien par un tour de passe-passe, le maître de Zénon et de Mélissos était baptisé matérialiste et Héraclite passait pour un prédécesseur de Hegel.

Un examen moins partial des textes montre, au contraire, que les penseurs hellènes et surtout les présocratiques ont voulu uniquement édifier une *théorie du changement, du mouvement, c'est-à-dire du passage de l'être au non-être*, et que l'idée d'une dualité entre la matière et l'esprit ne s'est pas imposée à eux; il n'y a qu'unité pour eux dans l'univers.

C'est ainsi que le *feu*, chez Héraclite, est à la fois le symbole abstrait du devenir, et le feu réel, vivant, suscitant éternellement la naissance et la mort du monde; ou bien que le sang dans la théorie d'Empédocle, en même temps qu'élément le plus pur de la matière, est *conscient* de lui-même, ou que la logique stoïcienne conçoit la raison comme un corps. Il y a enfin un échange continuel entre la matière « spiritualisée » et l'esprit « matérialisé » chez *Parménide*.

9

Cahiers d'art
Plâtre peint de Georges Braque

1947, Donation Geneviève et Jean Masurel, Musée d'art moderne Lille Métropole

La Grèce d'instinct

CORINNE BARBANT

Entre 1926 et 1960, une vingtaine d'articles de *Cahiers d'art* sont consacrés à la Grèce, à travers lesquels le directeur de la revue, Christian Zervos, dessine une image de son pays d'origine et de son influence sur quelques uns des grands artistes qu'il soutient.

Quatre articles sont consacrés à l'architecture[1], dont trois dans le n° 1-4 de 1934. L'architecture grecque est avant tout présentée dans ses rapports avec l'architecture moderne défendue par Amédée Ozenfant dans *Cahiers d'art* et par Le Corbusier dans *Le voyage en Grèce*[2]. L'architecture contemporaine en Grèce est également mise en avant, comme pour montrer que l'histoire ne s'est pas arrêtée à l'Antiquité et à l'apogée de l'époque classique, même si l'Acropole reste un monument emblématique.

Mais la plupart des articles sont relatifs à la sculpture de la Grèce antique, et en particulier à l'art de la Grèce préclassique, que Zervos défend. L'art des Cyclades et l'art minoen, symboles de la Grèce primitive pour Zervos, sont les deux périodes les plus étudiées. Pour les présenter il fait appel à des conservateurs de musées français et grecs. Ainsi les idoles des Cyclades sont analysées par Étienne Michon, conservateur au musée du Louvre[3], l'art minoen par S. Marinatos, directeur du musée de Candie[4]. Il fait également appel à un autre conservateur du musée du Louvre, Germain Bazin, pour un article sur la muséologie du musée d'Athènes en 1954[5]. La présentation des œuvres de la Grèce primitive est donc faite sous un angle scientifique. De très nombreuses photographies viennent illustrer ces textes. Zervos lui-même présente le fruit de ses recherches et de ses analyses dans un numéro spécial entièrement consacré à la Grèce en 1933 (n° 7-10), qui reprend en partie son ouvrage

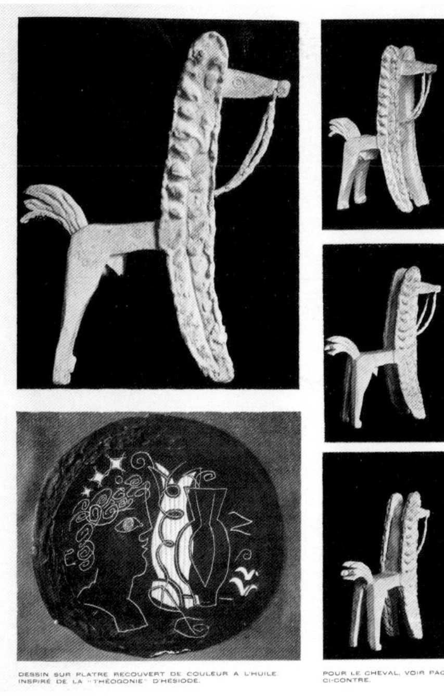

Cahiers d'art
Figurines en plâtre de Georges Braque

1940, Donation Geneviève et Jean Masurel,
Musée d'art moderne Lille Métropole

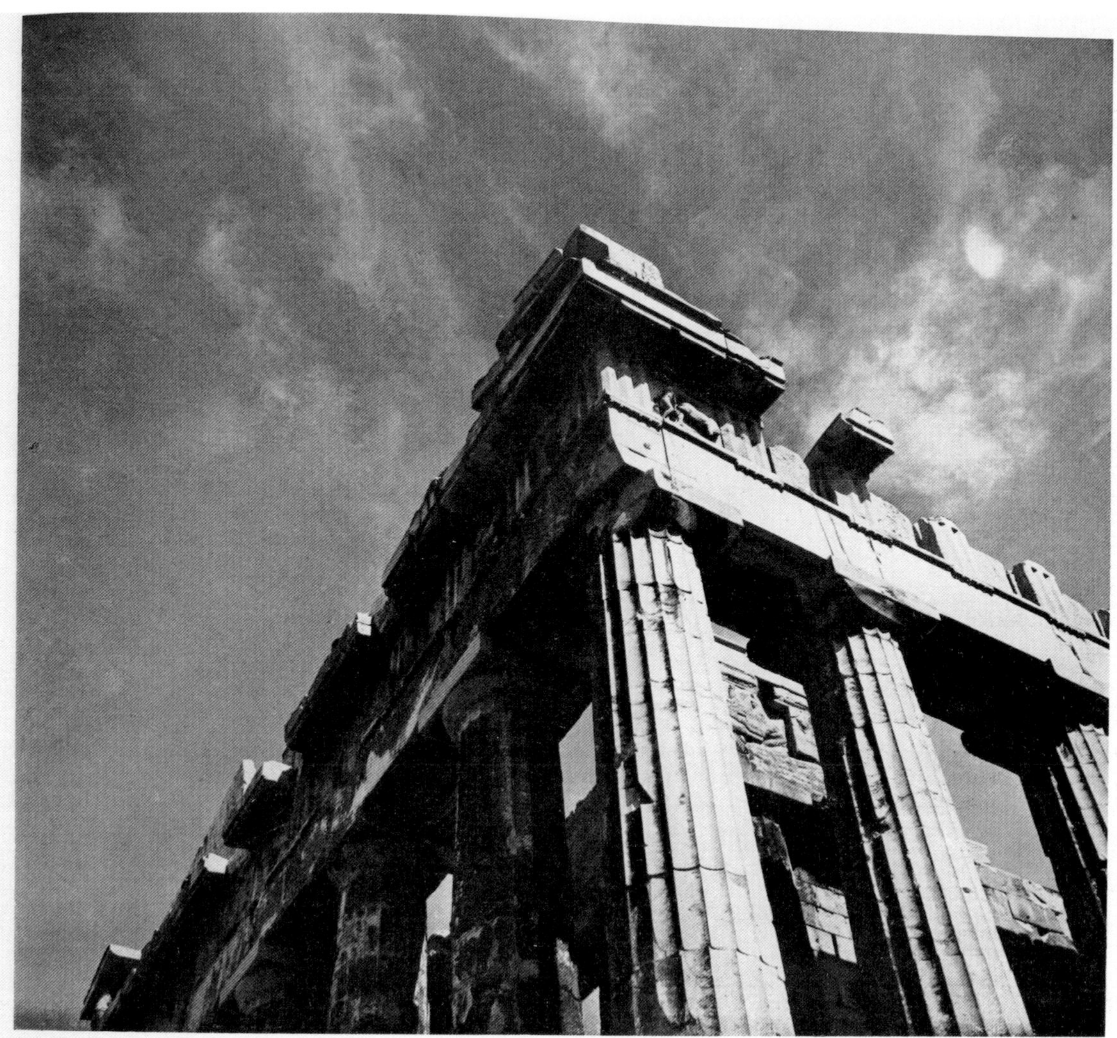

DU CANON

Extrait d'un livre à paraître par AMÉDÉE OZENFANT. Reproduction interdite, sauf citations. Photographies de l'auteur, tous droits réservés. Copyright by Ozenfant

... Je guette l'apparition d'Athènes. C'est très astronomique.

Elle paraît, portant l'ostensoir païen. L'image du Parthénon découpée dans le rond du hublot comme par un télescope est infime et ses couleurs perlières et flottantes comme celles de la planète Vénus. C'est minuscule à l'œil nu, mais si net en l'air immatériel, que malgré l'extrême éloignement les jumelles n'ajoutent, disons rien, au rythme qui joue.

En effet, à n'importe quelle distance le Temple reste toujours pareil à lui-même, quand insensiblement il grandit à la lente allure du bateau ; quand l'auto du Pirée à Athènes le grossit à vue d'œil ; quand disparu au détour d'un chemin il reparaît soudain plus proche ; et depuis les Propylées voisines ; et de plus près encore, sa perfection reste toujours entière et conforme.

Seule la perfection peut ainsi diminuer ou grandir sans se dénaturer ou perdre son fini. C'est qu'une idée ne dépend presque pas de la grosseur des caractères qui l'impriment ; la quantité augmente la puissance, mais risque de retrancher de la pureté, si bien que l'équation reste souvent égale. Une vaste fresque est déjà dans l'esquisse, ses métamorphoses se cachent au creuset qui ne livre qu'un être fini : l'enfant bientôt est un homme conforme.

Ainsi dans le cerveau d'Ictinos le Parthénon lentement matura, devint une idée accomplie, comme une victoire adulte dans la tête d'un dieu. L'idée trouva dans le marbre sa parfaite habitation : en effet lorsque l'œil approché ne voit plus l'ensemble, mais seulement l'exquis travail du marbrier, nous pensons que c'est le marbre par essence. Rien n'est moins matière première que le Parthénon, et pourtant le pentélique y reste lui-même : les architectes et les sculpteurs ne lui

Cahiers d'art n° 8-10
Texte d'Amédée Ozenfant

1932, Donation Geneviève et Jean Masurel, Musée d'art moderne Lille Métropole

L'art en Grèce, du troisième millénaire au IVe siècle avant notre ère.
S'il y présente l'art de la Grèce antique dans son ensemble, il reproduit
avant tout des œuvres de l'art de la Grèce des origines au VIe siècle.
Cette image privilégiée de la Grèce préclassique s'inscrit dans le contexte
de la découverte des arts primitifs par les artistes modernes et dans une
mise en valeur générale de ces arts dans *Cahiers d'art*. Des arts primitifs
et des arts antiques, que Zervos place sur le même plan et analyse de
façon similaire. La Grèce fait ainsi l'objet d'un numéro spécial de la revue
tout comme l'art océanien en 1929 (n° 2-3) et l'art africain en 1930 (n° 8-
9). L'art égyptien, l'art précolombien, l'art préhistorique, l'art sumérien
sont également présentés au fil des numéros. L'art primitif est d'abord
mis en avant puis l'art antique acquiert une place dominante et
« progressivement les textes consacrés aux arts des origines – qu'ils
soient « primitifs » ou « antiques » – vont prendre leur autonomie dans
le travail de Zervos[6]. »
Il faut noter que la Grèce n'occupe en aucun cas une place privilégiée par
rapport aux arts d'autres pays dans *Cahiers d'art*. Il faut d'ailleurs attendre
le n° 10 de 1926 pour voir les premières reproductions d'œuvres d'art
grec, des idoles des Cyclades[7]. Zervos en vient parfois à minimiser
l'importance de l'art grec face à celui d'autres civilisations, ou du moins
à remettre en cause son statut de modèle : dans « Pour une nouvelle
évaluation des valeurs esthétiques[8] », il écrit ainsi, après avoir loué la
beauté des arts de la Chaldée et de l'Égypte : « Il est de toute nécessité
de leur faire entendre que chaque manifestation de cette esthétique est
un trésor de révélations précieuses, que chacune porte le caractère qui
pénètre très profondément dans l'âme, que chacune a son importance et
sa couleur propre, que toutes elles réfléchissent les unes sur les autres,
et que la somme de leurs magnifiques reflets doit conformer leur vision,
développer leur sensibilité dans le sens le plus général et marquer ainsi
leur pensée au coin d'une grande liberté. À le prendre à la rigueur, on eût
pu, dans une certaine mesure, excuser cette admiration pour l'art
hellénique, encore que cette admiration soit exclusive, s'il se fût agit de
ses débuts où le travail inconscient est le plus intense ».
Cependant la référence à son pays d'origine est constante dans la pensée
de Zervos et nombreux sont les textes qu'il publie dans sa revue comportant
des citations de l'art ou de la littérature grecque. L'image que veut
donner Zervos de l'art antique hellène est explicitée dans le n° 7-10
de 1933 consacré à la Grèce. Pour lui, si les artistes se sont passionnés pour
les arts primitifs et ont méconnu l'art préclassique grec, la faute en
revient aux historiens de l'art qui ont privilégié une période particulière

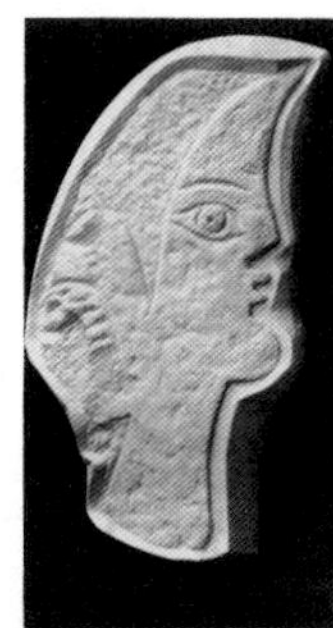
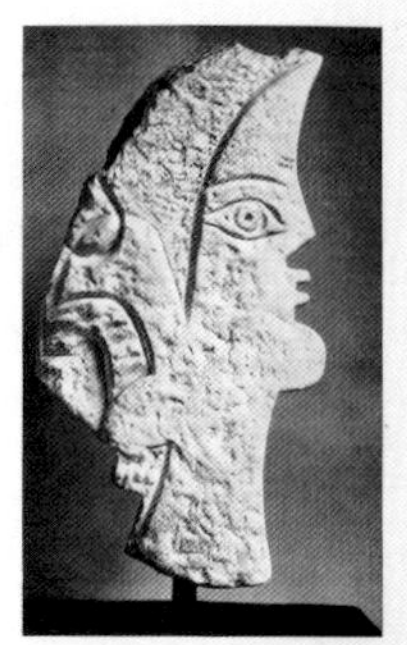

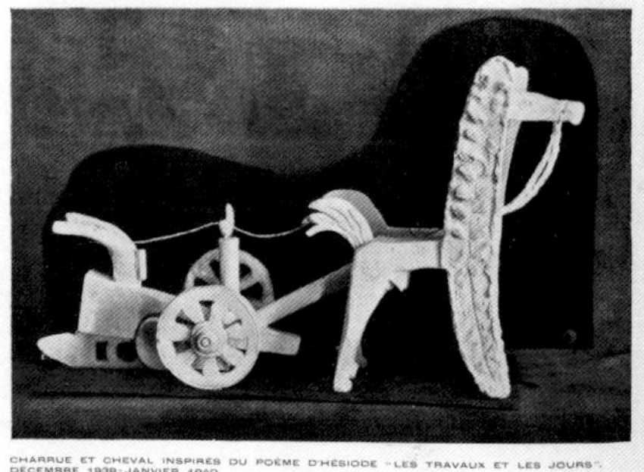

Cahiers d'art
Figurines en plâtre de Georges Braque

1940, Donation Geneviève et Jean Masurel,
Musée d'art moderne Lille Métropole

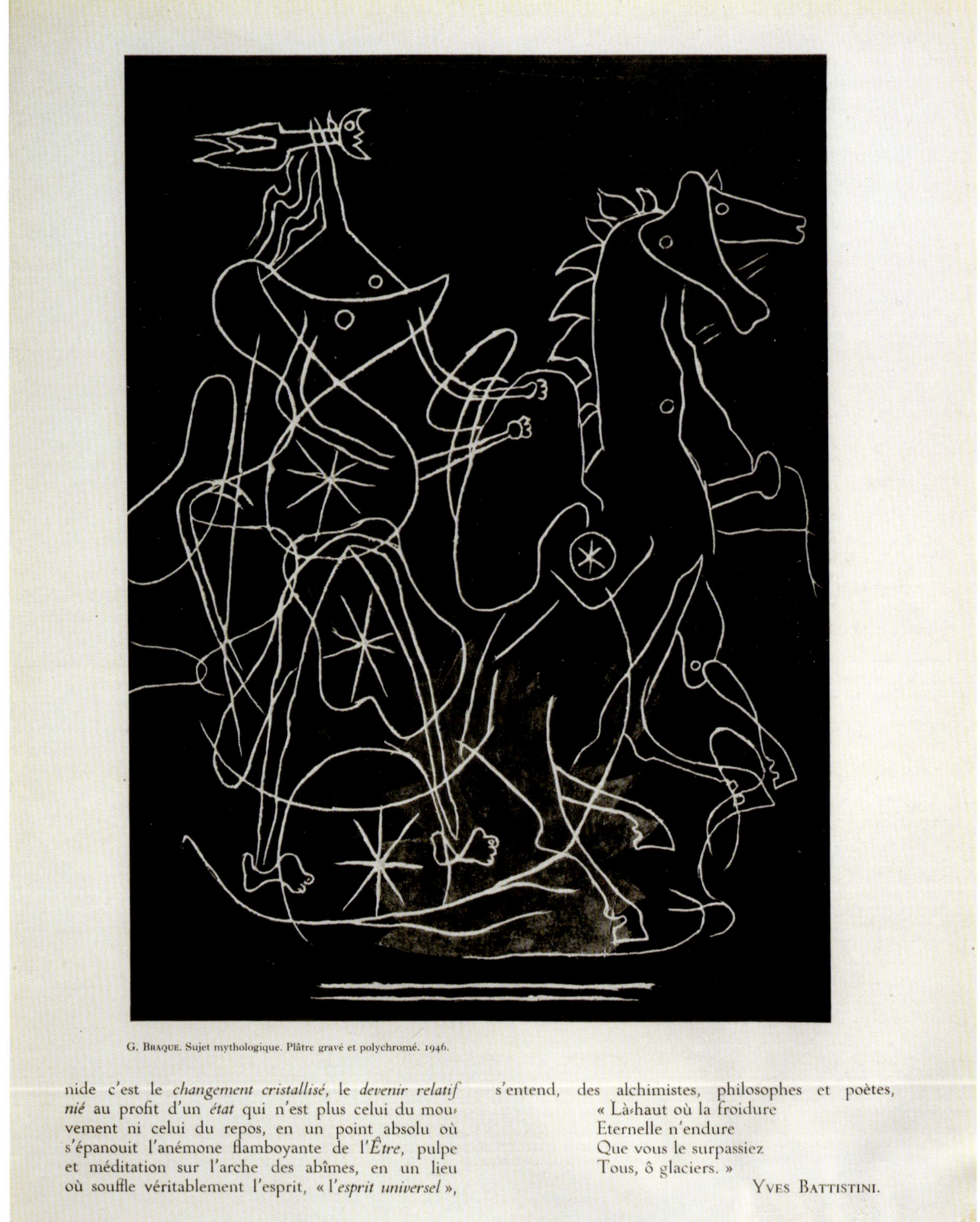

G. Braque. Sujet mythologique. Plâtre gravé et polychromé. 1946.

nide c'est le *changement cristallisé*, le *devenir relatif nié* au profit d'un *état* qui n'est plus celui du mou-vement ni celui du repos, en un point absolu où s'épanouit l'anémone flamboyante de l'*Être*, pulpe et méditation sur l'arche des abîmes, en un lieu où souffle véritablement l'esprit, « *l'esprit universel* », s'entend, des alchimistes, philosophes et poètes,

« Là-haut où la froidure
Eternelle n'endure
Que vous le surpassiez
Tous, ô glaciers. »

Yves Battistini.

13

Cahiers d'art

1947, Donation Geneviève et Jean Masurel, Musée d'art moderne Lille Métropole

de l'art grec en lien avec l'art académique omniprésent qu'ils encensaient :
« Maint artiste avait tiré des sculptures des Africains et des Polynésiens de
vives satisfactions. Cela à divers points de vue. Il y trouvait une confirmation
de ses recherches plastiques, l'instinct dans son action la plus directe,
une satisfaction de son besoin d'échapper par le rêve aux limites
quotidiennes.

De là une indifférence à l'égard des cultures dites classiques, en particulier,
à celle de la Grèce. Il faut dire qu'opposé à la véritable fête d'imagination
qu'est l'art frais des tribus primitives, l'art grec de la fin de la période
classique, que se plaisaient à nous montrer les tenants de l'académisme,
ne saurait répondre aux exigences toutes nouvelles de notre sensibilité,
à notre besoin d'impressions vives et profondes.

C'est que nous avons été longtemps abusés par les historiens de l'art qui
ne s'étaient jamais pris de véritable affection pour la radieuse jeunesse de
l'art grec, ni d'un amour direct pour cet art (...) ».

En défendant ces périodes délaissées de l'art grec, en publiant de
nombreuses reproductions des œuvres de ces époques méconnues,
Zervos expose également sa conception de l'art, une conception basée
sur « l'instinct », un art qui se définit par son caractère dionysiaque :
« [Il est] probable que les créateurs des œuvres d'art primitives, étant
très près des premiers instincts de l'homme, avaient cherché à ne mettre
rien que d'essentiel dans leurs œuvres. C'est la civilisation, par l'épuisement
progressif de l'instinct, qui a poussé la curiosité d'esprit à s'emparer de
l'accessoire et à s'en servir dans la même mesure que de l'essentiel.
C'est en vue d'abjurer les éléments conventionnels et surajoutés qui
avaient fait de l'art une sorte de calligraphie, que certains peintres
s'étaient tournés vers les arts primitifs, seuls capables de faire entrer l'instinct en conflit avec la tradition. Ils ouvraient ainsi largement des portes
pour faire communiquer l'instinct, qui est l'essentiel en art, avec le
monde extérieur qui en est le prétexte[9]. » Parlant de l'art archaïque
Zervos écrit : « Ce qui émerveille en lui, c'est sa connaissance intuitive et
l'espèce de sortilège qui en émane, son exaltation concentrée qui nous
repaît d'enthousiasmes et ne laisse jamais l'âme retomber inactive ; et
aussi le tour inimitable de son esprit » et à propos des idoles cycladiques
« on éprouve une sorte de joie transparente, dépouillée, propre à nous
donner une félicité choisie. C'est l'attrait infini qu'exerce tout ce qui est
près de l'instinct, vierge ou presque, encore intact[10]. »

Pour Zervos ces qualités et caractéristiques se retrouvent dans l'art
contemporain qu'il apprécie et défend et il lie toujours art contemporain
et art antique ou primitif, toute réflexion sur les arts prenant en compte

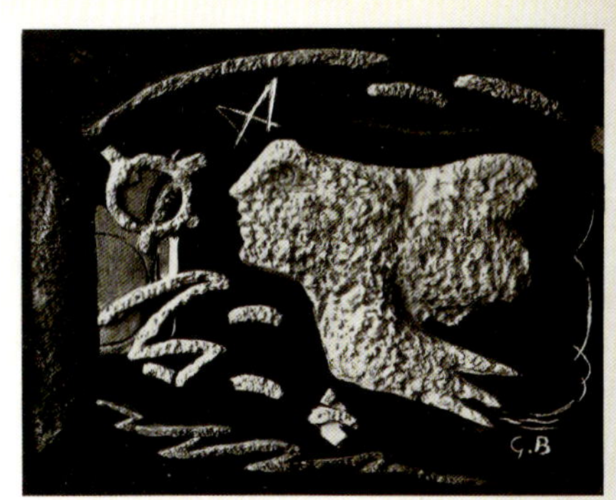

Cahiers d'art

1947, Donation Geneviève et Jean Masurel,
Musée d'art moderne Lille Métropole

DE L'ACROPOLE A LA TOUR EIFFEL

Il y a deux mille ans, quelque part dans un monde opaque et trouble, existait « un point lumineux ». Ce monde, c'était le nôtre. Le « point » en question apparaissait, disparaissait pour de nouveau s'infiltrer et renaître. Les yeux des hommes inquiets et curieux cherchaient à percer ce mystère.

Cette lumière à éclipse venait de Grèce. Petit pays, grand peuple dont le génie a résisté aux siècles, aux religions acharnées à le détruire. Son sol sec et aride porte les traces de cette espèce de « flamme éternelle ». C'est un climat lumineux où toutes les précisions sont permises, où le détail prend sa valeur. Dans cette géographie brûlée et translucide, le volume est absorbé, l'ombre portée disparaît. Tout est architecture et dessin.

Il y a deux mille ans, des hommes comme nous, pas plus grands, pas plus forts, ont su réaliser une unité morale et artistique d'une telle qualité qu'elle sert encore de contrôle aux spéculations intellectuelles les plus risquées.

C'est vraiment là qu'il s'est passé « quelque chose » avant l'ère chrétienne.

Si j'ai intitulé cet article « De l'Acropole à la Tour Eiffel », ce n'est pas dans le but d'établir une comparaison plastique entre les deux monuments. La question est tout autre. C'est pour essayer de prouver que deux civilisations ayant des siècles d'écart peuvent être parallèles et tendre aux mêmes fins.

Si l'Acropole c'est une « preuve » antique réalisée dans la pierre, la Tour Eiffel c'est une « preuve » moderne réalisée dans le fer. Ces deux vedettes célèbres et populaires émergent sur un monde trouble et inquiet de son avenir. Elles sont « symboliques » et beaucoup plus près l'une de l'autre qu'elles n'en ont l'air.

. . . .

Je sais que tout n'est pas chef-d'œuvre dans ce pays prédestiné.

L'art grec a eu sa décadence comme les autres. « L'Académisme », qui se professe encore à l'Ecole des Beaux-Arts, est sorti de là.

Le fameux « canon grec » est une mesure « d'élégance physique », pas autre chose. Il a été « avalé de travers » par les pontifes de la rue Bonaparte. Ils ont cru tenir la grande formule du Beau Fixe, le modèle du Beau éternel !

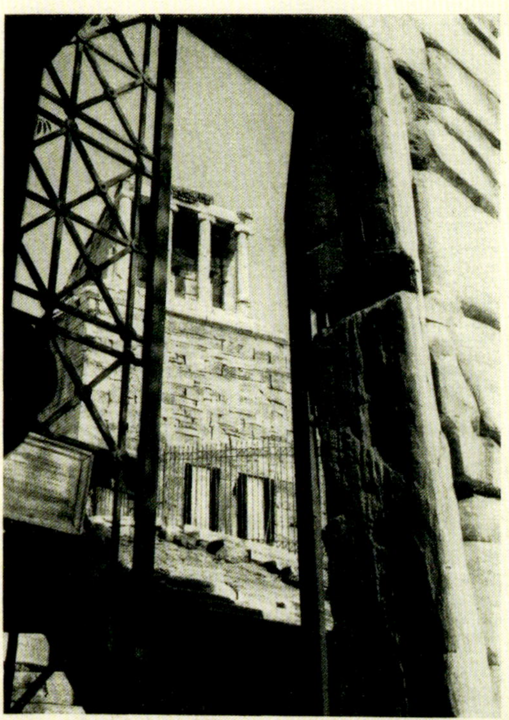

Photo Moholy-Nagy

Ça serait si commode ! C'est une rigolade ! Ce qui est amusant dans cette histoire, c'est que, par exemple, le type « Vénus de Milo » est un « profil standard » que l'on rencontre dans les quartiers populaires d'Athènes. Tous les personnages mythologiques, vous les croisez dans les rues. J'ai vu Achille vendre du poisson, et Minerve fabriquer des cigarettes.

La Tour Eiffel, elle non plus, n'a rien d'un chef-d'œuvre artistique.

Je le répète, la question n'est pas là. Mais si j'envisage ces faits sous un angle social, humain moyen, dans la rue, par exemple, je préfère me heurter à la statue du « Discobole perché sur un piédestal » qu'à une statue nègre grimaçante ou à un Christ agonisant.

Les Grecs avaient horreur de la grimace et de l'expressif. J'ai idée que nous marchons actuellement vers la même route.

. . . .

Ce qui reste de l'Acropole actuel ne peut donner aucune idée de sa valeur d'origine. Ce chaos romantique et spectaculaire qui étonne les visiteurs, c'est tout le contraire de l'esprit grec qui en a conçu la construction. C'était une œuvre précise et exacte. (Les débris intacts prouvent et expliquent sa rigueur classique.)

C'était rationnel comme une usine moderne.

Les hommes qui ont construit cette architecture auraient été très à l'aise dans notre époque mécanique où le « millimètre » qui a servi à édifier la Tour Eiffel est devenu «personnage principal».

L'Acropole est situé sur un des points les plus beaux du monde. Ils l'ont choisi certainement comme un « entourage » qui fait contraste avec leur monument.

Des lignes souples de montagnes qui se croisent harmonieusement, aux tons gris clair, vert clair, des modulations subtiles, un jeu de courbes distantes au milieu desquelles émerge cette volonté concrète qui est l'Acropole. Une architecture dure aux arêtes vives, aux colonnes parallèles et verticales, une décoration en tons purs et précis, s'adaptant à l'ordre général. Une force géométrique aussi présente que dans n'importe quelle réalisation actuelle. C'était cela, le Parthénon à l'origine ; c'était fini comme un microscope 1934.

Fernand LÉGER.

Le voyage en Grèce

Printemps-été 1934, Collection particulière

une vision globale de l'art : « Pour lui, comprendre l'art de Picasso, comprendre la modernité, comprendre l'art et toute son histoire sont une seule et même chose[11] ». On trouve une illustration de cette vision globale de l'art dans son article sur la sculpture contemporaine de 1929[12] et dans les photographies qui l'accompagnent : face à une sculpture de Laurens, Zervos reproduit un masque chinois, un lion de Délos, un bas-relief égyptien, une sculpture océanienne ; sur l'une des pages suivantes, une sculpture archaïque grecque, une sculpture africaine, un plâtre de Laurens. Les reproductions sont de même taille, tous les arts sont mis sur le même plan, antique, primitif, contemporain et les formes dialoguent naturellement entre elles, les rapprochements deviennent évidents.

Enfin Zervos croit aux valeurs de la Grèce antique incarnées dans les arts et le souligne à plusieurs reprises dans les moments troubles de l'Histoire que traverse la revue. Ainsi dans le numéro consacré à l'art grec, qui reprend le texte d'introduction de son ouvrage, *L'art en Grèce, du troisième millénaire au IVe siècle avant notre ère*, il écrit : « Par ces temps de crise du moral et du spirituel, la leçon de l'art grec ne saurait manquer de créer un mouvement d'émancipation à l'égard des conditions actuelles de la vie, qu'il serait après tout exagéré de tenir pour autre chose qu'un épisode passager de l'Histoire. Les Grecs peuvent sans doute nous donner des compensations aux sautes de vent successives qui désorganisent notre vie et la poussent vers la seule action. Parce que les œuvres d'art grecques n'ont point besoin d'être longuement sollicitées pour répondre à tous ceux qui, aujourd'hui, envisagent l'action comme l'unique fin de la vie, que la pensée est encore une forme d'action et des plus fécondes. Grâce à l'exemple des Grecs nous pouvons continuer à tenir la poésie de l'âme pour la chose la plus achevée que la vie nous ait offerte, le lieu de nos complaisances où l'on s'enchante soi-même » et souligne qu' « une leçon plus profonde encore se dégage de l'art grec, dont devrait faire son profit notre génération sollicitée de toutes part par des idées confuses et contradictoires. Il s'agit de la confiance, aujourd'hui disparue, en cette conscience collective qui avait donné en Grèce des résultats miraculeux ». Toute référence chronologique a disparu de ces réflexions, la Grèce est alors prise au sens large, elle n'est plus seulement primitive mais inclut la période classique, le siècle de Périclès, les grands auteurs et philosophes de la Grèce antique.

Cette mise en avant des valeurs de la Grèce se retrouve dans le premier numéro du *Voyage en Grèce*, lancé par un autre critique et éditeur, Tériade, en 1934 : « Il est aujourd'hui incontestable que la Grèce, dans tous les sens et dans ses plus grandes dimensions, exerce depuis

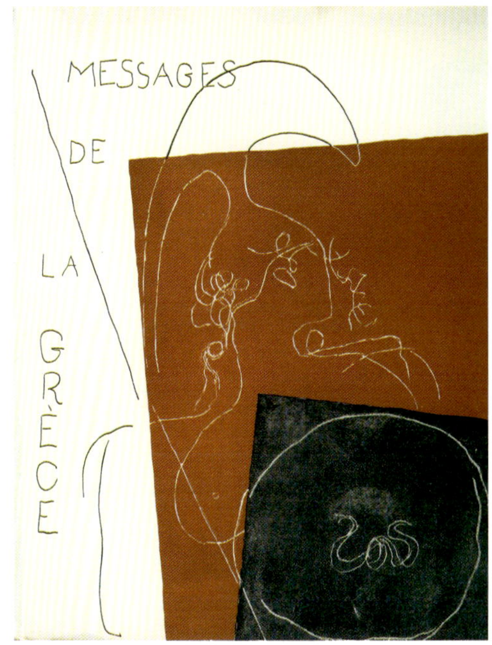

Messages de la Grèce
Couverture de Henri Laurens

1946, Collection particulière

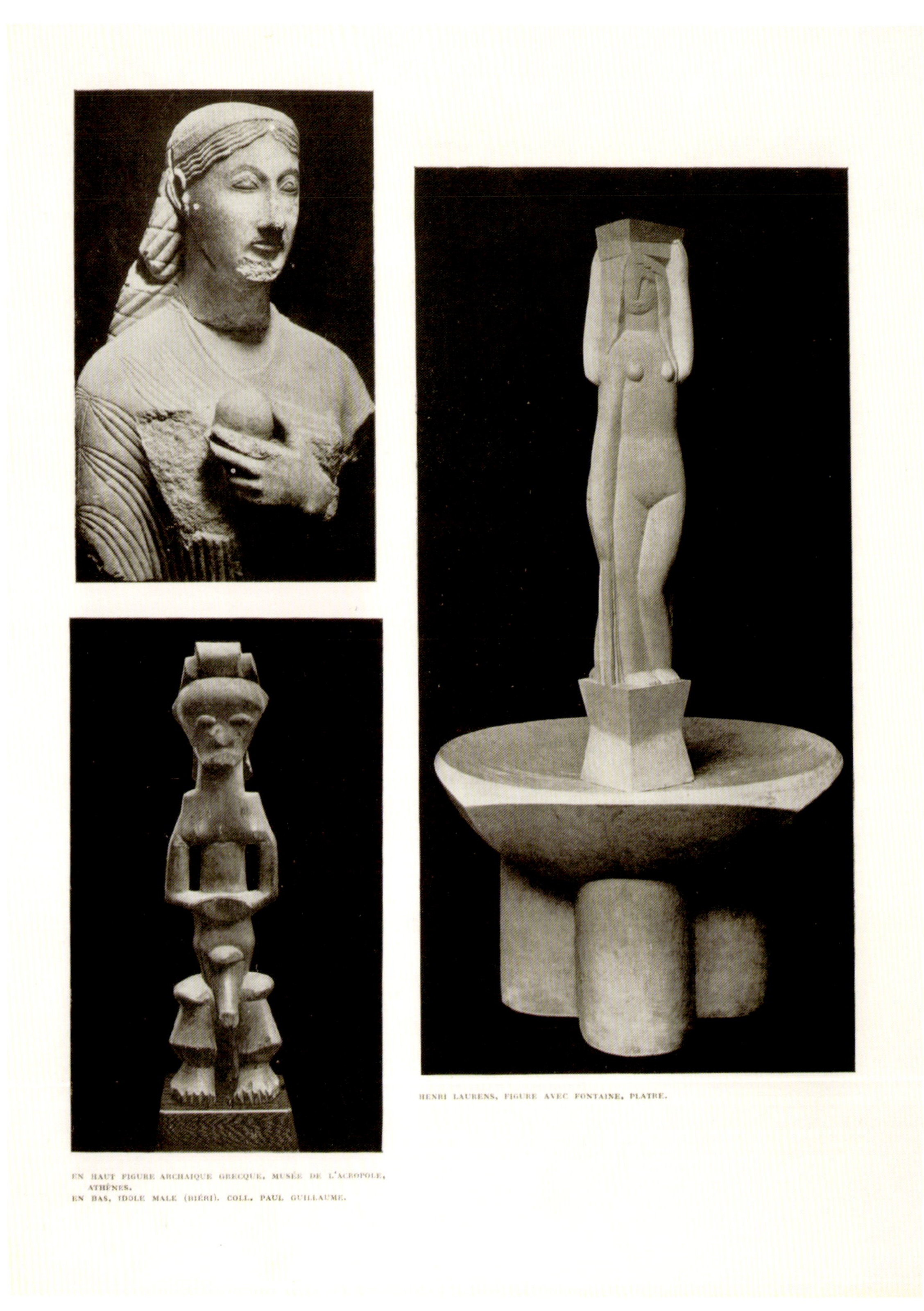

Cahiers d'art n° 8-10

1932, Donation Geneviève et Jean Masurel, Musée d'art moderne Lille Métropole

quelques années sur tous les esprits une définitive et nouvelle séduction. Cette néo-découverte, en rapport avec l'actualité artistique et les préoccupations lyriques de ce temps, permet d'entrevoir une autre chance d'évasion et aussi une source de rajeunissement dans les domaines de la pensée et de l'action[13] ».

Cette confiance, et cet espoir, dans les valeurs de la Grèce antique et de l'art grec, est encore plus sensible dans *Messages de la Grèce*, en juillet 1945 : « au moment où le monde vient d'échapper à la menace d'une tyrannie sans précédent, il s'agit de se demander si la liberté nouvelle dont nous voulons jouir peut trouver dans l'histoire de la Grèce des antécédents ». La Grèce, pour Zervos comme pour beaucoup d'autres, n'est pas seulement une référence artistique, elle est aussi une référence morale et philosophique.

Cahiers d'art donne également à voir la Grèce du point de vue des artistes contemporains avec trois articles : « En marge de la Théogonie », article de Pierre Guéguen sur l'illustration par Braque de la *Théogonie* d'Hésiode[14], « Braque et la Grèce primitive[15] » par Zervos, analyse des plâtres gravés et sculptures inspirés d'Hésiode et de l'art grec des périodes géométriques et archaïques et « Céramiques de Picasso[16] » par Zervos, étudiant sous l'angle du primitivisme et du monde imaginaire des poètes de la Grèce les céramiques de son artiste de prédilection.

À travers ces trois textes se dégagent trois éléments principaux qui peuvent caractériser la Grèce vue par les modernes, en particulier chez deux des principaux artistes défendus par Zervos mais que l'on retrouve chez d'autres, en particulier chez Henri Laurens : l'importance du mythe et de la littérature comme sources d'inspiration et l'influence des formes de l'art archaïque grec.

Les mythes et la littérature grecs sont présents directement dans trois articles de la revue, l'un sur Polycrate par Roger Caillois[17], illustré de photographies de sculptures de Samos datant du VIe siècle avant notre ère, l'autre sur Orphée par Maurice Blanchot[18], ainsi qu'un article sur Parménide par Yves Battistini illustré de photographies de plâtres de Braque. Les illustrations montrent ici encore le lien que fait toujours Zervos entre art antique et art moderne.

L'importance des sources antiques dans l'inspiration des artistes modernes est soulignée par Zervos dans ses deux articles sur Braque et Picasso. Les poèmes d'Hésiode et de Pindare sont les œuvres qui ont inspiré ses plâtres à Braque. Il faut noter que le premier n'appartient pas à la période classique de la Grèce antique tandis que le second écrit à l'orée de

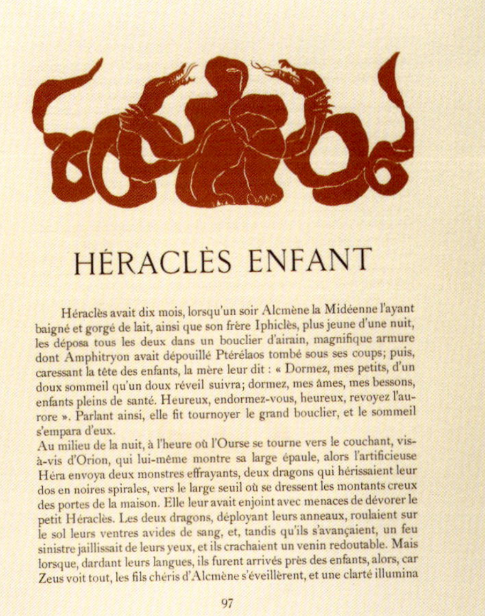

THÉOCRITE
Les Idylles
Gravures sur bois de Henri Laurens

Paris, Tériade, 1945, legs Maurice Jardot,
Musée d'art moderne Lille Métropole

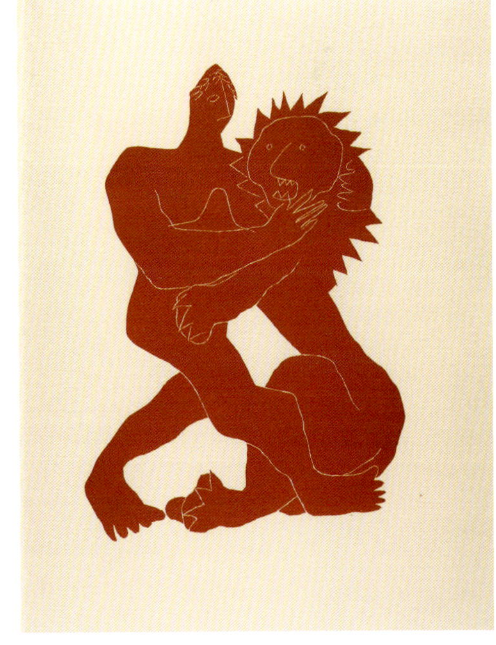

THÉOCRITE
Les Idylles
Gravures sur bois de Henri Laurens

Paris, Tériade, 1945, legs Maurice Jardot,
Musée d'art moderne Lille Métropole

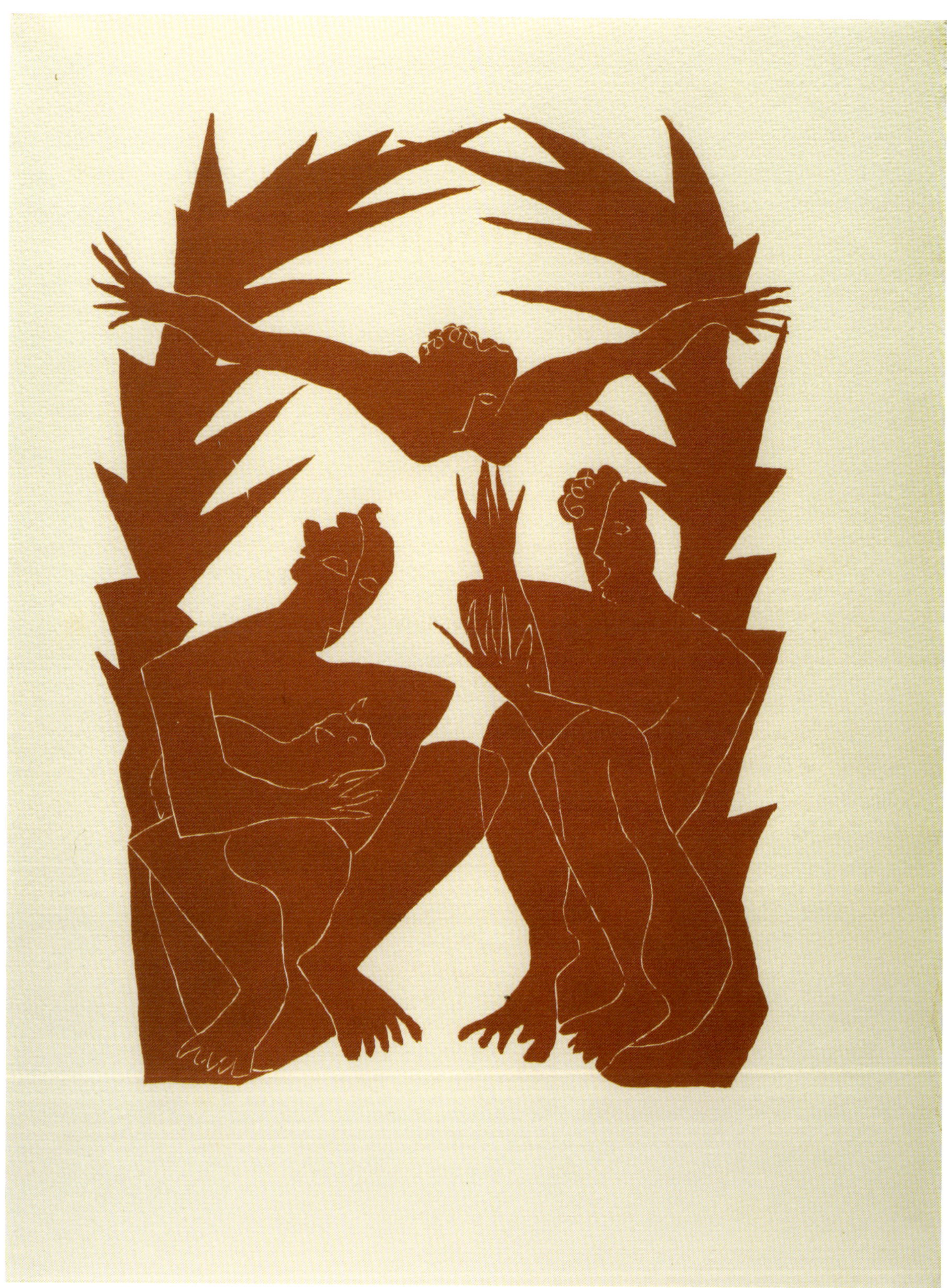

THÉOCRITE

Les Idylles
Gravure sur bois de Henri Laurens

Paris, Tériade, 1945, legs Maurice Jardot, Musée d'art moderne Lille Métropole

cette époque. Leurs récits mythiques font référence à une Grèce originelle, primitive. Dans son texte présentant les *Nouvelles sculptures et plaques gravées* de Braque[19], Zervos revient en ces termes sur le rôle de ces écrits dans l'œuvre du sculpteur : « La lecture des textes de l'Antiquité hellénique et plus spécialement des vers d'Hésiode et de Pindare a fait remonter, il y a déjà plusieurs années, l'inspiration de Braque jusqu'aux grands principes qui régissent la création. C'est sans doute dans les vers des deux poètes béotiens, encore qu'Hésiode ait été d'origine étrangère, que l'artiste a le mieux placé en ce temps-là ses affections. Ce sont leurs poèmes qui ont déclanché chez lui une série de représentations visuelles brillantes. (…) Les images qu'il en a tirées laissent deviner quels sentiments intenses et variés elles ont éveillé en Braque, quelles associations d'idées plastiques riches et fécondes le chant des Naissances des dieux a provoquées dans son imagination. » Et un peu plus loin, insistant sur l'« influence considérable » de Pindare : « Sa référence aux images pindariques est très fréquente. L'attrait si vif qu'il ressent pour les odes triomphales du grand lyrique se remarque à la présentation constante de chevaux attelés ou montés. » Le rôle de la littérature grecque, d'une littérature à l'origine des mythes, à l'origine des multiples images mytho-logiques, est sensible également dans l'illustration des ouvrages de l'Antiquité dont on citera ici rapidement pour exemples la *Théogonie* d'Hésiode illustré par Braque, les *Idylles* de Théocrite ou *l'Odyssée* d'Homère illustrés par Laurens, ou encore, même s'il s'agit d'un auteur latin, les *Métamorphoses* d'Ovide illustrées par Picasso. L'illustration de ces ouvrages majeurs de l'Antiquité montre également l'importance des thèmes mythologiques dans l'art moderne, comme la figure essentielle du Minotaure dans l'œuvre de Picasso ou de Masson, Minotaure emblème de la revue du même nom concurrente des *Cahiers d'art*. Ces thèmes mythologiques sont ceux que reprend Picasso dans ses céramiques présentées par Zervos dans sa revue : « L'ornemaniste ne met aucune limite à ses ambitions. Le répertoire de son décor est très vaste. Il retrace le monde imaginaire qu'avaient créé les poètes de la Grèce ; la merveilleuse histoire du minotaure, des jeunes satyres jouant de la diaule, des faunes et des nymphes dansants. »

L'influence de la Grèce n'est pas seulement littéraire, elle est aussi plastique. Zervos souligne la proximité des céramiques de Picasso avec la Grèce primitive en ces termes : « Son primitivisme le porte, à l'exemple des peuples à l'aurore de la civilisation, à une concurrence illimitée des formes. Il ne cesse en effet d'entrer en rivalité avec eux. (…) Il met en œuvre toutes les dispositions inventées par l'esprit chercheur et curieux des praticiens de la Troade et surtout de l'île de Chypre » et plus loin :

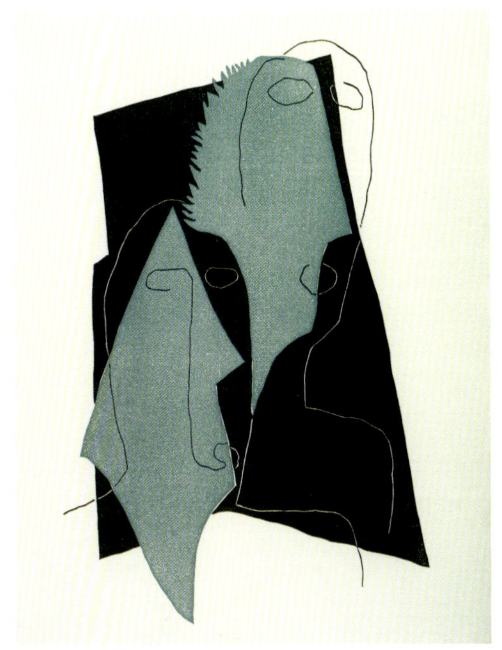

LUCIEN DE SAMOSATE
Dialogues marins
Gravures sur bois de Henri Laurens

Paris, Tériade, 1951, legs Maurice Jardot,
Musée d'art moderne Lille Métropole

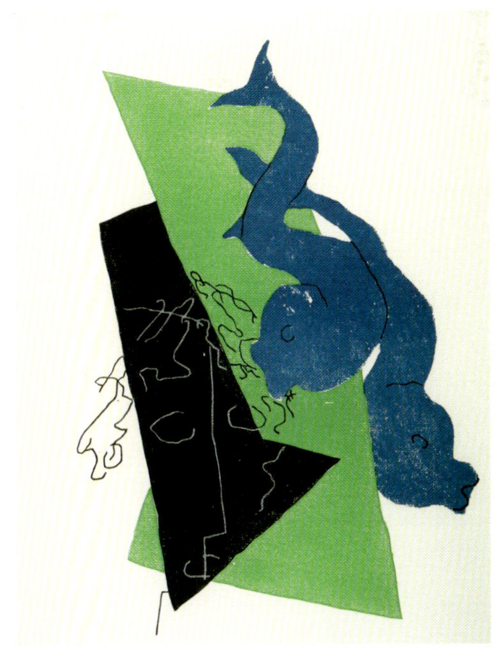

LUCIEN DE SAMOSATE
Dialogues marins
Gravures sur bois de Henri Laurens

Paris, Tériade, 1951, legs Maurice Jardot,
Musée d'art moderne Lille Métropole

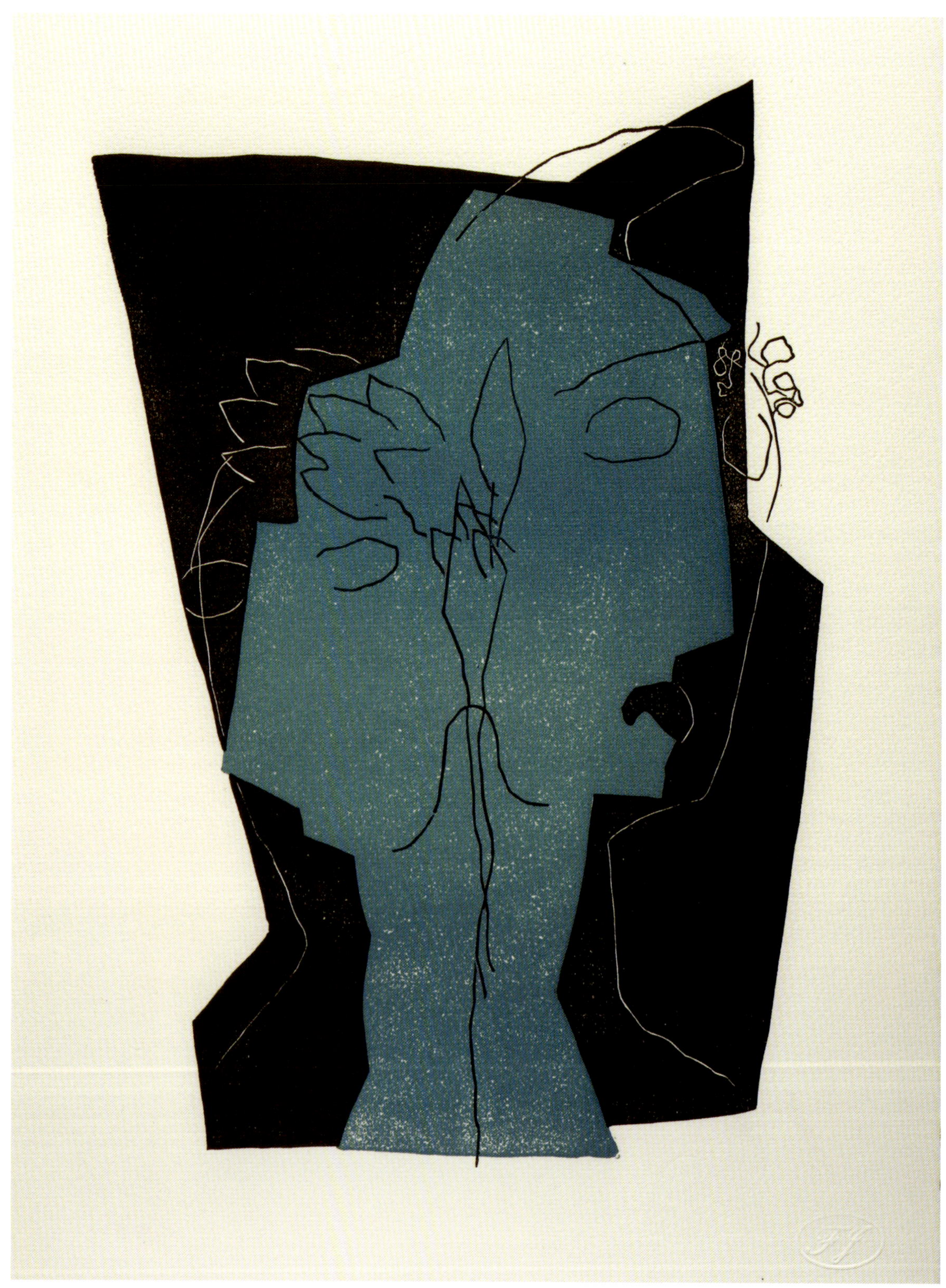

LUCIEN DE SAMOSATE

Dialogues marins
Gravure sur bois de Henri Laurens

Paris, Tériade, 1951, legs Maurice Jardot, Musée d'art moderne Lille Métropole

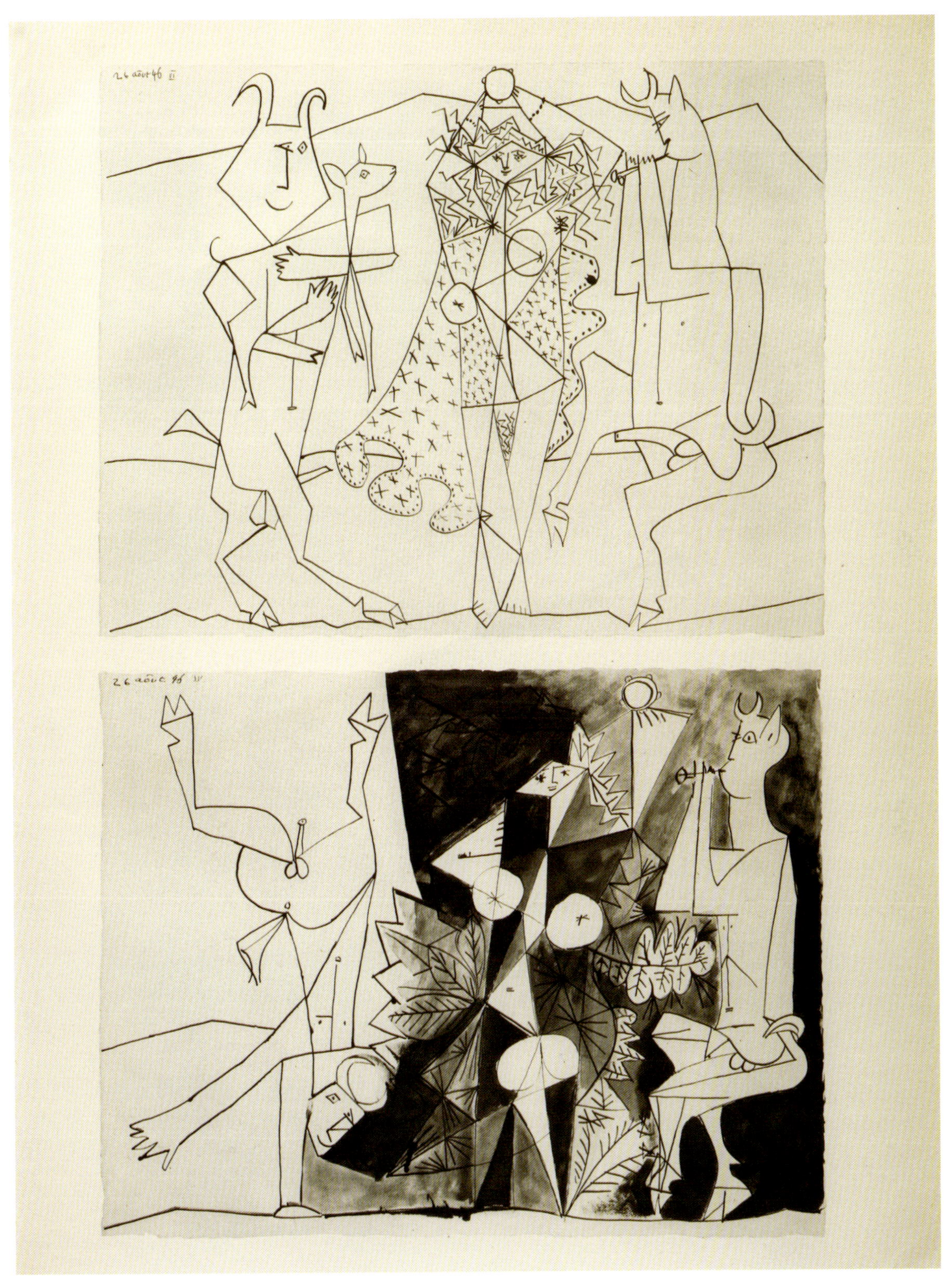

Verve n° 19-20
Lithographies de Pablo Picasso

Avril 1948, legs Maurice Jardot, Musée d'art moderne Lille Métropole

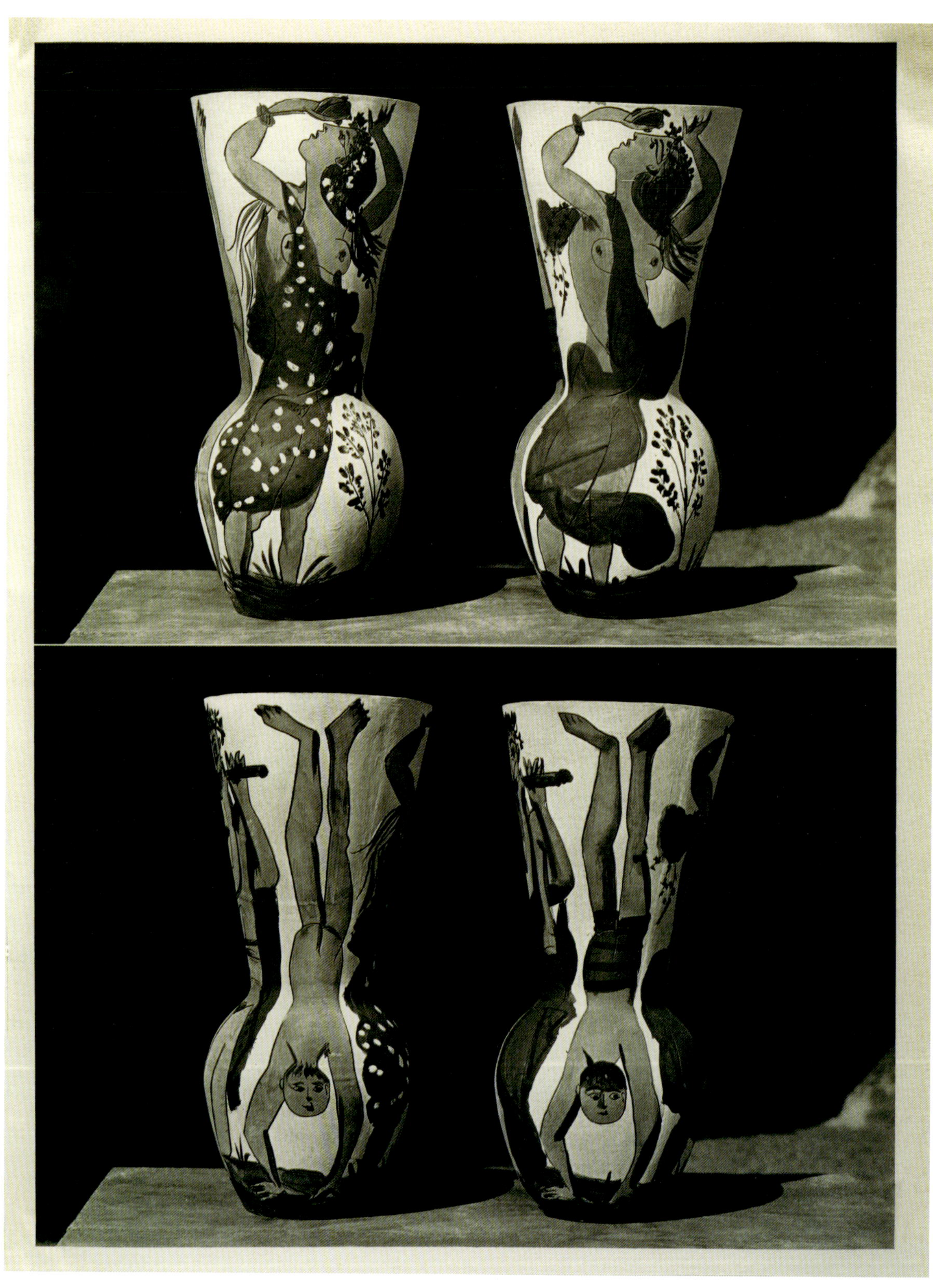

Verve n° 25-26
Céramiques de Pablo Picasso

Automne 1951, legs Maurice Jardot, Musée d'art moderne Lille Métropole

« Ici encore les souvenirs de la glyptique minoenne et des gemmes de Vaphio lui sont revenus en foule. » Quant à Braque « Si l'on ne considère que leur aspect extérieur, les sculptures et les plâtres gravés de Braque présentent de fortes ressemblances avec les expressions plastiques marquées à fleur de coin, que rencontrèrent les Grecs des âges primitifs », avant de souligner l'originalité du travail de l'artiste. Il n'est qu'à regarder certains chevaux de Braque pour constater à quel point la sculpture archaïque si chère à Zervos a pu l'influencer. Si l'on en croit l'article de Pierre Guéguen sur la *Théogonie* illustrée par Braque, le cubisme exprime à merveille l'essence des mythes, en reprenant l'esprit de l'art grec primitif, une pureté de la ligne que l'on retrouve dans les illustrations de Braque mais aussi de Laurens[20].

La Grèce des *Cahiers d'art* est donc avant tout la Grèce primitive, la Grèce des élans instinctifs, la Grèce proche de l'art primitif, de l'art des cubistes aussi. On notera que Zervos s'intéresse surtout dans sa revue à la sculpture. Les médailles ne sont qu'évoquées dans le numéro spécial sur l'art grec et la céramique est généralement envisagée sous l'angle de la forme, et donc de la sculpture, plutôt que sous celui du motif.

« Voici enfin ce qui unifie aussi l'œuvre archéologique de Zervos : un soin extraordinaire – et par bien des côtés précurseur – apporté aux images »[21].
Il faut en effet souligner l'importance et la qualité des reproductions qui n'est pas propre à l'art grec mais qui a contribué au même titre que les textes à la mise en valeur de l'art archaïque et qui a ainsi pu influencer certains artistes : « L'impact des publications archéologiques sur l'art contemporain – sur celui du moins que défendent les *Cahiers d'art* – est incontestable avant-guerre, au grand moment où parallèlement, Zervos reproduit dans sa revue avec prédilection les objets d'art africain ou océanien de Matisse et de Picasso, de Derain, mais aussi de Tzara, de Breton, Miró, etc., comme pour prouver, par les images, la pertinence de ce lien direct entre les origines et le présent vivant, dont il se veut le héraut[22]. »

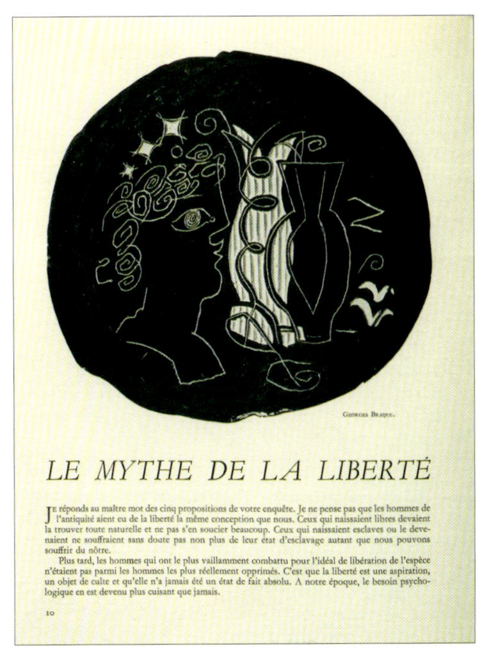

Messages de la Grèce
Texte de Pierre Reverdy
Illustration de Georges Braque

1946, Collection particulière

1 - « Du canon », extrait d'un livre à paraître d'Amédée Ozenfant, 1932, n° 8, p. 343-351 ; « Pallas Athénée ou le visage de la Grèce », par S. Giedon, 1934, n° 1-4, p. 77-80 ; « Les maisons de l'archipel grec observées du point de vue de l'architecture moderne » par Panos Djelepy, 1934, n° 1-4, p. 93-98 ; « Notes sur l'architecture grecque moderne », 1934, n° 1-4, p. 115-121
2 - *Le voyage en Grèce*, printemps-été 1934, p. 4
3 - « Idoles des Cyclades », par Etienne Michon, 1929, n° 6, p. 251-257
4 - « Le développement de l'art minoen et son influence aux bords de la Méditerranée », 1932, n° 6-7, p. 271-276, et suite en 1933, n° 5-6, p. 225-229
5 - « Variations muséologiques », par Germain Bazin, 1954, p. 93-96
6 - « Dieux cachés, mirages des origines », Rémi Labrusse, in *Cahiers d'art, musée Zervos à Vézelay*, sous la direction de Christian Derouet, Hazan, 2006, p. 41

7 - 1926, n° 10, p. 282-283
8 - *Cahiers d'art*, 1944
9 - *Cahiers d'art*, n° 5, 1930, p. 227
10 - *Cahiers d'art*, n° 7-10, 1933, p. 3
11 - « Les paris esthétiques de Christian Zervos », Rainer Rochlitz, in *Cahiers d'art, musée Zervos à Vézelay, op. cit.*, p. 24
12 - « Notes sur la sculpture contemporaine. À propos de la récente exposition internationale de sculpture », 1929, n° 10, p. 465-473
13 - *Le voyage en Grèce*, printemps-été 1934, p. 1
14 - *Cahiers d'art*, 1932, n° 8-10, p. 389-392
15 - *Cahiers d'art*, 1940, n° 1-2
16 - *Cahiers d'art*, 1948 : p. 72-73
17 - « Le complexe de Polycrate tyran de Samos », par Roger Caillois, 1939, n° 1-4, p. 51-56
18 - « Le regard d'Orphée » par Maurice Blanchot, 1953, n° 1, p. 73-75

19 - *Georges Braque, Nouvelles sculptures et plaques gravées présentées par Christian Zervos*, Paris, Éditions Albert Morancé, 1960
20 - « Les temps mythiques sont dépouillés de tout le répertoire architectural classique (…) La Grèce pour Laurens doit se décrire simplement et s'équilibrer entre l'ombre et la minéralité, l'aridité et la faune. », *Maurice Jardot, une collection passionnément utile*, musée d'Art moderne Lille Métropole, 16 avril-1er août 2004, musée d'Art et d'Histoire de Belfort, 16 avril-31 juillet 2005
21 - « Dieux cachés, mirages des origines », Rémi Labrusse, in *Cahiers d'art, musée Zervos à Vézelay*, sous la direction de Christian Derouet, Hazan, 2006, p. 43
22 - *Ibidem* p. 45

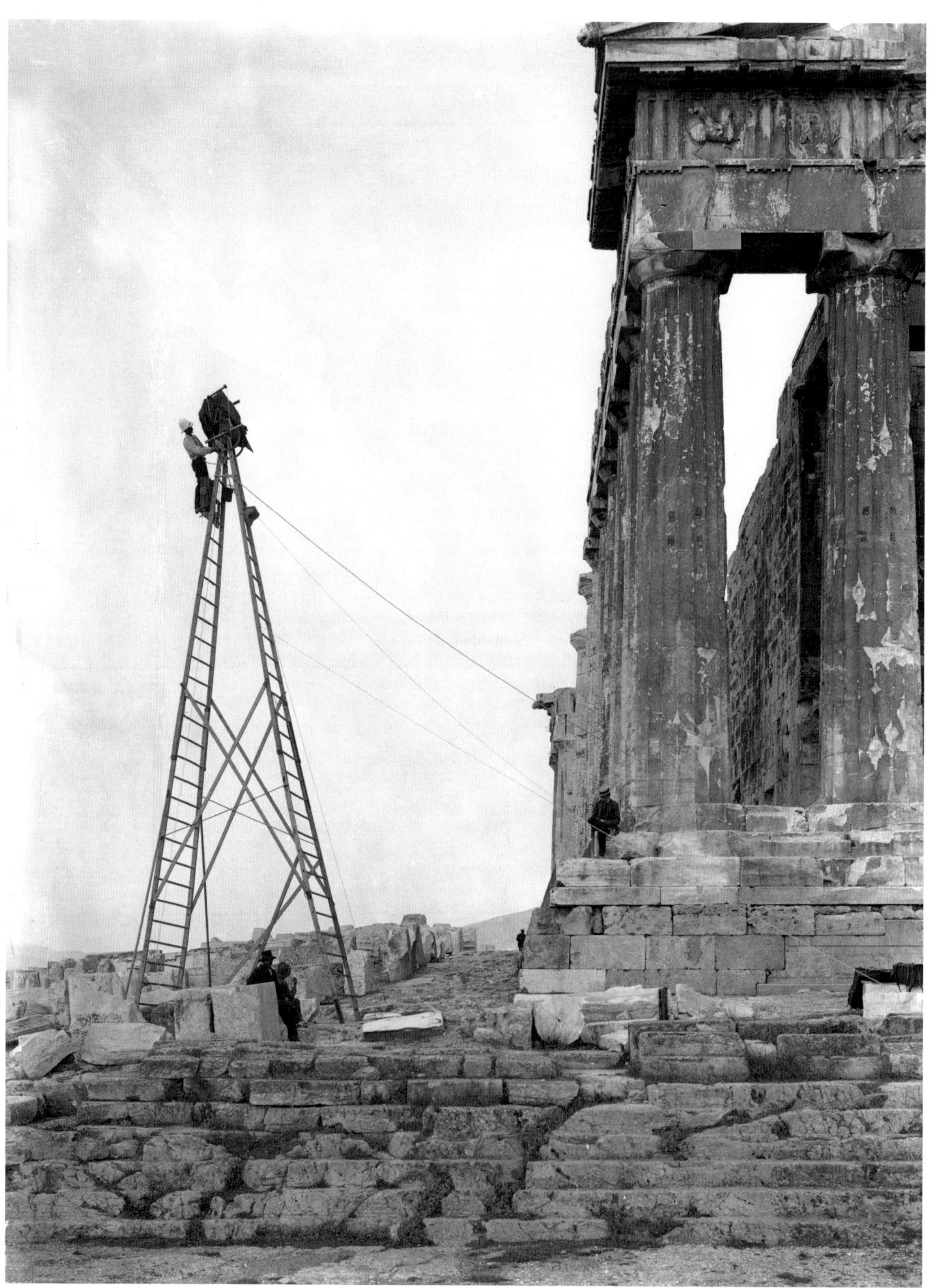

Fig. 1
Fred sur son échelle au Parthénon. Grèce 1907.

Musée de la photographie de Thessalonique

Fred Boissonnas, photographe voyageur et la Grèce (1903-1928)

ISABELLE DUQUENNE

Le chemin de fer et la photographie sont des inventions contemporaines. Fenêtre ouverte sur le monde, la photographie propose une autre manière de voyager. Avec sa capacité à enregistrer fidèlement le réel et à le restituer en éveillant un sentiment de réalité, la photographie découvre très tôt son aptitude particulière à faire voyager le lecteur. Dans sa présentation matérielle, l'album photographique organise en outre un cheminement à la fois chronologique et topographique renforçant l'analogie entre le voyage photographique et le voyage véritablement vécu. Sans doute, estime Martha Caraion, est-ce la raison pour laquelle les premiers albums présentent essentiellement des photographies de voyage[1].

LA GRÈCE ET LA PHOTOGRAPHIE

L'ouvrage qui inaugure l'engouement de l'édition pour le voyage photographique est *Égypte, Nubie, Palestine et Syrie*[2] de Maxime Du Camp, paru en 1852. Cet album de cent vingt-cinq photographies tiré de son périple oriental en compagnie de Gustave Flaubert est précédé d'une longue introduction de cinquante-cinq pages rédigée par l'écrivain photographe. À ce prototype succèdent rapidement des albums photographiques ou illustrés de photographies, soit livres savants, soit livres de voyage, parmi lesquels de nombreux volumes consacrés au vieux monde méditerranéen.

Dans son *Rapport sur l'utilité de la nouvelle invention pour l'archéologie*, François Arago avait d'emblée insisté sur la finalité archéologique de la photographie. Outil de relevé archéologique plus précis, fiable et rapide que le dessin, la photographie devait permettre la confrontation avec les thèses historiques sur les civilisations disparues, les corroborer ou les infirmer.

La conscience du patrimoine qui émerge à cette époque fait de la photographie l'instrument idéal d'un recensement, que l'on souhaite exhaustif, des monuments, églises, temples, ruines et vestiges antiques. En 1850, la Mission héliographique, patronnée par Mérimée et financée par le gouvernement français, témoigne de cette préoccupation vis-à-vis du patrimoine national[3]. Dans un même esprit, l'intérêt pour les civilisations anciennes guide l'envoi aux quatre coins du monde de photographes voyageurs, chargés de reproduire les monuments et les sites dans le but de constituer des collections savantes, de satisfaire la curiosité érudite, et de constituer l'inventaire des merveilles du monde avant leur disparition fortuite ou programmée.

Les possibilités techniques de la photographie à ses débuts, en particulier la longueur du temps d'exposition qui exclue tout « instantané », renforcent la prédilection pour les vues topographiques ou d'architecture dans lesquelles le sujet humain n'apparaît que pour donner l'échelle des édifices.

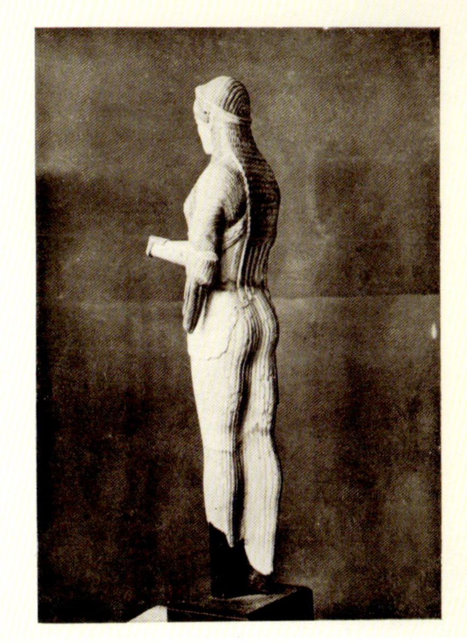

Fig. 2
Une des Korai (Acropole).
Albert Thibaudet, *L'Acropole*

SOURCES DES IMAGES

• Musée de la photographie de Thessalonique

• *En Grèce par monts et par vaux*, texte de D. Baud-Bovy. Édition et illustration de Fred Boissonnas. Avec la préface de la première édition par Th. Homolle et une préface nouvelle par Charles Picard, professeur à la Sorbonne. Notices archéologiques par Georges Nicole, Genève, Fred Boissonnas & Co, 2ᵉ édition, 1936.

• Albert Thibaudet, *L'Acropole*, illustré de quarante-sept photographies de Fred Boissonnas, Paris, Gallimard, 1929.

• Victor Bérard, *Dans le sillage d'Ulysse*, photographies de Fred Boissonnas. Boissonnas, Paris, Armand Colin, 1933.

• *Le Voyage en Grèce*, été 1935.

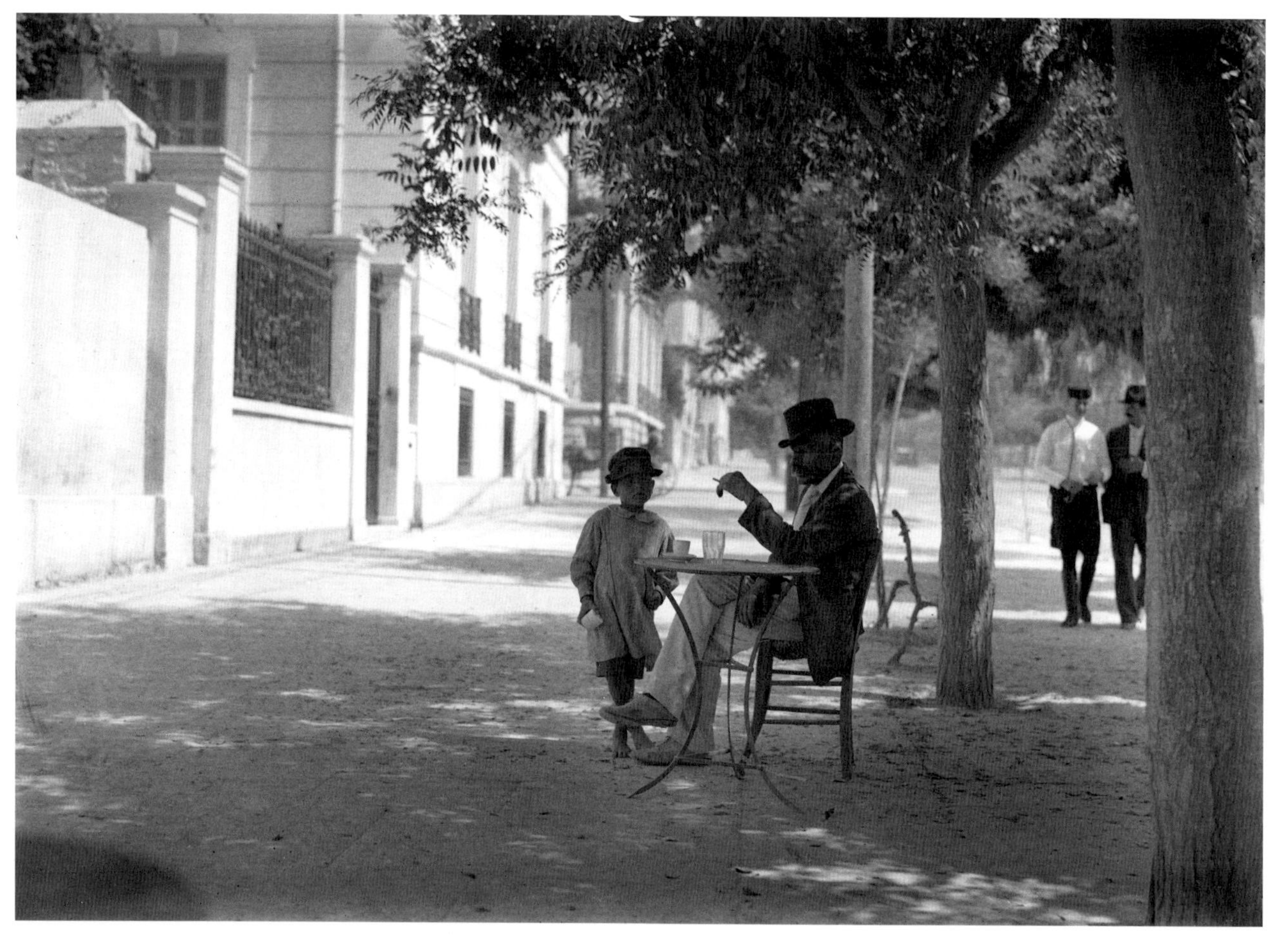

Fig. 3
Athènes. Vie quotidienne, 1920.
Musée de la photographie de Thessalonique

Étape importante du « Grand Tour », la Grèce exerce une irrésistible fascination sur les sociétés occidentales. Concurrençant les peintres, graveurs et aquarellistes de toutes les nations[4], les photographes s'emparent de la Grèce. Si les premiers daguerréotypes, pris à Athènes par l'amateur canadien d'origine suisse Joly de Lotbinière, datent de 1839, année même de l'invention, il faut attendre 1847 pour que le photographe grec, Philippos Margaritis réalise douze plaques de l'Acropole[5].

C'est entre 1850 et 1853, parfois au cours de campagnes initiées par les gouvernements, que les premiers calotypistes[6] étrangers viennent photographier la Grèce des monuments et des ruines : les Anglais Bridges et Wheelhouse, l'Irlandais John Shaw Smith, le Suisse Jean Walther, l'Allemand Oppenheim, les Français Eugène Piot, Girault de Prangey, Alfred-Nicolas Normand et Jean-Baptiste Louis Gros. Ces précurseurs sont rapidement suivis par les praticiens du papier salé et du collodion humide sur verre : James Robertson qui travaille sur les monuments d'Athènes et les sites grecs, à l'occasion en compagnie d'Antonio Beato, l'un réalisant des tirages sur papier salé, l'autre sur papier albuminé ; le grand photographe grec Dimitrios Konstantinou ; le Français Ferrier qui effectue une série de vues stéréoscopiques de l'Acropole. Parmi les représentants de la deuxième vague, on peut citer le Russe Gabriel de Rumine missionné en Méditerranée par son gouvernement, Jacob August Lorent, auteur de remarquables grands formats de l'Acropole, le photographe anglais Francis Wirth, Karl Schiffer qui fonde le premier atelier photographique à Athènes en 1859. Entre 1850 et 1860, vont être édités des albums de voyage d'une rare qualité. La fonction documentaire n'exclue pas une certaine recherche esthétique. La photographie subit encore ponctuellement l'influence de la peinture et du pittoresque, mais renouvelle aussi l'iconographie du monument.

Les années 1865-1875 voient l'ouverture du marché photographique marqué par l'afflux de visiteurs et de photographes : les Grecs Petros Moraïtès et le très productif Konstantin Athanasiou, William James Stillman, diplomate américain auteur d'un album sur l'Acropole d'une vision absolument moderne[7], le baron des Granges enregistre les monuments et sites d'Athènes, Corinthe, Mycènes et Sparte[8], un autre Français, Félix Bonfils, dont l'atelier est installé à Beyrouth, produit une série de cinquante vues de l'Acropole, les Frères Zangaki réalisent un album sur Athènes, tandis que le Turc Pascal Sebah prend en 1874 des photographies de l'Acropole d'une très grande beauté. Le besoin grandissant d'illustrations « d'après photographie » destinées aux périodiques offre un débouché supplémentaire.

Les deux décennies suivantes, 1875-1896, s'imposent comme la grande époque des ateliers commerciaux. Elles sont marquées par les Frères Romaïdès, photographes grecs dont l'énorme production couvre tous les monuments de la Grèce et qui travaillent pour les écoles archéologiques, notamment sur les fouilles menées par Schliemann à Mycènes.

L'essor du tourisme s'accompagne d'une diffusion massive d'images essentiellement consacrées aux antiquités, avec pour corollaire une banalisation des clichés. Parallèlement, les améliorations techniques de la fin des années 1880 - l'instantané, le film souple, la simplification des appareils - ouvrent la photographie à la pratique amateur. Il faut attendre le tournant du siècle pour voir une évolution dans la thématique photographique. Sans renoncer aux sujets classiques, les photographes de la Grèce commencent à explorer les aspects de la vie quotidienne, les scènes de la vie urbaine, et s'intéressent aux paysages. C'est dans ce contexte, qu'apparaît Fred Boissonnas, un photographe suisse qui reprend la tradition du voyage photographique en compagnie de l'historien d'art et écrivain, Daniel Baud-Bovy. « Avec Boissonnas, la photographie professionnelle semble retrouver ses lettres de noblesse », note Haris Giakoumis qui salue une « œuvre photographique sans précédent[9] ».

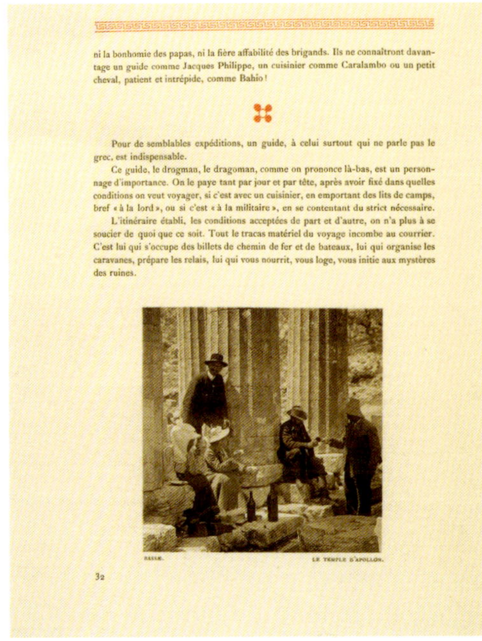

Fig. 4
Bassae. Le temple d'Apollon. (Ier voyage en Grèce avec Baud-Bovy et leurs épouses, 1903).
En Grèce par monts et par vaux

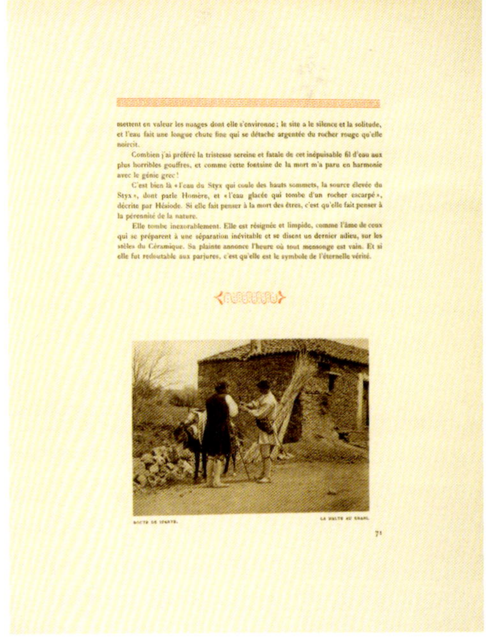

Fig. 5
Route de Sparte. La halte au khani.
En Grèce par monts et par vaux

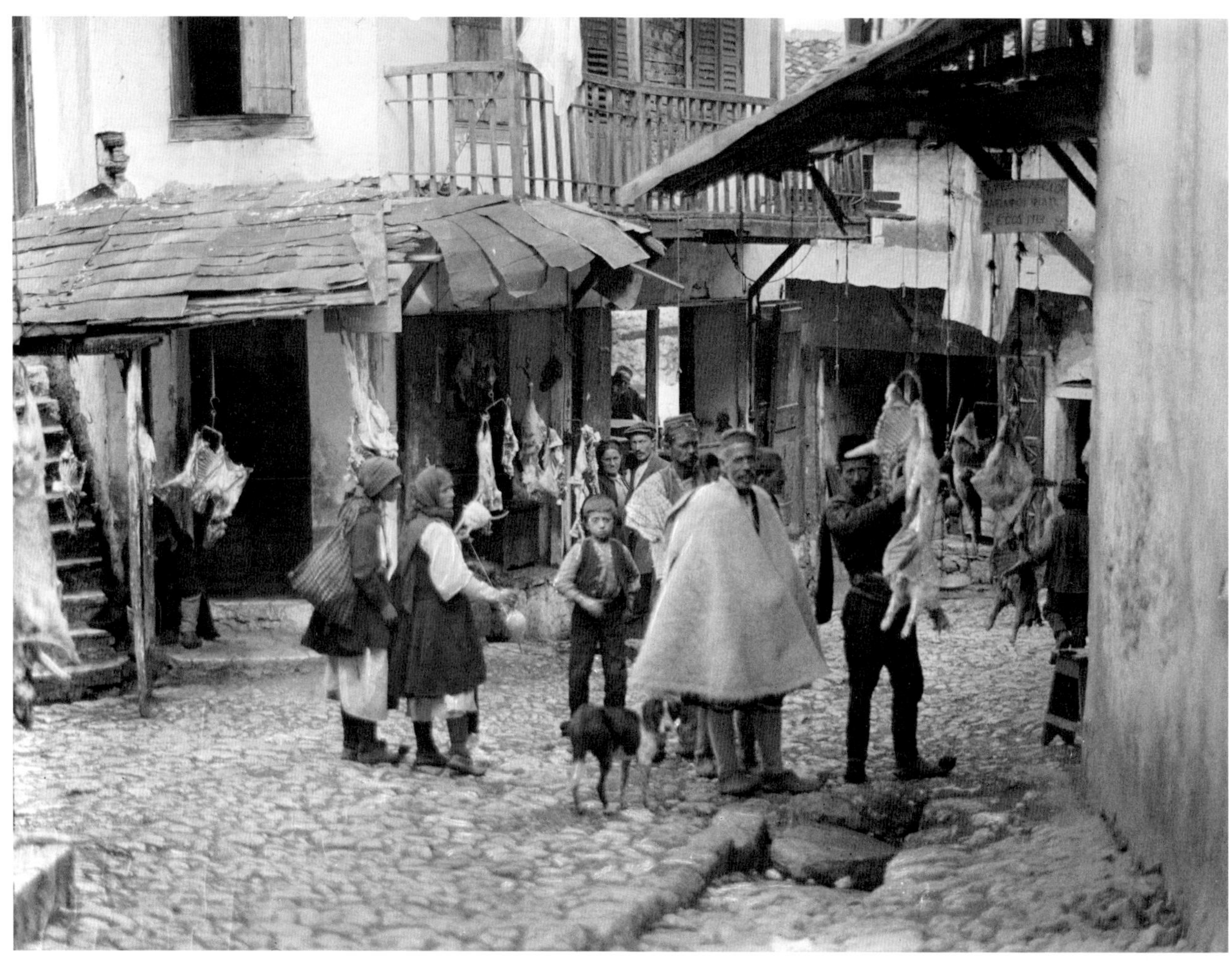

Fig. 6
Paramithia. Étals des bouchers, 1913.
Musée de la photographie de Thessalonique

UN DESTIN DE PHOTOGRAPHE

Au sein d'une dynastie de photographes genevois, Fred Boissonnas (1858-1946) apparaît comme le plus captivant et le plus brillant représentant des quatre générations de photographes qui se succèdent de 1864 à 1983. Fondé en 1864 par Henri-Antoine Boissonnas (1833-1889), l'atelier est une affaire familiale où s'activent les deux fils, Fred et Edmond-Victor (1862-1890)[10]. L'atelier est repris par Fred en 1887. Ses trois fils seront aussi photographes. Le dernier héritier, Paul Boissonnas (1927-1969), transmettra à son tour le studio et les archives photographiques à son gendre Gad Borel, qui en assurera la pérennité jusqu'en 1983.

LES ANNÉES DE FORMATION

En 1878, après une initiation dans l'atelier familial, Fred Boissonnas est placé pendant huit mois en apprentissage à Stuttgart chez Brandseph, l'un des photographes les plus cotés d'Allemagne. Son père l'envoie ensuite à Budapest, chez Kohler, un professionnel de renommée internationale. Durant dix mois en 1880, Fred peut parfaire sa formation chez ce photographe attitré de la noblesse hongroise, dont il apprend le sens de la mise en scène et la virtuosité des éclairages. Kohler photographie aussi les fêtes et les coutumes des villages, constituant les premières études photographiques du folklore hongrois. Une démarche de « photo-ethnologie » que Fred n'oubliera pas en Grèce.

DE LA NOTORIÉTÉ GENEVOISE À LA CÉLÉBRITÉ MONDIALE

De retour à Genève, Fred s'investit dans l'atelier de portrait paternel, le modernise et lui donne la tournure élégante qui en fait l'un des studios de prédilection de la bonne société genevoise. Parallèlement, il poursuit son travail personnel sur des compositions, des études de plein air, des effets de lumière et illustre de nombreux ouvrages sur Genève et la Suisse. Son atelier, qui vers 1900 emploie vingt-deux personnes, est réputé pour sa maîtrise des techniques de tirage. En 1896, l'obtention de la Médaille d'Or à l'Exposition nationale de Genève consacre son triomphe et fait de lui le premier photographe du pays. Lorsque le jury de l'Exposition universelle de Paris lui décerne le premier Grand Prix en 1900, il accède à une notoriété mondiale.

AFFAIRES PHOTOGRAPHIQUES : SUCCURSALES, FILIALES ÉTRANGÈRES, ASSOCIÉS ET CONQUÊTES COMMERCIALES

Dans les années qui suivent, il affine encore son art et sa technique et se lance dans le reportage et la publicité. Il s'ouvre aussi aux affaires et fonde des succursales internationales. En 1901, il rachète un somptueux studio 12 rue de la Paix à Paris et établit en gérance l'un de ses meilleurs collaborateurs, Taponnier, qu'il fait venir de Reims. À sa place, il installe un de ses jeunes émules, Niemeyer. En 1902 à Lyon, il rachète l'atelier du célèbre Bellingard pour y placer son beau-frère. A Marseille, il prend la relève de l'illustre Nadar avec son élève Fernand Detaille. Enfin, à Saint-Petersbourg, il s'associe avec son plus brillant collaborateur, l'Allemand Fritz Eggler, excellent technicien et portraitiste, pour une filiale commune.

LA PASSION DE LA GRÈCE

« En février 1902 j'étais à Paris quand je reçus de Glasgow cette suggestion : "Votre photographie du Mont-Blanc est toujours admirée dans mes conférences sur Byron. Iriez-vous photographier le Montparnasse pour lequel Byron avait une égale admiration ? Dans cet espoir voici un chèque de cent livres pour vos frais de voyage." Aller en Grèce ! Voir Ithaque ! Réaliser un rêve d'enfance…L'année suivante, jour pour jour, le beau chèque tentateur me revenait : "J'espère que vous êtes libre pour photographier le Montparnasse !" Ah ce ne fut pas long ! Une heure plus tard Monsieur Daniel Baud-Bovy, écrivain et critique d'art recevait ce télégramme : " Monsieur, partons pour la Grèce, prenons nos femmes ".[11] »

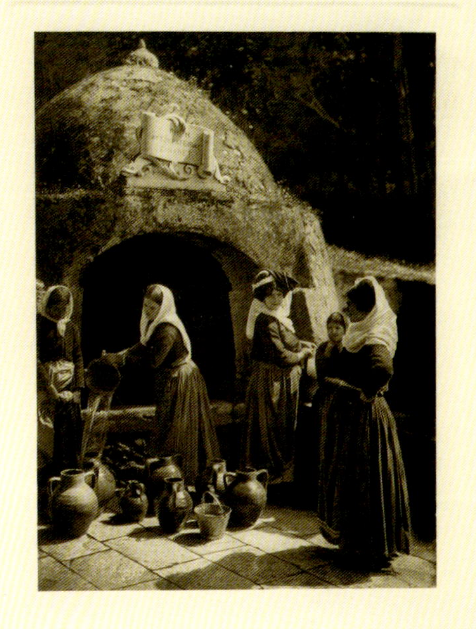

Fig. 7
Le puits de Gastouri à Corfou.
En Grèce par monts et par vaux

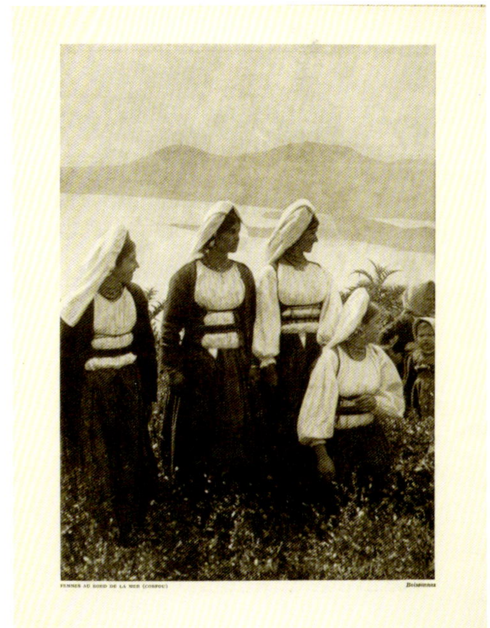

Fig. 8
Femmes au bord de la mer (Corfou).
Le Voyage en Grèce

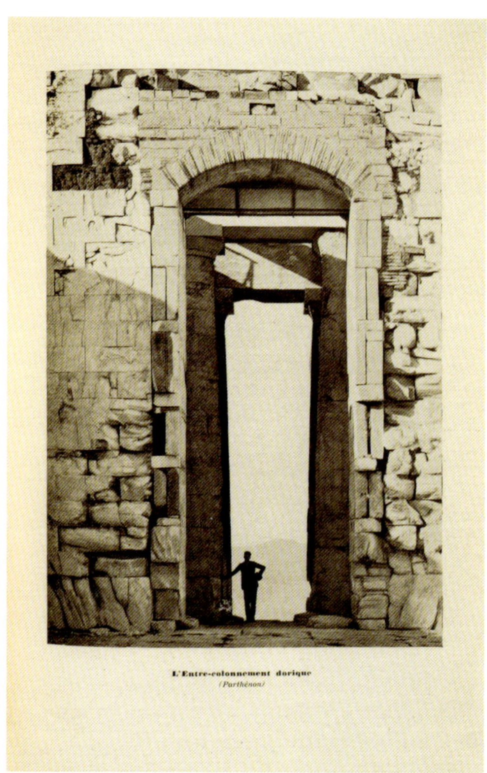

Fig. 9
L'entre-colonnement dorique (Parthénon).
Albert Thibaudet, L'Acropole

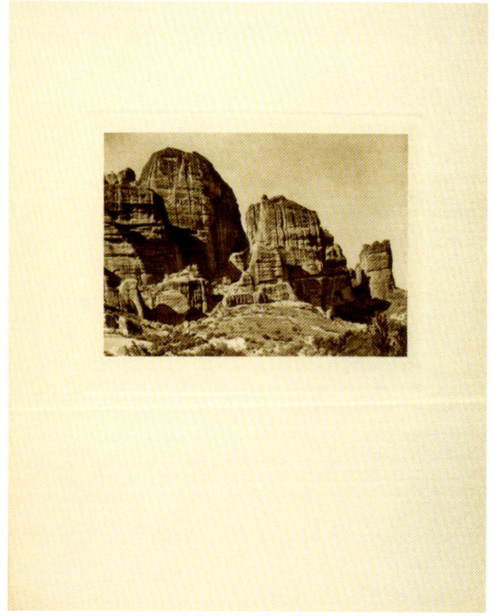

Fig. 10
Le massif des Météores.
En Grèce par monts et par vaux

(page de droite)
Fig. 11
Le Parthénon après l'orage.
En Grèce par monts et par vaux

Le premier des treize voyages en Grèce de Boissonnas s'ouvre à la manière d'un roman de Jules Verne, avec un lord écossais, Nappier, dans le rôle du commanditaire. D' avril à juin 1903, l'expédition photographique entraîne le groupe à travers la Grèce, dans les conditions de confort relatives du voyage « à la lord », lequel se distingue du voyage « à la militaire » par la présence d'une équipe plus complète : cuisinier, guide-interprète et drogman qui prépare les étapes.

Boissonnas rapporte les clichés qui serviront à la réalisation de son premier album photographique avec Baud-Bovy, *En Grèce par monts et par vaux*. Ce voyage déclenche la passion des deux Suisses pour la Grèce. Celle-ci les réunira à plusieurs reprises dans des expéditions vers les Météores et en Thessalie (1908), dans les îles de la mer Égée (1911) et à nouveau en 1913 pour un travail dans le nord du pays.

À l'époque, la Grèce est loin de présenter un visage idyllique : l'instabilité politique, les conflits armés (guerres balkaniques de 1912 et 1913, campagne de Macédoine 1916-1918), l'état des routes, la sécurité et l'hygiène rendent tout voyage hors des grands centres aventureux et parfois dangereux. Le matériel photographique lourd et encombrant, la fragilité des plaques de verre, la nécessité de réaliser les manipulations chimiques sur place ne facilitent pas la tâche du photographe voyageur. Photographie et aventure vont se conjuguer tout au long des vingt-cinq années pendant lesquelles Fred Boissonnas sillonne le pays en compagnie du directeur de l'École des Beaux-arts de Genève, Daniel Baud-Bovy, et d'un bon nombre d'archéologues et d'hellénistes.

L'ÉCRIVAIN ET LE PHOTOGRAPHE

Au retour de son voyage à Athènes de 1908, Boissonnas élabore avec Baud-Bovy leur livre commun, à partir des clichés pris en 1903 et 1908. *En Grèce par monts et par vaux* reçoit un accueil enthousiaste de Vénizélos, chef du gouvernement hellène, qui leur ouvre toutes les portes et leur apportera un soutien sans faille. Le second album, conçu comme pendant du premier, est issu du voyage de 1911 dans les îles égéennes et la Crète. Montagne et mer, le double visage de la Grèce. En avril 1912, les photographies de la seconde série sont montrées au public genevois et illustrent le catalogue d'exposition[12]. Les deux ouvrages monumentaux[13] que sont *En Grèce par monts et par vaux* et *Des Cyclades en Crète au gré du vent*, sont à la fois des récits de voyage et des voyages photographiques. Construit à partir des images, le texte très vivant de Baud-Bovy mêle des considérations historiques et politiques, des récits mythologiques, des anecdotes et des impressions de voyage. Les notices archéologiques de Georges Nicole complètent le volume en lui apportant une dimension scientifique, dont l'édition ne peut sans doute décemment pas s'affranchir. L'exercice littéraire et l'approche photographique s'unifient dans une vision commune, la célébration d'une Grèce apprise et rêvée, mais aussi enracinée dans le réel.

Ces éditions de luxe, parues respectivement en 1910 et 1919, se présentent comme de grands in-folio, dans de somptueuses reliures sur peau blanche, travaillées d'or et de rouge. La typographie et la mise en page sont particulièrement soignées ; des ornements (bandeaux à frise grecque, lettres ornées, culs de lampe) agrémentent la présentation. Les albums sont surtout remarquables par les quarante planches hors texte reproduites en héliogravure imprimées avec des encres colorées et par les nombreuses illustrations en phototypie dans le texte (cent trente-quatre pour le premier ouvrage et cent quatre-vingt-sept pour le second). Malgré un prix élevé, ils remportent un succès de librairie auprès du public averti. Rapidement épuisé, le premier volume, distingué par l'Académie française, sera réédité en 1936 dans un format légèrement réduit[14].

Les deux albums rompent avec une vision de la Grèce essentiellement consacrée aux monuments et aux sites antiques. Sortant des sentiers battus, les deux hommes sont allés à la rencontre d'un pays et d'un peuple que Boissonnas saisit dans sa vie quotidienne : la chute du Styx, le lac Phénée, des châtaigniers en fleur, les moines de Mégaspiléon, les travaux des champs à Némée, les bergers du Parnasse, une famille de tisserands à Andritsaena, les porteuses d'eau de Syra, une ferme à Amorghos, la baie de Plaka… « Là où d'autres n'allaient chercher que des ruines nous découvrions une nature et un peuple », résume Baud-Bovy.

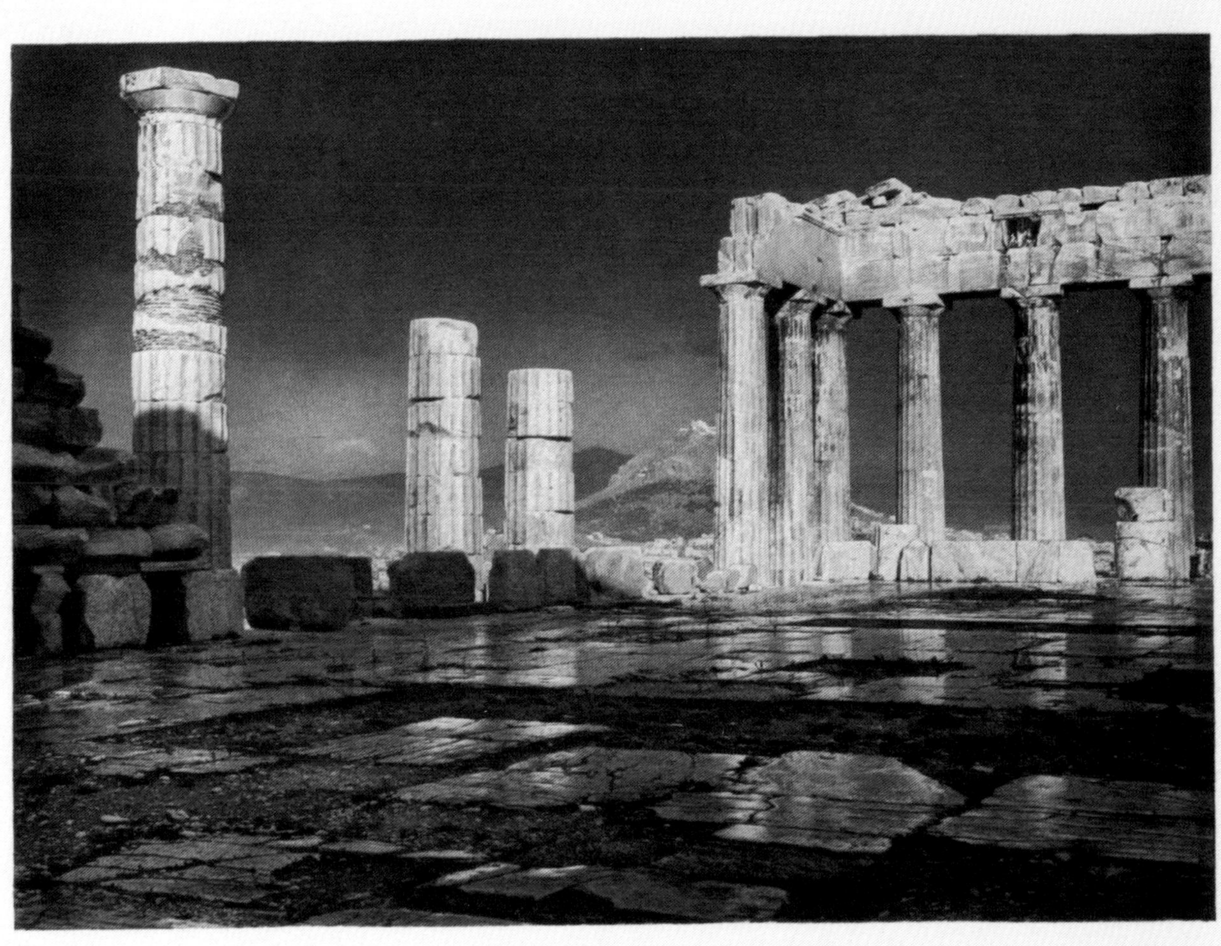

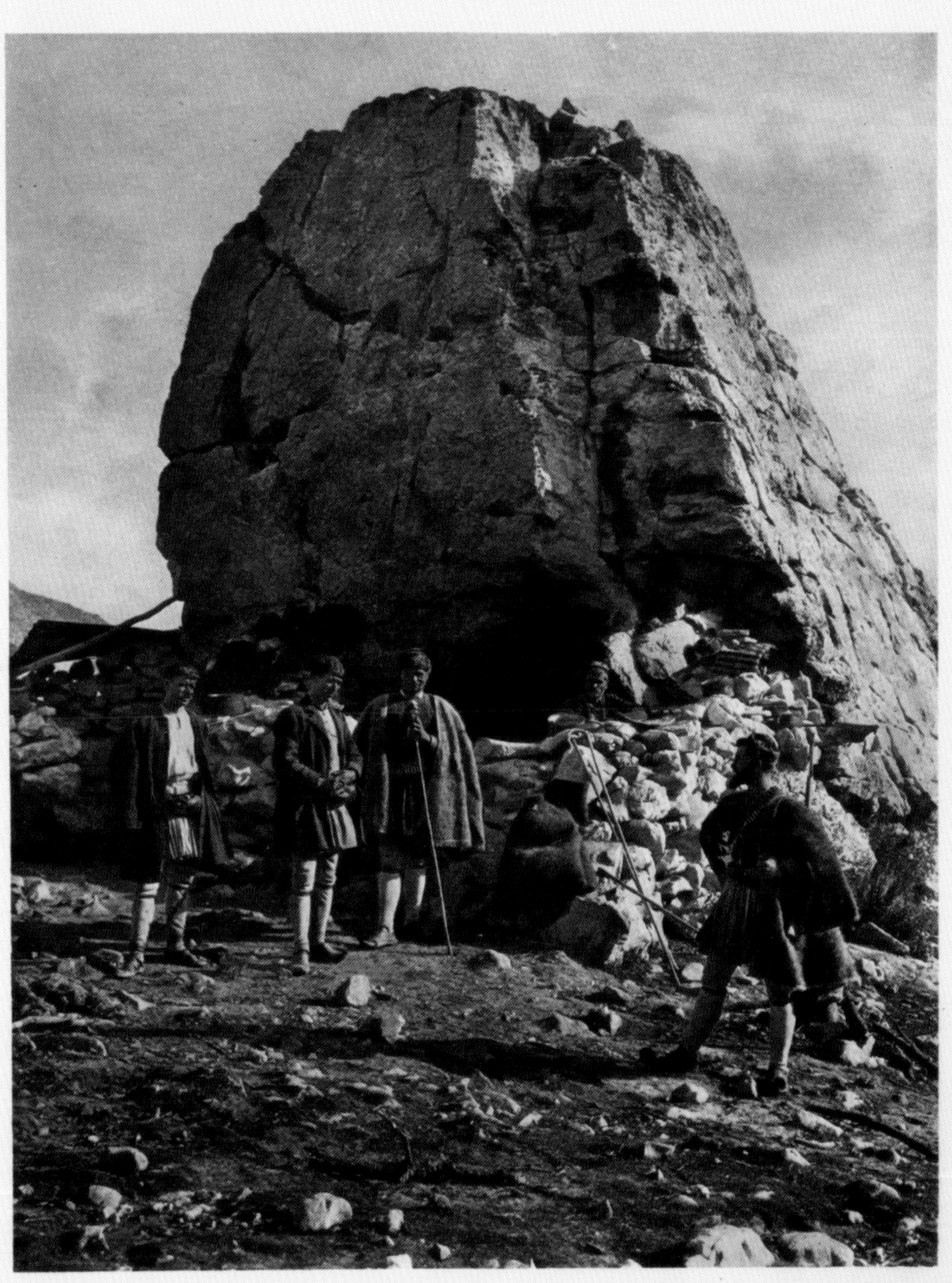

Mais le visage officiel de la Grèce est encore pour longtemps celui de ses monuments. Les commandes d'éditeurs, les expéditions scientifiques et les missions archéologiques font travailler Boissonnas sur une approche « classique » de la Grèce. Le photographe y répond en professionnel, sans limiter son initiative individuelle et en y insufflant à l'occasion son génie personnel.

Les campagnes photographiques menées avec les archéologues suivent la chronologie de leurs travaux : relèvement de l'Érechtéion en 1902-1907, des Propylées en 1909-1917, de la colonnade nord du Parthénon en 1922-1930. En octobre 1907, Boissonnas réalise l'inventaire des monuments d'Athènes pour l'éditeur genevois Eggimann ; l'archéologue Maxime Collignon rédige l'introduction de cet admirable ouvrage consacré au Parthénon[15]. Il collabore à plusieurs reprises avec le photographe W. A. Mansell[16] et c'est avec Charles Picard, professeur d'archéologie à la Faculté des lettres de Paris, qu'il réalise deux autres volumes très complets sur l'Acropole[17] : photographié de manière analytique, le site est mis en valeur dans les planches grand format de l'édition qui forment un ensemble saisissant. Le photographe suisse fait appel à son compatriote, Waldemar Deonna, archéologue, professeur à l'Université de Genève et lui-même photographe, pour un livre consacré à l'Athènes ancienne[18] qu'il édite en 1921.

Il collabore avec bien d'autres savants : l'archéologue Théophile Homolle, directeur de l'École française d'Athènes, l'historien et critique littéraire Albert Thibaudet[19], Émile Bourguet, professeur à l'Université de Paris.

> « Un photographe, qui est en même temps un homme de goût et un artiste, avait pris à Delphes de très beaux clichés, auxquels il a été possible d'ajouter ceux d'un architecte qui fut un collaborateur dévoué de l'École d'Athènes. C'est cet ensemble de vues que l'on présente au public, et que l'on accompagne d'un commentaire réduit à l'essentiel. (…) Delphes, plus étrange peut-être et plus farouche, présente un ensemble de particularités que les images ci-jointes rendront sensibles aux yeux. »

C'est en ces termes que Bourguet rédige l'introduction de l'ouvrage consacré au sanctuaire de Delphes, qui a pour but de résumer les principales découvertes des fouilles de l'École française d'Athènes[20]. Ce qui frappe, une fois de plus, c'est la mise en valeur de la démarche photographique, à laquelle le texte semble se subordonner. Le primat de l'image sur le texte revient fréquemment dans les introductions des différents albums. Là encore, la mission documentaire dont le photographe est investi, se double d'une recherche esthétique du sujet photographié. La même année sort l'ouvrage de Pierre Roussel consacré à Délos, également dans la collection, *Le monde hellénique*.

> « Voici longtemps que, pour compléter la série de ses études odysséennes, Victor Bérard annonçait à ses lecteurs un recueil de photographies, où il devait donner l'illustration de ses thèses et la preuve de chacune de ses assertions… Les photographies qui sont reproduites dans ce volume sont l'œuvre de Frédéric Boissonnas. C'est avec lui qu'au printemps de 1912, […] Victor Bérard entreprit de refaire le périple d'Ulysse dont, par une patiente étude, il s'était efforcé d'identifier toutes les étapes. Dans cette Méditerranée où rien ne change, il put retrouver intacts les sites et les paysages qui rendaient tout leur sens aux descriptions du Poète : tels qu'ils avaient dû apparaître au fils de Laerte, tels, trois mille ans plus tard, on pouvait encore les voir au début de ce siècle[21] ».

En juillet et août 1912, Boissonnas effectue son cinquième voyage en compagnie de Victor Bérard, traducteur incontesté de *L'Odyssée* et directeur d'études à l'École des hautes études. Le but est de prouver par la cartographie et la photographie une thèse que Bérard défend depuis longtemps contre l'opinion scientifique générale. Fondées

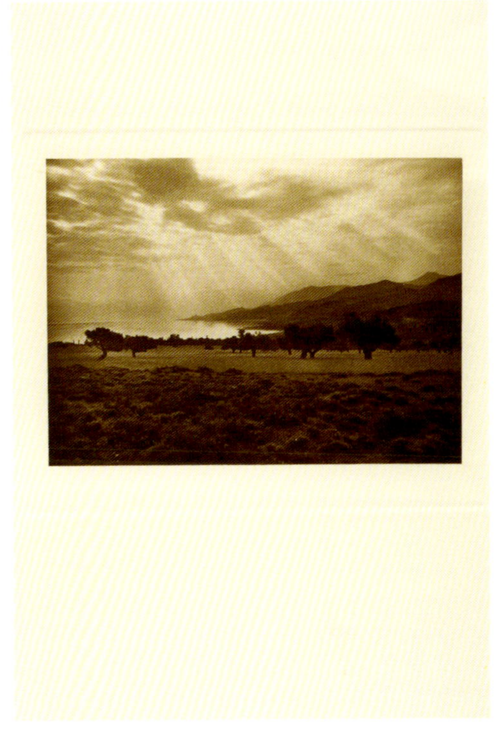

Fig. 13
Akrata et le golfe de Corinthe.
En Grèce par monts et par vaux

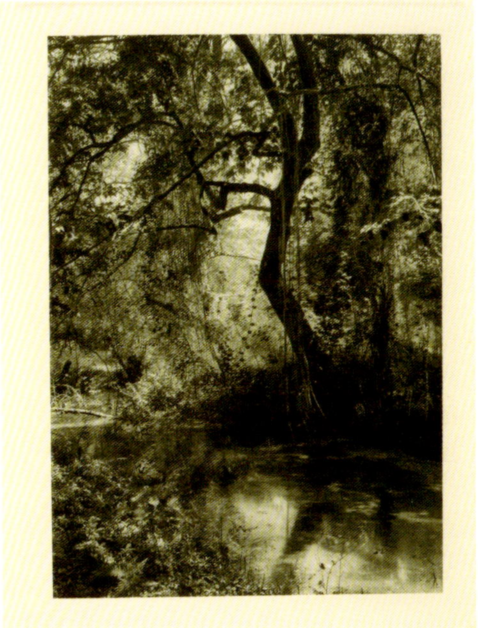

Fig. 14
Vallée de Tempé.
En Grèce par monts et par vaux

(page de gauche)
Fig. 12
Les bergers de Parnasse et leurs hôtes.
En Grèce par monts et par vaux

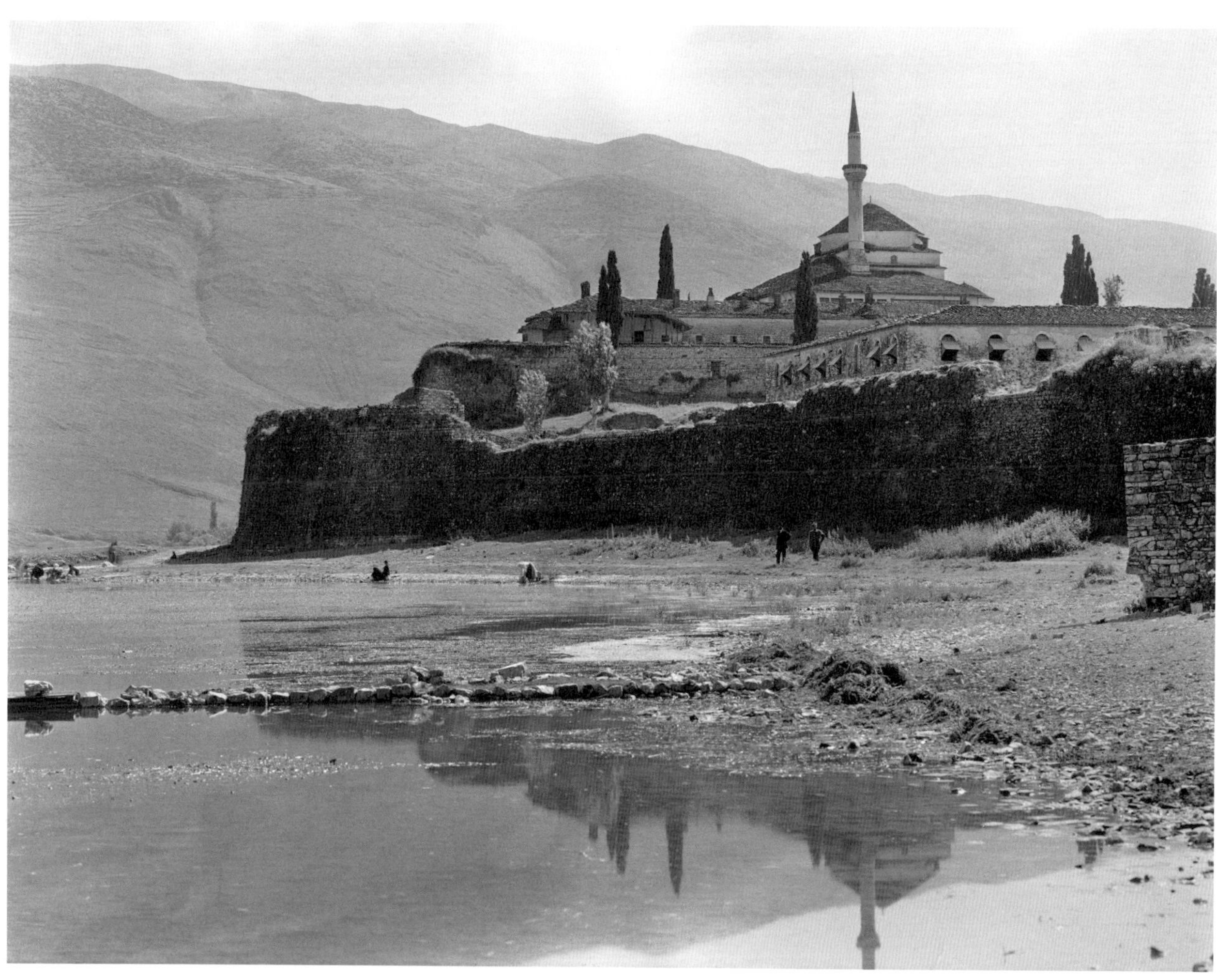

Fig. 15
Ioannina. Le lac et la forteresse, 1913.
Musée de la photographie de Thessalonique

sur des récits de marins phéniciens, les descriptions de la plus ancienne version de l'Odyssée correspondent, selon lui, à une géographie réelle qu'il va s'efforcer de retrouver. Au-delà de sa fonction documentaire, la photographie est investie d'un statut de preuve scientifique et doit assurer à la démonstration un caractère irréfutable[22] :

> « Pour mieux illustrer l'exactitude des descriptions odysséennes, les cartes et les photographies des lieux sont d'un indispensable secours. Ces documents scientifiques donnent l'explication précise de tous les mots du Poète », écrit Bérard, dans *Les Phéniciens et l'Odyssée*.

L'entreprise va aller au-delà des espérances de Bérard, qui à chaque endroit trouve une confirmation, parfois alambiquée, de ses théories. Pour Boissonnas, cette quête de la Grèce intemporelle est l'occasion de prendre de magnifiques vues de paysages naturels. Le photographe voyageur se confronte au voyage par excellence et au premier « livre de voyage » qu'est *L'Odyssée*.
Édité en 1933, *Dans le sillage d'Ulysse* paraît après la mort de Bérard et sans son texte, sous la forme d'un album de photographies soulignées de quelques vers de *L'Odyssée* en grec suivis de leur traduction en français. Les images illustrent le texte et, inversement, ce dispositif tend à nous faire lire les vers comme une brève description de l'épreuve photographique. La similitude entre le texte et l'image annihile la distance temporelle. Tout se passe comme si la photographie faisait ressurgir une réalité vieille de trente siècles. Un renversement s'est opéré par rapport au projet initial : la démonstration scientifique cède la place à un voyage photographique et littéraire, à une invitation poétique.

DU REPORTAGE À L'AVENTURE ÉDITORIALE

Alternant avec les missions archéologiques, le photographe part dans des reportages qui l'entraînent en Grèce du nord avec Baud-Bovy (juin 1913). Après l'Épire et le Mont Athos, ils se dirigent vers le front des Balkans pour réaliser l'album sur les victoires remportées sur les Turcs et les Bulgares que le roi Constantin leur a commandé. L'opération est réitérée en 1916-1917 et 1917-1918 pour la campagne militaire de Macédoine.
En 1919, Boissonnas et Baud-Bovy sont missionnés par Vénizélos pour documenter les victoires militaires des guerres balkaniques. Ce reportage, auquel Boissonnas associe ses fils, Edmond-Édouard et Henri-Paul, les mène à Smyrne, en Thrace, en Macédoine. À Paris, Vénizélos organise une exposition de promotion culturelle de son pays, dont les photographies de Boissonnas sont l'attraction et qui part ensuite faire le tour de l'Amérique[23].
L'année 1919 est faste. Avec l'argent gagné grâce aux commandes du gouvernement hellène sont fondées les Éditions d'art Boissonnas. Baud-Bovy en est l'administrateur. Avoir sa maison d'édition constitue un débouché intéressant pour le photographe et lui permet de développer son propre programme éditorial. Pour l'avoir adoptée dès 1910, Boissonnas continue à privilégier la technique de l'héliogravure, un procédé qui rend bien la finesse et les nuances « chromatiques » de la photographie noir et blanc. De nombreux ouvrages sortent des presses genevoises : l'album *La Grèce immortelle* commémore le voyage de 1913 et la première ascension de l'Olympe réussie par les alpinistes chevronnés que sont Boissonnas et Baud-Bovy[24]. Boissonnas crée la collection *L'Image de la Grèce*[25], des fascicules abondamment illustrés, élaborés grâce à son cercle d'amis et de collaborateurs. Deux volumes consacrés à Smyrne et à Salonique sont publiés en 1921 et mettent en lumière les aspects un peu occultés d'une Grèce byzantine et musulmane. Boissonnas multiplie les campagnes de prises de vue pour alimenter sa maison d'édition, mais le départ de Vénizélos chassé du pouvoir par le roi Constantin en 1920 et les défaites de 1921 et 1922 devant l'armée turque signent la fin du « programme grec ». L'aventure éditoriale tourne court en raison de la concurrence des grands éditeurs sur le même terrain du livre photographique, mais laissera quelques ouvrages impérissables.

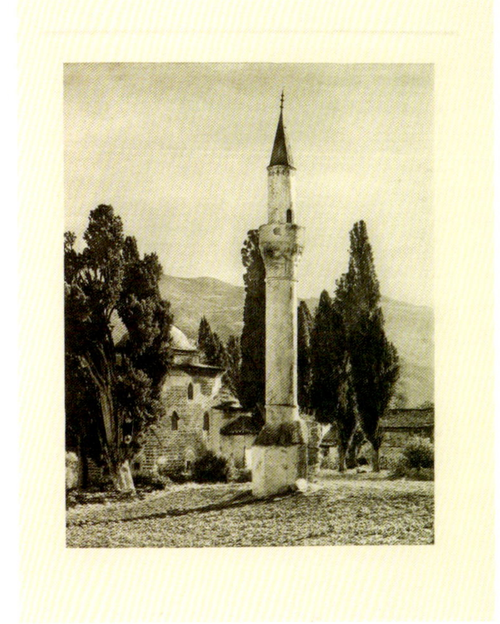

Fig. 16
La mosquée de Baba en Thessalie.
En Grèce par monts et par vaux

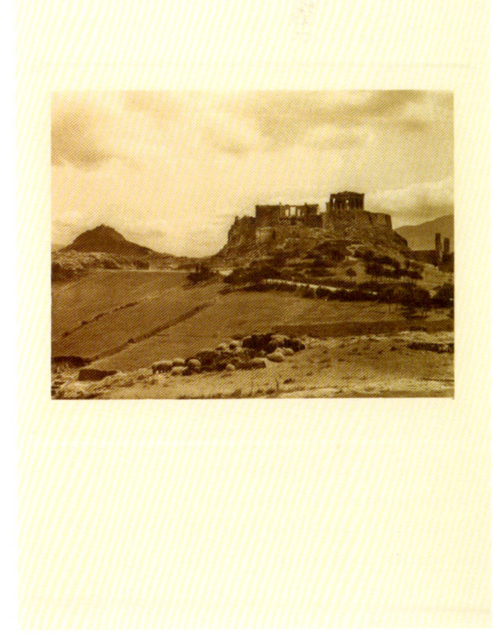

Fig. 17
L'Acropole.
En Grèce par monts et par vaux

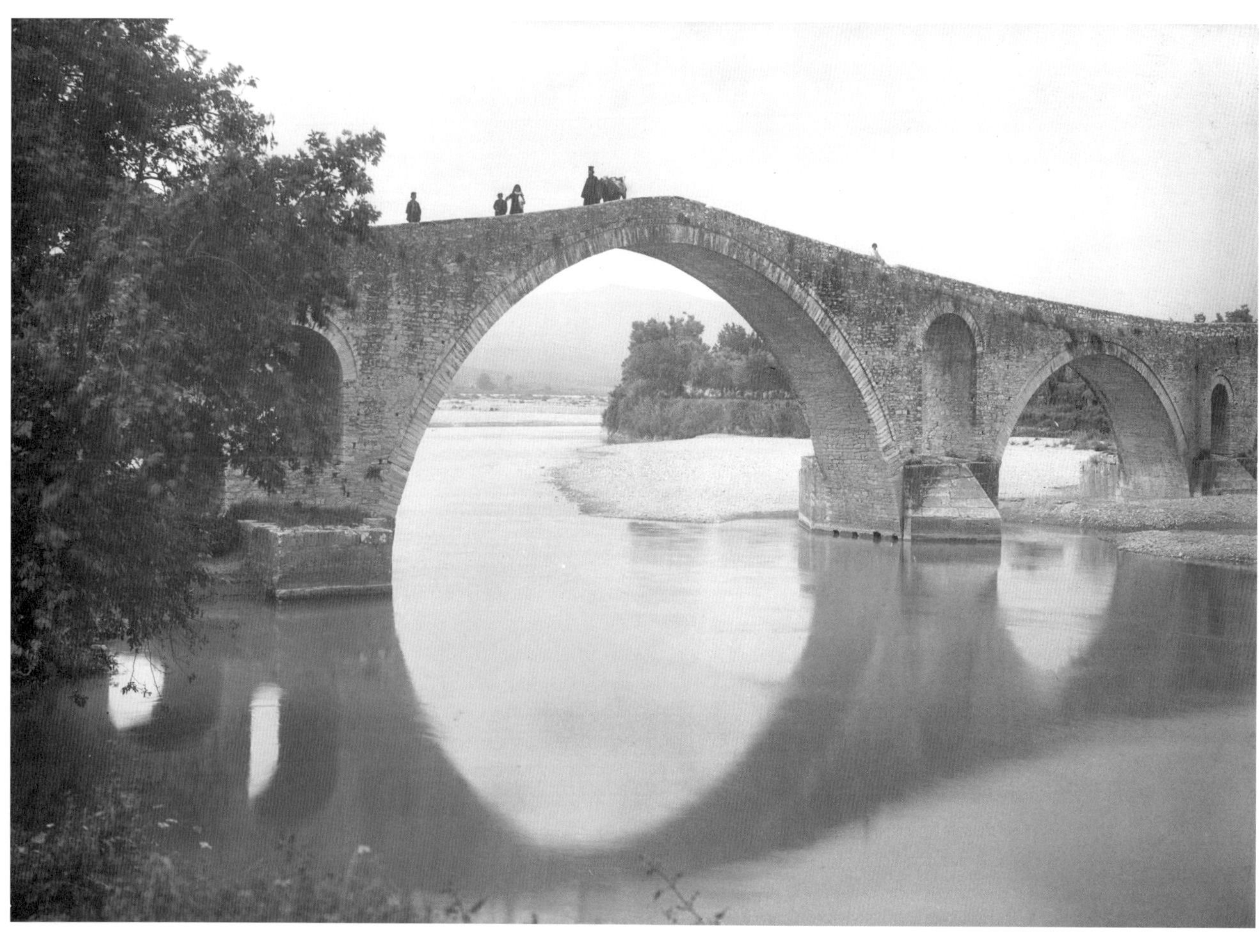

Fig. 18
Le pont d'Arta, 1913.
Musée de la photographie de Thessalonique

DERNIERS OUVRAGES

Sur le tard, Boissonnas, qui a été toute sa vie un épistolier hors pair, éloignement familial oblige, se tourne vers l'écriture, d'abord en rédigeant la préface du livre du héros de l'Indépendance, Makryjannis[26] puis en abordant des sujets plus personnels. Dans un récit vivant et enlevé, il relate son expérience au Mont Athos[27] et son excursion photographique d'août 1928 destinée à illustrer l'ouvrage projeté avec Charles Diehl, membre de l'Institut.

L'un des derniers ouvrages écrit et illustré par Boissonnas, *Le Tourisme en Grèce*[28], se veut au départ un plaidoyer pour un tourisme «raisonné» qui tenterait de concilier la préservation des paysages et des sites avec le développement économique nécessaire au pays. Mais il se lit davantage comme l'hommage vibrant du photographe-voyageur qui s'enchante à évoquer en mots et en images une Grèce vivante et vécue. « Parfois nous tombions au beau milieu d'un mariage ou d'un baptême ; tout le village était en fête autour d'un mouton rôti sur le brasier à la Pallikare ; sous le sycomore de la Grand' place, au clair de lune et de torches fumeuses, on dansait en chantant dans la griserie générale », écrit-il non sans quelque nostalgie. Le livre fut d'abord tiré par l'auteur à trente exemplaires (dont vingt hors commerce) sur papier de Hollande et illustré de photographies originales. La nouvelle édition de Paul Trembley, imprimée en héliogravure, tira à quarante mille exemplaires répartis en quatre langues.

ÉCRIRE AVEC LA LUMIÈRE

On ne peut que souligner la variété et l'originalité du travail d'un photographe qui, en abordant tous les genres, a développé une œuvre centrée sur la Grèce, son inépuisable source d'inspiration. Fred Boissonnas photographie la Grèce classique, celle des ruines de l'Acropole et de Delphes, parcourt la Méditerranée avec Victor Bérard, le traducteur de l'Odyssée, pour retrouver le monde d'Ulysse, triomphe du Parnasse, s'intéresse aux moines du Mont Athos. Vues urbaines contemporaines et scènes de la vie rurale complètent son travail sur la photographie des monuments et du paysage. Il aborde également le reportage de guerre avec une série d'ouvrages sur les victoires grecques des guerres balkaniques. L'ampleur de son travail se mesure aux sept mille clichés de la Grèce provenant des Archives Boissonnas et actuellement conservés au Musée de Thessalonique.

Boissonnas a une parfaite maîtrise technique acquise au contact de maîtres réputés et après des années d'expérience en Suisse. Toute sa carrière, il privilégie la photographie sur verre, procédé supérieur pour saisir la finesse des détails et rendre le grain de la matière. Il excelle dans les grands formats, obtient des tirages incomparables. C'est aussi un artiste sensible et soucieux d'esthétique, même si la vocation de son travail a une valeur documentaire à la base. Son style se définit par des images fortement composées, privilégiant les contrastes de valeurs. Il y a chez Boissonnas une quête exigeante et patiente de la lumière. Photographier, n'est-ce pas écrire avec la lumière ?

L'INVENTION D'UN REGARD SUR LA GRÈCE

Une seule fois tenté par la photographie couleur - devant les pyramides égyptiennes en 1907 - il restera toute sa carrière fidèle au noir et blanc, qui force le photographe à penser en valeurs et en contrastes et laisse davantage d'inventivité au moment du tirage. Comment traiter la forte luminosité de la Grèce ? Ses photographies montrent le parti tiré des oppositions d'ombre et de lumière. Les ombres puissantes et la lumière éclatante structurent l'image, la modèlent, font ressortir la forme. Boissonnas joue en virtuose de cette lumière grecque, en maîtrise aussi les nuances dans des images adoucies, parfois proches du pictorialisme où la lumière se fait subtile, voilée parfois par un feuillage ou des nuages. Ses photographies dénotent son attirance pour les ciels sombres, dramatiques, pour les contre-jours qui sculptent l'image.

Il est parfois difficile de redonner vigueur à des thèmes rebattus, en particulier les monuments célèbres comme l'Acropole ou le Parthénon. Boissonnas s'y emploie par des cadrages originaux (Fig. 9, 20, 24), des jeux d'ombres et de lumière, qui font

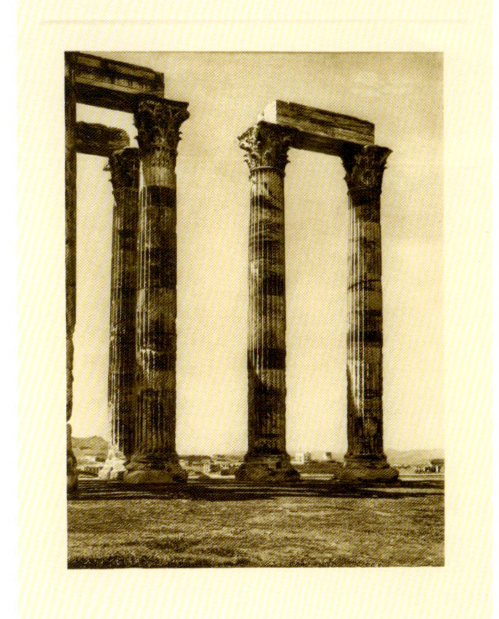

Fig. 19
Le temple de Zeus Olympien à Athènes.
En Grèce par monts et par vaux

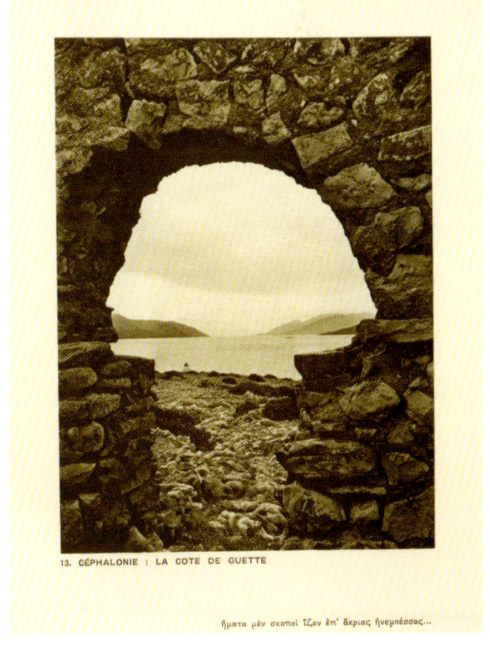

Fig. 20
Céphalonie : la côte de Guelte.
Victor Bérard, Dans le sillage d'Ulysse

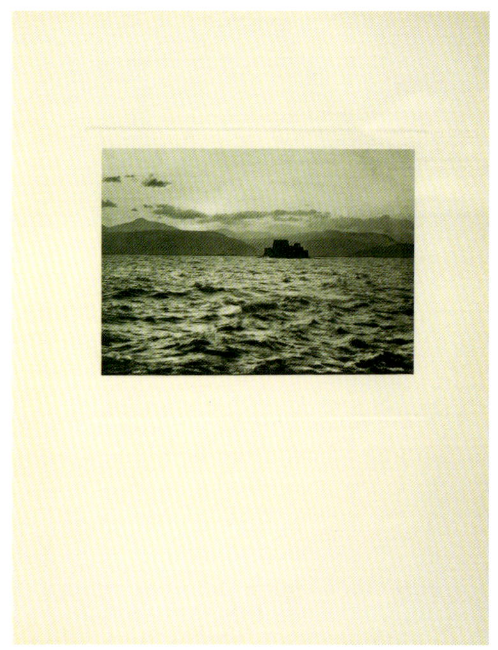

Fig. 21
L'îlot de Bouzi en rade de Nauplie.
En Grèce par monts et par vaux

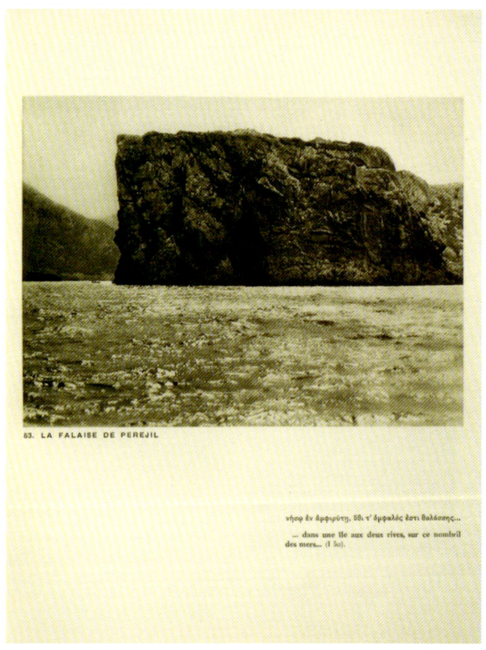

Fig. 22
La falaise de Perezil.
Victor Bérard, *Dans le sillage d'Ulysse*

(page de droite)
Fig. 23
Le couvent de Saint-Étienne aux Météores.
En Grèce par monts et par vaux

ressortir la beauté des ruines. Dans le cadrage très serré du *Parthénon après l'orage* (Fig. 11), près de la moitié de l'image est allouée au sol luisant où se reflètent partiellement les fûts de marbre. L'effet de lumière crée la surprise par une sorte d'inversion des valeurs négatives et positives où les colonnes éblouissantes de blancheur se dressent sur un ciel sombre. L'image construit une représentation qui donne accès à une vision des ruines non plus nostalgique, mais dramatique et empreinte de mystère.

Les monuments sont traités avec le sens des proportions et une grande maîtrise des volumes. La photographie réduit la grandeur des temples, d'où la nécessité d'un point de repère : personnage, animal ou arbre... Boissonnas structure la composition en cadrant sur un horizon très bas qui rend aux temples leurs dimensions colossales (Fig. 19). Les photographies d'ensemble se complètent de points de vue rapprochés et de détails architecturaux, sculptures et bas reliefs parfaitement ciselés. Il adapte sa technique de travail en photographiant la frise du Parthénon perché sur une échelle de douze mètres, afin d'éviter la déformation due à la contre-plongée (Fig. 1). L'image de la koré vue de dos avec sa fine chevelure lui coulant sur les reins (Fig. 2) propose un autre traitement de la statuaire antique qui joue sur une ligne sinueuse très graphique et un angle de vue inédit.

Le sens des proportions se retrouve dans les paysages, parfaitement construits. Le photographe use en géomètre d'un point de repère (monument lointain, personnage ou groupe, cyprès) ou d'un avant-plan pour structurer l'image. Le point de vue élevé, la profondeur de champ donnent la sensation de l'espace en rendant la distance et les lointains. La lumière modèle le relief, souligne l'immensité du ciel au-dessus des terres, la plasticité de la masse rocheuse, la nappe mouvante des eaux (Fig. 21, 22 et 23). La richesse esthétique de certains clichés, les vues classiques formellement très maîtrisées (Fig. 11, 15 et 18) témoignent du grand art du photographe suisse, tandis que ses études de ciels, d'arbres et d'eau dénotent une vision empreinte d'un sentiment panthéiste de la nature (Fig. 14 et 25). Les anciens Grecs construisaient leurs temples et leurs sanctuaires dans des sites choisis avec un soin tout particulier pour leur beauté et leur orientation à la lumière. Les photographies de Boissonnas rendent compte de cette symbiose de l'architecture et du paysage (Fig. 17 et 29).

En allant à la rencontre de la Grèce vivante et de son peuple, Boissonnas ne se contente pas de la photographier, il la dévoile. Photographe de la ville et du paysage urbain, il a fixé l'Athènes moderne saisie dans ses activités (Fig. 3), des scènes de rue prises sur le vif, des vues très animées des ports du Pirée et de La Chanée. Il a accordé une attention toute particulière à la vie rude des villages : paysans et artisans au travail (Fig. 6 et 5), enfants jouant dans la rue, femmes à la fontaine (Fig. 7). Sa caméra enregistre aussi bien les temples grecs que les églises byzantines de Salonique, les mosquées et les ruelles musulmanes de Smyrne (Fig. 15 et 16). Tout un peuple, dans sa diversité et ses contrastes,

Peu de portraits individuels dans son œuvre, mais le plus souvent de groupes : familles au grand complet, notables, popes, moines dans leur cloître (Fig. 28), femmes à la source ou gardant les troupeaux, bergers (Fig. 12, 27, 7 et 8). Des images documentaires, mais enregistrées par un regard bienveillant, parfois légèrement ironique, qui énonce le respect du photographe pour son « sujet ». L'admiration de Boissonnas pour ce peuple s'exprime dans la très belle photographie des frères Mandaka, ces Crétois patriotes qui ont lutté pour l'émancipation face aux Turcs (Fig. 26). Boissonnas cadre ses personnages, introduit un peu de mise en scène dans les éclairages et la disposition, mais réussit le plus souvent à donner l'impression qu'il les a saisis dans la vivacité de leurs occupations. L'ensemble reste empreint d'un grand naturel et de spontanéité. Le photographe et ses compagnons n'hésitaient pas à partager la vie des villageois comme à Zéménon, à prendre part aux réjouissances collectives et aux fêtes populaires. Vues prises en plein air, surtout dans la rue, mais aussi scènes d'intérieur témoignent de la proximité, parfois de la complicité, du voyageur et de ses hôtes (Fig. 30). Qu'il photographie de simples villageois, des personnalités locales ou les grands de ce monde, il donne à voir la dignité

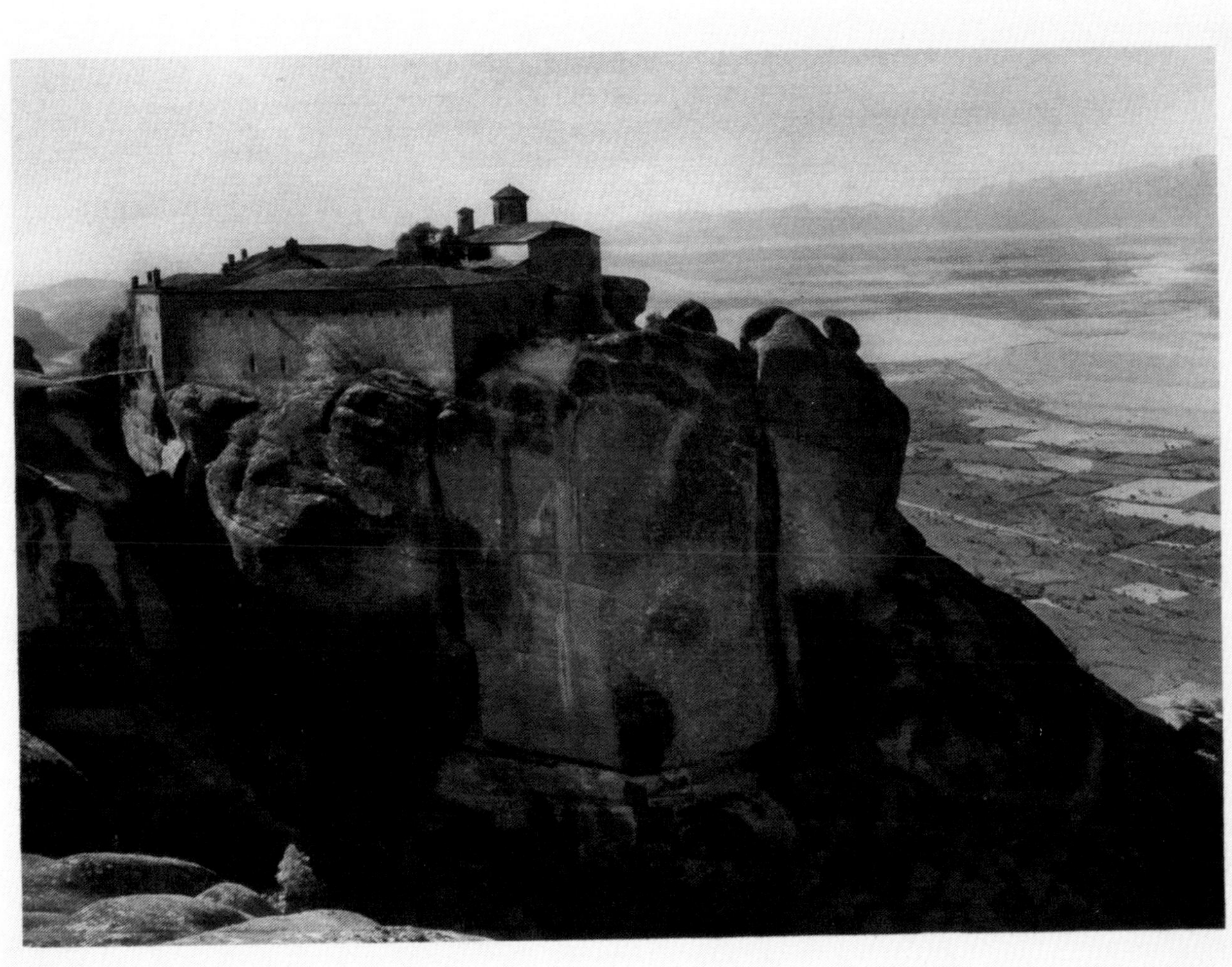

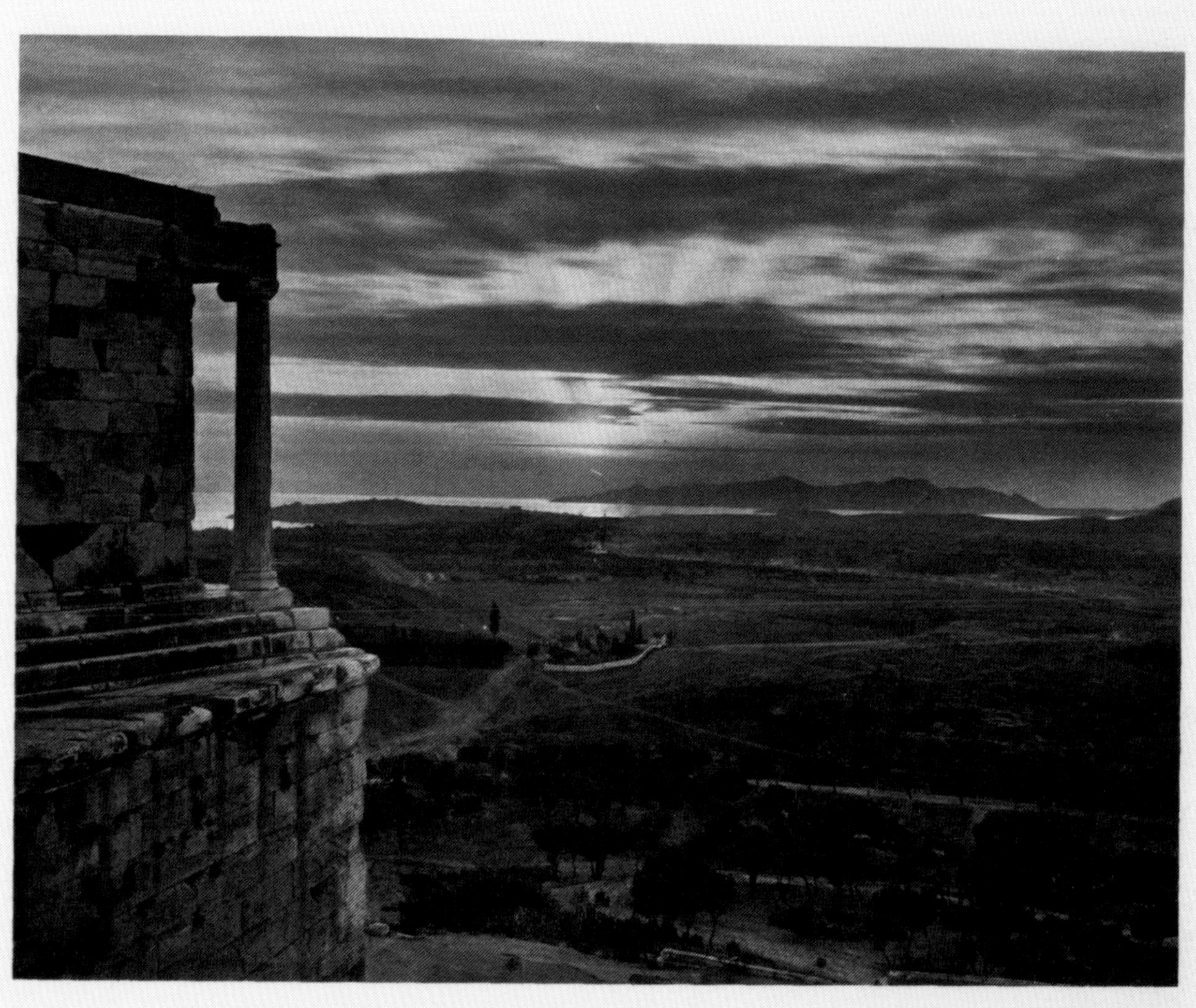

et la noblesse des êtres dans des images fortes et belles. Sa vision attentive et réaliste de l'homme en fait un précurseur des photographes humanistes.

La profusion des images et la récurrence des mêmes sujets banalement photographiés avaient figé la Grèce dans une vision stéréotypée. Sans renoncer à célébrer la beauté intemporelle de l'héritage antique, Boissonnas a mis l'acuité et la singularité de son regard au service d'une Grèce perçue dans la multiplicité de ses aspects, à la fois berceau de la civilisation occidentale et tournée vers l'Orient, véhiculant un passé plur015éculaire et jeune nation tournée vers l'avenir. Ses vues sensibles, ses choix visuels et esthétiques, son inclination pour les thèmes du quotidien et les sujets d'actualité ont renouvelé l'image de la Grèce.

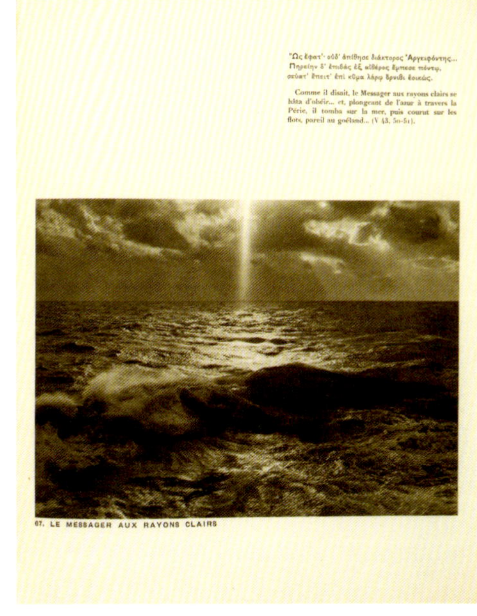

Fig. 25
Le message aux rayons clairs.
Victor Bérard, *Dans le sillage d'Ulysse*

(page de gauche)
Fig 24 **Du haut des Propylées.**
En Grèce par monts et par vaux

1 - Marta Caraion, *Pour fixer la trace. Photographie, littérature et voyage au milieu du XIXᵉ siècle*, Droz, Genève, 2003.

2 - Maxime Du Camp, *Égypte, Nubie, Palestine et Syrie. Dessins photographiques recueillis pendant les années 1849, 1850 et 1851, accompagnés d'un texte explicatif et précédés d'une introduction*, Paris, Gide et Baudry, 1852.

3 - Anne De Mondenard, *La Mission héliographique. Cinq photographes parcourent la France en 1851*. Paris, Monum, Éditions du patrimoine, 2002.

4 - Fani-Maria Tsigakou, *La Grèce retrouvée. Artistes et voyageurs des années romantiques*. Introduction de Jacques Lacarrière, Seghers, 1984.

5 - Haris Giakoumis, *L'Acropole d'Athènes. Photographies 1839-1959*, détaille l'histoire de la photographie en Grèce, dont nous n'offrons ici qu'une rapide synthèse. Voir aussi le chapitre «Le Tour du monde», *Nouvelle histoire de la photographie*, sous la direction de Michel Frizot.

6 - Calotype : photographie sur négatif papier ; couplé en général avec un tirage sur papier salé. Premier système négatif-positif, il permet des tirages multiples à partir du négatif alors que le daguerréotype est une image unique.

7 - *The Acropolis of Athens. Illustrated Picturesquely and Architecturally in Photography*, Londres, F.S.Ellis, 1870.

8 - *Classische Landschaften und Denkmäler aus Griechenland nach der Natur photographisch aufgenommen von Paul des Granges in Athen*. Cet album parut en 1869 en Allemagne.

9 - *Op. cit.* page 26.

10 - Pour l'histoire familiale, voir l'ouvrage très complet de Nicolas Bouvier, *Boissonnas, une dynastie de photographes 1864-1983*, Payot, Lausanne, 1983.

11 - *Le Tourisme en Grèce*, texte et photographies de Fred Boissonnas, Genève, Éditions d'Arts Boissonnas, 1928, réédité en 1930 aux Éditions Paul Trembley. On notera la référence à Byron.

12 - Au gré du vent : Crète et Cyclades, Genève, musée Rath, 18 avril au 15 mai 1912, Photographies de Fred Boissonnas ; croquis de route de Jules Monard ; notes explicatives de Georges Nicole, Genève, Atar, 1912.

13 - *En Grèce par monts et par vaux*, texte de D. Baud-Bovy. Édition et illustration de F. Boissonnas. Préface de Th. Homolle. Notices archéologiques par Georges Nicole, Genève, Boissonnas & Co, Éditions d'Art et de Sciences, 1910.

Format et poids moyen des volumes : 50 x 40 x 9 cm ; 14 kg.

Des Cyclades en Crète au gré du vent, texte de D. Baud-Bovy. Édition et illustration de F. Boissonnas, préface G. Fougères, notices archéologiques de Georges Nicole, Genève, Éditions Boissonnas, 1919.

14 - La réédition paraît à Genève, chez Fred Boissonnas & Cie, avec une nouvelle préface de Charles Picard. Elle contient quarante planches et quatre-vingt-cinq gravures dans le texte. L'ouvrage est également édité en anglais sous le titre *In Greece : journeys by mountain and valley*, traduction de Charles Frédéric Hardy, Genève, Fred Boissonnas, 1920.

15 - *Le Parthénon, l'architecture et la sculpture*, introduction de *Maxime Collignon*, photographies de Fred Boissonnas et W. A. Mansell & Cie, Paris, Eggimann, 1912

16 - *L'Acropole d'Athènes : le Parthénon*, introduction de Gustave Fougères, photographies de Fred Boissonnas et W. A. Mansell, Paris, Albert Morancé, 1910.

17 - *L'Acropole d'Athènes*, Charles Picard, photographies de Fred Boissonnas et W. A. Mansell, Paris : A. Morancé, [1929-1932], 2 vol. Continennt respectivement 75 et 85 planches. Vol. I, L'enceinte, l'entrée, le bastion d'Athéna Niké, les propylées ; Vol. 2, Le plateau supérieur, l'Érechtheion, les annexes sud.

18 - *Athènes ancienne*, Fred Boissonnas, introduction de W. Deonna, Coll. "L'Image de la Grèce", 1921.

19 - *L'Acropole*, Albert Thibaudet, photographies de Fred Boissonnas, Paris, Gallimard, 1929, Galerie pittoresque 4.

20 - *Delphes*, Émile Bourguet, illustrations de Fred Boissonnas, Paris, Les Belles lettres, 1925. Collection « Le monde hellénique ».

21 - Victor Bérard, *Dans le sillage d'Ulysse*, photographies de Fred Boissonnas. Avertissement de Jean Bérard. L'ouvrage ne parut qu'en 1933, après la mort de Bérard. Le rêve de retrouver toutes les stations de l'Odyssée était déjà poursuivi par J.W. Stillman. L'ouvrage *On the Tracks of Ulysses*, illustré d'après les photographies de Stillman gravées par Henry Fenn paraît à Boston et New York en 1888. À son tour, Jean Cuisenier reprendra l'itinéraire de l'Odyssée et confrontera ses photographies modernes aux tirages du Suisse : *Le Périple d'Ulysse*, Fayard, 2003.

22 - Cette fonction n'est pas nouvelle, on peut même dire qu'elle est consubstantielle à la photographie dès son invention. Félix de Saulcy s'adressa à Auguste Salzmann pour des clichés de Jérusalem chargés de démontrer sa propre thèse, l'existence de ruines de monuments judaïques à Jérusalem. L'album *Jérusalem. Étude et reproduction photographique des monuments de la Terre sainte depuis l'époque judaïque jusqu'à nos jours*, Paris Gide et Baudry, parut en 1856. Des années plus tard, une partie des conclusions de Saulcy s'avéra erronée.

23 - *Visions de Grèce* : exposition, du 1 au 27 février 1919, Salle de la Boétie, Paris : catalogue [d'un choix de 550 photographies] par Fred Boissonnas, Genève : Sadag, [1919?].

24 - *La Grèce immortelle*, Th. Homolle, G. Deschamps, Ch. Diehl et *alii*, Genève, Éditions d'art Boissonnas, 1919. L'ascension de l'Olympe, contée par Baud-Bovy, est reprise dans *Le Voyage en Grèce*, Paris, Laffont, 2003.

25 - *L'Épire : berceau des Grecs : cent héliogravures*, Introduction et texte de Baud-Bovy, Genève, Éd. d'Art Boissonnas, Collection « L'Image de la Grèce », 1915. 48 planches (tirage à 10 000 ex). 2ᵉ édition en 1920.

Salonique : la ville des belles églises, Héliogravures de Fred Boissonnas ; préf. de D. Baud-Bovy, Boissonnas éditeur d'Art, Genève, Coll. « L'Image de la Grèce », 1919. 40 planches.

Smyrne..., Introduction d'Édouard Chapuisat, photographies d'Edmond-Édouard Boissonnas, Éditions d'art Boissonnas, Genève, Coll. « L'Image de la Grèce », 1919. 48 planches.

Athènes ancienne, Photographies de Fred. Boissonnas ; introduction de W. Deonna, Genève, Éd. d'art Boissonnas, Coll. « L'Image de la Grèce », 1921.

La Macédoine occidentale, Photographies de Fred Boissonnas ; introduction de D. Baud-Bovy, Genève, Éd. d'art Boissonnas, Coll. « L'Image de la Grèce », 1921.

Athènes moderne, Photographies d'Edmond-Édouard Boissonnas, Genève : Éd. d'art Boissonnas, Coll. « L'image de la Grèce », 1921.

26 - *Histoire picturale de la guerre de l'Indépendance hellénique par le général Makryjannis*, notice historique de S. E. M. Johannès Gennadius,... Préface de Fred Boissonnas, 1926.

27 - *Une excursion au Mont Athos*, est publié dans la revue *L'Acropole* dans le numéro de janvier à juin 1929 et repris la même année aux éditions Le Puy à Paris.

28 - *Op. cit.* La deuxième édition intégra une partie consacrée à la Grèce économique.

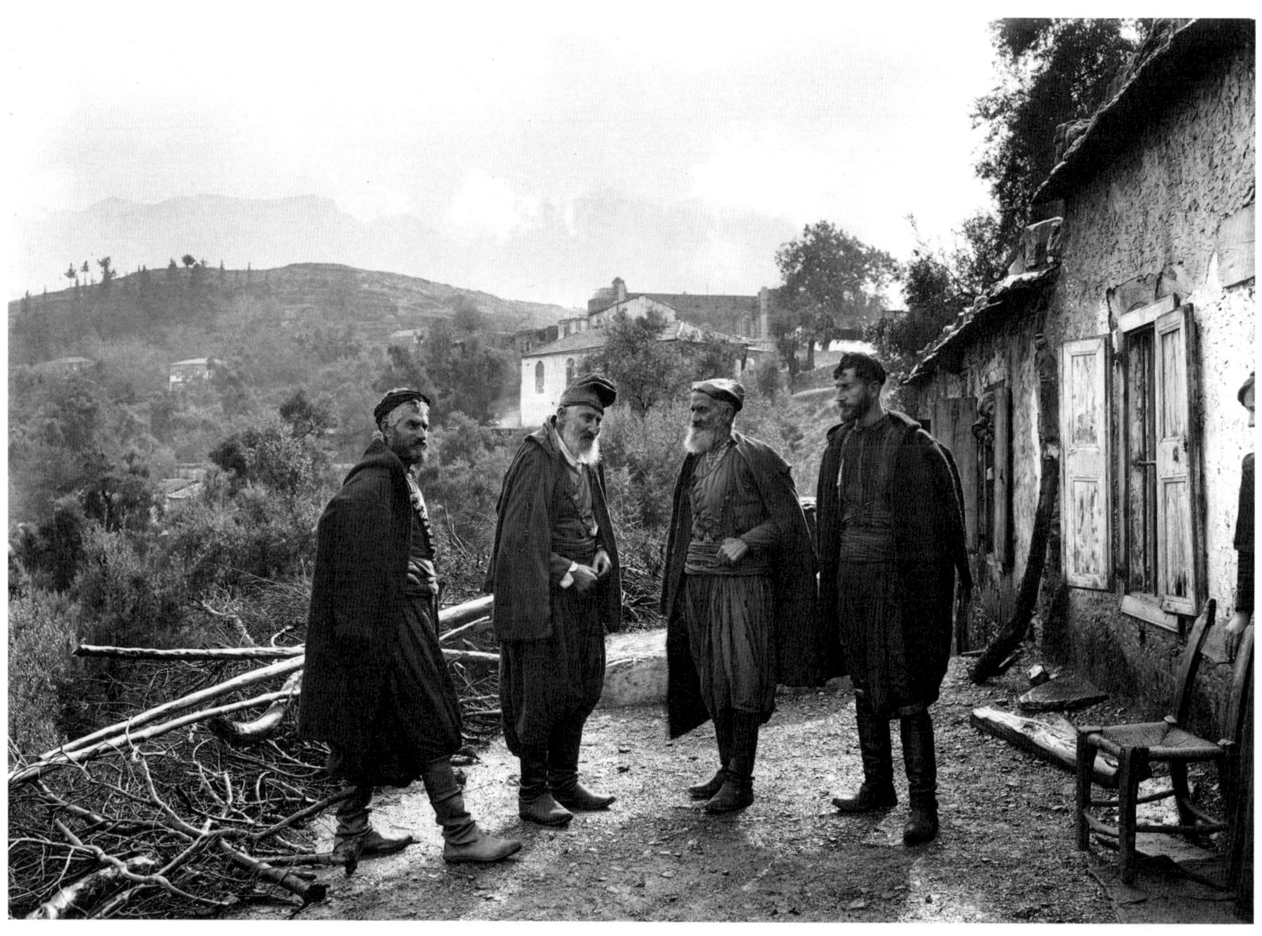

Fig. 26
Crète. Les frères Mandaka à Lakki, 1911.
Musée de la photographie de Thessalonique

1858   Naissance à Genève de François-Frédéric, dit Fred.

1864   Fondation de l'atelier par Henri-Antoine Boissonnas
(1833-1889).

1878-1880   Formation à Stuttgart et Budapest auprès
de photographes réputés.

1887   Reprise de l'atelier par Fred.
Devient membre de la Société photographique
de Genève fondée en 1882.

1888   Le Pavillon Boissonnas à l'Exposition universelle de Paris
le consacre comme le premier photographe suisse.

1890   Épouse Augusta Magnin. Ils auront neuf enfants.

1896   Médaille d'Or à l'Exposition nationale de Genève.

1900   Le Ier Grand Prix décerné par le jury de l'Exposition
universelle de Paris lui apporte une notoriété mondiale.

1903   (13 avril au 6 juin). Premier voyage en Grèce avec
Baud-Bovy. Corfou, Patras, Athènes, Zéménon,
hameau face au Parnasse où il photographie aussi les
scènes rustiques du village. Retour à Athènes puis une
autre expédition dans le Péloponnèse le mène au
monastère de Mégaspiléone en Archaïe d'où on voit le
Parnasse à travers le golfe de Corinthe. Sur le trajet :
Épidaure, Mycènes, Tirynthe, Argos, Tripolis,
Sparte, Megalopolis, Olympie. À Corinthe, les couples
se séparent. Le Taygète, puis Boissonnas continue vers
Mégaspiléone et Patras. Enfin, Ithaque pour repérer les
anses et criques indiquées par l'helléniste Victor Bérard.

1907   (octobre). Voyage en Égypte avec Eggler et Taponnier.
Au retour arrêt à Athènes pour l'inventaire des monuments
d'Athènes commandé par l'éditeur genevois Eggimann.

1908   (juin à novembre). Avec le docteur Weber-Bauler et
Baud-Bovy. Égine, Épidaure, l'Attique, les Météores,
l'Argolide et la Thessalie.

1911   (octobre à novembre). La Crète et les Cyclades.
Boissonnas et Baud-Bovy repartent pour rassembler
la matière d'un deuxième ouvrage sur les archipels
et le monde minoen. Mikonos, Skiros, Naxos, Amorgos,
Santorin… La Crète, puis Délos avec la mission
archéologique française.

1912   (juillet à août). Dans le sillage d'Ulysse
avec l'helléniste Victor Bérard.

1913   Voyage en Tunisie avec Louis Bertrand et Edmond-
Édouard Boissonnas, sur les traces de saint Augustin.

1913   (juin). La Grèce du nord avec Baud-Bovy. L'Épire,
le Mont Athos puis le front des Balkans à la demande
du roi Constantin. Les deux hommes réussissent
la première ascension de l'Olympe.

**1916-1917
et 1917-1918**   Boissonnas photographie la campagne militaire
de Macédoine.

1919   Commande de Vénizélos à Boissonnas et Baud-Bovy
sur les victoires militaires des guerres balkaniques.
Athènes, Smyrne, la Thrace, la Macédoine avec ses fils
Edmond-Édouard et Henri-Paul.
Fondation de la maison d'édition Boissonnas & Co
à Genève.

1920   Athènes. Reprise de l'atelier de Genève
par Edmond-Édouard.

1921   Boissonnas multiplie les campagnes de prises de vue.
Le départ de Vénizélos chassé du pouvoir par le roi
Constantin en 1920 et les défaites de 1921 et 1922
devant l'armée turque signent la fin du « programme grec ».

1922   Ouvre un studio de portraits rue Boissy-d'Anglas à Paris
(fermé en 1927).

1924   Reprise de l'atelier genevois par Henri-Paul.

1927   Reprise de l'atelier par Paul, le dernier fils
de Fred Boissonnas.

1928   (août). Photographies du Mont Athos pour illustrer
un ouvrage qu'il prépare avec Charles Diehl.
En tire un récit de voyage vivant et enlevé.

1929-1930   Voyage en Égypte, au Sinaï et en Nubie
avec son commanditaire, l'ingénieur Paul Trembley.

1932   Parution du luxueux ouvrage consacré à l'Égypte.

1933   Dernier voyage : Le Caire pour présenter son album au
roi Fouad et le Sinaï où il photographie durant deux mois.

1946   Mort de Fred Boissonnas.

1969   Reprise de l'atelier par Gad Borel, gendre
de Paul Boissonnas.

1983   Arrêt de l'atelier. Gad Borel garde la gestion
des Archives Boissonnas.

2003   L'État grec acquiert les 7000 plaques de verre
concernant la Grèce sur les 150 000 clichés conservés
par les Archives Boissonnas de Genève. Chargé de la
collection avec la Hellenic Culture Organization,
le Musée de la photographie de Thessalonique a
entrepris de les valoriser à travers une politique active
d'expositions et de publications.

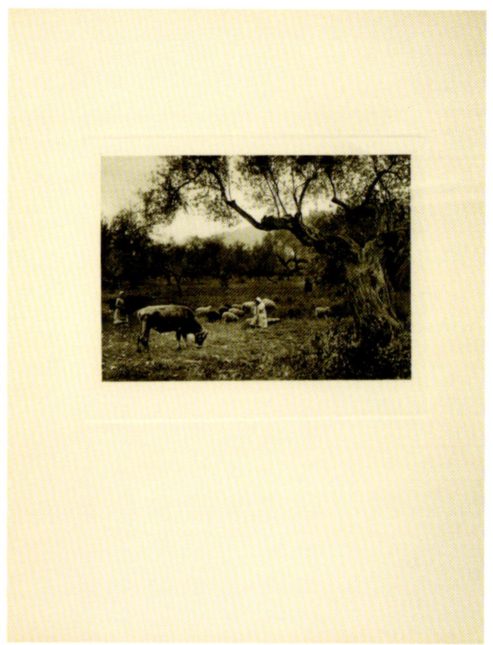

Fig. 27
Sparte. Près du tombeau de Léonidas.
En Grèce par monts et par vaux

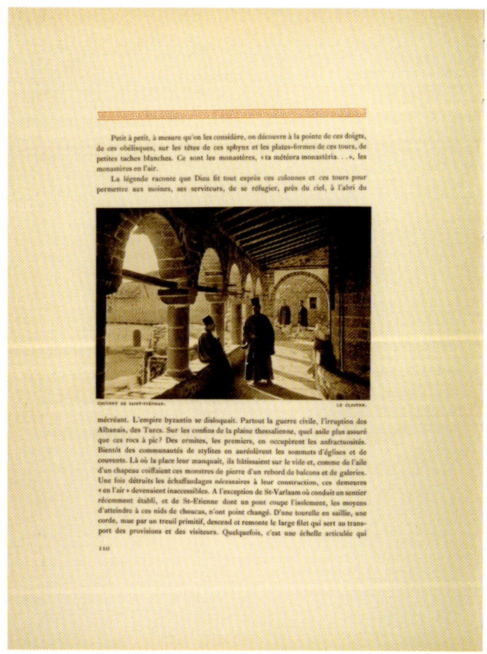

Fig. 28
Couvent de Saint-Stéphan. Le cloître.
En Grèce par monts et par vaux

PRINCIPAUX OUVRAGES SUR LA GRÈCE ÉDITÉS OU ILLUSTRÉS PAR BOISSONNAS

1910

En Grèce par monts et par vaux, texte de D. Baud-Bovy. Édition et illustration de F. Boissonnas. Préface de Gustave Fougères. Notices archéologiques par Georges Nicole, Genève, Boissonnas & Co, Éditions d'Art et de Sciences, 1910.

L'Acropole d'Athènes : le Parthénon, introd. par Gustave Fougères ; phot. de Fred Boissonnas et W.A. Mansell, Paris, A. Morancé, 1910.

1912

Le Parthénon. L'histoire, l'architecture et la sculpture, introduction de Maxime Collignon, photographies de Fred Boissonnas et W. A. Mansell, Paris, Eggimann, 1912.

1914

L'Acropole d'Athènes, texte de Maxime Collignon, Paris, 1914.

1915

L'Épire, berceau des Grecs, cent héliogravures de Fred Boissonnas ; introduction et texte de D. Baud-Bovy, Genève, F. Boissonnas, 1915, Coll. « L'Image de la Grèce », I.

1919

Des Cyclades en Crète au gré du vent, texte de D. Baud-Bovy. et illustration de Fred Boissonnas, préface G. Fougères, notices archéologiques de Georges Nicole, Genève, Éditions Fred Boissonnas, 1919.

La Grèce immortelle : [sept conférences faites à Paris], [recueillies par Fred Boissonnas] ; Th. Homolle... [et al.], Genève : Éd. d'art Boissonnas, 1919.

Visions de Grèce : exposition... du Ier au 27 février 1919, Salle de la Boétie... Paris : catalogue [d'un choix de 550 photographies] par Fred Boissonnas Genève, Sadag, [1919].

Salonique : la ville des belles églises, héliogravures de Fred Boissonnas ; préf. de D. Baud-Bovy, Boissonnas éditeur d'Art, Genève, 1919, Coll. « L'Image de la Grèce », II. 40 planches.

Smyrne, introduction d'Édouard Chapuisat, photographies d'Edmond-Édouard Boissonnas, Éditions d'art Boissonnas, Genève, 1919, Coll. « L'Image de la Grèce »,III. 48 planches.

1920

Campagnes de Macédoine 1916-17, texte de J. Feyler. Éditions Boissonnas, Genève, 1920.

La campagne de Macédoine : 1916-1917, 1917-1918, F. Feyler ; photographies de Fred. Boissonnas, Genève, 1920-1921.

1921

Athènes moderne, photographies d'Edmond-Édouard Boissonnas, Genève, Éd. d'art Boissonnas, 1921, Coll. « L'Image de la Grèce », IV.

Athènes ancienne, photographies de Fred Boissonnas, introduction de W. Deonna, Genève, Boissonnas, 1921, Coll. « L'Image de la Grèce », V.

La Macédoine occidentale, photographies de Fred Boissonnas, introduction de D. Baud-Bovy, Genève, Éd. d'art Boissonnas, 1921, Coll. « L'Image de la Grèce ».

1925

Délos, Pierre Roussel, ill. de Fred Boissonnas, Paris, Les belles lettres, 1925, Coll. « Le monde hellénique : archéologie, histoire paysages », fasc. I.

Delphes, Émile Bourguet, ill. de Fred Boissonnas , Paris, Les belles lettres, 1925, Coll. « Le monde hellénique : archéologie, histoire, paysages », fasc. 2.

1926

Histoire picturale de la guerre de l'Indépendance hellénique par le général Makryjannis, notice historique de S. E. M. Johannès Gennadius,... Préface de Fred Boissonnas, Éd. d'art Boissonnas, 1926.

Le dessin chez les Grecs d'après les vases peits, Edmond Pother, ill. de Fred Boissonnas, Paris, Les belles lettres, 1926, Coll. « Le monde hellénique : archéologie, histoire, paysages », fasc. 3.

1928

L'Olympe, parc national de la Grèce, Fred Boissonnas, In : *L'Acropole*, revue du monde hellénique. Paris, Janvier-juin 1928, 11 p.

L'Olympe, parc national de la Grèce, Fred Boissonnas, Paris, G. Budé, 1928. In-8, 12 p.

Le tourisme en Grèce, Texte et photographies de Fred Boissonnas, Genève, Éd. d'art Boissonnas, 1928. Réédité en 1930.

1929

L'Acropole, par Charles Picard, [photogr. de Fred. Boissonnas et W. A. Mansell & co.], Paris : A. Morancé, [1929-1932], 2 vol. (43 p.-75 f. de pl., 85 p.-[2] f. de plans en coul.- 85 f. de pl.). Vol. 1, L'enceinte, l'entrée, le bastion d'Athéna Niké, les propylées ; Vol. 2, Le plateau supérieur, l'Érechtheion, les annexes sud.

L'Acropole, Albert Thibaudet, ill. de photogr. de Fred Boissonnas, Paris, Gallimard, 1929, Galerie pittoresque 4.

La Méditerranée, Louis Bertrand ; photogr. de Fred. Boissonnas ; aquarelles de Marius Hubert-Robert, Paris : Alpina, 1929.

Une excursion au Mont Athos, Fred Boissonnas, In : *L'Acropole*. Paris, Jan.- Juin 1929, 15 p.

Une excursion au Mont Athos, Fred Boissonnas, Le Puy, Paris, 1929.

1933

Dans le sillage d'Ulysse, texte de Victor Bérard, Paris, Armand Colin, 1933. Réédité en 1973. Édition grecque : Agra Publications, 1991.

1935

Le voyage en Grèce, Été 1935.

1938

La sculpture grecque au Ve siècle avant J. C., introd. de Ch. Picard, Encyclopédie Alpina illustrée, Paris, 1938.

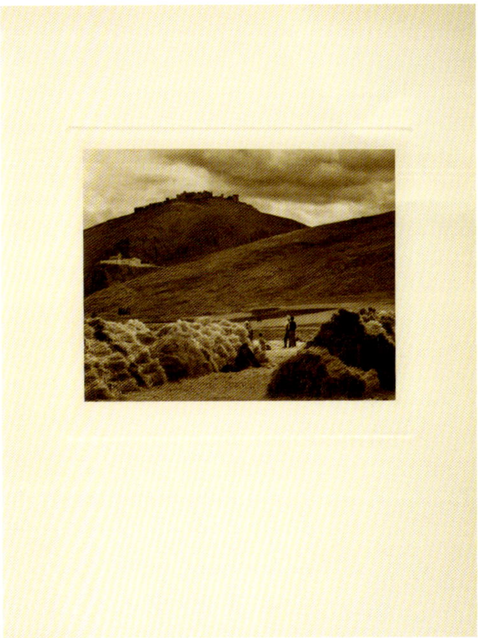

REPÈRES BIBLIOGRAPHIQUES

• Catalogue des photographies de Grèce de Fred Boissonnas, Genève, [s.n.], [1918], Paysages et monuments de Grèce : fiches extraites du Catalogue des photographies de Grèce, [Fred Boissonnas] Genève, [s.n.], [1918] Collation 14 pochettes de 8 pl. ; 15 cm.
• Voyage en Grèce du 13 avril au 6 juin 1903, Daniel et Jeanne Baud-Bovy, Fred et Augusta Boissonnas, [s.l.], [s.n.], 1903, 3 vol.
• Nicolas Bouvier, *Boissonnas une dynastie de photographes 1864-1983*, Payot, Lausanne, 1983.
• *Images de la Grèce*, Fondation Rizarios, Musée de la photographie de Thessalonique, 2003.
• *La Photographie en Suisse de 1840 à aujourd'hui*, Arthur Niggli, Teufen, 1974.
• Pascale Bonnard Yersin, Roland Cosandey, *L'Escopette de M. F. Boissonnas à la Fête des vignerons. Un reportage photographique avant la lettre*, Vevey/Genève, Musée suisse de l'appareil photographique / Éditions Slatkine, 1999
• *Crète*. Benaki Museum [Photographic Archives] / Archives Bovel-Boissonnnas, Benaki Museum, Thymeli, Banousis Editions, 2001.
• Michel Frizot (dir.), *Nouvelle histoire de la photographie*, Adam Biro, 1994.
• Marta Caraion, *Pour fixer la trace. Photographie, littérature et voyage au milieu du XIXe siècle*, Droz, Genève, 2003.
• *Aspects de la photographie hellénique*, [Septembre de la photo 1998, Nice, 12 sept. - 11 oct. 1998], [catalogue sous la dir. de Vangelis ioakimidis], Athènes : Ministère de la culture hellénique / Nice : Mairie de Nice, 1998.
• Haris Giakoumis, *L'Acropole d'Athènes. Photographies 1839-1959*, Athènes, Potamospubl. / Paris, Picard, 2000.
• Italo Zannier, *Le Grand Tour dans les photographies des voyageurs du XIXe siècle*, Canal Editions, Paris, 1997 (4 photos de F. Boissonnas attribuées à son père).
• Jean Cuisenier, *Le Périple d'Ulysse*, Fayard, 2003.
• *Thessaloniki : 1913-1919*, tou Yánni Konstandinidi [Yannis Konstantinidis], fotografies tou Fred Bouasoná (sic), me ena keimeno tou Daniel Bo-Bovy (sic), Thessaloniki, Ekd. Diago niou, 1989.
• *Anthropos, l'homme* : photographies de Fred Boissonnas, Periclis Alkidis, Costis Antoniadis et Yiorgos Depollas / Gad Borel. In : Images, Genève, 1994, N° 2, p. 26-32.

Fig. 29
Argos. La citadelle de Larisse.
En Grèce par monts et par vaux

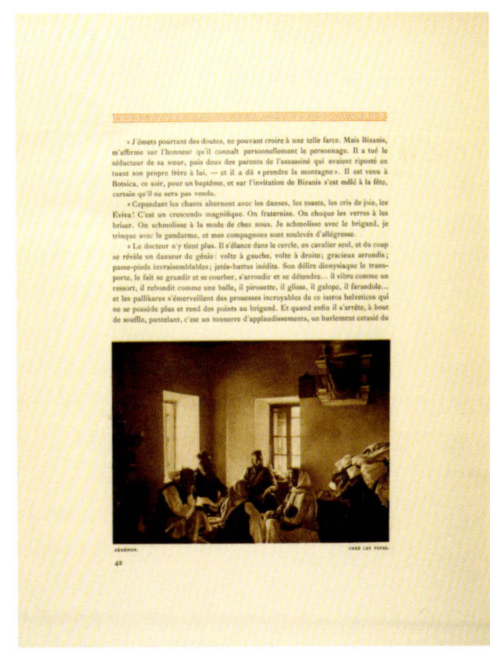

Fig. 30
Zéménon. Chez les Papas.
En Grèce par monts et par vaux

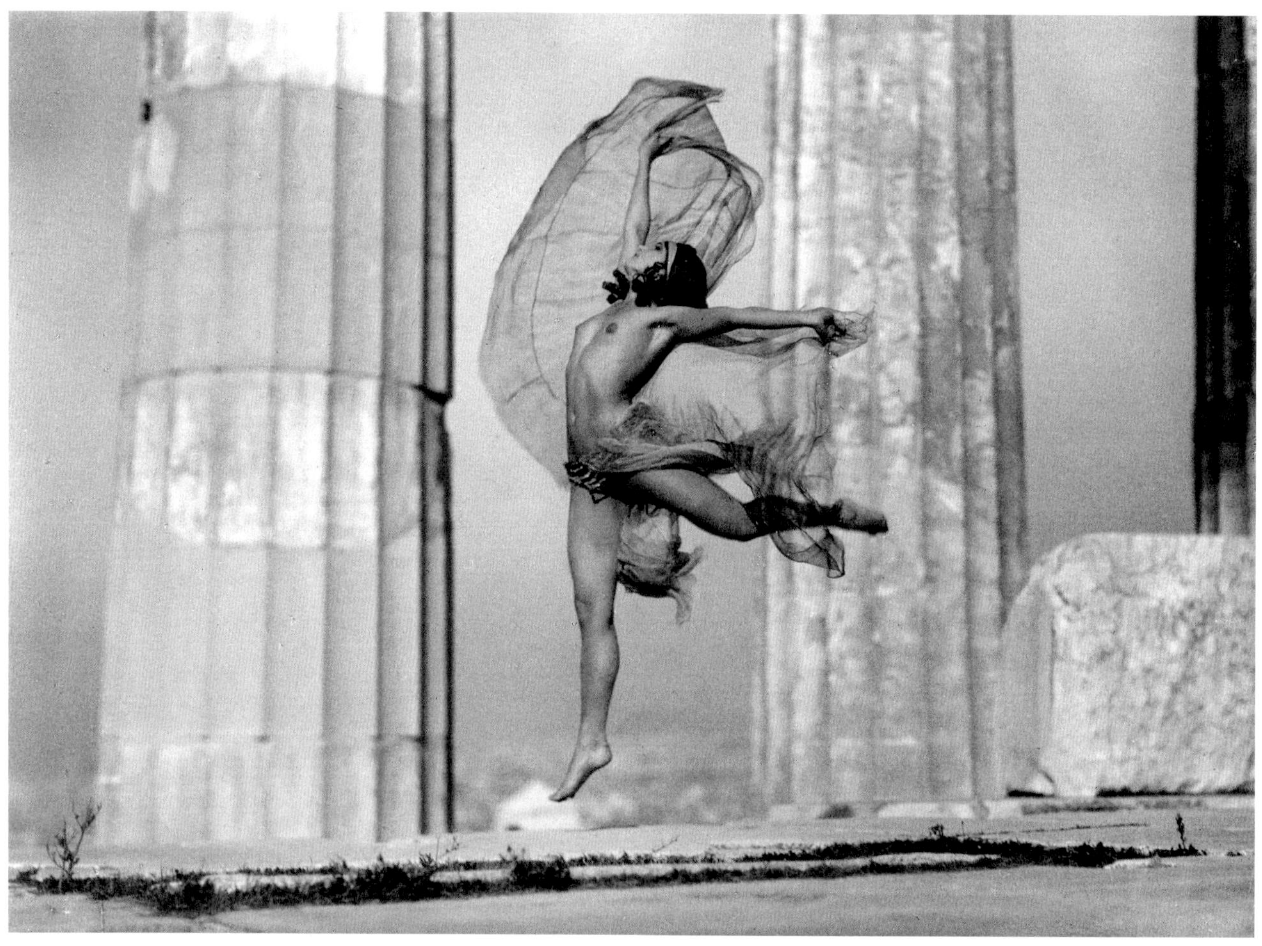

Musée Benaki, Athènes.

Nelly's (1899-1998)

Les Boissonnas, Alinari, Lehnert et Landrock avaient donné une nouvelle direction à la photographie grecque. Succédant à cette génération glorieuse, Nelly's, pseudonyme de Elli Souyioultzoglou-Seraidari, s'impose comme l'un des photographes marquants des années 1925-1930.

Originaire d'Asie Mineure, sa famille rejoint Smyrne à la suite des violents combats gréco-turcs en 1919. L'année suivante, la jeune femme gagne l'Allemagne pour étudier la musique et la peinture. À Dresde, elle suit l'enseignement des photographes pictorialistes Hugo Erfuhrt (1874-1948), l'un des principaux représentants de ce courant, et Franz Fiedler (1885-1956). Proche de la peinture et revendiquant un statut artistique, le pictorialisme s'attache à mettre en valeur les qualités d'expression propres à la photographie et à en développer le potentiel esthétique par des méthodes de tirage raffinées (gomme bi-chromatée, tirages au charbon). Les premières photographies de Nelly's, publiées en 1923 en Allemagne, sont influencées par cette esthétique.

De retour à Athènes en 1924, elle ouvre un studio de portraits qui attire la capitale et se spécialise dans les sites historiques. Le Bureau de Presse et de Tourisme lui passe d'importantes commandes pour des publications destinées à promouvoir la Grèce à l'étranger : avec ses séries sur la campagne grecque, Nelly's crée la première image véritablement touristique et exalte l'harmonie des hommes et des paysages d'une Grèce vue comme une moderne Arcadie.

L'art photographique de Nelly's se distingue par sa recherche sur le cadrage, comme le procédé photographique des « fenêtres » (le Parthénon vu à travers les Propylées par exemple), les études en contre-plongée et un travail approfondi sur la lumière naturelle. La perfection esthétique et la liberté de ton se conjuguent dans un travail novateur. Les sites antiques, et tout particulièrement l'Acropole, occupent une place importante dans sa production.

Très attirée par la danse et le mouvement, Nelly's commence à photographier des danseuses -en particulier des séries de nus- de l'école de Marie Wigman en Suisse à partir de 1923 et développe un ensemble thématique d'une grande créativité et d'une forte cohérence. Sa série la plus controversée, mais aussi la plus connue et admirée est celle des danseuses nues de l'Acropole (1927-1929). Elle inaugure ses premières photographies avec la danseuse Mona Païva. Une seconde série est réalisée en 1929 avec la Hongroise Nikolska.
L'un des nus de Païva, sans mention d'auteur, paraît en 1930 dans l'ouvrage « *Les Monuments d'Athènes* » de Philadelpheus, le directeur du Parthénon. Mais le scandale n'éclate qu'en 1934 quand la revue française « *Voilà*[1] » fait sa couverture avec la photographie de Nikolska, dansant entre les colonnes du Parthénon. L'image explosive est doublée d'un article fielleux intitulé « *La Folie de l'Acropole* », qui détaille les bacchanales qui sont censées se dérouler sur le site avec la complicité vénale des gardiens locaux. Les réactions exacerbées et pudibondes n'empêchent pas la reconnaissance et l'admiration que valent à Nelly's ces photographies iconoclastes. Surprenantes et captivantes par le contraste entre l'énergie vitale de la danse exprimée à travers la grâce fragile du corps humain et la beauté hiératique de l'architecture antique, ces images instaurent une nouvelle relation entre ce monument symbole et l'homme.

Installée à New York où elle travaille jusqu'en 1939, elle regagne la Grèce en 1965 et fait don de ses archives au Musée Benaki d'Athènes en 1985.

1 - N° 168 du 9 juin 1934.

ORIENTATION BIBLIOGRAPHIQUE

• *Nelly's : Santorini 1925-1939*, Benaki Museum (Photographic Archives), 1987.
• *Nelly's : photographs from the period between the wars*, Agrafiotis D., Benaki Museum (Photographic Archives), Society for studies of modern Greek Culture and General Education, 1987.
• *Nelly's Greece : Photographs 1921-1931*. Catalogue d'exposition, 1993.
• *Nelly's : body and dance,* Benaki Museum (Photographic Archives), Agras Publications, Ammos Publications, International Centre of Dance of Kalamata, Edition: 1997
• *Nelly's : from Athens to New York,* Benaki Museum (Photographic Archives), Costopoulos Foundation, Bastas - Plessas editions, Edition: 1997
• *Nelly's : the old city of Athens*, with introductory and interpretative notes by D.Gr. Kambouroglou, Constantinou F., Zivas D. , Benaki Museum (Photographic Archives), 1996.
• Matthias HARDER, *Nelly : Dresden, Athens*, New York, Éd. Prestel, 2005.

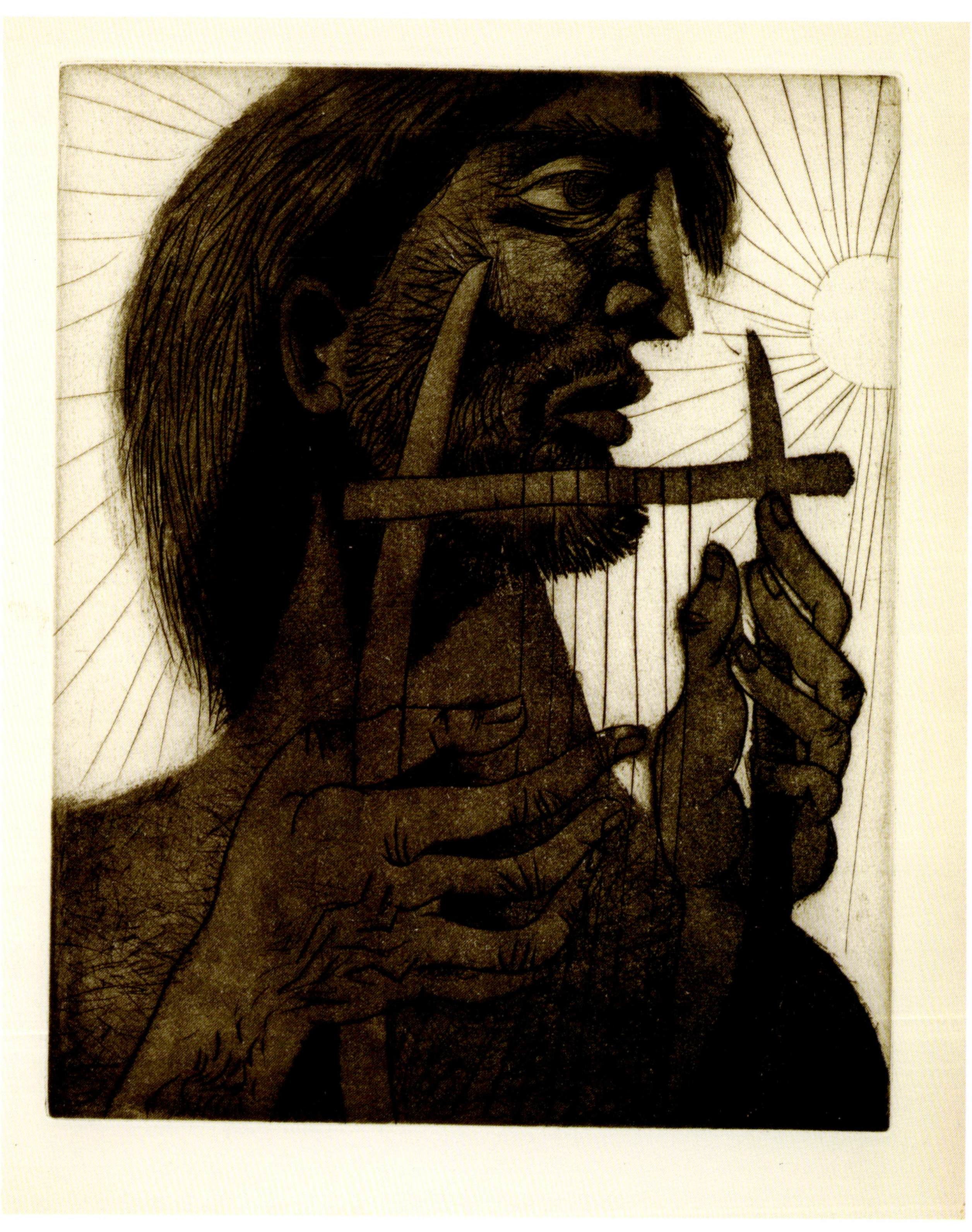

MARIO PRASSINOS

Six études pour le Bestiaire ou le Cortège d'Orphée de Guillaume Apollinaire
Eau-forte, « Orphée »

1949, Bibliothèque municipale de Lille

Au confluent du devenir et de l'immuable : voyages littéraires en Grèce, 1918-1968

DIDIER QUENEUTTE

Peut-on parler de permanence d'une « Grèce des écrivains » entre 1918 et 1968 – de l'immédiat après-guerre à l'ère du tourisme de masse ? L'hypothèse se heurte à deux préjugés tenaces. L'un consiste à opposer, pour l'évacuer comme obsolète et presque indécente, la tradition héritée du modèle antique, qui culmine avec le philhellénisme romantique, au sentiment d'absurdité engendré par le premier conflit mondial. L'autre, non sans liens avec le premier, tend à réduire cet héritage à la représentation fantasmée qu'en ont véhiculée les régimes totalitaires. Depuis l'illumination olympique de Charles Maurras en 1904, jusqu'au triomphe réservé par les dignitaires nazis aux sculptures d'Arno Brecker, c'est semble-t-il à une Antiquité guerrière, voire « aryanisée », que nous renvoie la première moitié du XXe siècle. La situation politique en Grèce jusqu'en 1973 est elle-même suffisamment troublée pour décourager de nombreux candidats au voyage. D'ailleurs, la modernité littéraire ne s'accomplit-elle pas dans des formes neuves et sur des terres vierges ? On a pu croire que Guillaume Apollinaire, « las » de « l'Antiquité grecque et romaine[1] », débarrassait son écriture des oripeaux antiques pour mieux annoncer la poésie à venir. À quelques années près, l'iconoclastie de Filippo Marinetti n'a pas d'autre cible : « Une automobile rugissante, qui a l'air de courir sur de la mitraille, est plus belle que la Victoire de Samothrace[2] ». Les poètes aux « racines coupées », futuristes, dadaïstes, surréalistes, s'émancipent de toute forme d'hérédité artistique : on voit mal pourquoi les archétypes grecs échapperaient à la « table rase » dont la nécessité est littéralement *manifestée* tour à tour par Marinetti, Tzara ou Breton.

Pourtant, les rapports entre Grèce et littérature dans l'entre-deux guerres demeurent fertiles, loin des égarements antiquisants ou du pittoresque touristique : la modernité de l'*Ulysse* de James Joyce est puisée à la source homérique, et nombreux sont les écrivains de premier plan dont cette Grèce féconde irrigue tout ou partie de l'œuvre. L'apport de la psychanalyse est à cet égard déterminant : elle ouvre un champ d'investigations dont s'empare le surréalisme, et se juxtapose à l'interprétation nietzschéenne en bouleversant la lecture des mythes, qui sous-tendent l'essentiel des premiers postulats freudiens[3]. Paradoxalement, c'est bien un certain « ordre grec » qui se trouve étayer non seulement les théories de l'inconscient, mais encore la dénonciation du totalitarisme et d'un « ordre guerrier » annonciateur du chaos. Il n'est cependant jamais question de dégrader ou de subvertir, mais bien d'actualiser certaines figures (Orphée), de s'approprier certains motifs (le labyrinthe), de redécouvrir certaines formes (le fragment) dont l'emprunt s'accorde avec les discours poétiques et politiques du temps.

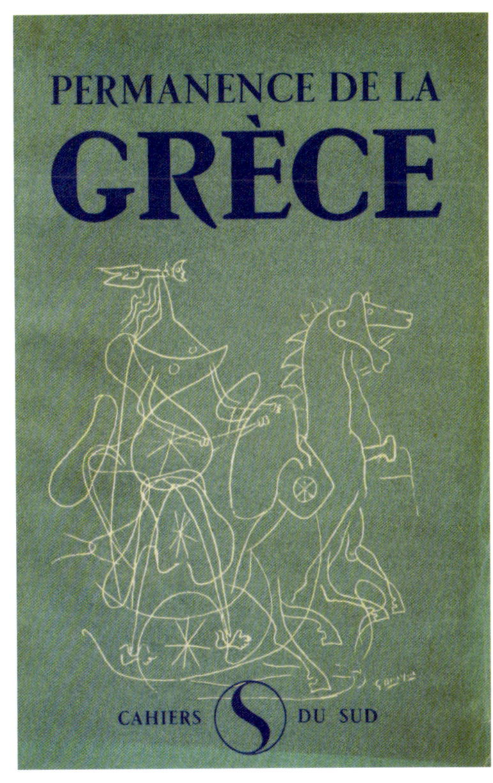

Les Cahiers du Sud
« Permanence de la Grèce »,
couverture de Georges Braque d'après la Théogonie d'Hésiode

1948, Bibliothèque municipale de Lille

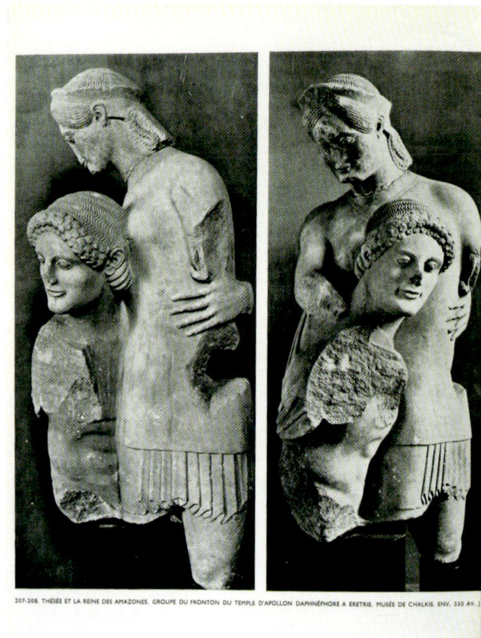

Cahiers d'art n° 7-10

1933, Donation Geneviève et Jean Masurel, Musée d'art moderne Lille Métropole

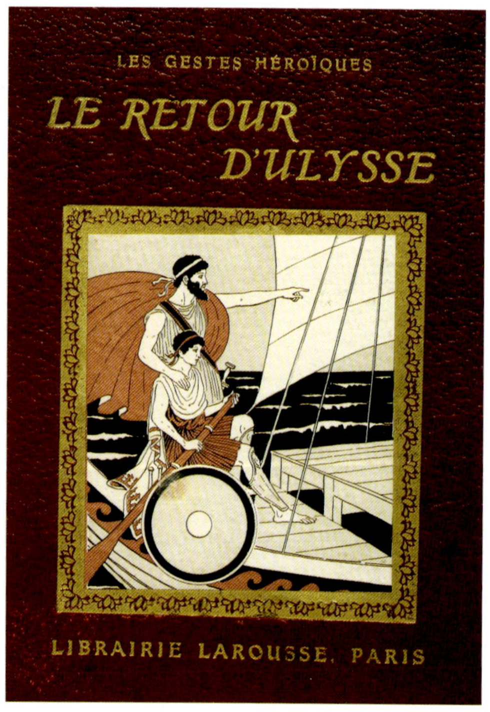

JEAN-BAPTISTE COISSAC
Le Retour d'Ulysse

Paris, Larousse, 1924, Bibliothèque municipale de Lille

Quant au voyage en Grèce, dont la pratique perdure en dépit de l'instabilité chronique du pays, il s'intercale dans cette période transitoire au cours de laquelle les pratiques du *Grand Tour* et des escapades mondaines s'effacent irrémédiablement, sans être encore supplantées par la domestication touristique, par l'apparition d'une Grèce de carte postale étrangement proche de ce qu'elle avait déjà manqué devenir au XIXe siècle, au moment des grandes exhumations archéologiques. Ce hiatus d'un demi-siècle transparaît dans la plupart des écrits de voyage, parfois pour le meilleur : libéré des figures imposées et du fardeau d'un passé dont les campagnes de fouilles avaient ressuscité l'intimidante monumentalité, l'écrivain voyageur au XXe siècle est sans doute le premier à « ne rien attendre[4] » de la Grèce sans pour autant rejeter ce qu'elle représente. Son regard étonné sur un pays dont l'Histoire avait trop fréquemment occulté la réalité vivante, regard encore préservé du déferlement touristique à venir, est un privilège dont le carnet, le journal, la correspondance rendent compte avec bonheur.

« LA MYTHOLOGIE, OU PLUTÔT SON UTILISATION À DES FINS ARTISTIQUES OU LITTÉRAIRES, COMMENCE À PEU PRÈS AVEC EURIPIDE, SINON AVEC HOMÈRE, ET A CONTINUÉ JUSQU'À NOUS. [...] ELLE A ÉTÉ POUR L'ARTISTE ET LE POÈTE EUROPÉEN UNE TENTATIVE DE LANGAGE UNIVERSEL. »

Marguerite Yourcenar
En pèlerin et en étranger

SI AIGU EST LE NOM D'ULYSSE...[5]

Plusieurs raisons motivent le retour à *L'Odyssée*, à quelques années d'intervalle, chez Joyce, Giono, Aragon : caractère épique et universel dont on cherche à retrouver les accents, y compris sur un mode parodique ; irruption de l'humain dans le monde des dieux ; invention du voyage, du parcours initiatique ; succession d'épisodes polysémiques, ouverts à toutes les réécritures. *L'Odyssée* étant enfin, contrairement à *L'Iliade*, un récit « d'après la guerre », on peut imaginer que ces embarquements aux côtés d'Ulysse constituaient une forme de résistance au bellicisme ambiant, « parce que l'aventure était beaucoup plus bleue [...] ; *L'Iliade*, c'était le feu et le sang, c'était rouge, tandis que là, c'était bleu, c'était vert, c'était dans les grands vents,[...][6] ».
L'importance du corpus homérique comme « phare » de la culture occidentale est rappelée et parodiée avec jubilation par Joyce, dans un livre-somme qui révolutionne la littérature. Le mouvement est double, d'une *Odyssée* à la fois très présente dans la structure et la progression du roman, et comme renversée par la célébration rabelaisienne d'une humanité truculente et d'une langue qui s'invente à mesure qu'elle s'écrit : « *Ulysses* dédouble et détruit ligne à ligne l'*Odyssée* en bouclant le système du récit en Occident ; *Finnegans Wake* par son pluralisme polythéiste achève de recréer, au-delà du roman, le chaos où les mythes s'engendrent[7] ». Ulysse est exilé à Dublin par la grâce d'une extraordinaire polyphonie romanesque ; au même moment, son *Odyssée* est englobée dans une autre entreprise littéraire démesurée : la geste poétique des *Cantos* d'Ezra Pound[8].
Les visées de Giono sont décidément plus modestes lorsqu'il entreprend en 1925 la rédaction de *Naissance de l'Odyssée* : c'est une entrée dans le domaine du roman, presque un coup d'essai (achevé en 1927, mais publié seulement en 1930, après *Colline* et *Un de Baumugnes*). L'apprenti romancier s'empare d'Homère comme d'« une sorte de béquille[9] » qui étaye le texte et autorise une écriture joueuse, ancrée dans la culture méditerranéenne – aux inflexions provençales – et l'érudition hellénique. Si la dimension méditerranéenne n'a plus sa place chez Joyce, elle étincelle dans le roman de Giono, à la fois dans les descriptions d'une terre grecque recomposée à partir des paysages marseillais et manosquins, et dans le personnage d'Ulysse le rusé, aventurier fourbu dépassé par ses vantardises, spectateur angoissé puis amusé de sa propre incarnation héroïque. Comme l'Ulysse de Platon dans l'*Hippias mineur*, celui de Giono est « menteur volontaire » ; mais les mensonges du voyageur conditionnent son retour au foyer et son immortalité.

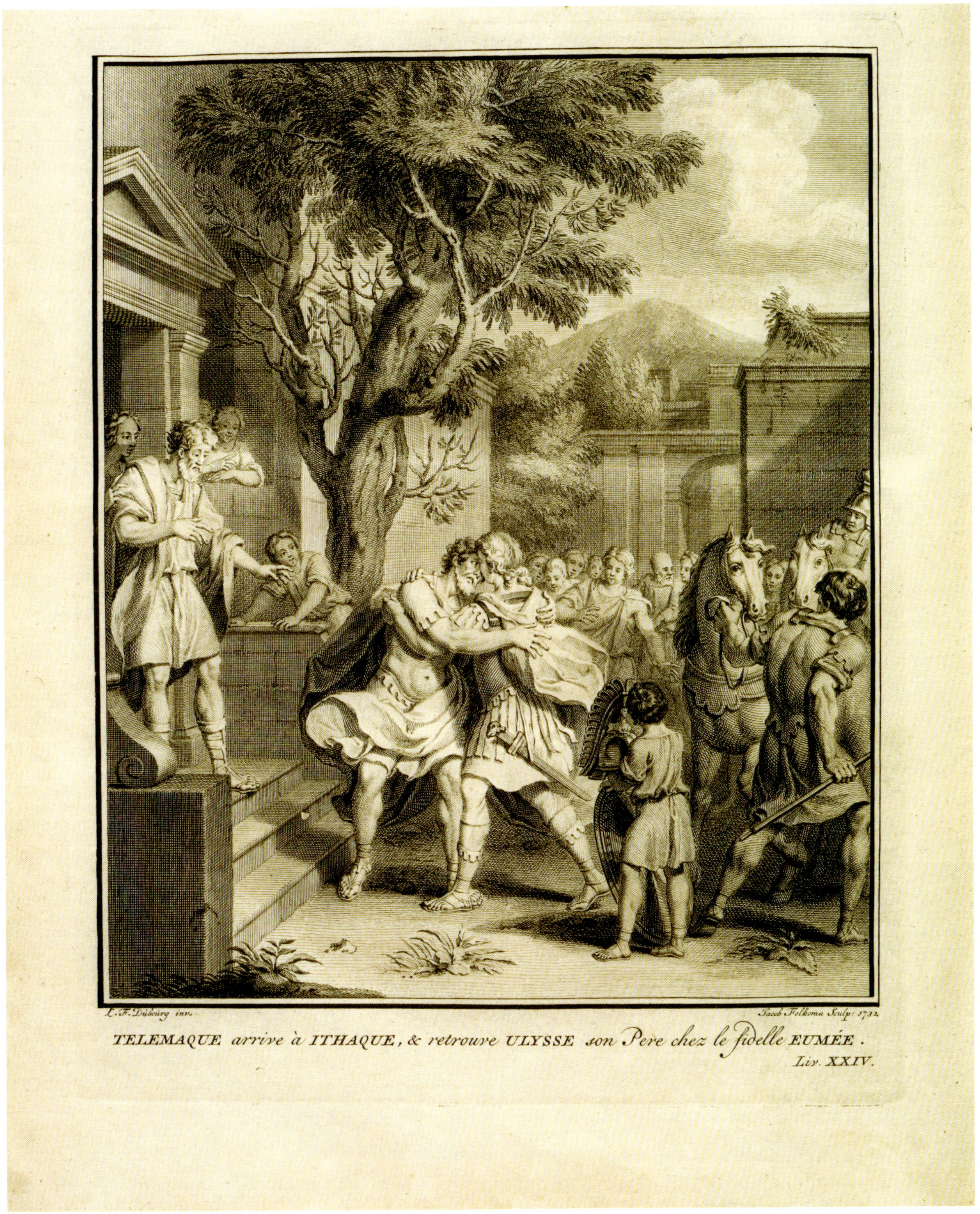

FÉNELON

Les Avantures de Télémaque, fils d'Ulysse

« Télémaque arrive à Ithaque, et retrouve Ulysse »

1734, Bibliothèque municipale de Lille

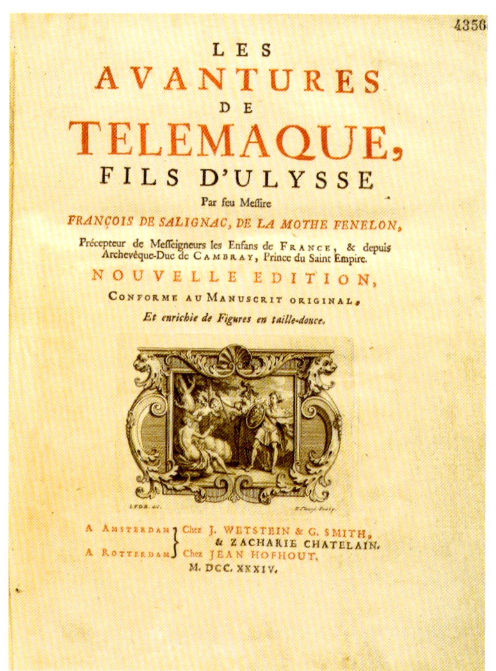

FÉNELON

Les Avantures de Télémaque, fils d'Ulysse

1734, Bibliothèque municipale de Lille

Le « retour d'Ulysse » par Giono marque l'exclusion de son fils Télémaque, prince déchu avide d'une vengeance dont l'écrivain finit par suggérer la réalisation, empruntant peut-être à la variante de la mort du héros des mains de Télégone, le fils né de ses amours avec Circé. Les représentations de Télémaque étaient alors déterminées par le roman d'éducation de Fénelon, d'une lecture familière (au moins comme manuel de mythologie) jusqu'au début du XXe siècle. En 1922, *Les Aventures de Télémaque* revisitées par Aragon affichent encore sans détour leur filiation, aussi intrigante soit-elle au regard du dadaïsme militant de leur auteur. Loin de la subversion attendue, l'entreprise d'Aragon est une relecture certes distanciée mais finalement respectueuse, non dénuée de gravité voire de lyrisme, de la quête de son jeune héros. L'auteur reviendra dans *Les Incipit* sur ce parrainage littéraire revendiqué :

> « Le vrai commencement est la phrase qui ouvre le *Livre I* (comme cela s'appelle) :
> *Calypso comme un coquillage au bord de la mer répétait inconsolablement le nom d'Ulysse à l'écume qui emporte les navires. Dans sa douleur elle s'oubliait immortelle.*
> Et ainsi de suite. Partant du texte même de Fénelon : *Calypso ne pouvait se consoler du départ d'Ulysse. Dans sa douleur elle se trouvait malheureuse d'être immortelle*, quand j'avais ainsi entrepris de ré-écrire Fénelon, de le corriger (plus précisément), il y avait de ma part à la fois un retour à mes commencements, et l'effet de l'influence dominante que je subissais en ce temps-là, celle d'Isidore Ducasse, comte de Lautréamont, dont je venais de découvrir que les *Poésies* étaient dans leur ensemble une *correction* de plusieurs auteurs[10]. »

L'enchâssement des textes (le livre de Fénelon était déjà une « dérivation »), les multiples ruptures narratives sont calqués sur l'esthétique du collage associée au mouvement dada. Mais la filiation littéraire revendiquée par Aragon se veut d'abord un hommage, doublé d'un aveu : l'entreprise romanesque au XXe siècle est un jeu de miroirs, une construction sous influence (Giono ne dit pas autre chose dans sa *Naissance de l'Odyssée*), auxquels n'échappent pas les deux poètes aventurés dans le roman, et bientôt grands romanciers.

RÉPERTOIRE GREC POUR UN THÉÂTRE POLITIQUE

Autant *L'Odyssée* pouvait faire entrer un « grand vent » dans l'intervalle oppressant de l'entre-deux-guerres, autant le recours concomitant au répertoire grec dans le théâtre français s'affrontait résolument à une conjoncture politique bien sombre (dont Jean Anouilh teinterait ses « pièces noires »), interrogeant tour à tour l'actualité et le devenir de cette crise politique sur scène. Ainsi opéraient de nouveau les fonctions du théâtre grec antique, et fort logiquement, puisqu'il était question de l'existence et de la sauvegarde de la Cité. « Théâtre d'idées » sans doute, en tout cas considéré principalement comme tel de son vivant, que celui de Giraudoux, dont le succès populaire et critique (dû aussi à la collaboration avec Louis Jouvet et à l'aventure du Théâtre de l'Athénée) pointait les préoccupations de ses contemporains : « Il n'y a ni plus ni moins d'individus dans le théâtre de Giraudoux qu'il n'y en avait sous les masques du théâtre grec. Ses personnages sont les porte-parole de l'auteur ou bien ils servent, si l'on peut dire, de repoussoir à cette parole, provoquant ou facilitant l'enchaînement des idées[11] ».

Les événements de 1935 (invasion de l'Abyssinie, rétablissement du service militaire en Allemagne, lois de Nuremberg) accrurent le pessimisme de Giraudoux, au point que la dernière réplique de sa pièce jouée la même année, réplique qui ouvrait et devait clore la représentation – *La Guerre de Troie n'aura pas lieu* – fut modifiée au profit d'un dénouement prophétique[12], terme d'un drame dans lequel Colette entendit « une *prière sur l'Acropole* à la mesure de notre temps et de son inquiétude[13] ». Il reste que l'influence conjointe de Giraudoux (*Amphitryon 38*, 1929) et de Cocteau (*Antigone*, 1922 ; *Orphée*, 1926 ; *La Machine infernale*, 1934) rejaillit sur un théâtre qui, jusqu'aux années 50, s'habille à l'antique pour mieux comprendre les soubresauts du présent.

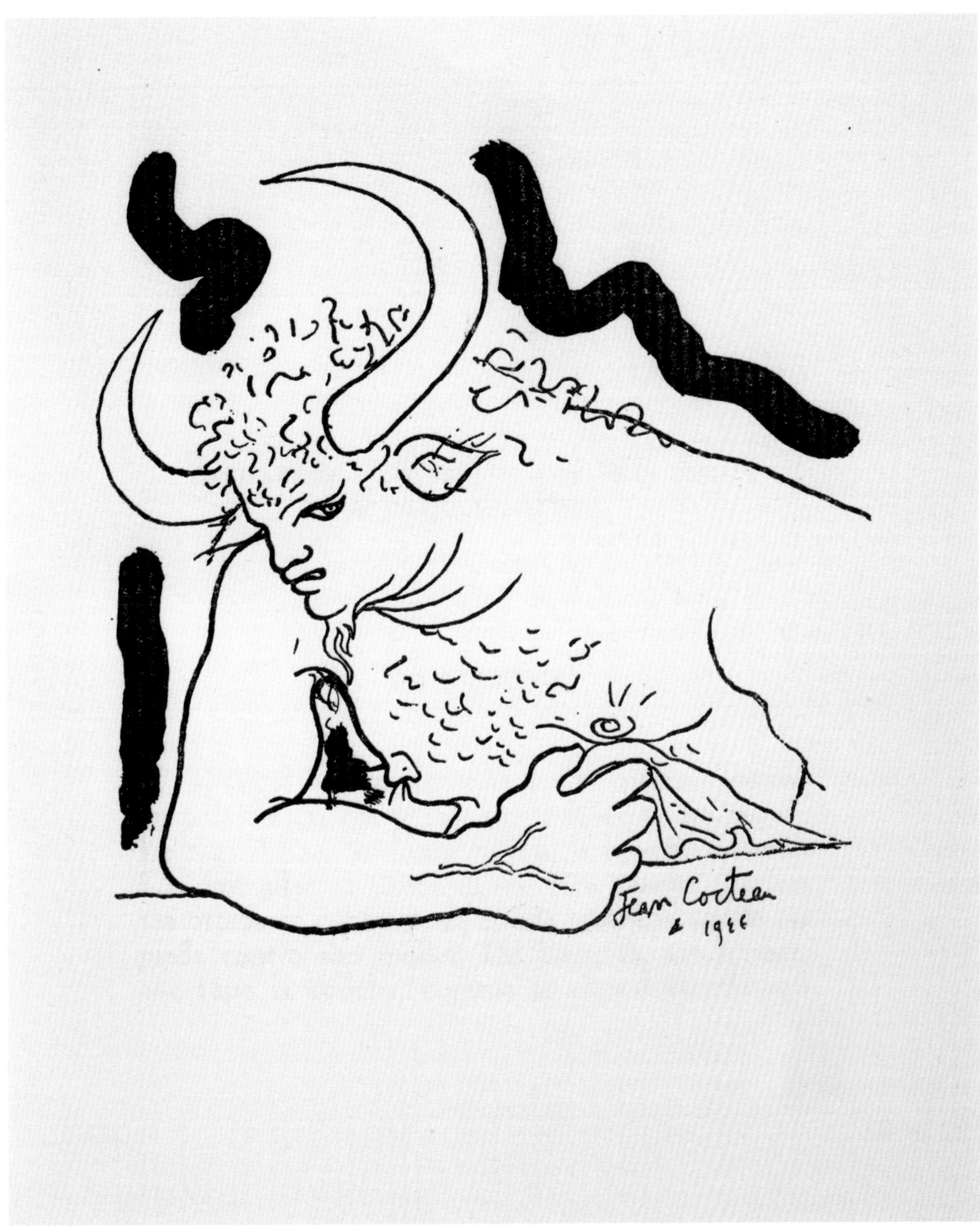

Henry de Montherlant

Pasiphaé

Lithographie de Jean Cocteau

Sceaux, Palimurge, 1947, Bibliothèque municipale de Lille

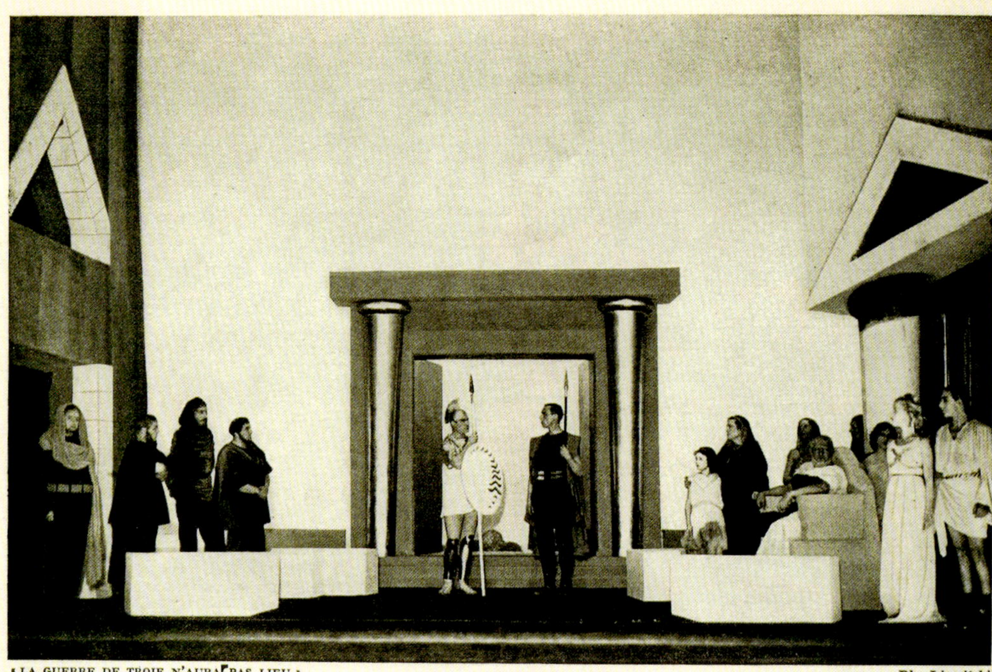

Ph. Lipnitzki

LA MÈRE

PAR GEORG

L A vie tient plus qu'à rien d'autre au parcours qui va de la forêt dionysiaque aux ruines des théâtres antiques. C'est ce qu'il est nécessaire non seulement de dire mais de répéter avec une obstination religieuse. C'est dans la mesure où les existences se dérobent à la présence du tragique qu'elles deviennent mesquines et risibles. Et c'est dans la mesure où elles participent à une horreur sacrée qu'elles sont humaines. Il se peut que ce paradoxe soit trop grand et difficile à maintenir : cependant il n'est pas moins la vérité de la vie que le sang.

Le dieu dont les fêtes sont devenues les spectacles tragiques n'est pas seulement le dieu de l'ivresse et du vin mais le dieu de la raison troublée. Sa venue n'apporte pas moins la souffrance et la fièvre qui décomposent qu'une joie criante. Et la folie du dieu est si sombre que les femmes ensanglantées qui le suivent, dans leur frénésie, dévorent vivants les enfants qu'elles avaient mis bas.

L'étendue et la majesté des ruines des théâtres représentent à nos yeux incompréhensifs l'accueil que le plus « heureux » et le plus vivant des peuples a fait à la monstruosité noire, à la frénésie et au crime. La ligne des gradins limite le sombre empire du rêve où s'accomplissait l'acte le plus lourd de sens de la vie, qui mue le malheur en chance suprême et la mort en trop grande lumière.

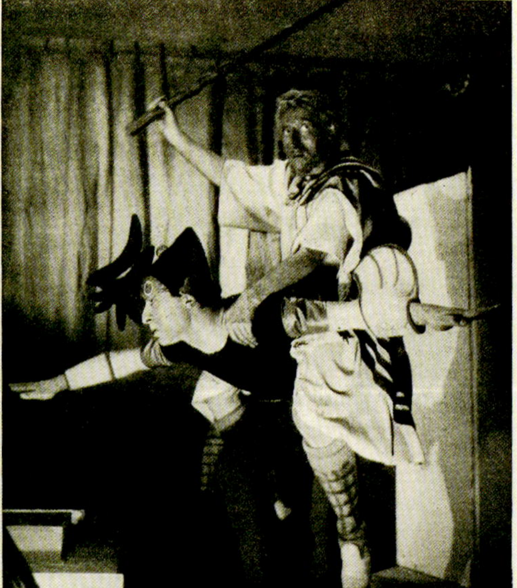

Ph. Lipnitzki

Le Voyage en Grèce

Été 1937, Musée d'art moderne Lille Métropole

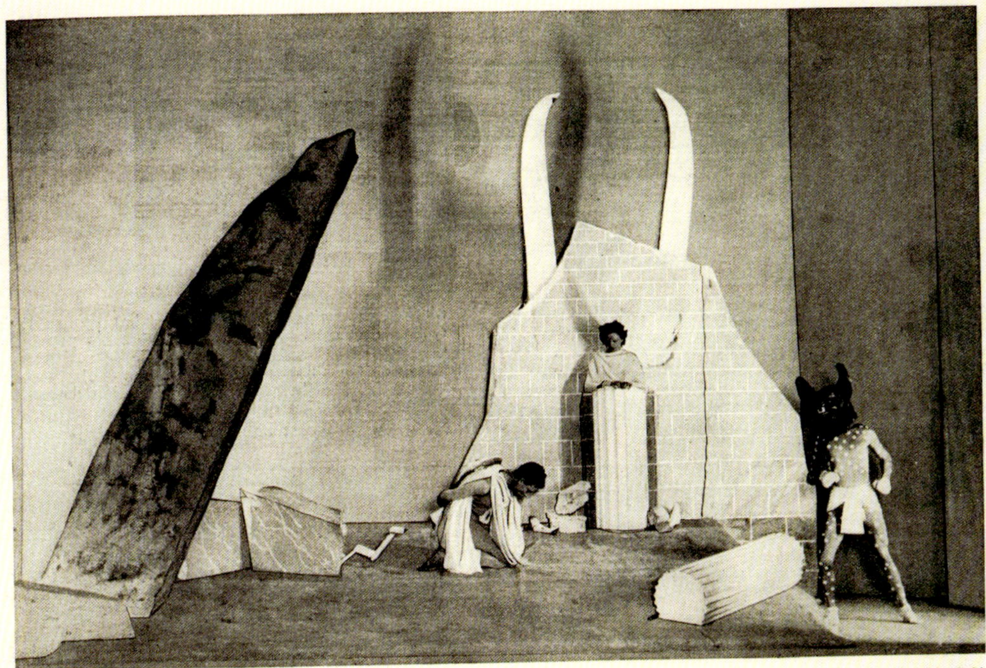

Ph. Lipnitzki

TRAGÉDIE

...ATAILLE

En cela *aussi* le théâtre comme le sommeil rouvre à la vie la profondeur chargée d'horreurs et de sang de l'intérieur des corps.

En rien, le théâtre n'appartient au monde ouranien de la tête et du ciel : il appartient au monde du ventre, au monde infernal et maternel de la terre profonde, au monde noir des divinités chtoniennes. L'existence de l'homme n'échappe pas plus à l'obsession du sein maternel, qu'à celle de la mort : elle est liée au tragique dans la mesure où elle n'est pas la négation de la terre humide qui l'a produit et à laquelle elle retournera. Le plus grand danger est l'oubli du sous-sol sombre et déchiré par la naissance même des hommes éveillés. Le plus grand danger est que les hommes cessant de s'égarer dans l'obscurité du sommeil et de la Mère-Tragédie achèvent de s'asservir à la besogne utile. Le plus grand danger est que les misérables *moyens* d'une existence difficile apparaissent comme la *fin* de la vie humaine. La *fin* n'est pas ce qui facilite : elle ne se trouve pas dans les travaux du jour : on l'appréhende dans la nuit du labyrinthe. Là, la mort et la vie s'entredéchirent comme le silence et la foudre. Là, pour que la terre soit chargée des explosions sombres qui ne cessent pas de nouer le cœur, le monstre doit tuer et recevoir la mort.

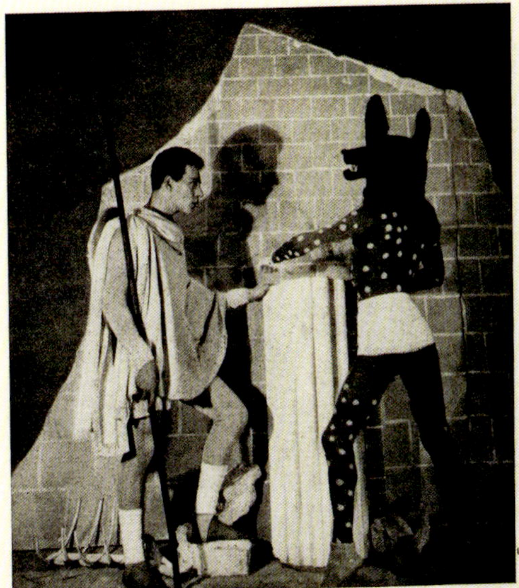

J. P. AUMONT DANS LA « MACHINE INFERNALE »

Ph. Lipnitzki

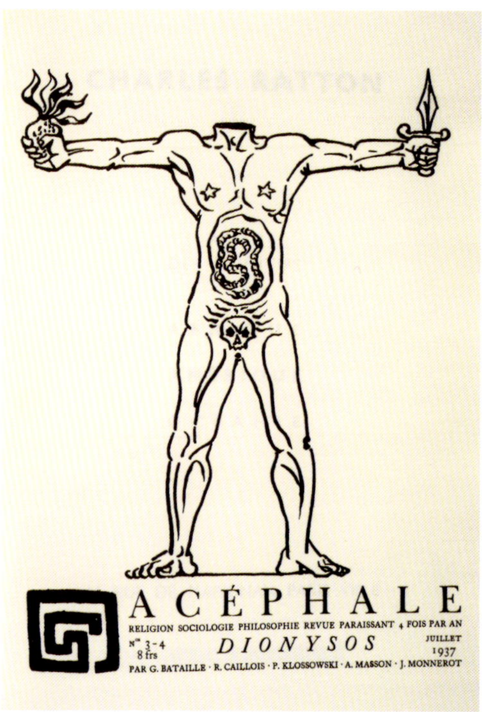

Acéphale

Couverture d'André Masson

Juillet 1937, Collection particulière

Gide humanise son *Œdipe* (1931), Sartre dresse, en pleine Occupation, un Oreste meurtrier sans remords contre l'oppresseur (*Les Mouches*, 1943), Anouilh livre à la Libération une *Antigone* marchant à la mort dans un monde déserté par les dieux, une tragédie grinçante qui expose ses rouages et compte ses « cadavres ». Le succès critique est aussi polémique : certains reprocheront au dramaturge une ambiguïté coupable dans la mise en scène du tyran et la désespérance d'Antigone[14]. Le « théâtre de l'absurde » relaye à propos un procédé qui s'essouffle, mais dont les *Troyennes* de Sartre (1965) emprunteront encore les expédients pour dénoncer par le biais d'Euripide l'exploitation coloniale.

RENAISSANCES D'ORPHÉE

C'est peu dire que le mythe d'Orphée traverse les siècles sans qu'un seul instant la trace en soit perdue, aussi le terme de « renaissances » fait-il écho aux avatars de la figure orphique, non à une quelconque mort artistique, philosophique ou littéraire. Mallarmé s'intéresse à plusieurs reprises à l'antériorité du « premier poète », et l'Orphée architecte de Paul Valéry, qui incorpore la figure d'Amphion le charmeur de pierres, fait l'objet d'un questionnement ininterrompu, exprimé notamment dans *Eupalinos* (1923)[15]. Le motif de la « tête d'Orphée », symbole non de l'immortalité, mais de la métamorphose du poète et de la perpétuation de sa voix, s'était imposé dès la fin du XIXe siècle avec les représentations de Moreau, Bourdelle, Redon.

> « Aucune n'était assez proche pour briser ta tête et ta lyre
> malgré tous leurs efforts furieux ; et toutes les pierres
> tranchantes, qu'elles lançaient contre ton coeur,
> devenaient douces en te touchant et douées de l'ouïe[16]. »

La mort d'Orphée assoit le caractère indestructible et polymorphe de la parole poétique. Celle-ci continue de se faire entendre des hommes à travers la « bouche de la nature », selon les termes de Rilke.

« Parole poétique », parole audacieuse bien sûr, tant la présence d'Orphée est fondamentalement transgressive ; aussi ne s'étonne-t-on point de son compagnonnage tutélaire aux côtés des avant-gardes : le modernisme portugais ne naît pas par hasard (sous la plume de Fernando Pessoa entre autres contributeurs) dans l'éphémère revue lisboète *Orpheu*[17]. En France, la proposition formulée par Apollinaire d'un « cubisme orphique[18] » engendre une postérité quelque peu confuse du point de vue de la critique d'art (Apollinaire souhaitait d'ailleurs développer cette notion dans un second volume dédié aux *Peintres orphiques*, qui ne verra pas le jour), alors qu'elle s'inscrit chez le poète dans la continuité d'un long processus d'approche, explicite dans son *Bestiaire ou Cortège d'Orphée*, transparent dans *Le Poète assassiné* : « Tant par sa naissance que par sa mort, le Poète assassiné participe essentiellement de la légende : par sa naissance il tient d'Homère, que plusieurs cités revendiquaient ; par sa mort il rappelle Orphée succombant sous les coups des Ménades[19] ».

Pourquoi l'épisode de la mort d'Orphée prend-il une telle ampleur ? Il redouble la première mort, celle d'Eurydice l'amante, et dit la douleur d'une vie sans l'être aimé ; il pose le problème de la pérennité de la parole poétique ; il affirme la puissance transgressive du chant, qui nécessairement expose le poète. Cette dernière réalité « s'impose » en quelque sorte à la première moitié du siècle, de l'assassinat de Garcia Lorca en 1936 à l'entrée de nombreux écrivains en résistance. Une libération en appelant d'autres, l'*Orphée noir* de Sartre (1948) fait retentir après guerre la voix politique et libératrice de la négritude.

Pour toutes ces raisons, Jean Cocteau ne pouvait pas ne pas construire « son » Orphée, comme il avait précédemment récrit le mythe d'Œdipe à la lumière de la psychanalyse :

« Chez Cocteau le thème œdipien [...] nous met en contact avec l'au-delà où
les morts passent pour *vivre*. Mais dans le thème orphique, l'au-delà prend une
importance bien plus considérable. Dans le thème œdipien ce sont les habitants
de l'au-delà qui se manifestent sur terre ; dans le thème orphique, des vivants
(Orphée, Eurydice, Cégeste) iront dans l'au-delà. Ce dernier sera pour Cocteau un
fourre-tout : l'origine des poèmes (" la bouche d'ombre "), le séjour des morts,
l'inconscient freudien, l'enfer et le paradis.[20] »

Le retour de Cocteau à la figure d'Orphée est obsessionnel, hanté par la mémoire
de Raymond Radiguet et par le lien inextricable entre amour de soi et oubli du monde,
finalement résolu par la mort – presque voluptueuse – du poète. L'identification est
consommée en 1960 dans Le *Testament d'Orphée*, où Cocteau joue son propre rôle.
C'est l'épilogue d'une trilogie cinématographique qui surpasse et englobe toutes les
« manifestations orphiques » secondaires (poèmes, multiples dessins dans la tradition
de la « tête-lyre », théâtre, et un ballet avec Roland Petit).

« Parce que tout homme devait écrire un Faust, Cocteau en a écrit trois : *Le Sang
d'un poète* [1930], *Orphée* [1950], *Le Testament d'Orphée* [1960]. Le premier est
un brouillon génial, le second une œuvre de perfection classique, le troisième
retourne à la source, le fleuve d'harmonie et de splendeur d'*Orphée* va puiser dans
le film de 1930 tout ce qu'il avait de primitif dans le sens émerveillé du terme[21]. »

LES PRÉSOCRATIQUES, L'ESTHÉTIQUE DU FRAGMENT

On peut expliquer prosaïquement l'intérêt inégal manifesté pour les Grecs « d'avant
Socrate » jusqu'à la fin du XIXe siècle : leurs écrits, lacunaires, sont publiés avec une relative
désinvolture, sans souci de démêler les fragments authentiques des attributions apocryphes.
Les travaux de l'helléniste Hermann Diels (synthétisés en 1903 dans *Die Fragmente der
Vorsokratiker* [*Les fragments des Présocratiques*][22]) établissent les premiers un corpus
organisé. Cependant, la connaissance des textes se perpétue par des voies moins
académiques (récits de vie, citations, compilations, dictionnaires). Certains acteurs de
la modernité littéraire prennent à leur compte les affinités revendiquées avant eux par
une partie du courant symboliste, dans un mouvement moins de refus de l'héritage
platonicien, que de réhabilitation d'une école de pensée et d'expression de cette pensée.
Ainsi de l'attachement de Guillaume Apollinaire aux écrits d'Empédocle[23]. La filiation
est double, tant stylistique que théorique (sur la dualité Amour - Haine, la cosmogonie
des quatre éléments,...). Apollinaire, familier des textes anciens et du répertoire
mythologique[24], a côtoyé avec profit son oncle le bibliothécaire Léon Cahun, son ami
Rémy de Gourmont, Marcel Schwob surtout, qui impressionne durablement le jeune
poète. Schwob, dont la culture et le jugement forçaient l'admiration, parvient avec les
Vies imaginaires (1896) à incarner des individus dont l'Histoire a brouillé ou effacé les
traits. Sa volonté disruptive transparaît dans le choix des sujets grecs : « Empédocle,
Dieu supposé », « Erostrate, Incendiaire », « Cratès, Cynique », fantômes sans biographie,
sont rendus à la vie par une écriture virtuose. La démarche anticipe l'exhumation par
les surréalistes de « figures singulières », irréguliers et marginaux au regard d'une
certaine *doxa*.
La forme fragmentaire propre à la pensée des « primitifs grecs » fascine précisément par
sa concision. Ses contours, son éclat insolites ont la beauté du galet poli par les flots.
Qu'on lui compare les premiers textes surréalistes : abrupts, saisissants, presque
aphoristiques, ils consacrent une poétique du fragment. La dette esthétique et
philosophique affleure chez tel ou tel représentant du mouvement, à l'exception
notable d'André Breton, qui longtemps se défie de l'héritage grec. René Char répondant
à une enquête sur la « poésie indispensable » dit avoir « tiré produit d'Héraclite, l'homme

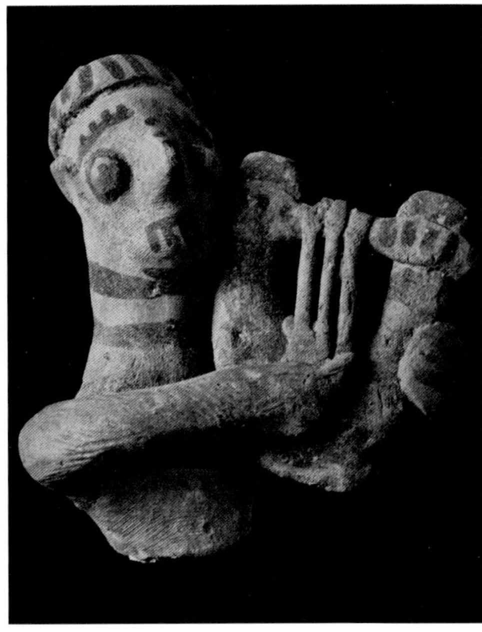

Cahiers d'art

1956-1957, Musée d'art moderne Lille Métropole

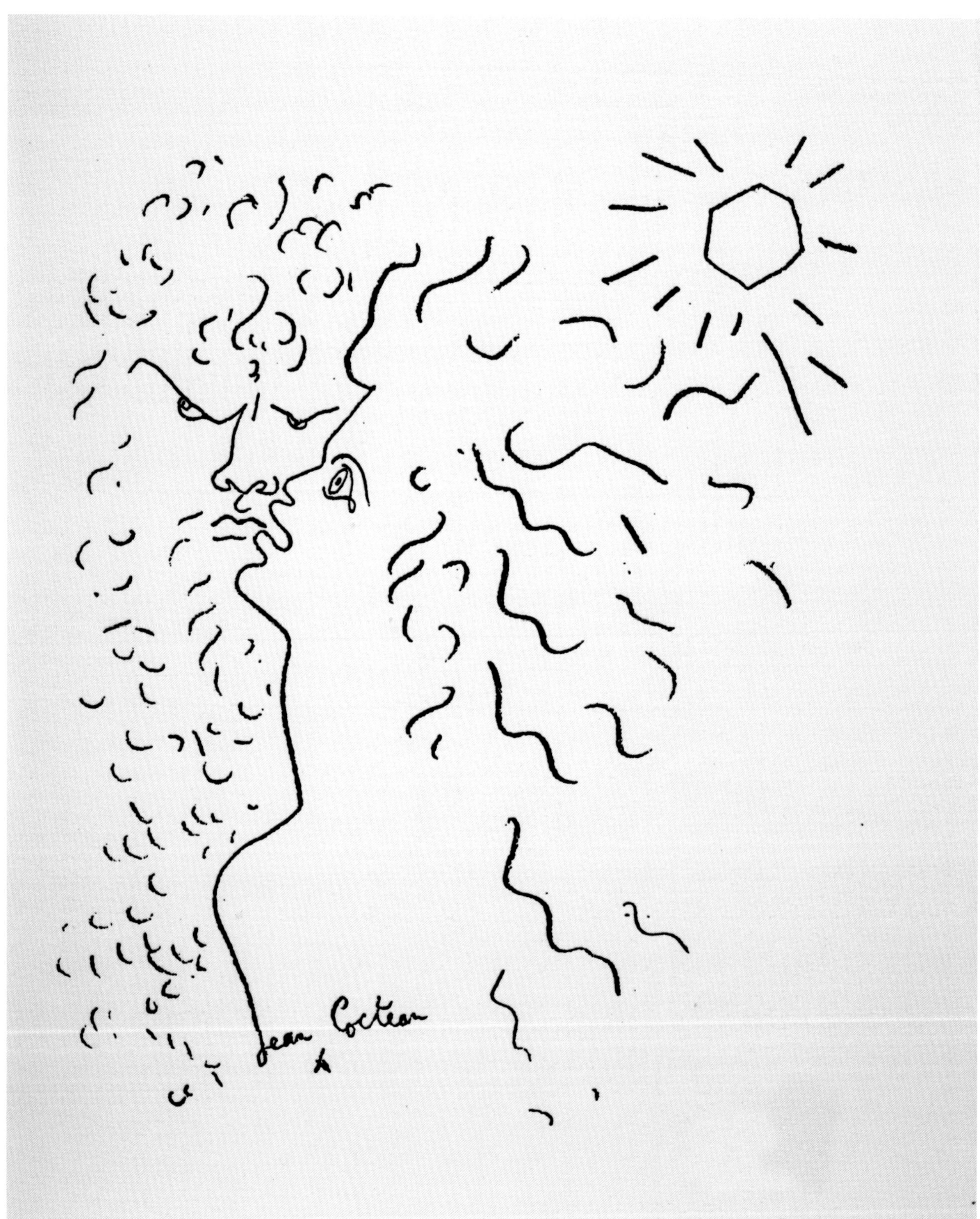

HENRY DE MONTHERLANT

Pasiphaé

Lithographie de Jean Cocteau

Sceaux, Palimurge, 1947, Bibliothèque municipale de Lille

magnétiquement le mieux établi, du Lautréamont des poésies, de Rimbaud aux avant-bras de cervelle[25] ». En 1927, *La Révolution surréaliste*[26] rend hommage à la pensée héraclitéenne en publiant une « vie d'Héraclite » (écrite par Fénelon...), suivie d'une analyse d'Aragon, « Philosophie des paratonnerres », qui s'insurge contre la tentation d'une normalisation universitaire : « La critique en voulant *ordonner* Héraclite agit sans doute avec moins d'innocence qu'il semblerait dans l'abord [...] bien des esprits ont cherché à introduire, avec un ordre qui n'y était nullement, dans les propositions d'Héraclite un *sens* étranger à la pensée de ce philosophe[27]. »
Bien que leur fortune philosophique soit mieux identifiée (Marx, Nietzsche contre l'idéalisme, puis Heidegger), les textes des premiers Grecs influencent donc à part égale la littérature du XXᵉ siècle, au point de nourrir aussi bien la poésie de Saint-John Perse, autre lecteur d'Héraclite (« Sois avec nous, rire de Cumes et dernier cri de l'Éphésien[28] ! ») que l'engagement de Paul Nizan, qui, supervisant l'anthologie *Les matérialistes de l'Antiquité. Démocrite, Épicure, Lucrèce*[29], réintroduit la dimension politique dans un courant de pensée – l'atomisme de Démocrite, contemporain de Socrate, prolongé à Athènes par Épicure, à Rome par Lucrèce – par ailleurs étudié et assimilé par Marx :

> « Une âme matérielle, que la mort dispersait comme elle fait la chair, une mort qui n'était qu'un événement naturel [...] et non la menace d'un châtiment terrible ou la promesse d'une douteuse béatitude, des dieux qui n'étaient que les modèles matériels du sage, qui n'intervenaient pas dans les affaires du monde, qui n'étaient pas des juges, ne se souciaient pas des prières : tout cet univers sans mystères environnait l'homme enfin solitaire et libre parmi des objets matériels, mortels comme lui, enfin capables d'assumer dans une lumière sans terreur ni espoir, la résolution des questions purement humaines et de poursuivre la possession de la joie[30]. »

DANS LE LABYRINTHE

« Le surréalisme a prôné l'entrée dans la nuit, le saut dans les méandres du labyrinthe. Invoquée par les poètes et les peintres, la fabuleuse construction de Dédale est devenue l'emblème d'une pensée qui réfute les lumières, au profit de l'ombre et du mystère[31] ». L'inspiration surréaliste semble effectivement s'épanouir dans les sinuosités du labyrinthe, et les figures du mythe personnifier chacune un possible du mouvement[32]. Au croisement de l'exploration psychanalytique, de la réhabilitation d'une Grèce archaïque, de l'altération de la réalité sensible, de l'errance nocturne de *Nadja* ou du *Paysan de Paris*, la légende minoenne est abondamment commentée, interprétée, détournée. Lorsque se pose en 1933 la question du titre de la revue de luxe que souhaite lancer Albert Skira sur les cendres du *Surréalisme au service de la Révolution* et de *Documents,* le choix du *Minotaure* fédère les participants. En six ans et 12 numéros, *Minotaure* concilie avec bonheur thèmes surréalistes, visées ethno-sociologiques et violence érotique, ces deux dernières à mettre au crédit de Georges Bataille et des transfuges de *Documents*. Le Minotaure des surréalistes, celui de Bataille davantage encore, est marqué du sceau de l'interdit, de la transgression. Il symbolise le déchaînement d'un Éros monstrueux, l'obscurité, la « part maudite ». Picasso est logiquement le premier illustrateur d'une série de couvertures qui déclinent la créature homonyme *via* Derain, Ernst, Matisse ou Masson. La place accordée aux articles ethnologiques (textes de Griaule, Schaeffner, Leiris) accompagne le surgissement de « continents mythologiques » inexplorés, connus par la suite grâce aux travaux de Lévi-Strauss[33].

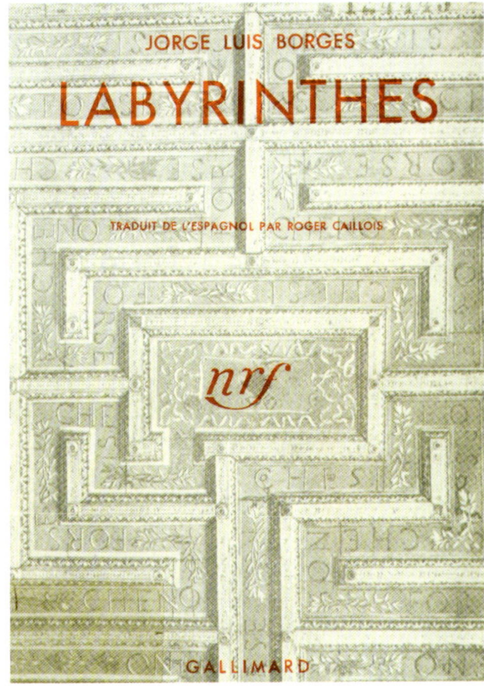

JORGE LUIS BORGES

Labyrinthes

Paris, Gallimard, 1953, Bibliothèque municipale de Lille

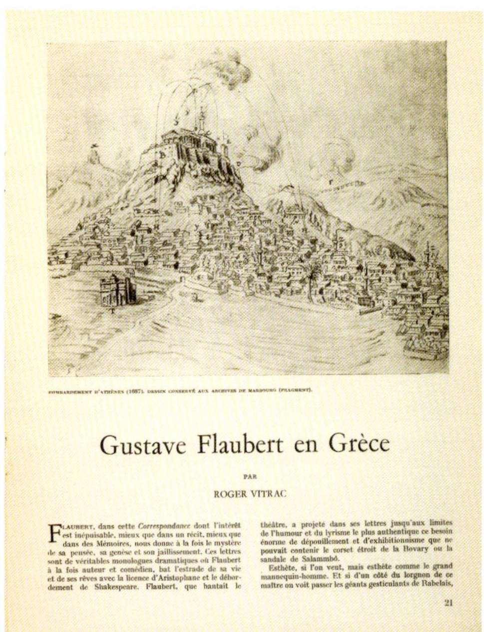

Gustave Flaubert en Grèce

PAR

ROGER VITRAC

Le Voyage en Grèce

Printemps 1938, Musée d'art moderne Lille Métropole

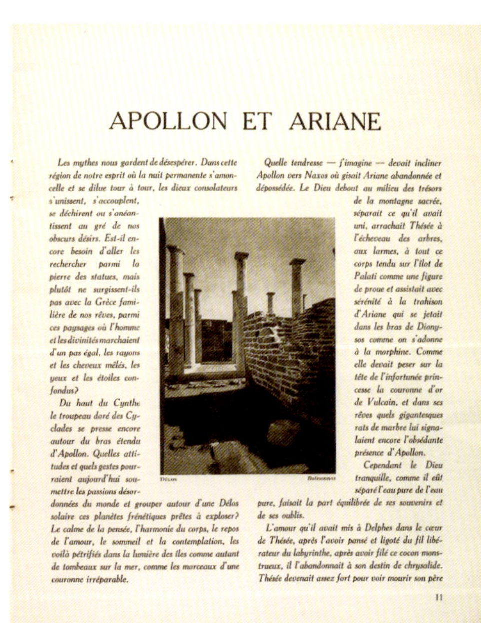

APOLLON ET ARIANE

Le Voyage en Grèce

Été 1935, Collection particulière

Dès l'instant où Thésée descend les degrés du labyrinthe, c'est aussi en lui-même qu'il rentre. La forme hybride qu'il affronte naît de ses propres démons. Marguerite Yourcenar donne à entendre ce combat intérieur en mettant son Thésée à l'épreuve de voix familières qui perturbent sa progression :

« Thésée perdu en plein Labyrinthe produit et entend des voix qui sont tantôt les siennes, présentes, passées ou futures, tantôt celles des autres personnages de sa vie, sans réussir à se reconnaître parmi toutes ces identités qui au fond en cachent une seule. [...] Ce nouveau Thésée en proie à son insu aux borborygmes de sa conscience est, je ne l'ignore pas, un personnage désagréable[34]. »

D'autres réécritures du mythe vont jusqu'à redistribuer les rôles : tandis que le héros passe au second plan, le récit se centre sur le sort de la bête, condamnée par son apparence. La réhabilitation du monstre, déjà fort paisible dans le *Thésée* d'André Gide (1946), est achevée chez Jules Supervielle[35] ou Jorge Luis Borges[36]. Et la métaphore du labyrinthe, récurrente dans la littérature sud-américaine[37], se décline quasiment à l'infini, et avec un égal bonheur, chez Borges. Parmi les premiers à le traduire et à le faire connaître en France, Roger Caillois intitule en conséquence un recueil qui fait date[38] :

« [Ces contes] dérivent d'une inspiration commune qui m'a paru justifier de les réunir et de leur donner le titre de *Labyrinthes*. Les uns compliquent, les autres amenuisent à l'extrême les jeux de miroirs où se complaît l'auteur. Le thème du labyrinthe n'y est pas toujours explicitement évoqué. En revanche, plusieurs autres contes du même recueil [...] se passent dans les labyrinthes réels, où s'égare cette fois le corps, non la pensée du héros. »

Métaphore de la littérature se faisant (Joyce invoque *Dedalus* avant de se lancer dans l'édification d'*Ulysses* et de *Finnegans Wake*), le labyrinthe est l'inspirateur en même temps que le possible piège, sa traversée, l'épreuve initiatique de l'artiste. Montherlant donnant un *Minos* et une *Pasiphaé* dit après tant d'autres sa dette envers la légende : « Les mythes de Minos, de Pasiphaé, du Minotaure, d'Ariane & de Thésée, sont parmi les mythes les plus riches qui soient jamais sortis du cerveau de l'homme ; je veux dire : qui se prêtent le plus à ce que l'homme leur donne des significations d'ordre essentiel.[40] » La période que Nathalie Sarraute allait qualifier d'« ère du soupçon » s'apparente tout autant, *sur la forme*, à une ère du labyrinthe : les « nouveaux romanciers » éprouvent la structure de l'écrit, ses jeux de trompe-l'oeil et de miroirs, à l'exemple de Dédale dessinant les plans de son édifice. Sont « dédaléens » chez Claude Simon le retour incessant aux scènes traumatiques, le lacis des questions non résolues, l'accumulation d'images pourtant dénoncées pour leur impuissance à rendre compte du réel[41]. Le problème du statut de l'image est au cœur des travaux d'Alain Robbe-Grillet – écrivain et cinéaste. Dans *Dans le labyrinthe*[42], un soldat se perdant perd le lecteur ; dans *Les Gommes*[43], l'intrigue policière est déconstruite par la dissection maniaque des objets et des gestes ; dans *Le Voyeur*[44], le parcours du personnage est enclos dans un espace géographique (une île) et symbolique (les boucles du chiffre 8).

« Le " huit " va hanter le récit comme un motif d'obsession : ce sera la configuration du chemin parcouru à travers l'île, l'espèce de double circuit dont l'un nous est connu et l'autre ne peut l'être. [...] Ce sera surtout le double cercle parfait des yeux qui sont au centre de ce roman de la vision, fixant les choses avec l'impassibilité et la cruauté d'un regard absolu ou encore de ce regard immobile qu'on prête à certains oiseaux et qu'évoquent les photographies d'autrefois.[45] »

« Obsession » partagée, l'art du labyrinthe atteint chez Michel Butor une méticulosité vertigineuse. *L'Emploi du temps*[46], commencé à la manière d'une enquête policière, s'articule progressivement comme un jouet mécanique perfectionné. Butor combine les « grilles » et les niveaux narratifs pour dérober au lecteur un objet du récit qui, lorsqu'il est révélé, s'avère n'être rien autre que le récit lui-même. L'exploration du labyrinthe est poursuivie jusqu'au *Gyroscope* (« Depuis *L'Emploi du temps*, je n'ai cessé d'y revenir et ça continue[47] »), par un auteur qui s'identifie facétieusement au premier occupant du lieu :

> « On peut prendre l'image du Minotaure en disant que, oui, j'attire le lecteur dans un gigantesque piège afin de m'en nourrir, de le dévorer. Mais c'est une interprétation insuffisante parce que j'ai aussi besoin du lecteur : pour l'aimer et pour qu'il me fasse sortir. Imaginez un Minotaure qui veuille faire entrer les gens dans son labyrinthe pour s'en échapper, ouvrir d'autres portes.[48] »

« LE TOURISTE EST UN OGRE. UN OGRE AFFAMÉ DE SOLEIL. CETTE GRÈCE QUE NOUS VOYONS ICI – ET C'EST POURQUOI SA LUMIÈRE NOUS APPARAÎT SI BELLE – GARDE ENCORE SON SOLEIL INTACT. »

Jacques Lacarrière
Introduction à La Grèce retrouvée de Fani-Maria Tsigakou

Quarante années de développement touristique en Grèce continentale et sur les îles de l'archipel ont effacé de la mémoire collective la douloureuse accession du pays à la démocratie. Avant 1973 pourtant, la destination grecque est encombrée des obstacles dressés par l'Histoire : guerre contre la Turquie en 1920, sanctionnée par la défaite de 1923 ; alternance de gouvernements républicains et monarchistes, jusqu'à la « dictature royale » de Metaxas (1936-1941) ; occupation allemande entre 1941 et 1944 ; guerre civile dès 1946, puis longue période d'instabilité politique jusqu'au putsch des colonels en 1967. L'écrivain voyageur se trouve régulièrement confronté à deux dilemmes successifs : se rendre *malgré tout* en Grèce (ainsi, Sartre et Simone de Beauvoir séjournent sous la dictature de Metaxas) ou « boycotter » celle-ci dans l'attente de jours meilleurs (c'est le choix de Jacques Lacarrière, qui quitte le pays en 1967) ; et, plus tard, témoigner ou non de la réalité politique entr'aperçue.
Mais ces périodes critiques ne font qu'amplifier un questionnement particulier à la Grèce. L'abordera-t-on (pour reprendre, en la détournant, la typologie de Marguerite Yourcenar) « en pèlerin » ou « en étranger » ?

> « Les réalités grecques sont présentées comme un ensemble de signes livrés à la sagacité de l'observateur. Leur déchiffrement s'apparente à la lecture d'un palimpseste. En Grèce, les niveaux se superposent comme sur les peaux grattées conservant plusieurs couches de textes. Les sites et les paysages offerts au regard gardent l'empreinte du passé. Le temps s'y inscrit et s'y efface. Si l'on ne veut pas être pris au jeu des apparences, il faut accepter de travailler à faire surgir des vérités enfouies.[49] »

Or le « jeu des apparences » est soumis aux mêmes règles que le labyrinthe : le pèlerin se préoccupe avant tout de rallier les stations archéologiques d'un passé prestigieux dont il n'aperçoit jamais que l'ombre portée des vestiges antiques ; l'étranger rompt avec ce parcours dévot et part en quête d'une Grèce « actuelle », oublieuse de ses ruines… Deux postures illusoires, la première parce qu'elle passe à côté de la vie sans pour autant rencontrer un âge d'or que ni les colonnes, ni les statues ne peuvent ranimer ; la seconde parce qu'elle s'évertue à nier un héritage – qu'on pourrait nommer « conscience de l'antiquité » - auquel l'homme de culture occidental n'échappe pas.

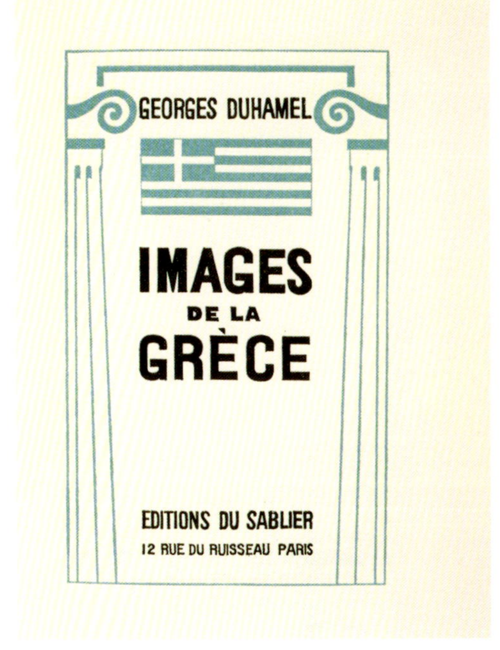

GEORGES DUHAMEL

Images de la Grèce

Paris, Éditions du Sablier, 1928, Musée d'art moderne Lille Métropole

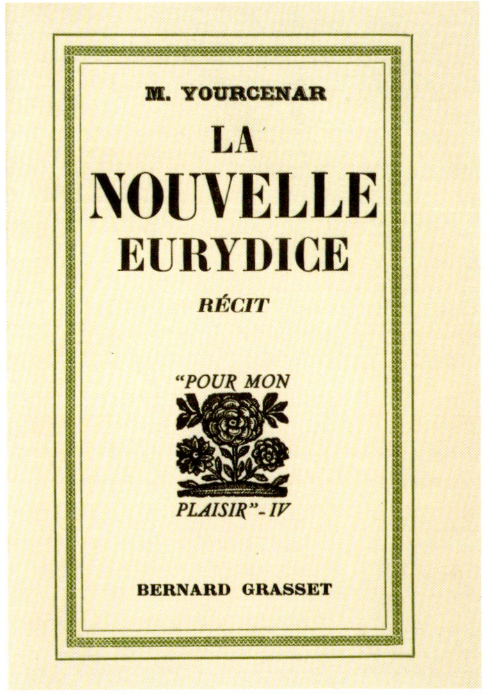

MARGUERITE YOURCENAR

La Nouvelle Eurydice

Paris, Bernard Grasset, 1931, Bibliothèque municipale de Lille

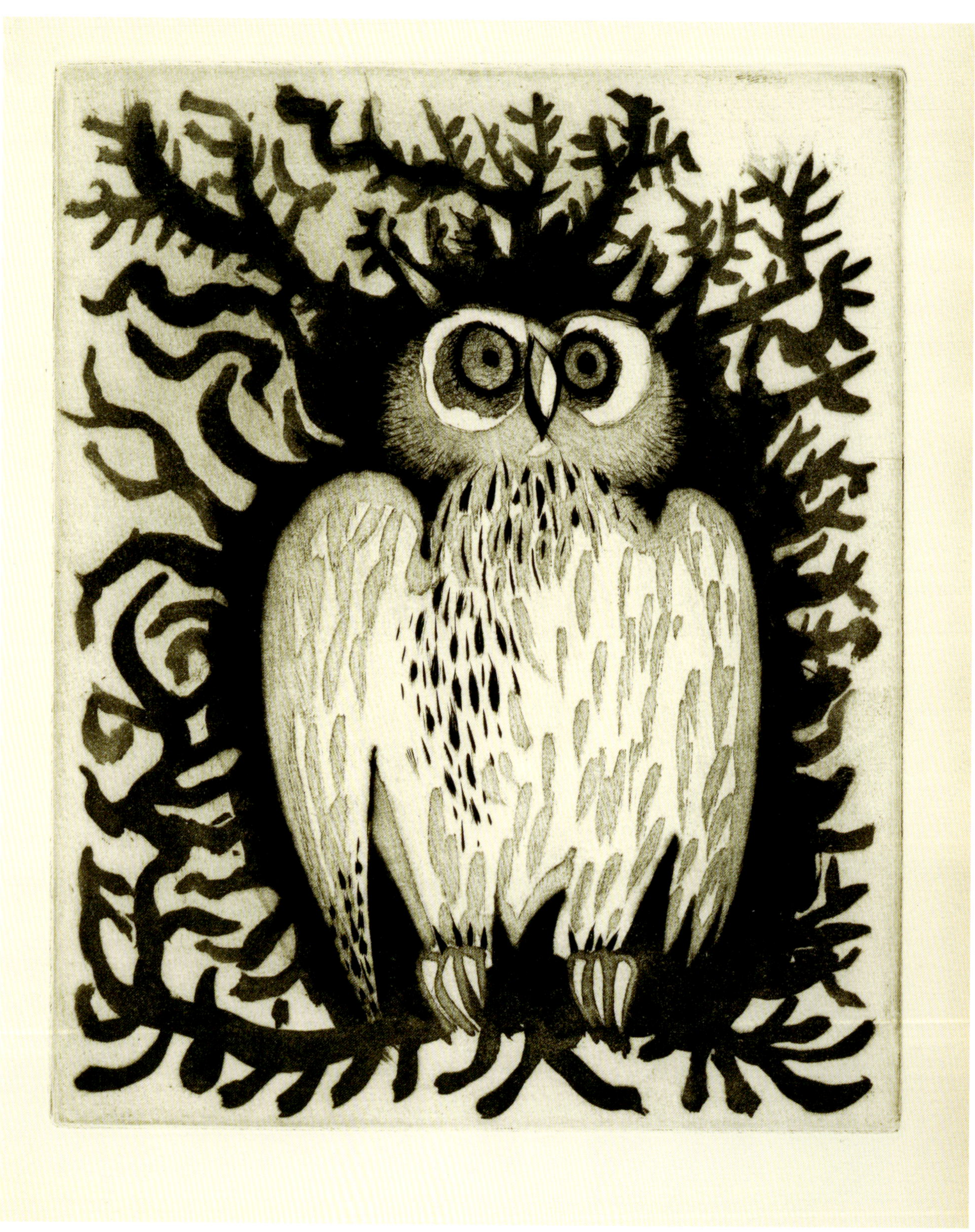

Mario Prassinos

Six études pour le Bestiaire ou le Cortège d'Orphée de Guillaume Apollinaire
Eau-forte, « Le Hibou »

1949, Bibliothèque municipale de Lille

La troisième voie, qui seule peut-être découvre véritablement la Grèce au voyageur, est celle dont Yourcenar semble nous indiquer la direction, celle empruntée *en pèlerin et en étranger*[50]. Les textes les plus justes réussissent, dans ce demi-siècle troublé, à dire non seulement l'Antiquité, mais aussi Byzance, mais aussi l'Orient, mais aussi la terre et le peuple grecs. À leur lecture, se profile peu à peu, si l'on évite les chausse-trapes de la commémoration et du parti pris, une Grèce *habitée*, dans toutes les acceptions de ce terme.

LE BRUISSEMENT DU PASSÉ

On a reproché à la « vogue grecque » de l'après 1830 son parfum frelaté, sa conception ethnocentrique d'un territoire ramené aux proportions d'un vaste champ de fouilles pour archéologues amateurs. Même si les exceptions abondent, la recherche forcenée d'une Grèce conforme à celle apprise dans les humanités – et peu importe qu'elle soit de carton-pâte – perdure longtemps après 1900. « Les voyageurs du XXe siècle se rendent en Grèce malgré la Grèce moderne, dans une Grèce entre guillemets. Leur vraie Grèce est une Grèce de cabinet, la Grèce livresque, la Grèce des vitrines de Roger-Viollet, rue Bonaparte[51] ». La séduction des voix familières qui accompagnent le voyageur lettré peut contribuer à fausser son jugement : de l'exaltation à l'exécration, sans parler des inévitables réminiscences scolaires, l'attention se focalise vite sur un passé artificiellement ressuscité et qui, à rebours du temps, vient recouvrir et dissimuler la réalité présente. L'intérêt pour les vestiges archaïques de préférence aux sites « classiques » ne change rien sur le fond, et même derrière le trouble d'un Drieu, pointe encore l'obsession de l'antique : « Le Parthénon ne peut me donner qu'une leçon : lui tourner le dos pour essayer de faire quelque chose d'aussi fort[52] ».
On s'abstiendra d'égrener la litanie des déceptions convenues de Charles Maurras, de Maurice Barrès, de son successeur à l'Académie française Louis Bertrand (auteur en 1908 d'une *Grèce du soleil et des paysages*), face à des « tas de pierres » si peu en accord avec le classicisme académique ! Winckelmann déjà, d'autres après lui, avaient constaté la disparition, et partant la vaine quête, d'une grande part du patrimoine architectural.

> « Des grands sites et sanctuaires de l'Antiquité, que restait-il en Grèce, à l'exception de l'Acropole, à la fin du XVIIIe siècle ? Pas grand-chose en réalité, et même rien, pour ainsi dire. Mycènes était une colline rocheuse où paissaient les chèvres, Olympie une immense pinède désertée, Delphes un village de tisserands.[53] »

Mais le voyage ici sert avant tout de prétexte à une démonstration élaborée dès avant le départ, combinant l'enthousiasme pour une « Grèce d'Épinal » apprise dans les livres, et la déploration sur le sort de cette même Grèce, dépecée par Schliemann ou par la cohorte honnie de ses suiveurs. Le tourisme mondain de Jacques de Lacretelle et de Paul Morand a quelque chose de semblable dans son érudition : comme embarrassé des souvenirs mêlés de l'écolier, du fin lecteur et de l'homme de goût, il n'échappe que rarement au lacis des réminiscences (si l'on excepte quelques beaux passages du *Demi-Dieu* et de *La Grèce que j'aime*[54]). Paul Morand, plus inspiré par d'autres villégiatures, semble *ne faire que passer* sur le sol hellène ; ses visites – Sophie Basch le montre avec justesse – ne l'arrachent jamais à des considérations anecdotiques, caractéristiques de l'absence du voyageur à son propre voyage. Ainsi de son excursion en Crète : « La première fois que je vis Cnossos et le musée de Candie, je retrouvai à ma grande surprise tous les motifs des ballets russes[55] » ! Après tout (et pourquoi pas ?), la Grèce de Morand est d'abord une construction esthétique qui, à ce titre, se situe autant à Paris ou à Vienne qu'à Athènes ou à Cnossos.

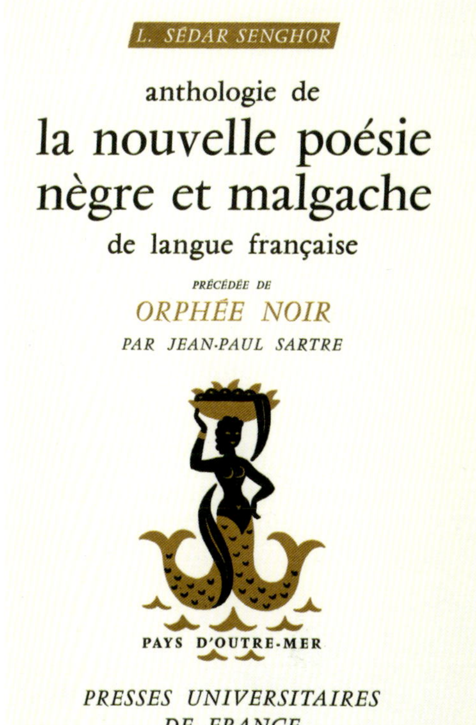

LÉOPOLD SÉDAR SENGHOR

Anthologie de la nouvelle poésie nègre et malgache de langue française
Précédée de «Orphée noir» par Jean-Paul Sartre

Paris, Presses universitaires de France, 1948, Bibliothèque municipale de Lille

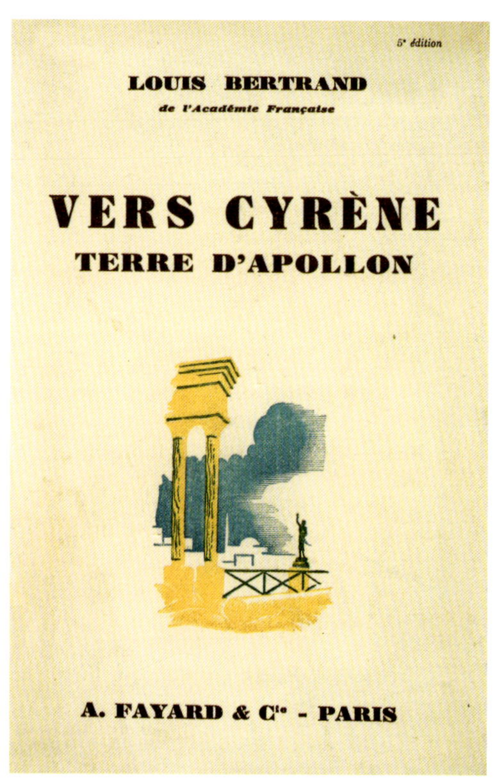

Louis Bertrand

Vers Cyrène, terre d'Apollon

Paris, Fayard, 1935, Bibliothèque municipale de Lille

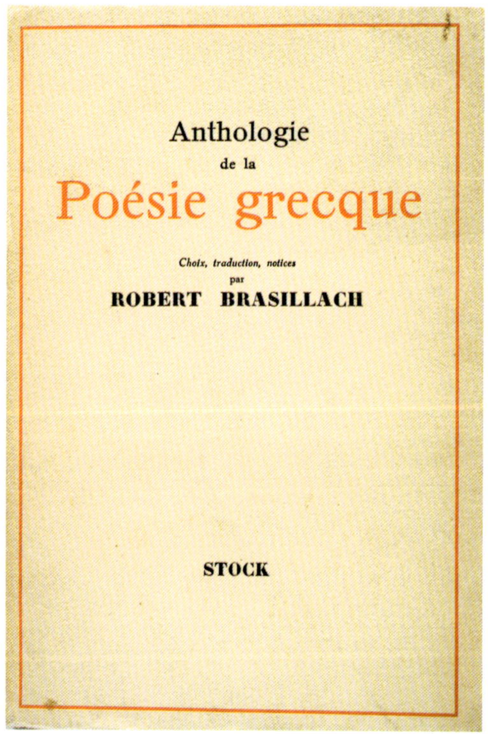

Robert Brasillach

Anthologie de la poésie grecque

Paris, Stock, 1954, Collection particulière

Parallèlement à ce philhellénisme dévoyé, courant après une Grèce qui n'a jamais existé, se perpétue une forme de philhellénisme militant, conscient de la situation politique, désireux de faire vivre et entendre la « vraie » Grèce malgré la guerre ou la dictature. Trois entreprises éditoriales françaises rappellent les liens d'amitié entre des pays que l'occupation allemande avait encore rapprochés : Robert Levesque, à la demande d'Eluard de passage à Athènes, fait connaître vingt auteurs de la « génération de 1930 » (Seferis, Sikelianos, Kazantzakis,…) dans son *Domaine grec (1930-1946)* résolument placé sous le signe de la lutte : « L'âme grecque voulut montrer de quoi elle était capable – et cette renaissance des lettres qui se fit jour en 1930, comme la résistance à l'envahisseur en 1940, sont peut-être deux faits qui découlent d'une source commune[56] ». En 1979 l'universitaire Roger Milliex propose un *Hommage à la grèce, 1940-1944* [57], remarquable anthologie de témoignages de soutien de Claudel, Eluard, Max-Pol Fouchet,… compilés par un Grec d'adoption, directeur de l'Institut français d'Athènes, qui n'avait pas hésité à exfiltrer par bateau les intellectuels menacés par l'arrivée des nazis. En 1969, en pleine dictature des Colonels, Maurice Nadeau et Jacques Lacarrière consacrent un numéro spécial des *Lettres nouvelles* aux *Écrivains grecs d'aujourd'hui*, et offrent une tribune à vingt-six écrivains, dont Elytis, Ritsos, Vassilikos, Seferis (qui honore la mémoire du héros de l'indépendance Makriyannis) pour alerter leurs lecteurs sur la situation précaire d'une génération d'artistes célébrée après 1973, une fois révolus « ces temps où la lutte, le sang, la souffrance et la soif de justice ôtent aux âmes leurs stupéfiants éphémères et leurs illusions[58] ».

GRÈCE DU TOURISTE, GRÈCE DU VOYAGEUR

Voyage ou excursion ? À mesure que s'affirme la dimension touristique du pays, l'écrivain de passage en Grèce semble plus qu'ailleurs redoubler de prudence. Il faut fuir les sentiers battus, éviter de tomber dans la facilité du tourisme culturel, pour peut-être, loin des ruines, des fêtes folkloriques et des hôtels tout confort, surprendre la Grèce véritable. À la vigilance manifestée lors du voyage font écho les précautions accumulées par le texte. Le lecteur est pris à témoin de la défiance du voyageur, prévenu que le périple s'est accompagné de tous les scrupules nécessaires. Curieuse attitude, qui atteste la difficulté à se défaire du « tropisme culturel » grec. De retour d'Égypte en juin 1927, Michel Leiris fait étape en Grèce sur les conseils de Georges Limbour. L'intérêt de ses souvenirs réside pour nous dans l'aveu d'un a priori vite dissipé mais édifiant : « Je me rendis en Grèce, pays dont je me méfiais à cause de mes idées anticlassiques » ; puis, à l'arrivée au port du Pirée : « Les Grecs du bord se bousculaient pour regarder l'Acropole et ce tumulte joyeux balaya d'un seul coup mes idées préconçues ; ce n'était pas dans un pays endimanché de colonnades que j'arrivais mais dans une contrée bien vivante, où l'image même du Parthénon – très pâle dans le ciel lumineux – me recevait en robe d'été plutôt qu'en redingote à la Renan[59] ». Les « colonnades » contre le « tumulte joyeux », la prière de Renan contre le « ciel lumineux » d'un « été grec » : les préventions de Leiris découvrent dans leur chute la construction fantasmatique d'une Grèce embaumée au XIXᵉ siècle et offerte pour l'éternité aux génuflexions des pompes académiques.

Or, la singularité du voyage se dissimule à l'écart des prescriptions, et s'écrit entre les lignes du guide touristique. Rien n'est plus craint, plus dénoncé que cet « effet guide » auquel on cherche à échapper même lorsqu'il est expressément induit par la commande éditoriale ! C'est Lawrence Durrell, rédacteur d'exception d'un guide des *Îles grecques* dont la préface est déjà une mise en garde :

« Les lignes directrices que l'on me proposait pour la composition de ce livre étaient on ne peut moins contraignantes : je devais faire un choix aussi large que possible mais, en même temps, tout à fait personnel. Le touriste moderne dispose déjà d'un grand nombre de guides et d'ouvrages de référence, sur la Grèce en particulier.

Il ne s'agissait donc pas de leur faire concurrence, mais seulement de tenter de répondre à deux questions : qu'auriez-vous été content de savoir quand vous étiez sur les lieux ? Et que regretteriez-vous d'avoir manqué lors de vos séjours ? Si c'était bien un guide que l'on me chargeait de faire, il était en effet très personnel.[60] »

La mauvaise conscience de l'écrivain en Grèce ressemble à une expiation. Une gêne résiduelle à « être là » se devine, s'avoue quelquefois non sans répugnance, comme si l'expérience de la Grèce était réservée aux écrivains officiels ou aux bellicistes, comme s'il importait de se démarquer à la fois de ces embarrassants prédécesseurs et des réflexes conditionnés du tourisme grégaire. Simone de Beauvoir le confesse avec franchise : « Contre les pierres des enfants grecs, nous avons usé du subterfuge qui nous était habituel : ces touristes que visait leur rage, ce n'était pas vraiment nous. Nous ne reconnaissions jamais comme nôtre le statut que nous assignaient objectivement les circonstances[61] ». Quand Sartre et Beauvoir, quand Leiris avant eux, mentionnent le recours au *Guide bleu*, c'est avec la conviction que le cœur du voyage est ailleurs. Roland Barthes séjournant en Grèce pressent à quel point le pays tel qu'il se découvre au voyageur est susceptible d'illusionner celui-ci :

> « La Grèce a été assez habile pour se ménager des ruines plus belles que ses chefs-d'œuvre ; tout au moins des ruines universelles, qui n'ont déplu à personne, capables d'orner avec autant de bonheur un château de la Renaissance, un parc du XVIIIe siècle ou une pièce de Giraudoux ; mais on voudrait parfois qu'échappant au style dont elles sont tant louées, elles retrouvent de l'une à l'autre quelque chose d'inconcerté, plus conforme au désordre admirable du monde et à la passion de leur temps.[62] »

On rapprochera cette intuition précoce de l'attaque en règle contre le désormais « mythologique » *Guide* :

> « En général, le Guide Bleu témoigne de la vanité de toute description analytique, celle qui refuse à la fois l'explication et la phénoménologie : il ne répond en fait à aucune des questions qu'un voyageur moderne peut se poser en traversant un paysage réel, *et qui dure*. La sélection des monuments supprime à la fois la réalité de la terre et celle des hommes, elle ne rend compte de rien de présent, c'est-à-dire d'historique, et par là, le monument lui-même devient indéchiffrable, donc stupide. Le spectacle est ainsi sans cesse en voie d'anéantissement, et le Guide devient, par une opération commune à toute mystification, le contraire même de son affiche, un instrument d'aveuglement.[63] »

L' « effet guide » opère au plus haut degré dans un lieu qui se prête parfaitement au déploiement de sa rhétorique. Mais pour peu que l'illusion se dissipe, au gré des péripéties du séjour, le touriste malgré lui, rendu à sa condition de voyageur, s'exprime de nouveau en liberté et avec allégresse :

> « Quant à moi, c'est mon mythe de voyageur que je vivais, n'ayant plus qu'un bagage réduit et promenant des vêtements qui bientôt seraient usés jusqu'à la corde, me nourrissant frugalement et croyant, quand je buvais du vin à la résine (ce nectar qui sent le cuir et l'ébénisterie), absorber toute la vérité de la Grèce, pays dont les académiques ont omis de marquer l'âpreté de même qu'ils ont négligé ce qu'il a de baroque et de composite.[64] »

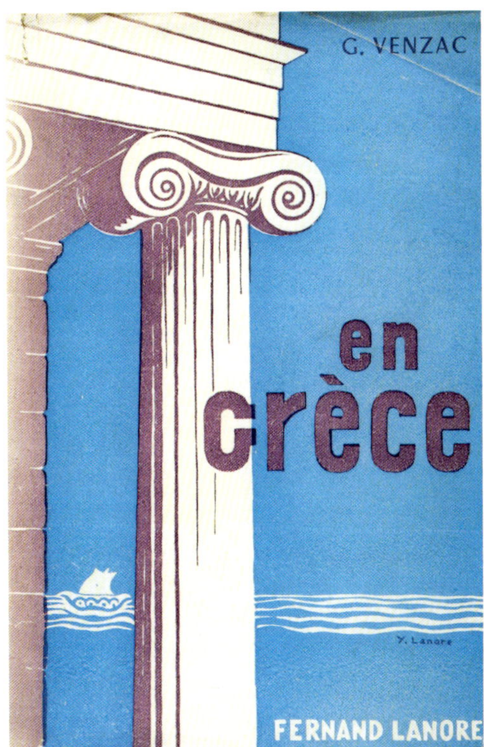

G. Venzac
En Grèce
Fernand Lanore

Paris, 1957, Collection particulière

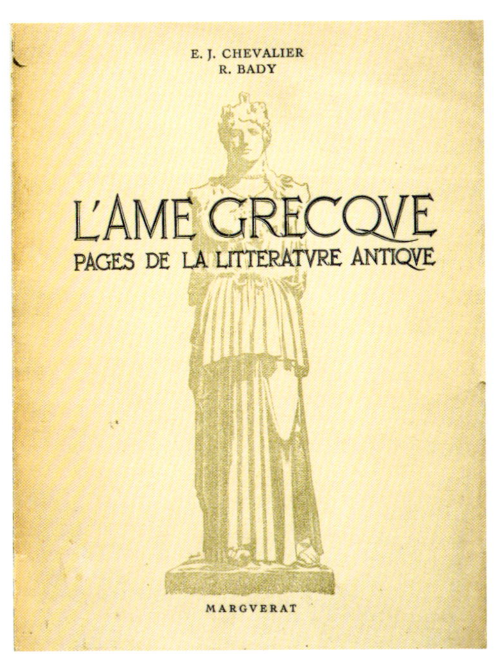

E. J. Chevalier, R. Bady
L'âme grecque

Lausanne, Marguerat, 1946, Collection particulière

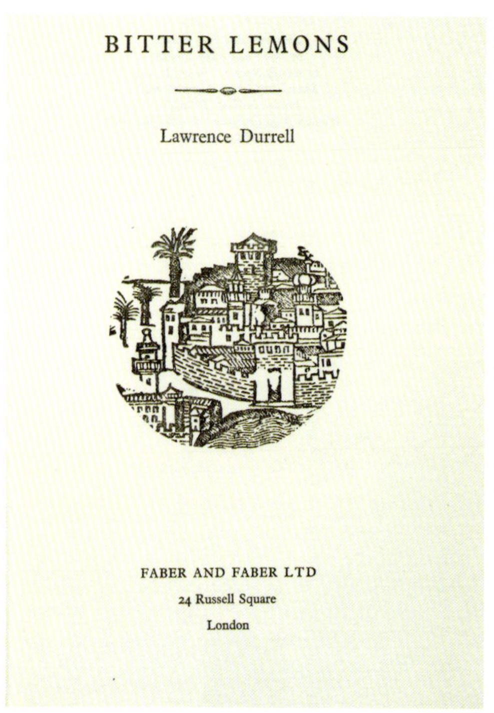

LAWRENCE DURRELL

Bitter Lemons (Citrons acides)

Londres, 1957, Bibliothèque municipale de Lille

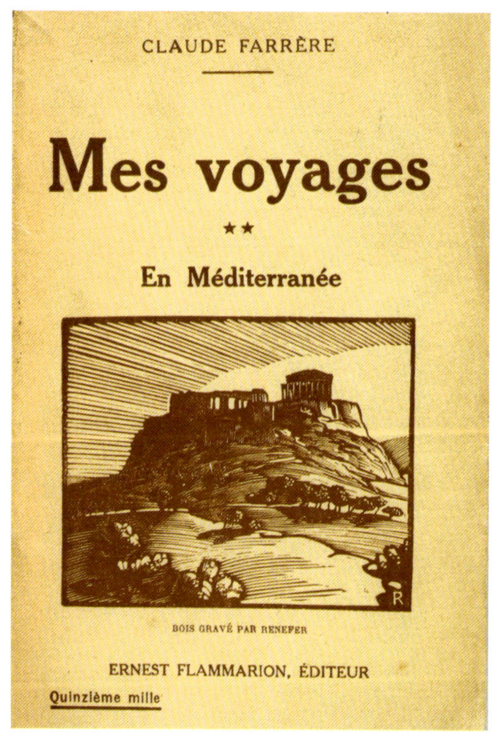

CLAUDE FARRÈRE

Mes voyages en Méditerranée

Paris, Flammarion, 1926, Collection particulière

TOUT COMMENCE ET S'ACHÈVE ICI[65]

La découverte par Leiris de la complexité du pays visité, l'aveu de sa surprise, dessinent en creux l'« omission » académique, ou plutôt la réduction de la Grèce à une période radieuse, mais combien courte et lointaine, de son passé :

« Au cours du siècle dernier, trop d'esprits bien intentionnés (Renan était l'un d'eux, et l'on pourrait en citer beaucoup d'autres) ont tenté de présenter à leur public une Grèce parfaite et pour ainsi dire ramassée sur elle-même au cours de quelques siècles, exceptionnelle et unique, offrant à la fois un exemple idéal de l'art de penser, des vertus héroïques, de la beauté, et de l'art de vivre. Cette image idéologique et académique était fausse, elle ne correspondait pas, bien entendu, à la vivante réalité d'un peuple pendant plusieurs siècles ; elle a beaucoup contribué, en France surtout, à dégoûter le public des lectures et des études grecques : on n'avait que faire de cette trop parfaite statue taillée dans un marbre trop blanc.[66] »

Plus qu'ailleurs peut-être, la rencontre de la Grèce n'est possible que *dans le temps*, à la faveur d'un long séjour. Alors seulement se tissent les liens entre les origines et le présent, entre la terre et la mer, entre le souffle continu de l'esprit et ses manifestations : « Ici, l'esprit des lieux règne en tyran, maître suprême du passé, du présent et de l'avenir. Ce que la pensée humaine a accompli dans ces rares noyaux de chaos demeure impérissable. [...] Au-dessus des sites plane à jamais l'esprit, et le destin mènera de nouveau l'homme en ces lieux afin qu'il redécouvre son héritage[67] ».
L'enthousiasme d'Henry Miller (pourtant contraint, en cette année 1939, de quitter Paris, autant dire « sa ville ») restitue l'ivresse ressentie au contact d'un sol d'où semble continuellement sourdre le mythe.

« Chaque anecdote dévoile une nouvelle originalité grecque – l'originalité de l'humain – qui rivalise ici en diversité et en excentricité avec les phénomènes naturels. (Il y a l'histoire du banquier qui faisait de mauvais vers. L'imbécile qui tenait un journal pornographique épais de trente-trois volumes. La nymphomane qui dansait nue sur le domaine et séduisait les invités. Etc. Légendes, fables, mythes à profusion).[68] »

D'autres aèdes pour d'autres légendes, certes, mais Miller, à travers celles-ci, n'en célèbre pas moins la pérennité d'un esprit grec dont la voix chante dans les rues et sur les ports, dans les tavernes et sur les places de village, pour qui sait écouter. Semblable au fil d'Ariane, la continuité ressaisie de la parole grecque est vécue comme providentielle et presque oraculaire. On en vient à espérer de la « destination » élue qu'à son tour elle élise un « destin », par la confrontation de l'écrivain à des sites sacrés et inspirés. Une répétition des *mystères*, en somme, pour qui, comme Sylvia Beach séjournant en compagnie d'Yves Bonnefoy, ne se laisse pas piéger par le trompe-l'œil des pierres mortes et du bucolique de pastorale.

« Comme les Korés qu'elle estimait tant, et qui regardent tout bien en face, sans pruderie mais intactes, comme l'art à la fois robuste et mélancolique du combat qui fut décisif, au fronton d'Olympie, elle a voulu soumettre à ses idéaux inflexibles les pentes, les gravats, les broussailles tristes de la vie. [...] Sylvia était de la race non magique, celle qui refuse le labyrinthe, celle qui remonte vers la lumière.[69] »

Les exigences sont à la hauteur de ces vestiges dont la charge symbolique suscite, confusément, l'attente. On serait tenté de parler, s'agissant des expériences de Beach, de Miller, de Lawrence Durrell, d'un philhellénisme *à l'anglo-saxonne*, régénéré, moins révérencieux sans doute mais tout aussi zélé. Durrell, par sa connaissance privilégiée du pays, est un « passeur[70] », laudateur opiniâtre d'une Grèce de vérité en dépit du climat politique peu favorable ; une Grèce arpentée à la fois comme attaché d'ambassade

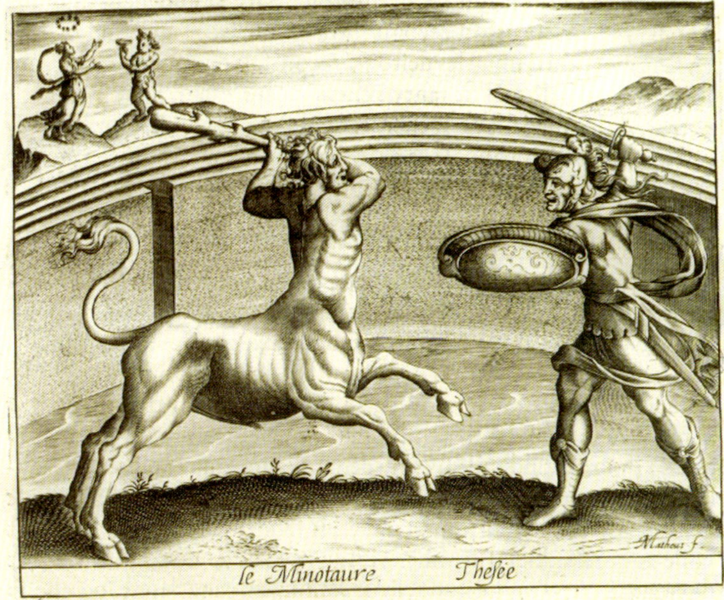

LE SVIET DE LA II. FABLE.

Minos apres auoir vaincu les Atheniens, les contraignit à luy enuoyer de neuf à II. Fable ex-
neuf ans pour tribut, ſept ieunes Gentils-hommes de leur ville, pour eſtre deuorez dans pliquée au 3.
le Labyrinthe par le monſtre my-taureau que ſa femme auoit enfanté. Le ſort à Athenes Chap.
tomba ſur Theſée, lequel y eſtant enuoyé auec d'autres, tua le monſtre, & ſortit du La-
byrinthe auec vn fil qu'Ariadne luy auoit donné, penſant par ce moyen l'obliger de la
prendre pour femme: il l'emmena bien auec luy, mais ce ne fut pas iuſqu'à Athenes;
il la laiſſa dans vne Iſle deſerte, où elle fut ſecouruë par Bacchus, lequel pour eternaiſer
la memoire de l'amour qu'il luy auoit porté, porta dans les Cieux la couronne qu'elle
auoit ſur la teſte, & fit qu'autant de pierreries qu'il y auoit furent des eſtoilles, qui re-
tiennent touſiours la meſme forme de couronne.

QVAND Minos, pour rendre graces de ſes victoires, eut fait à Iupiter vn ſacrifice de cent bœufs, & qu'il eut enrichy ſon Palais de Crete des deſpoüilles priſes ſur ſes ennemis, il fut conſeillé d'eſtouffer la memoire de l'horrible adultere de ſa femme, laquelle ayant par vn deteſtable artifice recerché les embraſſemens d'vn taureau, auoit enfanté vn monſtre demy-homme & demy-bœuf. Il reſolut donc de mettre ceſt effroyable enfant, l'infamie & la honte de ſa maiſon, en lieu qu'on ne le veiſt iamais; & pour ceſt effect ſe ſeruit de Dedale, le plus ingenieux ouurier de ſon temps, & le plus celebre architecte qui ait iamais eſté. Le fleuue de Meandre arroſant la Phrygie, ſe iouë dans les cercles de ſes ondes, faict mille tours &

E E

Thésée et le Minotaure

Les Métamorphoses d'Ovide,
traduites en prose française, par Nicolas Renouard

1618, Bibliothèque municipale de Lille

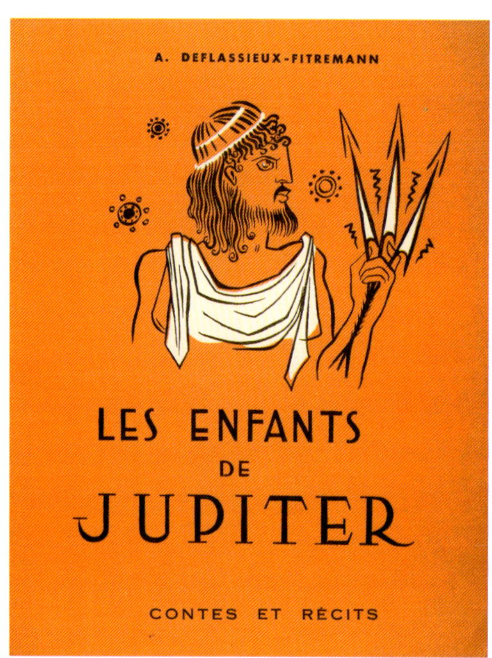

A. Deflassieux-Fitremann

Les enfants de Jupiter
Contes et récits

n.d., Collection particulière

et comme voyageur ébloui par la beauté des îles, une Grèce maritime honorée dans *L'Île de Prospero* (1945) ou *Citrons acides* (1957). En poste en Méditerranée à partir de 1939, Durrell assiste aux conflits qui meurtrissent l'archipel. Ses romans, tout en rendant compte de la réalité guerrière, savent oublier leur objet pour s'attaquer à ce « miracle grec » sur lequel achoppe l'écriture, et dont les contours s'esquissent plus volontiers par les chemins détournés de l'analogie et de la comparaison :

> « L'Italie des arts domestiques, de la passion pour l'agriculture et l'ordre familial, de la vigne soignée plant par plant. L'Italie qui conquiert et qui soigne comme une femme, usant pour vaincre la nature de tous arts de l'amour. Et puis la Grèce : la conscience verticale, masculine, aventureuse de l'archipel, avec son esprit d'anarchie et d'indiscipline et son goût pour l'agnosticisme et l'oisiveté ; la Grèce née dans l'enivrement sexuel de la lumière, qui semble rayonner vers le haut du fond même de la terre pour illuminer ces arpents stériles de scilles et d'asphodèles. Il m'apparaît évident que leurs arts de vivre ne sont pas contradictoires, qu'ils se complètent au contraire.[71] »

Durrell, Jacques Lacarrière en France (combien de voyages consécutifs à la lecture de *L'Été grec*!), se rattachent à une tradition de prosélytisme éclairé qui caractérise aussi bien l'ambition d'Hercule Joannidès, animateur avec son compatriote Tériade de la revue *Le Voyage en Grèce*, capable de maintenir durant les onze numéros de sa publication une exigence intellectuelle et esthétique de haut niveau pour faire exister en France, entre 1934 et 1939[72], une Grèce lumineuse et civilisatrice. Rappelons que l'entreprise de Joannidès, également directeur de la société Neptos et de son bateau de « croisières culturelles » le *Patris II*, conciliait l'exigence esthétique et les objectifs touristiques, et qu'au nombre des passagers se trouvaient régulièrement des collaborateurs de la revue (Queneau ou Le Corbusier parmi d'autres).

Quant au « miracle grec », si miracle il y a, il consisterait dans la réconciliation de la Grèce rêvée et de la Grèce vécue, dans l'oubli du pittoresque au profit d'une *harmonie* édénique, comparable aux « correspondances » de Swedenborg, aux affinités baudelairiennes entre l'humain et son environnement, nature et culture mêlées : « J'oserai qualifier d'harmonieux cet accord entre la vie quotidienne et la vie perpétuée de ces ruines magistrales qui demeurent toujours dans l'instant, au confluent toujours tragique du devenir et de l'immuable[73] ». L'équilibre entre fragilité et immanence, entre mutabilité et intemporalité, est rendu possible par la grâce d'une architecture qui tout à la fois se nourrit de l'esprit du lieu et le transcende :

> « Il me semble que les arts anciens, et les sciences anciennes, se présentaient comme une collaboration de l'homme avec la nature. J'entends par là que l'activité technique de l'homme visait, tout en réalisant des fins humaines, à aider le plan naturel, et à y concourir. Ainsi l'architecture est imparfaite si elle ne tient pas compte du site ; on voit en Grèce ce que cela peut signifier. Le temple de Dionysos à Athènes, par exemple, montre comment l'homme peut construire en accord entier avec ce qui l'entoure, et fonde, son œuvre. En Grèce, on a la constante expérience d'une telle harmonie ; à Delphes encore où l'élection du lieu implique un choix et un vouloir compréhensifs qui nous dépassent singulièrement, nous d'aujourd'hui.[74] »

Pour expliquer ce *Génie du lieu*, Michel Butor, un temps professeur de français en Grèce, choisit sa ville d'affectation, Salonique, de préférence à Athènes. Ce faisant, il rend justice à un pan de la civilisation hellénique occulté par le XIXᵉ siècle, encore largement minoré en 1950 : celui qui succède à la prise d'Athènes, soit l'apport de la Rome impériale puis de l'Empire byzantin. Car la Grèce sans Byzance, la Grèce sans l'Orient, n'est pas la Grèce, ou n'est qu'un songe. À Salonique, la cohabitation des styles chasse le douteux fantasme d'une Grèce anhistorique, rappelle les visiteurs à la patiente et complexe construction du pays. Pour Butor, Salonique est « par excellence le lieu où éprouver cette évidence prodigieusement méconnue, que de l'éclatante civilisation hellénique jusqu'à notre temps, il n'y a pas seulement ce chemin qui passe par Rome et la Renaissance italienne, mais aussi, l'entrecoupant d'ailleurs plus souvent qu'on ne l'imagine, celui que jalonnent les monuments de l'empire et l'Église d'Orient[75] ». Il est vrai que le manque de familiarité avec la Grèce médiévale et l'altérité radicale de la culture byzantine pour beaucoup d'écrivains, avaient retardé une réhabilitation pourtant nécessaire. En 1948, *Permanence de la Grèce*, numéro spécial des *Cahiers du Sud*, s'efforçait, par l'inclusion de deux essais (dont une *Ingratitude des humanistes envers Byzance* d'Albert-Marie Schmidt) et d'un choix de poésies liturgiques par Robert Levesque, de redonner à l'influence de l'Orient une place plus conforme à la réalité historique, afin de « juger Byzance en elle-même et dans l'éthique du moyen âge, et non par comparaison avec l'antiquité » sans « fermer les yeux à l'importance de son rôle, à l'originalité de sa civilisation[76] ».

Il faut l'intime connaissance – historique, culturelle, sociétale – de la Grèce et des Grecs acquise par Marguerite Yourcenar, pour reconnaître l'immuable derrière le changeant, la continuité derrière l'accumulation de « strates » de civilisations, imaginées à tort comme autant de ruptures :

> « L'Athènes de Thésée était un village ; l'Athènes byzantine en était redevenue un autre, et on soupçonne qu'aux plus beaux temps elle demeura telle : ni la poésie secrète et grouillante des villes de l'Orient, ni l'architecture de prestige, tout en façades, d'une Alexandrie ou d'une Rome, mais l'endroit où chacun était renseigné sur le prix des olives et sur la dernière pièce de Sophocle, où la voix de Socrate portait d'un bout à l'autre de l'Agora. De même qu'Athènes, si modernisée qu'elle soit, demeure un village, en dépit de ses affiches au néon et des buildings qui ne font que porter un peu plus haut dans le ciel les habituelles terrasses.[77] »

Yourcenar s'emploie, inlassablement, à reconstruire les ponts détruits par une méconnaissance toute occidentale, empressée de valider la thèse d'un antagonisme irréductible pour préserver une Grèce culturellement « pure ». La même volonté prélude à la composition des *Nouvelles orientales*, où trois récits « grecs » trouvent leur place parmi les légendes balkaniques, chinoises, japonaises. Harmonie des mythes qui s'éclairent l'un l'autre, permanence d'Athènes et d'un « être-athénien » indifférent aux avatars urbanistiques : le regard érudit, perçant, *compréhensif* de Yourcenar, prend le contrepied du dogmatisme académique. Il démontre par l'écriture la plasticité de l'héritage antique, la pertinence du recours aux figures du mythe et de la tragédie (Eurydice, Électre, Thésée,…) pour aborder « le labyrinthe du monde », et la perpétuation de la fonction assignée à l'Odyssée : le retour à la Grèce comme retour à un système de valeurs qui, avec ou sans le concours des dieux, fondent l'humain et guident ses pas.

L'œuvre littéraire et le voyage ont pour horizon une même harmonie, un identique « accord entre la faculté de connaître et la faculté de vivre[78] ». On a vu à quel point la Grèce avait continué d'inspirer des artistes qui se gardaient bien de confondre la générosité intrinsèque d'un philhellénisme toujours plus éclairé, en accord avec l'expression de la modernité, et les hideuses distorsions infligées au modèle antique par les régimes dictatoriaux. D'autres questions se posent au voyageur : la Grèce apprise ne risque-t-elle pas de masquer la Grèce réelle ? La Grèce réelle à son tour, y compris dans son devenir touristique, ne risque-t-elle pas d'éloigner le voyageur d'un hypothétique « esprit des lieux » ? Rarement la « faculté de connaître » et la « faculté de vivre » ont été autant sollicitées qu'en terre grecque, et le fragile « accord » si difficile à établir. Pour Yves Bonnefoy, « une civilisation ne s'est pas vraiment trouvée, ne peut refluer encore, comme une nappe d'eau dans l'été, de sa plus profonde valeur vers chacun de nous, si elle n'a pas réussi à donner figure au visage humain, à cerner et faire vivre un regard[79] ». Cette civilisation à visage humain, quelques écrivains voyageurs en Grèce l'ont croisée ; et la Grèce, en manière de récompense, leur a soufflé des textes qui vibrent de cette rencontre hors du temps et des contingences, et témoignent avec émerveillement de la permanence du « miracle ».

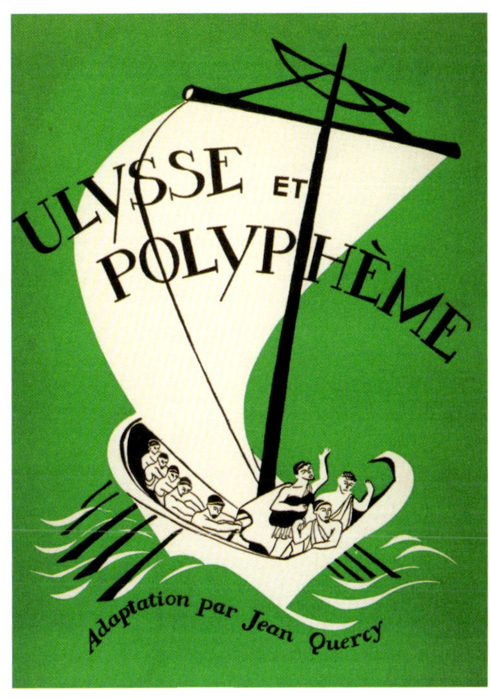

HOMÈRE, ADAPTATION PAR JEAN QUERCY

Ulysse et Polyphème
Contes et récits

1954, Collection particulière

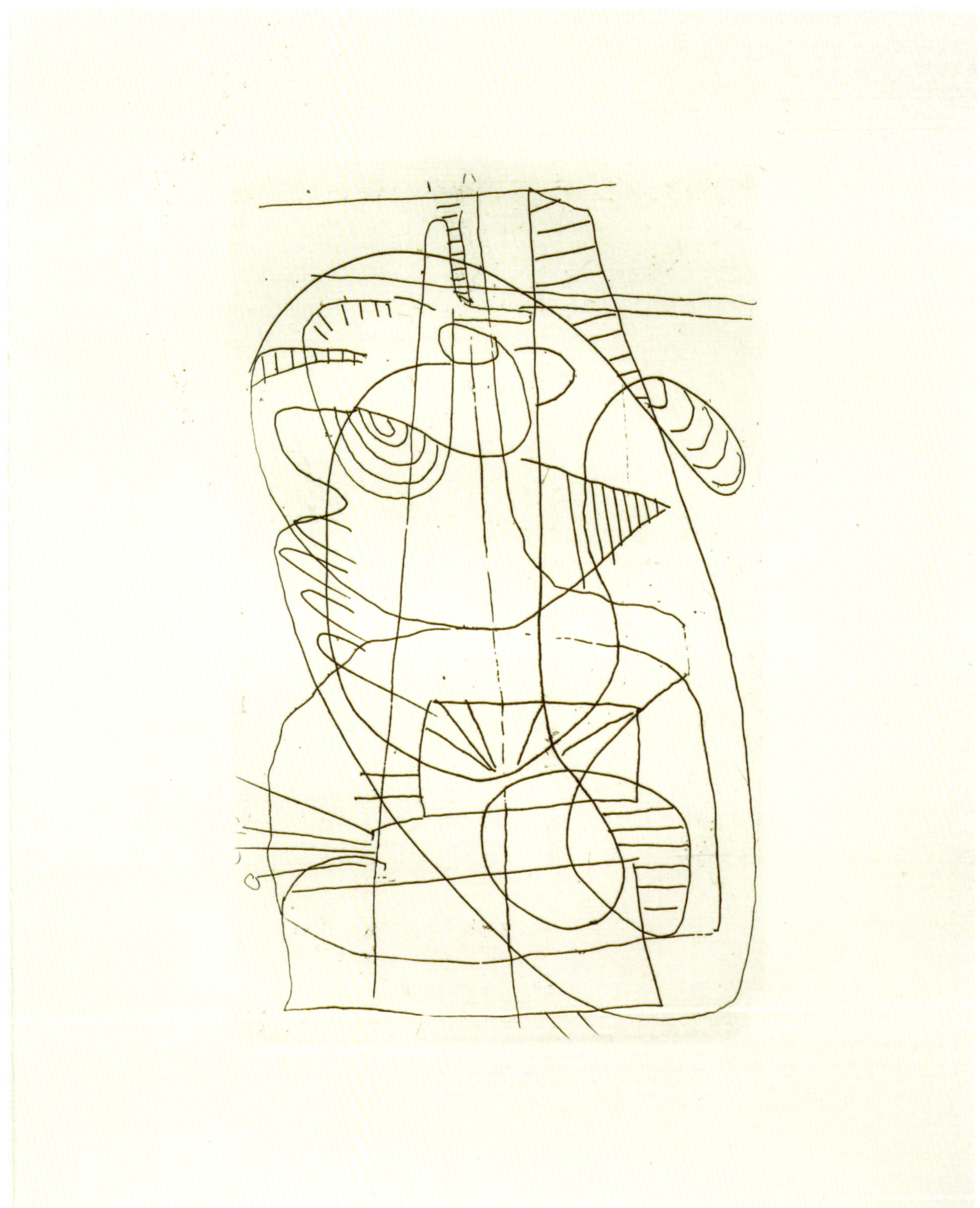

Dédale

Eaux-fortes d'André Lanskoy

Paris, 1960, Bibliothèque municipale de Lille

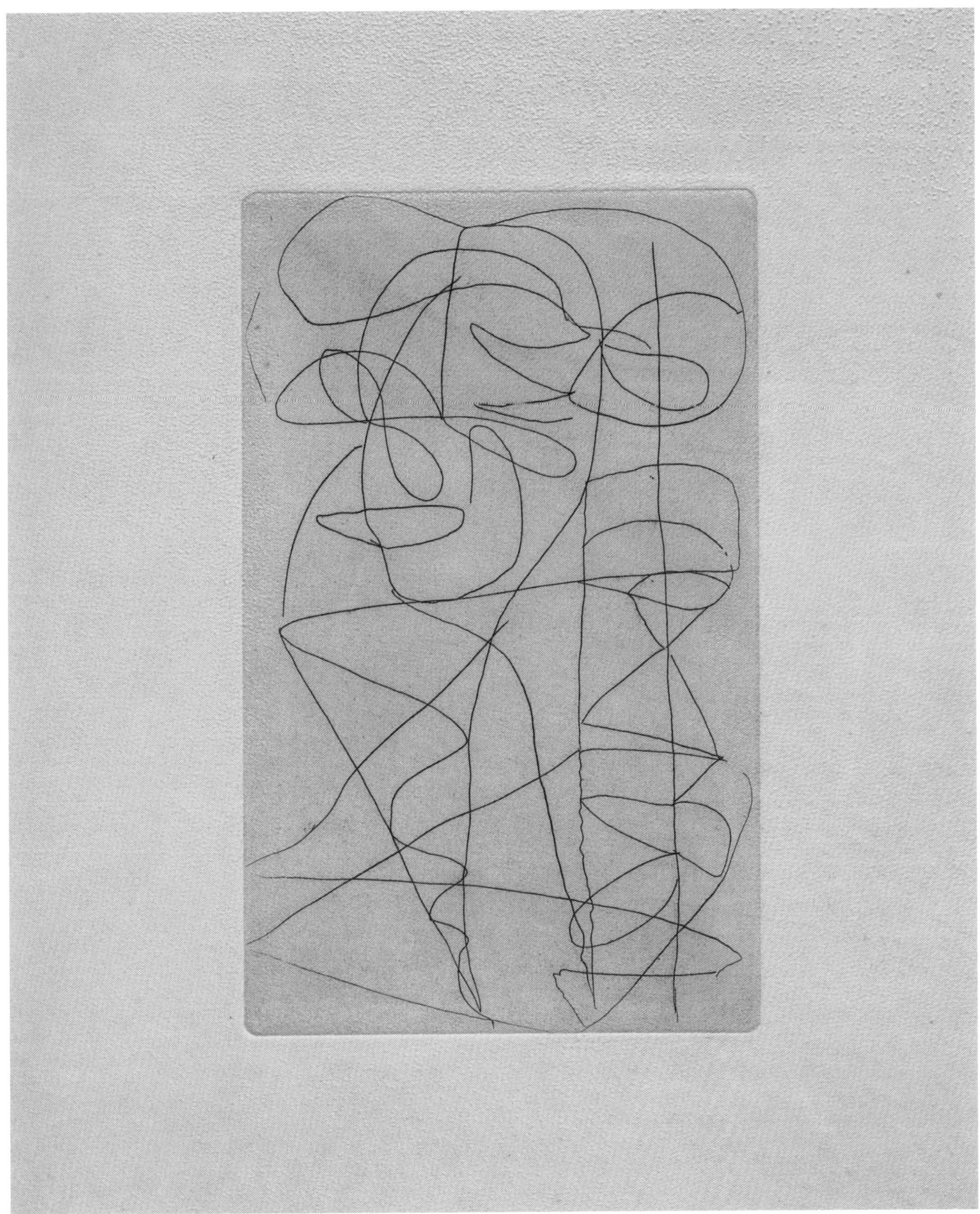

Pierre Lecuire

Dédale

Eaux-fortes d'André Lanskoy

Paris, 1960, Bibliothèque municipale de Lille

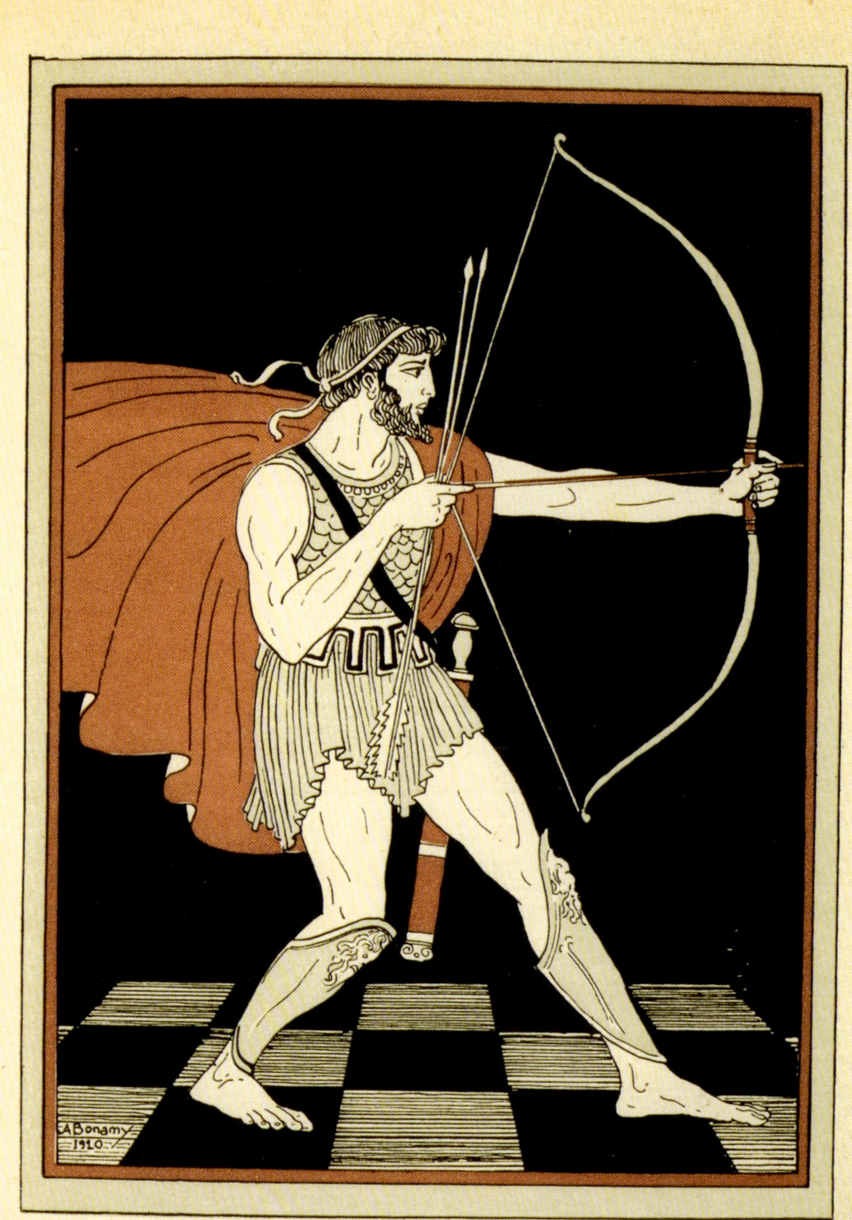

Ulysse courbe l'arc éclatant et terrible...

Jean-Baptiste Coissac

Le Retour d'Ulysse

« Ulysse courbe l'arc… »

Paris, Larousse, 1924, Bibliothèque municipale de Lille

1 - Une première version plus explicite débutait par : « Je suis écœuré de vivre en ce monde ancien / L'Europe laide et fardée comme une vieille putain / Tout sent l'Antiquité la Grecque et la Romaine / Et même les autos ont l'air d'être anciennes » ; cité par Michel Décaudin, *Le dossier d'Alcools*, Droz, 1960.

2 - *Manifeste du Futurisme* et prologue au *Manifeste*, Le Figaro, 20/02/1909.

3 - Sur ce sujet, Jacques Le Rider, *Freud, de l'Acropole au Sinaï. Le retour à l'Antique des Modernes viennois*, Paris, Presses universitaires de France, « Perspectives germaniques », 2002.

4 - Allusion à la réponse de Raymond Queneau, suite à l'enquête publiée dans le premier numéro du *Voyage en Grèce* (printemps-été 1934) : « - Qu'attendiez-vous de la Grèce ?
— Je n'en attendais rien ; j'en suis revenu autre ».

5 - Jean Giono, *Naissance de l'Odyssée*, *Œuvres romanesques complètes I*, Paris, Gallimard, « Bibliothèque de la Pléiade », 1971, p. 58.

6 - Jean Giono, entretiens avec P. Citron, avril 1969, *op. cit.*, p. 814.

7 - Henri Ronse, « Retour à Joyce », *L'Arc* n° 36, septembre 1968.

8 - Premiers *Cantos* publiés en 1917 ; première parution ordonnée : Paris, Three Mountains Press, 1925.

9 - Jean Giono, entretiens avec P. Citron, avril 1969, *op. cit.*, p. 816.

10 - Louis Aragon, *Je n'ai jamais appris à lire ou les Incipit*, Genève, Skira, 1969, p. 19, cité par Daniel Bougnoux, notice des *Aventures de Télémaque*, *Œuvres romanesques complètes I*, Paris, Gallimard, « Bibliothèque de la Pléiade », 1997, p. 1051.

11 - Édouard Bourdet, « Le Théâtre de Jean Giraudoux », *Jean Giraudoux*, Paris, Les Publications techniques et artistiques, 1944.

12 - Pour mémoire :
« — Hector (*détachant les mains d'Andromaque*).
Elle aura lieu.
Les portes de la guerre s'ouvrent lentement. Elles découvrent Hélène qui embrasse Troïlus.
— Cassandre.
Le poète troyen est mort... La parole est au poète grec. »

13 - *Le Journal*, 1935, repris dans *L'Avant-scène Théâtre*, n° 479, 15/09/1971, p. 35.

14 - Gabriel Marcel, *Temps présent*, 20/10/1944, repris dans *L'heure théâtrale, chroniques dramatiques*, Paris, Plon, 1959, p. 101 : « Ici, la liberté qu'incarne Antigone, c'est avant tout le refus de la vie. Et l'auteur semble s'évertuer à nous prouver contre toute raison, contre toute vraisemblance, qu'entre la liberté et la vie il n'est pas d'accord, de mariage possible (...) Ici apparaît le caractère à la fois spécieux et redoutable de la pièce de M. Anouilh ».

15 - Sur l'importance d'Orphée chez les deux poètes, Pierre Brunel, « Trois figures poétiques d'Orphée au tournant du siècle : Mallarmé, Valéry, Rilke », *Les Métamorphoses d'Orphée*, Gand, Snoeck Publishers, 1995, p. 78-82.

16 - « Keine war da, dass sie Haupt dir und Leier zerstör'
wie sie auch rangen und rasten, und alle die scharfen
Steine, die sie nach deinem Herzen warfen,
wurden zu Sanftem an dir und begabt mit Gehör »
Rainer Maria Rilke, *Les Élégies de Duino et Les Sonnets à Orphée*, trad. J.-F. Angelloz, Paris, Aubier, « Collection bilingue », 1943, p. 193.

17 - Deux numéros en mars et juin 1915.

18 - Apollinaire définit quatre cubismes : « scientifique », « physique », « orphique », « instinctif » dans ses *Méditations esthétiques* (Paris, E. Figuière, 1913).

19 - Pascal Pia, *Apollinaire par lui-même*, Paris, Seuil, « Écrivains de toujours », 1957, p. 86.

20 - Milorad, « La clé des mythes dans l'œuvre de Cocteau », *Cahiers Jean Cocteau 2*, Paris, Gallimard, 1971, p. 123.

21 - René Gilson, *Jean Cocteau*, Paris, Seghers, « Cinéma d'aujourd'hui », 1964, p. 61-62.

22 - *Die Fragmente der Vorsokratiker*, Berlin, Weidmann, 1903.

23 - Sur ce sujet, Lionel Follet, « Apollinaire lecteur d'Empédocle », *Revue des lettres modernes*, *Guillaume Apollinaire 15*, Paris, Lettres modernes-Minard, 1980, p. 59-68.

24 - Pour une étude détaillée, Madeleine Boisson, *Apollinaire et les mythologies antiques*, Saint-Genouph, Nizet, 1989.

25 - Cité par Laurent Greilsamer, *L'Éclair au front, la vie de René Char*, Paris, Fayard, « Documents », 2004, p. 128.

26 - *La Révolution surréaliste*, n°9-10, 01/10/1927, p.43-54.

27 - *Ibid.*, p. 47.

28 - *Amers*, Paris, Gallimard, 1957.

29 - Paul Nizan, *Les Matérialistes de l'Antiquité*, Paris, Éditions sociales internationales, « Socialisme et culture », 1938.

30 - *Ibid.*, p. 43-44.

31 - Didier Ottinger, *Surréalisme et mythologie moderne, les voies du labyrinthe d'Ariane à Fantômas*, Paris, Gallimard, « Art et artistes », 2002, p. 22.

32 - *Ibid.*, p. 47 : « Minotaure est le gardien, le détenteur des secrets du labyrinthe. Il est l'incarnation des puissances de la démesure, de cette bestialité que la culture grecque n'a cessé de vouloir juguler. Pour ces valeurs mêmes dont l'histoire a figé le sens, Minotaure est devenu l'emblème du surréalisme, son allié le plus sûr dans son combat contre les excès du rationalisme » ; et p. 53 : « L'Éros surréaliste est marqué par la violence, la bestialité que rappelle le mythe de Pasiphaé » .

33 - Sur l'histoire de la revue, *Regards sur Minotaure, la revue à tête de bête*, Genève, Musée d'Art et d'Histoire, 1987.

34 - Marguerite Yourcenar, « Aspects d'une légende », préface de *Qui n'a pas son Minotaure*, *Théâtre II*, Paris, Gallimard, 1971, p. 179.

35 - Jules Supervielle, « Le Minotaure », *Premiers pas de l'univers*, 1950.

36 - Jorge Luis Borges, « La demeure d'Astérion », *L'Aleph*, 1949.

37 - Voir l'essai d'Octavio Paz *Labyrinthe de la solitude* (1950), le voyage sans retour de *Pedro Paramo* (Juan Rulfo, 1955),...

38 - Jorge Luis Borges, *Labyrinthes*, Paris, Gallimard, 1953.

39 - *Ibid.*, préface de Roger Caillois.

40 - Henri de Montherlant, causerie d'avant-propos à la première de *Pasiphaé*, nov. 1938, *Théâtre, tome I*, Paris, Lidis, Imprimerie Nationale, 1965, p. 351.

41 - Sur ce sujet, Catherine Rannoux, *L'écriture du labyrinthe : La Route des Flandres de Claude Simon*, Orléans, Paradigme, « Références », 1997.

42 - Paris, Les Éditions de Minuit, 1959.

43 - Paris, Les Éditions de Minuit, 1953.

44 - Paris, Les Éditions de Minuit, 1955.

45 - Maurice Blanchot, *Le Livre à venir*, 1959, repris dans *Alain-Robbe-Grillet, Qui suis-je ?*, Lyon, La Manufacture, 1985, p. 79.

46 - Paris, Les Editions de Minuit, 1956.

47 - Michel Butor, *Curriculum vitae, entretiens avec André Clavel*, Paris, Plon, 1996, p. 234.

48 - *Ibid*, p. 206.

49 - Hervé Duchêne, « Voyageurs au pays de l'Odyssée », *Le Voyage en Grèce, Anthologie, du Moyen Age à l'époque contemporaine*, Paris, Robert Laffont, « Bouquins », 2003, p. 11.

50 - Marguerite Yourcenar, *En pèlerin et en étranger*, Paris, Gallimard, 1989.

51 - Sophie Basch, *Le Voyage imaginaire, les écrivains français en Grèce au XXᵉ siècle*, Paris, Hatier, « Confluences », 1990, p. 38.

52 - Pierre Drieu La Rochelle, *Une femme à sa fenêtre*, Paris, Gallimard, 1929, p. 176.

53 - Jacques Lacarrière, *op. cit.*, p. VIII.

54 - Jacques de Lacretelle, *Le Demi-Dieu ou le Voyage de Grèce*, Paris, Ferenczi, 1936 ; *La Grèce que j'aime*, Paris, Grasset, 1960.

55 - *La Revue des voyages*, n° 39, 1960, cité par Sophie Basch, *op. cit.*, p. 66.

56 - Robert Levesque, *Domaine grec (1930-1946)*, Genève-Paris, Éditions des Trois Collines, 1947, p. 12-13.

57 - *Hommage à la Grèce, 1940-1944, textes et témoignages français recueillis et présentés par Roger Milliex*, Athènes, Institut français d'Athènes, 1979.

58 - Georges Seferis, « Un Grec : Makriyannis », *Les Lettres nouvelles, Écrivains grecs d'aujourd'hui*, n° spécial, mars-avril 1969, p. 49.

59 - Michel Leiris, « Fibrilles », *La Règle du jeu*, Paris, Gallimard, « Bibliothèque de la Pléiade », 2003, p. 584.

60 - Lawrence Durrell, *Les Iles grecques*, Paris, Albin Michel, 1978, p.8 (éd. orig. anglaise : Londres, George Rainbird Ltd, 1978).

61 - Simone de Beauvoir, *La Force de l'âge*, Paris, Gallimard, 1960, p. 312.

62 - Roland Barthes, « En Grèce », *Existences*, juillet 1944, in *Œuvres complètes*, t. I, Paris, Seuil, 1993, p.55.

63 - Roland Barthes, « Le Guide Bleu », *Mythologies*, op. cit., p. 638.

64 - Michel Leiris, *op. cit.*, p. 586.

65 - Henry Miller, *Premiers regards sur la Grèce*, Paris, Arléa, « L'étrangère », 1999, p.18 (éd. orig. américaine : Village Press, 1973).

66 - Marguerite Yourcenar, « À quelqu'un qui me demandait si la pensée grecque vaut encore pour nous », *op. cit.*, p. 14.

67 - Henry Miller, *op. cit.*, p. 47.

68 - *Ibid.*, p. 17.

69 - Yves Bonnefoy, *Un rêve fait à Mantoue*, *L'improbable et autres essais*, Paris, Gallimard, 1992, p. 202.

70 - Parmi ses hôtes, Henry Miller, qui nourrit de ses souvenirs et de la rencontre avec Katsimbalis le *Colosse de Maroussi* (1941).

71 - Lawrence Durrell, *Vénus et la mer*, Paris, Buchet/Chastel, 1962, p. 229.

72 - 11 numéros parus, plus un fascicule, *Messages de la Grèce*, en 1946.

73 - Raymond Queneau, « Le Voyage en Grèce » n° 2, printemps 1935, repris dans *Le Voyage en Grèce*, Paris, Gallimard, 1973, p. 58.

74 - Raymond Queneau, « Volontés » n° 19, juillet 1939, repris dans *Le Voyage en Grèce*, *op. cit.*, p. 178.

75 - Michel Butor, *Le Génie du lieu*, Paris, Grasset, « La Galerie », 1958, p. 52.

76 - Paul Lemerle, « Byzance dans l'histoire et la civilisation », *Permanence de la Grèce*, Les Cahiers du Sud, 1948, p. 133.

77 - Marguerite Yourcenar, « Villages grecs », *op. cit.*, p. 22.

78 - Clément Rosset, « Abrégé de philosophie », *Le régime des passions et autres textes*, Paris, Les Éditions de Minuit, p. 85.

79 - Yves Bonnefoy, « Proximité du visage », *op. cit.*, p. 309.

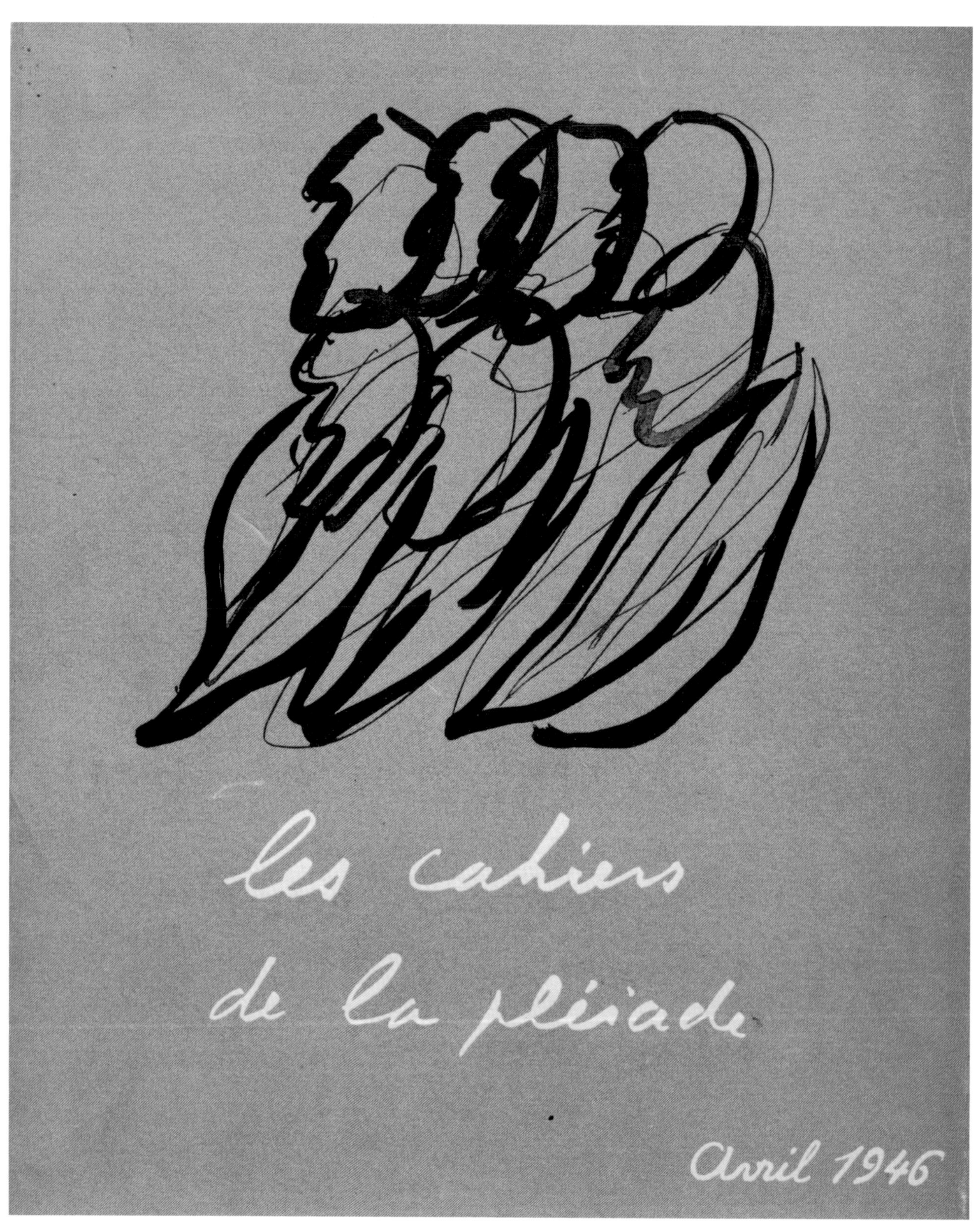

Les Cahiers de la Pléiade

Couverture de Jean Fautrier

Paris, avril 1946, Bibliothèque municipale de Lille

Le « Thésée » d'André Gide :
le mythe grec au présent

DOMINIQUE AROT

« Un des traits distinctifs de la culture occidentale après Jérusalem et après Athènes est que ses hommes et ses femmes répètent, plus ou moins consciemment, les grands gestes, les mouvements exemplaires que leur a proposés l'imagination antique » : ces quelques lignes de Georges Steiner[1] situent parfaitement la place essentielle tenue par les grands mythes antiques et les récits religieux dans la pensée et la création modernes et contemporaines. Dans chaque œuvre qu'il inspire ou dont il fournit le cadre, le mythe se trouve chargé des interrogations personnelles des créateurs et des questions de leur époque. Ainsi, Simone Vierne[2] évoque le mythe comme *« force imaginante »*.

Pour la période qui nous occupe , le contexte est favorable : le modèle des humanités classiques tel qu'il s'est imposé au fil des années, en constituant le socle des études littéraires, au moins jusqu'aux ruptures de l'après-68, aura nourri l'imaginaire de nombre d'écrivains au sortir du lycée et de l'université.

Il est une autre source que les analyses littéraires et artistiques n'ont sans doute pas encore suffisamment mise en valeur, c'est celle qui est liée au regain des études et des recherches archéologiques au début du XXe siècle, on songe ici, par exemple aux travaux de Glotz[3] et de Charles Picard, qui ont fourni aux écrivains comme aux plasticiens nombre d'éléments de référence[4]. Descriptions, décors, dessins, ne relèvent donc pas toujours du seul arbitraire de l'imagination. À ces sources universitaires et scientifiques, il convient d'ajouter la contribution de la photographie et des voyages qui rapprochent les créateurs de paysages dont les contours se préciseront un peu plus chaque jour.

André Gide est au nombre de ces écrivains du XXe siècle qui ont fait vivre cet héritage tout au long de leur œuvre. Du premier texte de fiction publié en 1891, *Le Regard de Narcisse*, jusqu'à l'ultime, en 1946, *Thésée*. En effet, les récits de l'Antiquité s'y entrelaceront au fil des années avec les références bibliques. La mythologie grecque et la Bible ont offert en permanence à Gide comme aux créateurs de son époque un vivier inépuisable de figures et de récits symboliques. Ce sera le talent singulier de Gide de faire œuvre nouvelle à partir de telles sources en refusant les pièges du pastiche et de la convention, dans ce double mouvement : le mythe alimente, en quelque sorte, la fiction et la fiction peut prendre elle-même rang de mythe. Si l'on s'accorde sur le fait que le mythe échappe au temps, on devra se garder de tout discours sur son actualisation. C'est là l'un des aspects les plus passionnants de cette confrontation : Gide est un écrivain du présent qui relit la mythologie avec la fraîcheur de la nouveauté et de l'actualité.

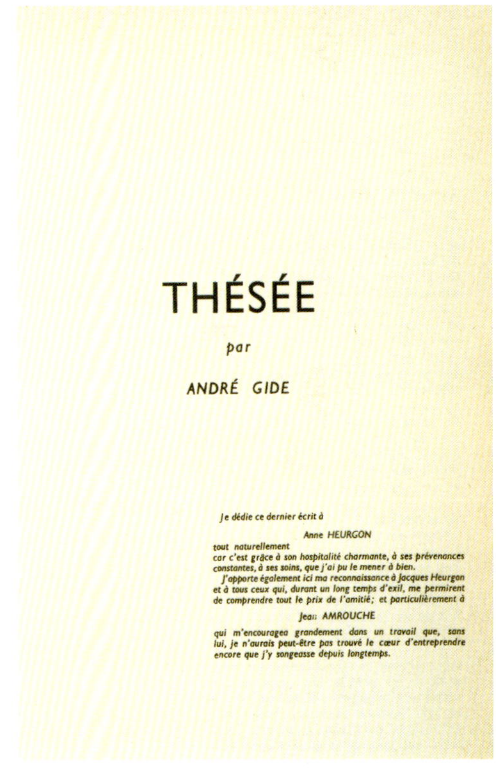

ANDRÉ GIDE

Les Cahiers de la Pléiade

Page de titre de *Thésée*

Paris, avril 1946, Bibliothèque municipale de Lille

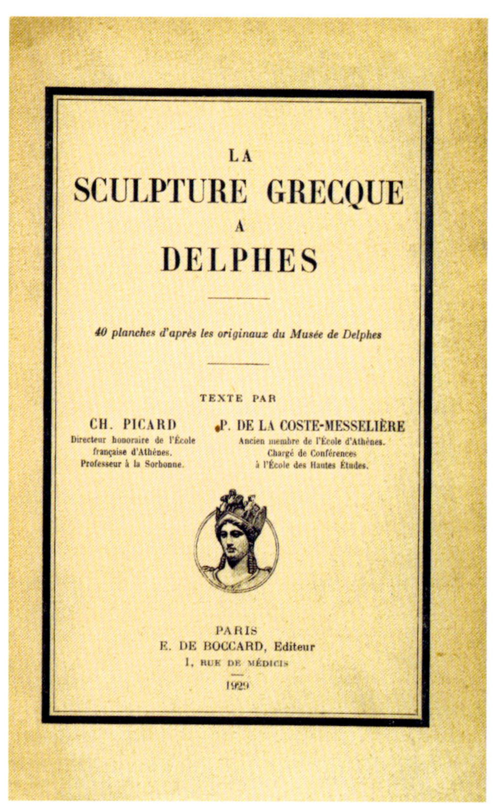

CH. PICARD, P. DE LA COSTE-MESSELIÈRE

La Sculpture grecque à Delphes

Paris, Boccard, 1929, Bibliothèque municipale de Lille

Roland Barthes, dans un texte de 1942[5], met en lumière la fortune des mythes dans l'œuvre gidienne : *« Parfois chez Gide, on rencontre l'ombre d'un lieu commun, mais vêtue de ce style toujours admirable, qui peut-être à ce moment l'a un peu entraîné, lui a fait illusion. »* Non pas qu'il faille ici assimiler le mythe à un lieu commun, mais plutôt à ce cadre, à cette contrainte initiale, qui rendent possible toute création. Contrainte dont on connaît la fécondité pour Gide. Il faut ici, à la lumière de cette réflexion, récuser le recours au mythe comme la manifestation d'un prétendu défaut d'imagination. Pour Gide, le mythe offre un merveilleux support – on n'osera pas dire prétexte – à la fantaisie comme à l'hétérodoxie. Sur le seul plan littéraire, le mythe, dont le recul du temps permet de ne garder que les éléments essentiels, garantit à l'écrivain la liberté de tous les possibles et lui évite finalement d'avoir à affronter les conventions du roman.

Dès son premier livre, Gide livre son dessein : « Vous savez l'histoire. Pourtant nous la dirons encore. Toutes choses sont dites déjà ; mais comme personne n'écoute, il faut toujours recommencer[6]. » L'écrivain est-il celui qui raconte sans se lasser ? Est-il celui qui veut convaincre sans jamais renoncer à ses idées ? Est-il, encore, celui qui, empruntant ces modèles anciens, proteste des limites de l'imaginaire ?
Si l'on nous autorise cette digression, le bibliothécaire se sent complice de l'écrivain, lui qui a mission d'amplifier les collections qu'il offre au public, conscient de cette tension constante entre la masse sans limites des écrits et le répertoire, somme toute restreint, des figures et des récits qui en offre les matrices. Il peut ainsi discerner aisément, à l'intérieur des collections anciennes et contemporaines dont il a la charge, ce fil conducteur du religieux et du mythique.

Si l'on en revient à Gide, le cortège mythologique de l'œuvre impressionne. Les lectures de l'enfance, comme la fréquentation de la bibliothèque constituée par un père érudit, y ont joué leur rôle, ainsi que l'auteur le confie à Jean Amrouche : « Tout enfant, les premiers livres que mes parents m'avaient donné à lire – ils ont eu mille fois raison – étaient le charmant livre de Hawthorne, l'auteur de *La Lettre écarlate*, qui s'appelle, je crois, *Le Livre des merveilles* [...] ces deux volumes racontent toute une série d'histoires grecques d'une façon charmante, enfantine si l'on veut. J'ai donc été nourri par la fable grecque, par *L'Iliade* et *L'Odyssée* aussi. » Il faut néanmoins souligner que Gide n'était pas helléniste, ayant emprunté pour ses études secondaires une filière d'enseignement dite « moderne ». Dans le catalogue gidien, outre les œuvres premières et ultimes déjà mentionnées, il nous faut citer *Le Prométhée mal enchaîné* et *Philoctète* (1899), un *Ajax* inachevé (1900). En 1919, l'auteur livre ses *Considérations sur la mythologie grecque* (reprises dans *Incidences*), quelques pages auxquelles il donne le sous-titre de *Fragments du traité des Dioscures*. Ce sera aussi au théâtre *Le Roi Candaule* (1901) et *Œdipe* (1931).
On oubliera sans trop de scrupules le livret de *Perséphone*, fruit d'une collaboration houleuse (1933-1934) entre Gide et Stravinsky sous l'égide d'Ida Rubinstein. Gide n'apprécie guère la musique de Stravinsky qui lui-même goûte modérément les vers de l'écrivain. Le jour de la première, Gide préférera assister à une réunion du Parti communiste!... Gide laissera inachevée sa *Proserpine* qui paraîtra cependant en 1948 près de trente ans après sa rédaction.
Les traductions des textes de Shakespeare, *Antoine et Cléopâtre* (1921) et de Goethe, *Prométhée* (1951), nous renvoient, elles aussi, à l'univers de l'Antiquité. Autant de traces dans l'œuvre d'un écrivain nourri, comme toute sa génération, par les humanités gréco-latines. Ainsi retrouve-t-on Gide à Cuverville en 1937 : « Relu avec ravissement les six derniers chants de *L'Iliade* dans la traduction Giguet[7]... »
Car, pour Gide, dans la source antique, c'est la Grèce qui l'emporte. Les premiers enthousiasmes de l'écrivain tels qu'ils apparaissent dans le *Journal* en 1888, pour spontanés et sincères qu'ils soient, n'échappent pas aux clichés : « Voyez, voyez, voilà les jeunes éphèbes et les danses sacrées. Leur beau corps blanc reluit au soleil,

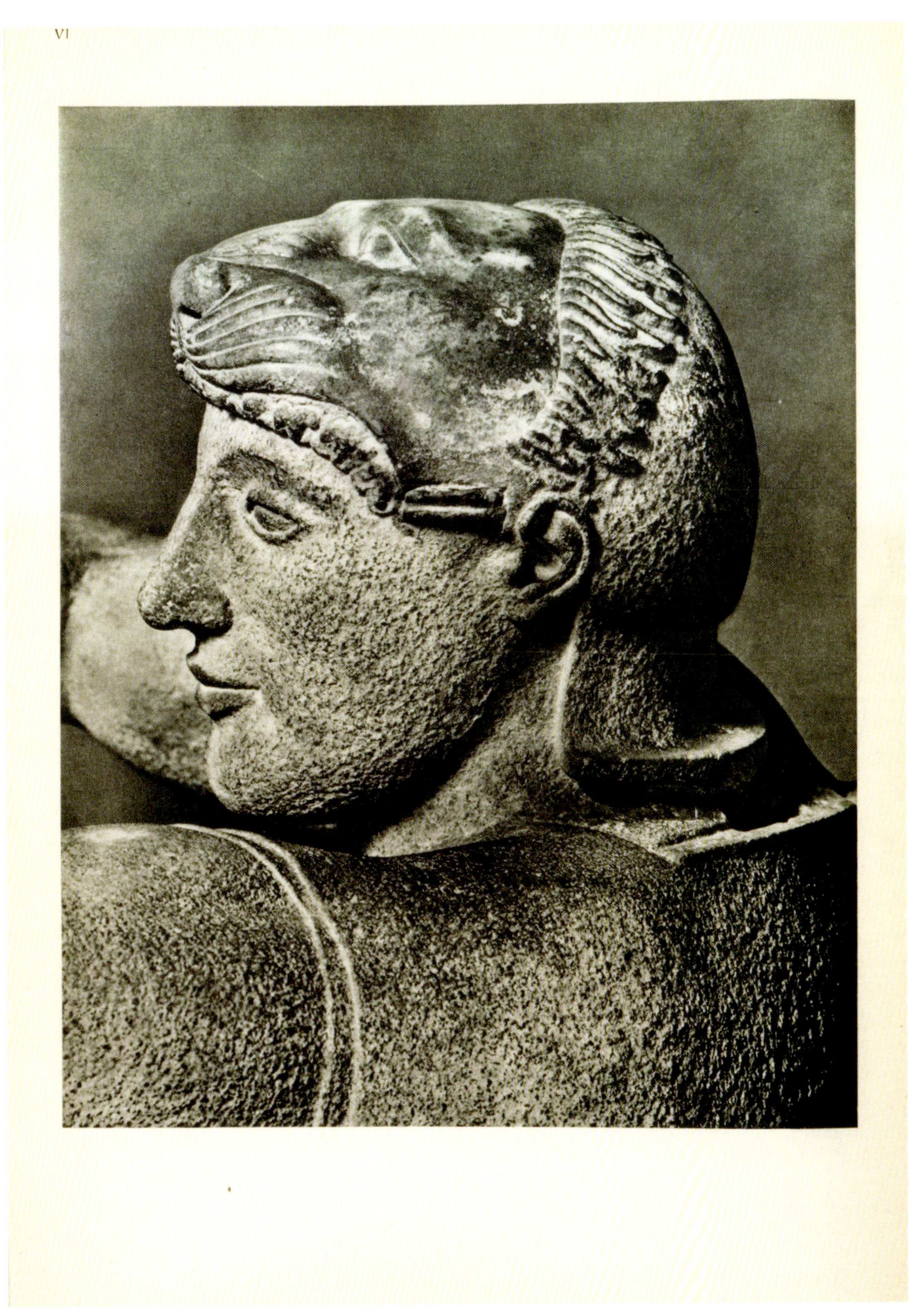

ENCYCLOPÉDIE ALPINA ILLUSTRÉE

« Zeus d'Artémision »

Charles Picard, « Sculpture grecque du Vème siècle »

Paris, 1938, Bibliothèque municipale de Lille

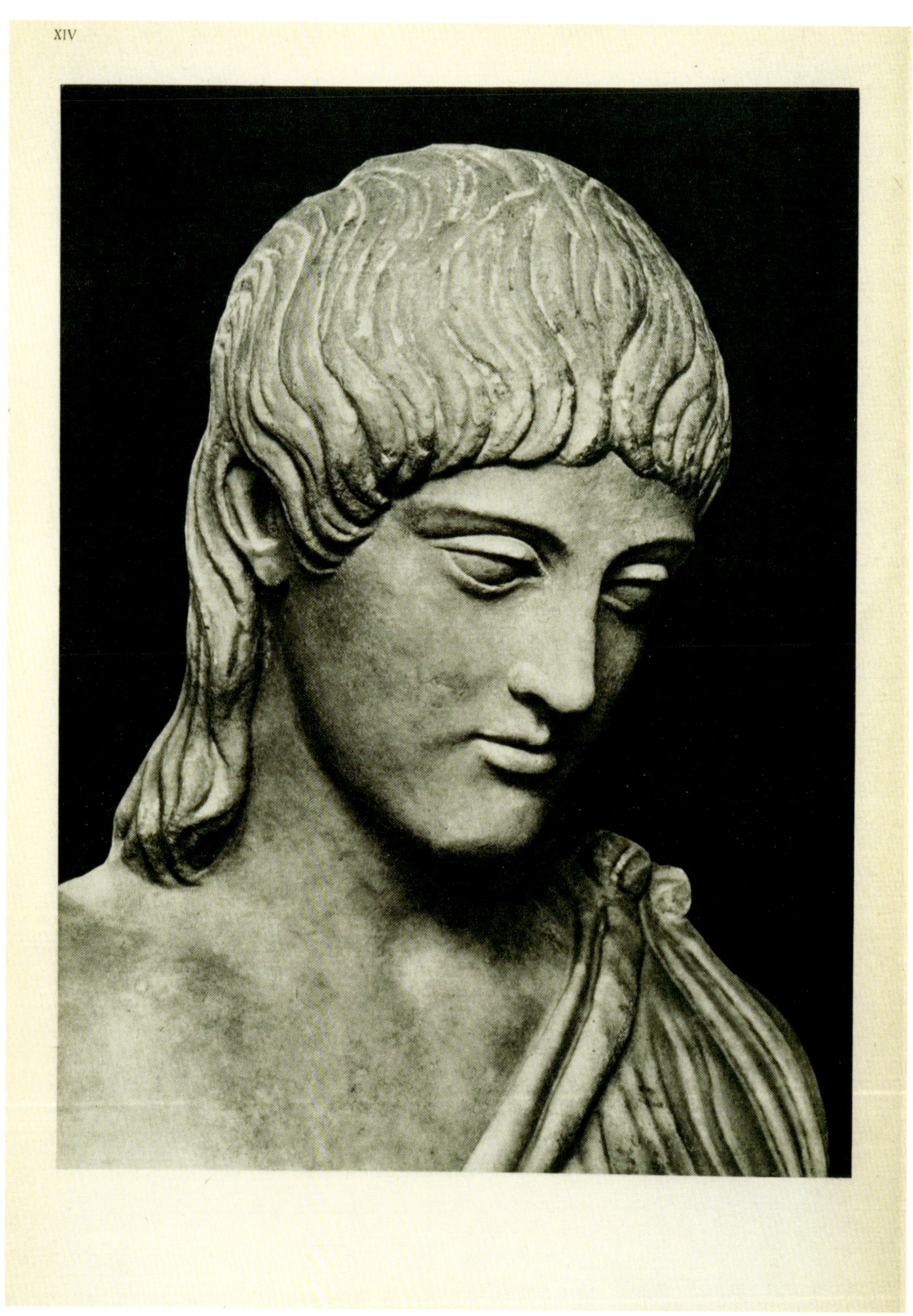

ENCYCLOPÉDIE ALPINA ILLUSTRÉE

« Tête de la danseuse Barberini »

Charles Picard, « Sculpture grecque du Vème siècle »

Paris, 1938, Bibliothèque municipale de Lille

frotté d'huile et la joie rougit leurs joues – oh ! bel art de la Grèce[8] ! » De fait, Gide est particulièrement sensible à ce climat ensoleillé et chargé d'érotisme, comme il l'a été à l'atmosphère de l'Afrique du Nord. L'attachement de Gide à « la source grecque » tient aussi à des motifs plus profonds. Ainsi, au cours de son voyage en Égypte en 1939, Gide oppose « L'Égypte, engainée dans ses bandelettes » à une Grèce où philosophes et législateurs émancipent l'individu. Mais il faut convenir que la référence à la Grèce autorise en quelque sorte Gide à assumer et évoquer son homosexualité. La sphère grecque, qu'il s'agisse de civilisation, d'art, de littérature ou de philosophie, constitue alors, de manière encore plus large, le point de départ d'un discours hostile à tout conformisme moral ou intellectuel. Qu'on en juge à la lecture du *Journal* : « Un hétérosexuel intransigeant ne saurait être vraiment sensible à la Grèce[9]. »

Gide a porté en lui longtemps le projet d'écriture d'un *Thésée* enfin publié en 1946 : « …j'imagine, en manière d'épilogue, un dialogue entre Œdipe et Thésée. Je songe à une vie de Thésée (oh ! j'y songe depuis longtemps) où se placerait (ce que j'invente seulement aujourd'hui, dans le train qui m'emmène à Cuverville) une rencontre décisive des deux héros, se mesurant l'un à l'autre et éclairant, l'une à la faveur de l'autre, leurs deux vies » note-t-il dans son Journal en 1931[10]. La même année, il évoque même une forme littéraire à donner à ce projet : « Cette vie de Thésée, à laquelle je pensais depuis longtemps… pourquoi pas sous forme de *Journal* ?…Et j'imagine aussitôt de quelle ressource… Mais voici vingt ans que j'aurais dû l'écrire[11]. » Quelques semaines plus tard, Gide creuse encore ce sillon : « Je voudrais écrire un *Dédale et Icare* ; peut-être serait-ce un chapitre de *Thésée*[12]. »
Il offre d'ailleurs une première analyse personnelle du mythe dans les *Considérations* évoquées plus haut, donc dès 1919. Le texte de *Thésée* fut rédigé en quelques semaines à Alger à la fin de la guerre. Gide note dans son *Journal* le 21 mai 1944 : « Aujourd'hui, 21 mai, j'ai achevé *Thésée*. Il me reste de grands morceaux à récrire ; et, en particulier, le début, pour lequel je n'avais pu d'abord trouver le ton. Mais, à présent, toute la toile est couverte. Depuis un mois, j'y ai quotidiennement, et presque constamment, travaillé, dans un état de ferveur joyeuse que je ne connaissais plus depuis longtemps et pensais ne plus jamais connaître[13]. » Gide dédie ce texte à Anne Heurgon. Le texte même de la dédicace situe assez bien le climat d'amitié ayant entouré l'écriture de l'œuvre : « Je dédie ce dernier écrit à Anne Heurgon tout naturellement car c'est grâce à son hospitalité charmante, à ses prévenances constantes, à ses soins, que j'ai pu le mener à bien. J'apporte également ici ma reconnaissance à Jacques Heurgon et à tous ceux qui, durant un long temps d'exil, me permirent de comprendre tout le prix de l'amitié. Et particulièrement à Jean Amrouche qui m'encouragea grandement dans un travail que sans lui, je n'aurais peut-être pas trouvé le cœur d'entreprendre, encore que j'y songeasse depuis longtemps. »
Le texte est d'abord publié en janvier 1946 par Schiffrin à New York. C'est Etiemble[14] qui relira, à la demande de Gide, cette première publication et exprimera un certain nombre de suggestions dont la plupart furent retenues par l'auteur. Les huit premiers chapitres ne connurent aucune correction, le chapitre 9 disparut en entier et les chapitres 12 et 13 devinrent les chapitres 11 et 12 avec de très nombreuses ratures. Le manuscrit, un cahier d'écolier, est conservé par la Bibliothèque Jacques Doucet. Il faut souligner que le manuscrit ne comporte pas cette division en chapitres : le caractère d'un récit autobiographique linéaire se trouve ainsi accentué dans ce premier élan de l'écrivain.
La Bibliothèque municipale de Lille, qui, une fois encore, révèle la richesse et l'éclectisme de ses fonds, conserve la première édition française de ce texte qui ouvre la première livraison des fameux *Cahiers de la Pléiade* d'avril 1946, parution magnifiée par le confort et l'élégance de la typographie et par une couverture dessinée par Jean Fautrier. Ce voisinage esthétique illustre parfaitement notre propos. Gide a fréquemment noué ce dialogue avec les plasticiens : Galanis réalise sous forme d'un bois gravé le frontispice de sa pièce, *Œdipe*, Maurice Denis illustre *Le Voyage d'Urien*, l'édition de 1928

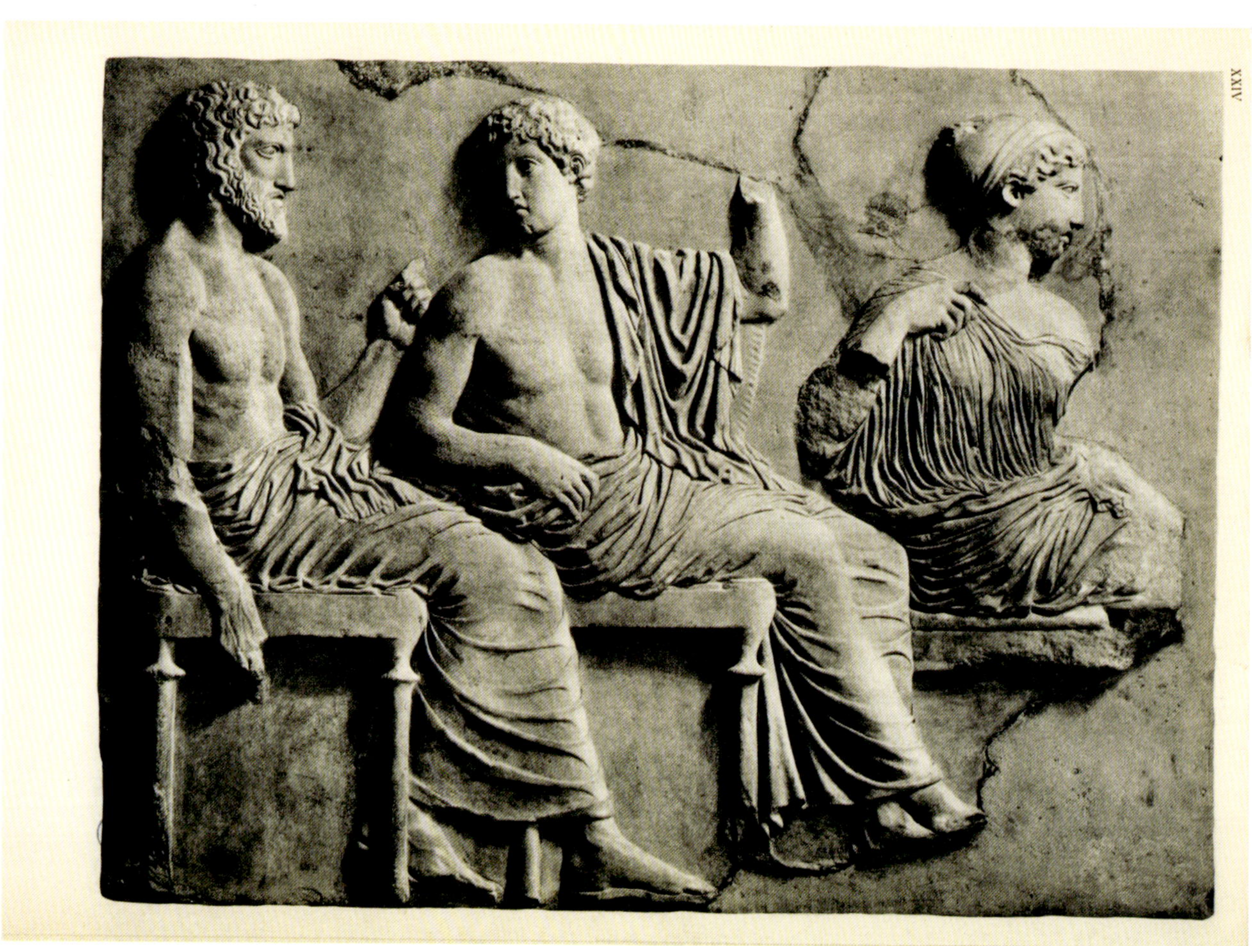

Encyclopédie Alpina illustrée

*« **Frise du Parthénon: divinités assises (Poséidon, Apollon, Artémis)** »*

Charles Picard, « Sculpture grecque du Vème siècle »

Paris, 1938, Bibliothèque municipale de Lille

des *Nourritures terrestres* à la NRF s'enrichit d'un frontispice de Dufy, Pierre Bonnard livre 30 dessins pour la parution de 1929 du *Prométhée mal enchaîné*, pour ne citer que ces quelques exemples de collaborations.

À grands traits, on peut distinguer les principales étapes du récit : le combat de Thésée en Crète pour affronter le Minotaure, l'amour d'Ariane qui permettra à Thésée, par l'entremise de Dédale, de triompher de l'épreuve du labyrinthe, le retour en Grèce avec la fille d'Ariane, Phèdre, la succession d'Égée comme roi d'Athènes, la rencontre avec Œdipe, la mort de Phèdre et d'Hippolyte qui rend Thésée à sa solitude. Le récit adopte le point de vue d'une autobiographie écrite par Thésée au soir de sa vie. Comme on l'a vu plus haut, dès 1919, dans les pages qu'il intitule *Considérations sur la mythologie grecque*, Gide esquisse déjà son interprétation personnelle du mythe : « Et j'admire en Thésée une témérité presque insolente [...] le voici qui s'avance avec horreur et ravissement dans l'inconnu repli de sa destinée[15]. »

Gide n'invente rien : il ne s'écarte guère du mythe classique ; il met à nouveau en scène des idées déjà maintes fois exprimées dans ses autres livres. Et pourtant, le texte sonne de manière unique avec naturel et humour. Jouant pleinement le jeu de la fiction et du récit, Gide ne résiste pas à ce qu'Étiemble présente comme « *l'évocation digne de Flaubert d'une corrida minoenne*[16]... » Qu'on en juge à la description de Minos lors de l'arrivée de Thésée à Cnossos : « Il siégeait sur un trône que dominait la double hache et tenait de la main droite, écarté du corps en avant, un sceptre d'or aussi haut que lui ; de l'autre, une fleur trilobée semblable à celle de ses colliers... » L'un des atouts essentiels de l'œuvre tient donc dans cette manière qu'a Gide de donner au lecteur le plaisir du récit (et Gide retrouve sans doute là le bonheur des lectures de l'enfance) sans renoncer à la profondeur d'analyse que lui offre le mythe. Pour autant, Gide s'ingénie à évacuer toute idée de surnaturel dans le destin de son héros. Ainsi, à son arrivée en Crète, Thésée triomphe de l'épreuve de l'eau que lui impose Minos, non pas grâce à son supposé lien de filiation avec Poséidon, mais, très prosaïquement, en usant d'un simple subterfuge.

Mais il y a plus essentiel : le personnage de Thésée fascine Gide depuis des années. Comme l'écrit Eric Marty[17], « ce qui attire Gide en Thésée, c'est sa merveilleuse manière de *passer outre* (l'expression revient une dizaine de fois dans le texte, autant comme une formulette intime que comme un impératif catégorique)... » Les dialogues avec Dédale et Icare, la confrontation finale avec Œdipe, sont autant de manifestations de préoccupations profondes. Le dialogue avec Œdipe revêt une dimension toute métaphysique. Les mots d'Œdipe : « *Obscurité, tu seras dorénavant, pour moi, la lumière*[18] » viennent s'opposer à l'humanisme que l'on pourrait qualifier de rationaliste de Thésée. Gide s'en explique nettement dans ses entretiens radiophoniques : « Il est évident que Thésée a été plus ou moins mon porte-parole tandis que pour Œdipe, je lui prêtais des pensées que je trouvais admirables, pour lesquelles j'étais plein de respect, mais qui n'étaient pas les miennes, des pensées mystiques. » Ce que dit Gide en d'autres termes dans *Incidences* : « ...je ne dis pas que l'intelligence ne trouve pas dans le dogme chrétien, en fin de compte, une satisfaction suprême, ni que le scepticisme soit de plus grand profit pour la raison que pour la foi ; mais cette foi chrétienne est faite du renoncement de l'intelligence[19]... » D'aucuns pourraient parler d'une mise en scène de l'affrontement entre paganisme et christianisme.

Le Thésée qui est allé, d'expérience en expérience, de risque en pari, au bout de son désir de vie, celui qui a délibérément abandonné Ariane et envoyé son père à la mort, ne récapitule-t-il pas le destin du créateur au terme de son œuvre ? Le texte peut, en effet, se lire comme un parcours retraçant les étapes esthétiques et idéologiques de Gide lui-même, et donc ses choix successifs, de la poésie panthéiste et hédoniste des *Nourritures terrestres* à l'individualisme de *L'Immoraliste*. La force d'un livre tel que *Thésée*, c'est qu'il nous livre, en lui donnant cohérence, une expérience de vie.

Compte tenu de la date de sa parution, cinq ans avant la mort de l'écrivain, le texte prend la forme d'un ultime message, revisitant, dans une écriture d'une légèreté virtuose,

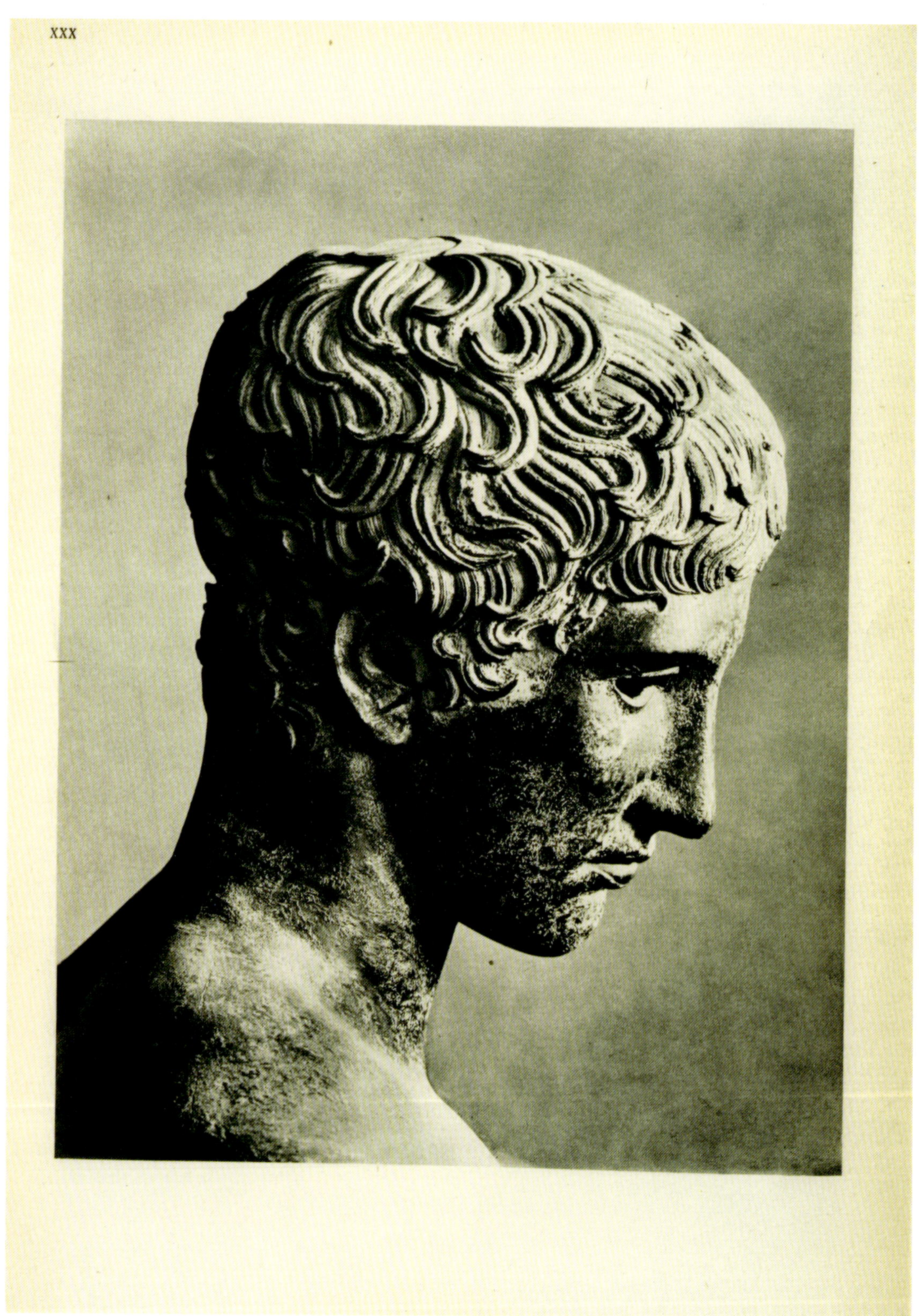

Encyclopédie Alpina illustrée

« Tête de l'Idolino »

Charles Picard, « Sculpture grecque du Vème siècle »

Paris, 1938, Bibliothèque municipale de Lille

les thèmes essentiels, et les plus profonds, de son œuvre. Doit-on voir pour autant dans ce texte une forme de testament[20] intellectuel, artistique et éthique de Gide ? Il est malaisé de répondre par l'affirmative à propos d'un écrivain insaisissable, ondoyant, toujours en défiance face aux systèmes ; un écrivain qui n'a jamais accepté d'être jugé autrement que sur le terrain de l'esthétique. Gide introduit rationalité, distance, décalage même, et humour dans le récit mythique, mais on ne peut s'empêcher cependant de discerner dans ce livre le plaidoyer humaniste du Thésée, roi fondateur d'Athènes et pionnier de le démocratie. Comment interpréter, sinon, les propos que Gide prête à son personnage principal : « Eh ! de quoi s'occuper que de l'homme ? ripostais-je. Il n'a pas dit son dernier mot[21]. » Comment lire les derniers mots du livre ? : « Derrière moi, je laisse la cité d'Athènes. Plus encore que ma femme et mon fils, je l'ai chérie. J'ai fait ma ville. Après moi, saura l'habiter immortellement ma pensée. C'est consentant que j'approche la mort solitaire. J'ai goûté des biens de la terre. Il m'est doux de penser qu'après moi, grâce à moi, les hommes se reconnaîtront plus heureux, meilleurs et plus libres. Pour le bien de l'humanité future, j'ai fait mon œuvre. J'ai vécu[22]. »

Gide a lu lui-même ce texte à la radio pour conclure ses fameux entretiens avec Jean Amrouche sur la « chaîne nationale » le 30 décembre 1949.

1 - *Les Antigones*, Gallimard, 1986, p. 121.

2 - *Mythocritique et mythanalyse*, *Iris*, n° 13, 1993, p. 43-56. Consulté à l'adresse http://w3.u-grenoble.fr/cri/textes-ligne2.html [29 juillet 2006]

3 - Parmi de nombreux travaux, Gustave Glotz publie sa *Civilisation égéenne* en 1923, *La Cité grecque* en 1928.

4 - Dans son *Journal*, Gide note : « *Je dois beaucoup aussi aux beaux livres de Charles Picard ; à ceux de Glotz, d'une si sensible intelligence…* », *Journal*, tome 2, Gallimard/La Pléiade, 1997, p. 990.

5 - Texte publié dans *Existences*, revue interne du Sanatorium de Saint-Hilaire du Touvet. Consulté à l'adresse www.gidiana.net/articles/GideDetail3.1940.5.htm [1 août 2006].

6 - *Le Traité du Narcisse*, *Romans : récits et soties, œuvres lyriques*, Gallimard/ La Pléiade, 1958, p. 3.

7 - *Journal*, tome 2, Gallimard/La Pléiade, 1997, p. 566.

8 - *Journal*, tome 1, Gallimard/La Pléiade, 1996, p. 8.

9 - *Journal*, tome 2, p. 566.

10 - *Journal*, tome 2, p. 245.

11 - *Journal*, tome 2, 24 juillet 1931, p. 295.

12 - *Journal*, tome 2, 16 septembre 1931, p. 308.

13 - *Journal*, tome 2, p. 989-990.

14 - Voir à ce sujet l'article de Daniel Durosay, « Thésée roi. Essai sur le discours politique dans le *Thésée* de Gide », *Bulletin de l'Association des amis d'André Gide*, n° 106, avril 1995, p. 201-221 et sur le site www.gidiana.net [consulté le 20 septembre 2006].

15 - *Considérations sur la mythologie grecque : fragments du traité des Dioscures*, *Incidences*, Gallimard, 1924, p. 129-130.

16 - « Le style du " Thésée " d'André Gide » dans *Les Temps modernes*, mars 1947.

17 - *André Gide, qui êtes-vous ?*, La Manufacture, 1987, p. 130. Ce livre donne en annexe la transcription des entretiens avec Jean Amrouche partiellement cités dans cet article.

18 - *Romans*, op. cit., p. 1451.

19 - *Op. cit.*, p. 126.

20 - Comme le fait observer, non sans ironie, Claude-Edmonde Magny dans *Poésie 47*, n° 38, « *testament dont on espère que, suivant la meilleure tradition bourgeoise, il sera suivi de beaucoup d'autres.* »

21 - *Romans*, p. 1448.

22 - *Romans*, p. 1453.

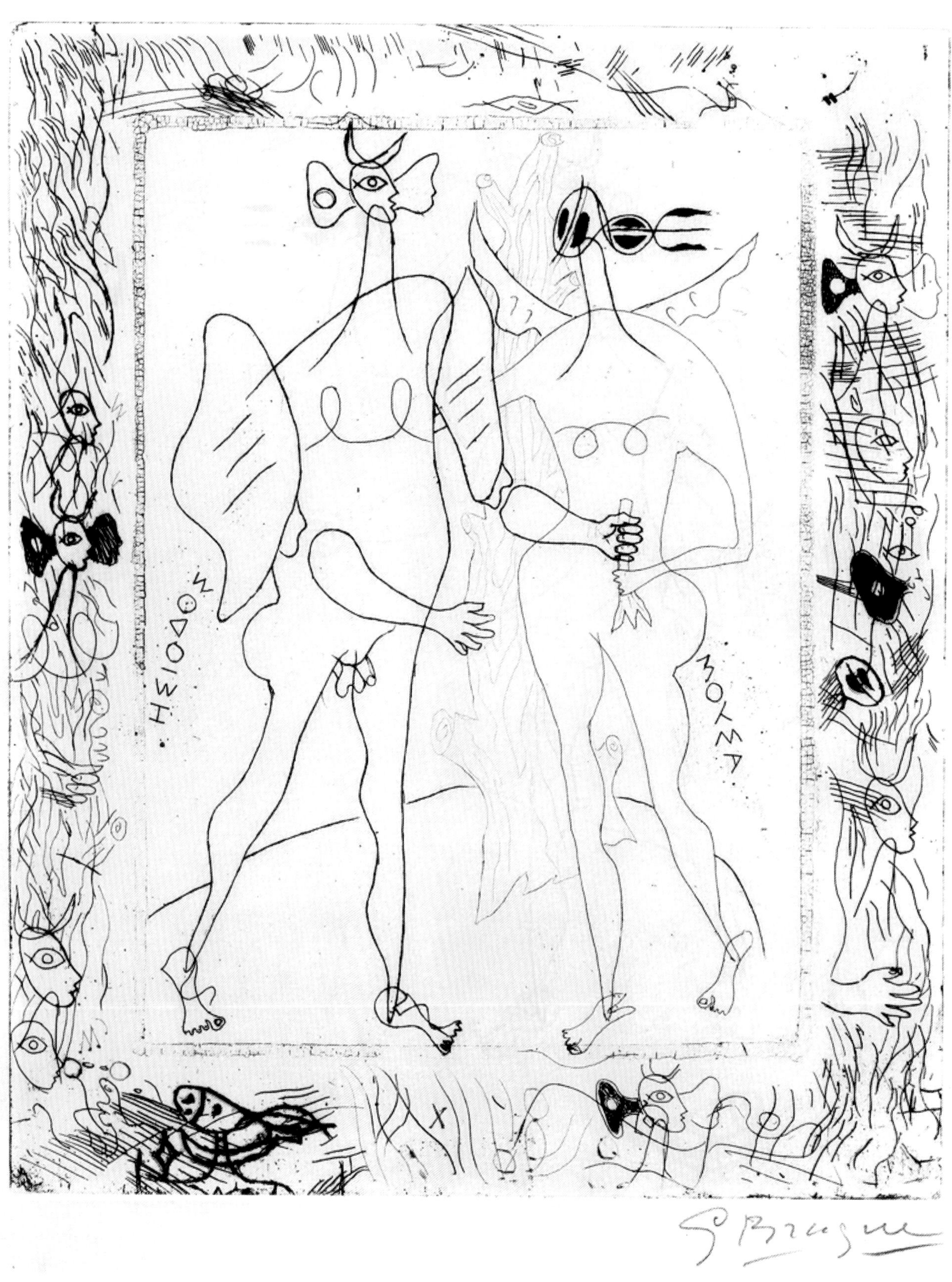

Hésiode et la Muse

Planche I

Heidegger, voyage en Grèce et retournement moderne

FRÉDÉRIQUE TOUDOIRE-SURLAPIERRE

> « La Grèce est toujours le rêve et tout nouvel élan de la pensée vit en elle. »
> Martin Heidegger, *Correspondance à Erhart Kästner.*

« Pour aller en Grèce nous devons nous munir d'une ample moisson de pensées et de toute une avance de ressources poétiques afin d'en recevoir alors l'incomparable surcroît : la surprise devant l'entrée en présence à l'état pur[1]. »

Le premier voyage en Grèce de Martin Heidegger fut tardif, différé à plusieurs reprises, il nécessita plusieurs années de préparation, sans doute parce qu'il appréhendait de s'y rendre : « il est vrai qu'une longue période d'hésitation s'ensuivit due à la crainte d'être déçu »[2] déclare-t-il en commençant son journal. Au début de l'année 1962, la virtualité se transforma en actualité, Martin Heidegger offrit le voyage à sa femme à l'occasion de son soixante-dixième anniversaire. Ce cadeau prit la forme d'une croisière, ils partirent de Venise pour rejoindre le Péloponnèse, la Crète et Rhodes, la mer Égée et Délos, puis Athènes, Égine, Delphes… Ce voyage *touristique*[3] paraît bien conventionnel et peu original ; doublement topographique, il est autant affaire de géographie que de *topos*. Est-ce à dire que le voyage en Grèce du monde moderne se suffirait (se limiterait) à un certain nombre de haltes, de visites et d'étapes, une juxtaposition de lieux où le lu *colore* le vu – un vu forcément déceptif par rapport au lu – la Grèce rêvée et imaginée restant à l'écart du panorama qu'offre la Grèce des modernes ?

« La patrie d'Ulysse ? Cette fois encore beaucoup de choses ne collaient décidément pas avec l'image que j'avais sous les yeux depuis le temps du lycée de Constance où j'avais abordé la lecture d'Homère guidé par les conseils d'un excellent professeur. À nouveau, comme dans le port de Céphalonie, manquait cet élément grec dont les traits s'étaient précisés au fur et à mesure des études ultérieures et à la faveur d'une explication approfondie avec la Grèce antique : non pas un paysage idéal mais un monde parlant avec toujours plus d'insistance et ébranlant les opinions qu'on s'en fait habituellement ; pas non plus un tableau d'histoire englobant tous les domaines de vie et toutes les époques historiques de la Grèce – plutôt l'appel, l'invitation permanente à conférer au *Dasein* grec tout entier sa physionomie spécifique. Allez savoir ce qui irait s'en manifester à Ithaque[4] ? »

Cette arrivée sur Ithaque montre bien comment *apparaissent* la circonspection, les réticences et les « résistances[5] » de Heidegger vis-à-vis de ce voyage et de ce qu'il découvre. « Était-ce déjà pour de bon la Grèce ? Ce qui avait été pressenti et attendu n'apparut pas. Étaient-ce les représentations apportées avec nous qui étaient excessives et en porte-à-faux ? Tout avait plutôt l'air d'un paysage italien »[6]. Ses craintes sont à

C'est volontairement sous le signe de la *Théogonie* d'Hésiode illustrée par 16 eaux-fortes de Georges Braque en 1932 (dite suite Vollard C) que nous avons choisi de placer cet article. Cette suite a été donnée par Maurice Jardot au Musée d'art et d'histoire de Belfort où elles sont conservées. Outre les passages philosophiques de la nuit au jour, de l'informe à la forme qui ne sont pas sans relation avec la pensée du séjour en Grèce de Heidegger, il nous a semblé opportun d'indiquer ainsi, qu'aux différentes modalités de l'écriture grecque sa pulsion scopique et son profond désir de voir avaient séduit non seulement le philosophe lors de ce voyage redouté et souhaité ainsi que de très nombreux artistes et écrivains.

prendre au sens littéral du terme, elles sont le signe d'une *appréhension* modifiant son approche et sa vision de la Grèce : « Comme si la " Grèce " (" *Griechenland* ") n'avait pas déjà été assez souvent décrite de façon pertinente à maints égards et avec compétence. (…) Jamais d'un bout à l'autre du voyage ne m'est venu à l'idée de contester que des gens aient le droit de prendre plaisir à ce genre de voyage en Grèce. Mais jamais non plus ne m'est sorti de l'esprit la pensée qu'il ne s'agit pas seulement de nous et de nos impressions de Grèce – mais de la Grèce elle-même[7] ». Cela signifierait-il que la Grèce se définirait par cette manifestation, par ces apparences et par cet apparaître-là ? Il nous semble que non, car il ne s'agit pas de voir ou de distinguer la Grèce mais de méditer sa conceptualisation visualisée. La Grèce des modernes – qui *n'est pas* la Grèce moderne[8] mais la façon dont les images de ce pays s'élaborent (se construisent) par les modernes, la façon aussi dont ceux-ci la représentent et la visualisent – est une succession de *passages obligés*, elle *surimpose* (elle *surexpose* également) les paysages et les monuments ; parce qu'elle est un patrimoine culturel fondamental et essentiel, elle est affaire de *succession* :

> « Le bruit court que nous n'en avons pas fini avec les Grecs et que leur part, dans une anthropologie englobant l'histoire, serait à la mesure de leur présence, insidieuse ou déclarée, dans un savoir partagé trois siècles déjà avant que ne surgisse, héros hégélien de l'odyssée phénoménologique, le Grec traçant la voie hauturière de la conscience naturelle à la conscience philosophique[9]. »

La question qui se pose est non pas *que* mais plutôt *comment* hériter de la Grèce, *comment* lui succéder ? Comment un lettré, un intellectuel, un philosophe rendent-ils visite à la Grèce moderne ? Que cherchent-ils, que veulent-ils ou plutôt que peuvent-ils bien reconnaître ? Pourquoi venir voir ce qui n'est plus visible, à l'instar de cette visite de Heidegger – littéralement *égaré* par ce qu'il voit – au labyrinthe crétois : « Énigmatique, tout l'est et notamment le signe de la double hache[10] » ? Pourquoi s'inscrire dans l'anonymat du motif attendu, rebattu et commun du voyage en Grèce ? Pour le dire un peu différemment, à quoi sert un voyage en Grèce dans ces « chemins qui ne mènent nulle part » ? Dans quelle mesure peut-on avancer que son voyage serait une topographie de trajets intellectuels qu'il a pu qualifier de *Holzwege*[11] ? Et, parce qu'il s'agit pour nous de lire le voyage en Grèce de Heidegger, que nous offre *encore* cette vision de la Grèce des modernes – c'est-à-dire telle que la modernité la *voit* ?

LA GRÈCE « AD MODERNITAM » ?

> « Trouverons-nous jamais le domaine que nous cherchons ? Nous serait-il accordé de le trouver pour peu que nous visitions le pays des Grecs tel qu'il subsiste et que nous allions saluer sa terre, son ciel, sa mer et ses îles, ses temples abandonnés et ses théâtres sacrés[12] ? »

Qu'est-ce que cela *fait* d'aller en Grèce pour un Européen, qui plus est Allemand, qui plus est philosophe ? Qu'est-ce que cela *crée*[13] ou *produit* d'un point de vue conceptuel – de reconduire les mots à leur terre natale, de *situer* les concepts face au paysage qui les incarne et les extériorise à la fois ? Que nous révèle ce voyage de la Grèce des modernes, quels rapports les modernes entretiennent-ils avec la Grèce, à quelles représentations, à quels fantasmes et à quels rejets les modernes associent-ils l'image de la Grèce ? À quoi (à qui) ce pays ramène-t-il Heidegger, à quels référents culturels, à quelles modalités linguistiques, littéraires, psychiques et intellectuelles ? Quelle méthodologie emprunte-t-il, ou pour le dire un peu différemment quel chemin emprunte celui qui emprunte la voie grecque ? Heidegger dévoile ses propres configurations mentales quand il *pense* la Grèce qu'il voit ; significativement il ne se

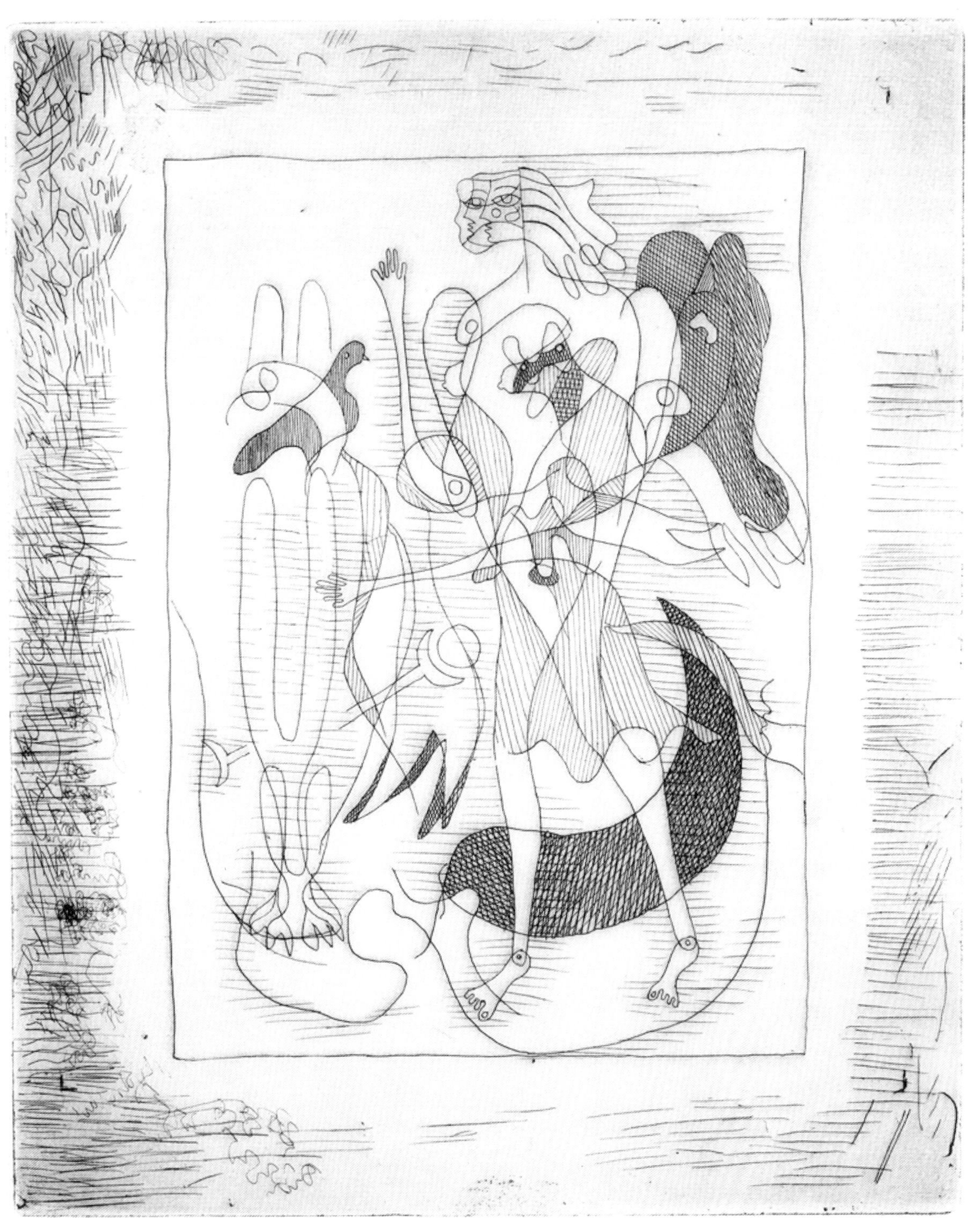

Divinité non identifiée
Planche 9

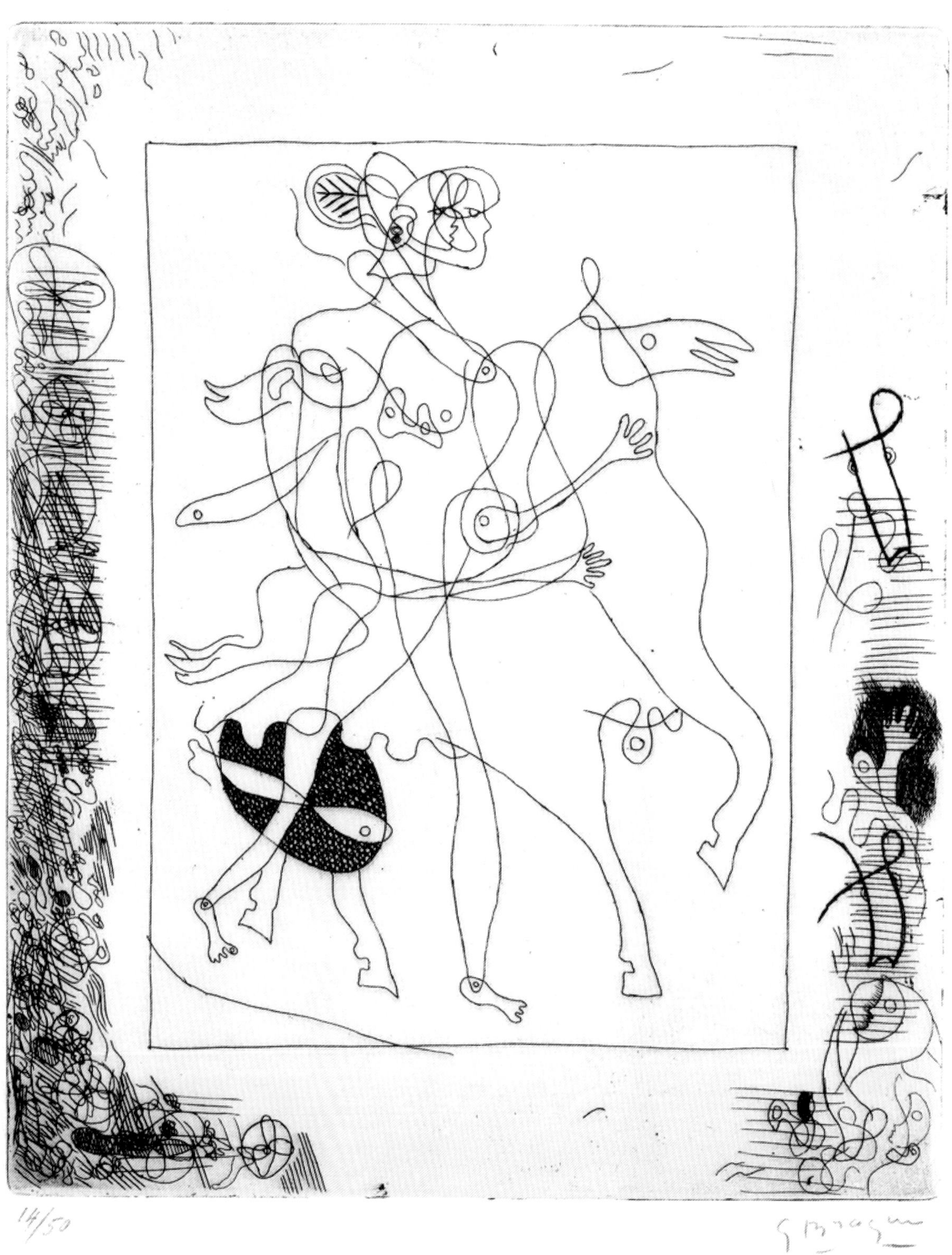

Bellérophon et son cheval Pégase

Planche 10

demande non pas tant *à quoi* cela fait penser (ni même ce que cela fait imaginer) mais bien *comment* : « Mais d'où cela venait-il[14] ? » « Pourquoi ne pas s'en tenir directement à ce qui se voit pour le raconter en le décrivant simplement[15] ? » L'expression de « chemin de pensée », à laquelle Heidegger a recours dans son journal, révèle l'importance de la bifurcation, de l'errance, du zigzag, du va-et-vient de l'idée dans/pour sa propre réflexion. Sa pensée *chemine* intérieurement, à l'instar du titre de son recueil *Unterwegs zur Sprache* (*Acheminement vers la parole*, 1959) et il ne nous paraît pas fortuit que les métaphores géographiques abondent dans ce récit de voyage, elles sont autant de translations et de transpositions non pas tant de sa pensée que de sa *façon* de réfléchir[16]. Les cheminements de sa réflexion *se font* d'avancées et de retours, d'errements mais aussi de points de chute : « Comment trouverons-nous ce domaine d'attente ? Ne le trouverons-nous que si, au lieu de controuver des superfluidités, nous nous mettons à sa recherche ? Qui nous montrera le chemin ? Qu'est-ce qui nous aiguillera vers le domaine recherché[17] ? » Les observations, allusions et pensées avancées au gré des différentes étapes de ce voyage sont autant d'empreintes et de traces grecques du philosophe allemand, révélant sa *place* dans son imaginaire et dans son univers psychique, mais aussi sa *fonction* dans son propre itinéraire philosophique. Il ne nous importe pas seulement de montrer les pensées d'un philosophe *voyageant* en Grèce, mais aussi de voir – de comprendre – comment il pense, c'est-à-dire ce qu'il voit, ce qu'il reconnaît et ce qu'il découvre de ce paysage culturel, lumineux et pensif qu'est la Grèce. Lorsque Heidegger découvre ce pays, il est un penseur confirmé, il a *réalisé* sa pensée et exposé la plupart de ses théories et de ses concepts philosophiques, de sorte que la Grèce ne correspond pas à un voyage de formation, mais elle constitue plutôt un point de mire (une ligne d'arrivée) dans son parcours, elle est une « expérience (…) déterminée d'avance par l'horizon chaque fois actuel de celui qui l'éprouve et bornée en conséquence »[18].

Se rendre en Grèce pour Heidegger, c'est « prendre le chemin de ce domaine entrevu à travers des années d'assidue méditation[19] », c'est « regagner le commencement[20] » : son voyage n'est pas seulement un divertissement mais une excursion éthique, il provoque un déplacement métaphysique des idées et des concepts philosophiques tant cet *excursus ontologique* lui permet de reconduire les termes grecs à leur terre *originelle*[21]. Par ses commentaires, et par la tournure intellectuelle de son *récit de voyage*[22], la Grèce de Heidegger configure et ordonne une pensée médiatique et médiatisée, c'est-à-dire un ensemble d'images connues, ou plutôt qui donnent l'illusion de *reconnaître* la Grèce, d'où l'expression de « retournement natal » qu'utilise Hölderlin à propos des tragédies grecques et que réemploie (réinvestit) Heidegger dans son récit. « En silence un remerciement s'adresse à Hölderlin dont les traductions ont changé la parole grecque en la nôtre[23] ». Avec Heidegger, ce retournement est un *retour réflexif*, il est une *réorientation* de la pensée, il lui donne un lieu et par là même un « lieu d'être » :

> « Penser la pensée des Grecs comme les Grecs ont pu la penser, ce n'est pas pour donner du monde grec, en tant qu'humanité passée, une image historique en quelques points plus exacte, c'est mettre en évidence - ce qui, dans un tel dialogue, aimerait venir à la parole, (…) c'est cela, qui porte l'aurore de la pensée à son destin occidental. - C'est conformément à ce destin que les Grecs deviennent seulement les Grecs au sens historial[24]. »

La Grèce de Heidegger révèle ce passage du sens de l'observation au sens de l'orientation et on peut entendre la visée ou en tout cas la quête herméneutique de ce voyage dont les différentes étapes stigmatisent les égarements d'une *possible* accession à la recherche de la vérité : « toute décision se fonde sur un non-maîtrisé, sur quelque chose de secrètement égarant : autrement elle ne serait jamais décision[25] ». L'expérience de Délos transforme le voyage en Grèce de Heidegger en séjour (*Aufenthalt*) parce qu'elle ouvre sur la vérité : « C'est qu'elle est elle-même le domaine de l'abri d'où l'étant se déclôt, qui accorde séjour : à la φυσιϛ [*physis*, nature], au pur surgissement abrité en soi des montagnes et des îles, du ciel et de la mer, de la végétation et de la faune, au surgissement par lequel chaque étant apparaît chaque fois avec sa figure rigoureusement profilée mais non moins libre et douce. Dans le séjour accordé ainsi par l'Αλη-θεια[26] apparaît aussi l'εργον [*ergon*, œuvre, produit], toute formation et toute construction faite de main d'homme. Dans le séjour accordé ainsi apparaissent les mortels eux-mêmes et ils y apparaissent en vérité comme ceux-là qui correspondent à l'ouvert sans retrait, dans la mesure où ils mettent ce qui apparaît en lui au premier plan en le prenant véritablement pour ce qui entre de telle ou telle façon en présence[27] ».

Il n'est pas fortuit que le titre du récit de voyage de Heidegger – *Aufenthalt* – soit problématique et polysémique : proche d'une « installation sur le passage », « avec son radical *halt*, du verbe *halten*, tenir, se tenir, (d'où le sens dérivé de s'arrêter, marquer un arrêt) *Aufenthalt* suggère un suspens dont séjour ne donne malheureusement pas idée », le mot est à comprendre en rapport avec le *savoir* et le cognitif, il « requiert de se poster, se tenir à la bonne place pour " voir clair dans ce qui est " ». Le " séjour " en question ne se réduit pas à une simple interruption dans un déplacement mais il se charge d'attente, d'étonnement, de posture d'aguets. Être au monde, ce n'est pas simplement être quelque part, c'est y prendre place, y trouver sa place[28] ». *Séjour* opère, à l'instar de l'enjeu existentiel (éthique) dont Heidegger le motive, *appelant* l'au-delà du sens géographique du terme : l'au-delà pour un Allemand n'est-ce pas ce « pays des dieux que fut l'ancien pays des Grecs[29] » ? Ce terme permet ainsi à Heidegger de penser son voyage en Grèce : ce qu'il peut en concevoir mais aussi la façon dont il le médite, ce à quoi il sert pour sa réflexion intellectuelle. *Aufenthalt* signifie *comment* Heidegger fait du séjour un cheminement moins visuel ou touristique qu'intérieur et existentiel, ou plus exactement la façon dont le séjour mime la progression de la pensée. Le regard de l'Allemagne sur la Grèce passe par un prisme identitaire, et la modernité, ou plutôt sa place (sa fonction et ses enjeux) joue un rôle important dans la vision que le philosophe allemand se fait du voyage en Grèce. « Ce qui caractérise les modernes comme les Grecs, c'est cette tendance constante de la nature humaine que Hölderlin, en suivant Schelling, nomme " tendance formatrice (*Bildungstrieb*)[30] ". Parce qu'il « est impossible de procéder à un examen pour savoir si notre pensée répond à celle des Grecs, et dans quelle mesure[31] », la Grèce se présente à *contre-courant* de la modernité : « la Grèce actuelle peut faire obstacle à l'ancienne et l'empêcher d'apparaître dans toute son originalité ; hésitation renforcée par le doute, toute la pensée consacrée à la terre des dieux enfuis pouvant n'être qu'une pure invention, le chemin de pensée se révélant dès lors comme une aberration[32] ». Née d'un patrimoine littéraire, philosophique et culturel, une généalogie de la Grèce s'élabore au gré des mouvances, mouvements et influences, des filiations, héritages (plus ou moins assumés) et générations, autant de notions que la modernité remet justement en cause : tout héritage est *contestable* en ce qu'il entend (intègre) sa propre contestation. Alors que ce rapport, *a priori*, se présente comme fondamentalement antagoniste dans la mesure où la Grèce (son patrimoine, son savoir, ses penseurs) s'inscrit *contre* la modernité, l'idée même de voyage est *translatio*, un déplacement métaphorique qui fait écho à la modernité : le voyage en Grèce est un « autrement dit » qui explicite la *dé-marche* (comme un mouvement pris à revers) du philosophe. Palimpseste existentiel et géographique, le voyage en Grèce signifie la façon dont les savoirs s'expriment, se transmettent et se déplacent *au passé* – ce que symbolisent les mots en grec dans le journal de Heidegger. Par là même, il restitue la façon dont le savoir grec *œuvre* en lui : celui-ci advient et transporte, motivant le déploiement et le déroulement de la pensée. La portée du séjour n'est pas seulement topologique, elle est aussi anthropologique, épistémologique et phénoménologique. « Savoir, écrit Heidegger dans *L'origine de l'œuvre d'art*, c'est avoir-vu, au sens large de voir, lequel est : appréhender, éprouver la présence du présent en tant que tel.

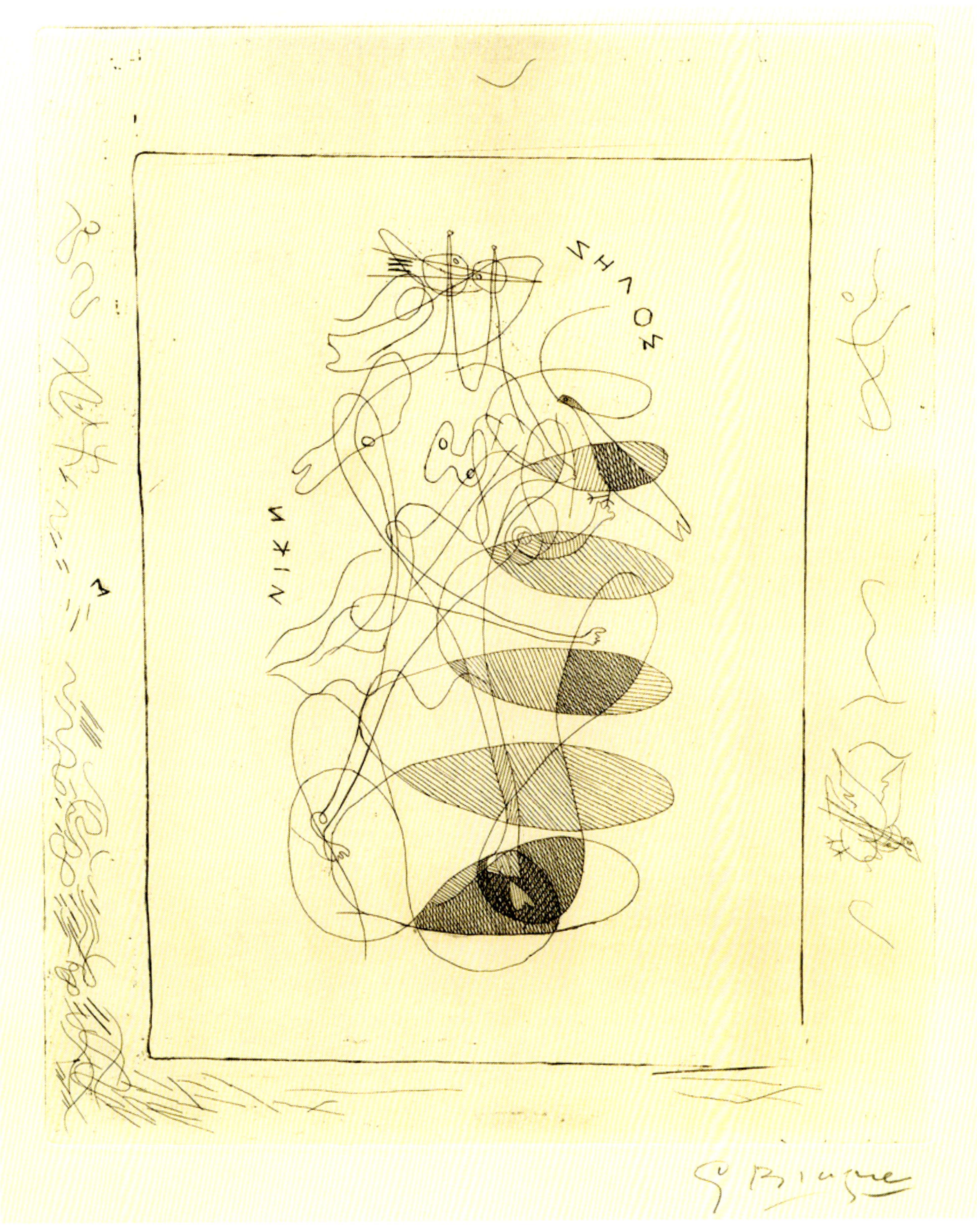

Niké et Zélos, frère et sœur dans la mythologie

Planche II

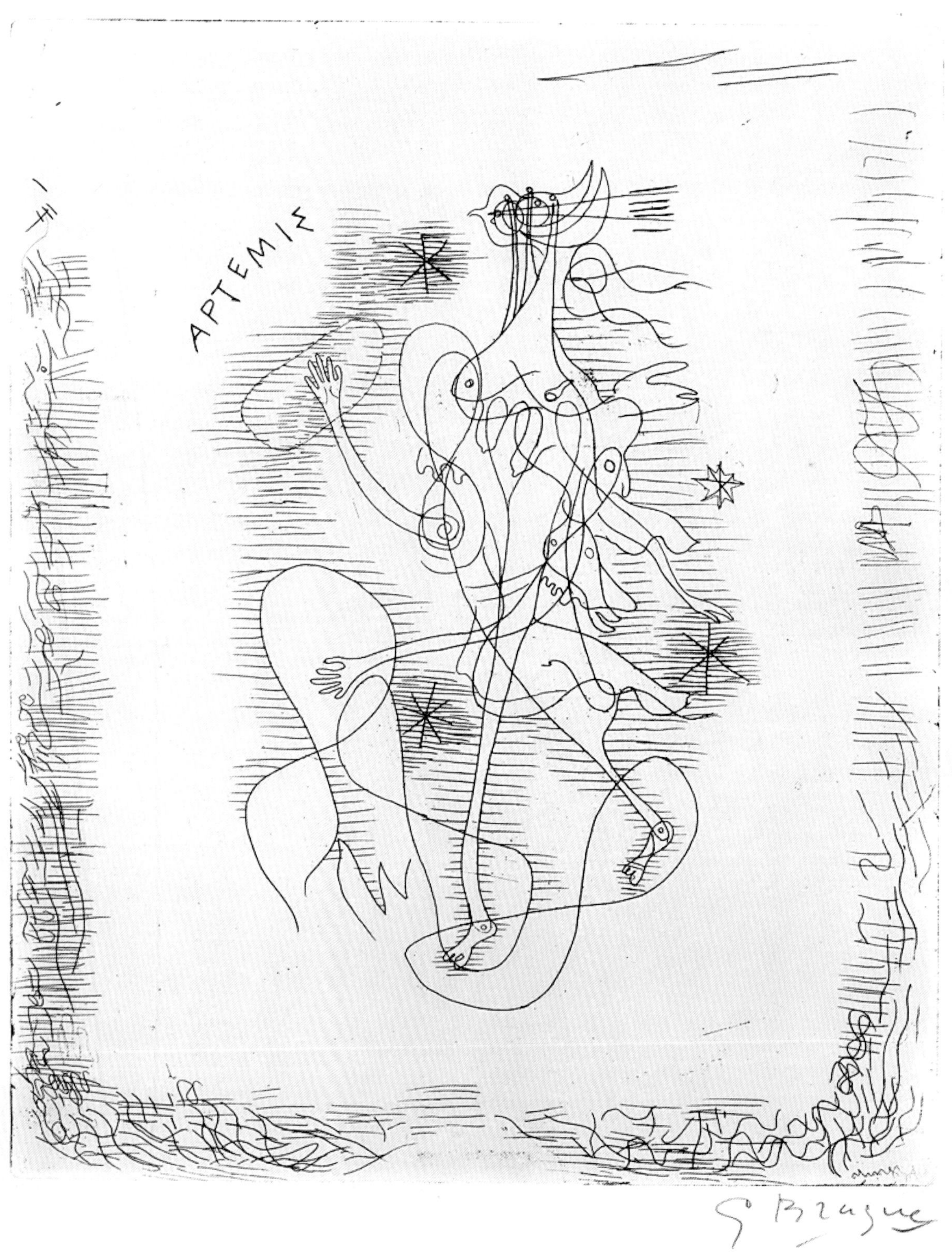

Artémis éclaire la nuit

Planche 14

L'essence du savoir repose, pour la pensée grecque, dans l'$A\lambda\eta\theta\varepsilon\iota\alpha$, c'est-à-dire dans la déclosion de l'étant. C'est elle qui porte et conduit tout rapport de l'étant. La $\tau\varepsilon\kappa\nu\eta$ [*technè*, art, savoir-faire] comme compréhension grecque du savoir est une production de l'étant, dans la mesure où elle fait venir, et produit expressément le présent en tant que tel hors de sa réserve, dans l'être à découvert de son visage ; jamais $\tau\varepsilon\kappa\nu\eta$ ne signifie l'activité de la pure fabrication[33] ». Or parce que la technique réunit le stylistique et le mécanique, elle *s'apparente* pour Heidegger à la modernité : « Si donc la violence du monde moderne n'entretenait pas un rapport énigmatique avec la fuite des dieux telle qu'elle a jadis eu lieu, alors nous qui cherchons, face à l'extrême péril où nous met l'éventualité de la pure et simple destruction de l'homme par lui-même, un moyen de salut, nous n'aurions pas besoin de remonter loin dans la mémoire jusqu'à l'absence des dieux enfuis, ni de penser à préparer le domaine de leur arrivée sous une figure modifiée[34] ». La technique est un *savoir-faire moderne* où les deux verbes résonnent séparément et simultanément : la Grèce prend *difficilement* place dans la modernité pour Heidegger, comme le montre l'arrivée sur Delphes où l'intertexte (la référence et la citation du poème de Hölderlin « Grèce ») entre littéralement en collision avec la vision :

> « Mais déjà à l'entrée du village la vue des hôtels modernes alignés au bord de la route fit l'effet d'une fausse note et rompit le charme. Toutefois, le temps que nous parvenions jusqu'à la fontaine Castalie, une lueur de pleine consécration s'était à nouveau étendue sur le lieu. Mais d'où cela venait-il ?
> Non des restes des temples et trésors et des constructions s'étendant sur toute la hauteur des pentes mais, au contraire, du grandiose de la contrée elle-même. Bien que les Phédriades, les Brillantes d'apparence, eussent réduit pour la journée leur rayonnement, toute bâtisse humaine était peu de chose à côté des murailles toutes crevassées qu'elles dressaient à pic, à côté de la gorge qui béait entre elles dans la pénombre et ne faisait qu'un avec la sombre dépression où s'étendait en longueur la vallée du Pléistos[35] ».

Dès lors, où donc chercher « le propre de la Grèce », « son originalité » ? Cette quête, « bien loin de faire changer de direction, c'est-à-dire de détourner du voyage en Grèce et de bloquer l'expérience immédiate, s'ouvre plutôt directement à ce qui est attendu, dans la mesure où celui-ci est tenu en rapport avec le monde actuel, au lieu d'être seulement estimé à l'aune des impressions individuelles[36] » : non seulement la Grèce antique ne peut être vue qu'au *prisme* de la Grèce moderne, mais il est difficile pour le philosophe de distinguer l'intime et le vu de l'intertexte, du savoir et de la culture grecques – qu'elle soit hellénique à strictement parler ou qu'elle s'en inspire. De même qu'il avait ouvert son journal par une citation du poème de Hölderlin, *Pain et vin,* vers qui interrogeaient la place des vestiges grecs : « Mais les trônes, où ? les temples, et où les récipients, / Où de nectar remplis, au plaisir des dieux le chant ? / Où, où parlent-ils donc par éclairs les aphorismes à lointaine portée ? / Delphes sommeille et où bruit le grand destin ? », de même au moment de conclure, Heidegger cite et s'appuie sur la dernière strophe du poème de Hölderlin : « Où est ton Délos, où est ton Olympie[37] ? ». Significativement les derniers mots de son journal sont *Aufenthalt überlassen*, où la « mémoire du séjour », « *Andenken an den Aufenthalt* », « s'attache au séjour habité jadis par les Grecs[38] ». La Grèce est un espace topographique de la mémoire que le voyage sert à révèler en s'opposant à la technique moderne de pensée à laquelle renvoie « la construction des hôtels modernes[39] ». Fustigeant les touristes qui photographient les monuments, parce qu'« ils évacuent leur mémoire dans l'image de production technique[40] », Heidegger dévoile des exemples significatifs et visuellement éloquents de la Grèce des modernes dans leur rapport antagoniste au vestige et à la mémoire : « blotti au sein de l'insularité qui est la sienne, le lieu de naissance de l'Occident et de l'âge moderne demeure remis à la mémoire du séjour[41] ». La modernité est la motivation « mémorielle » du séjour en Grèce de Heidegger, elle substitue à l'appréhension d'une temporalité vécue comme un déroulement (paradigmatique) un temps-palimpseste (syntagmatique) : face à l'importance toujours croissante de la technique moderne, « faire mémoire de ce qui est propre au monde grec est une occupation de tour d'ivoire. Du moins à ce qu'il semble[42] ». Or le terme *Gestell* permet à Heidegger de reconduire la modernité « à partir de l'entendre, qui est la " perception grecque ", jusqu'à la constitution de tout en une ferme sûreté[43] ». Il signifie « armature » ou « squelette », mais Heidegger en appelle plutôt aux sens d'« appareil et appareillage », le rapprochant de l'idée de technique. Dans *L'origine de l'œuvre d'art*, celui-ci le définit comme « le rassemblement de la production, du laisser arriver au relief d'une présence dans le tracé comme contour », il est « l'essence de la technique moderne[44] ». *Gestell* renvoie donc à un dispositif grec, plus précisément encore ce terme est la conceptualisation d'une « mise *en* dispositif, à moins qu'il ne faille dire la mise *sous* dispositif de l'étant en totalité[45] ». La modernité de son voyage vient de cette « déconstruction du grec[46] » qu'il a effectuée et qu'il peut maintenant visualiser. En faisant dépendre l'interprétation de termes grecs aussi bien du voyage *que* de la traduction, Heidegger détourne « le sens que la tradition-traduction-trahison latine fait subir aux mots où s'exprime à vif la pensée grecque[47] ».

PRISES DE VUE : LA GRÈCE EN TRADUCTION

> « Les Grecs considéraient la langue optiquement, c'est-à-dire du point de vue de l'écriture. C'est là que le parlé prend stature. La langue est, c'est-à-dire se tient debout dans les signes de l'écriture et les lettres, γραμματα [*grammata*]. C'est pourquoi la grammaire représente la langue selon son être d'étant, tandis que par le flux des paroles la langue se perd dans l'inconsistant[48]. »

Par son voyage, Heidegger entend réfléchir ce que la Grèce comporte *visuellement* de méta-linguistique, il éclaire à la lumière grecque des mots ou plutôt des concepts qu'il aime – et nous aussi – déclarer intraduisibles : *Dasein*[49], *Gestell* ou encore *Aufenthalt*, ce que Paul Ricœur nomme « les maîtres-mots, les *Grundwörter* », ces mots qui « sont eux-mêmes des condensés de textualité longue où des contextes entiers se reflètent, pour ne rien dire des phénomènes d'intertextualité dissimulés dans la frappe même du mot[50] ». La question qui se pose en filigrane est bien celle du rapport de l'intertexte au *comparable*[51], le voyage en Grèce est pour Heidegger une « équivalence sans identité[52] », il renvoie à la façon dont celui-ci construit des comparables qui sont l'expression même de sa propension à la conceptualisation. Cette construction s'exprime dans l'élaboration de son propre vocable : des concepts que Heidegger exprime par des « maîtres-mots » allemands mais qu'il explicite et justifie par des mots grecs. Voir et dire la Grèce pour le penseur ce n'est pas seulement croiser l'éthique, le paysage et la parole, c'est aussi montrer, comment et pourquoi, la langue grecque induit un espace pour les raisonnements philosophiques.

La Grèce de Heidegger métaphorise son fonctionnement intellectuel par la façon dont les mots grecs opèrent dans la langue allemande. « Tout le travail de Heidegger peut être assimilé à une affaire de traduction, qui n'a rien à voir avec une quelconque archéologie, avec une restauration de l'origine. Du moins est-ce en ce sens que je lis ce texte curieux qui parle d'une urgence de notre modernité technologique : « – il convient d'examiner cet état de chose. C'est en grec qu'il se laisse le plus distinctement nommer, quoique la proposition suivante ne se trouve nulle part dans la pensée des Grecs – *è odos mèpoté méthodos* – jamais le chemin n'(est) un procédé[53] ». En effet, les écritures grecque et latine divergent, « à la fluidité de la cursive grecque

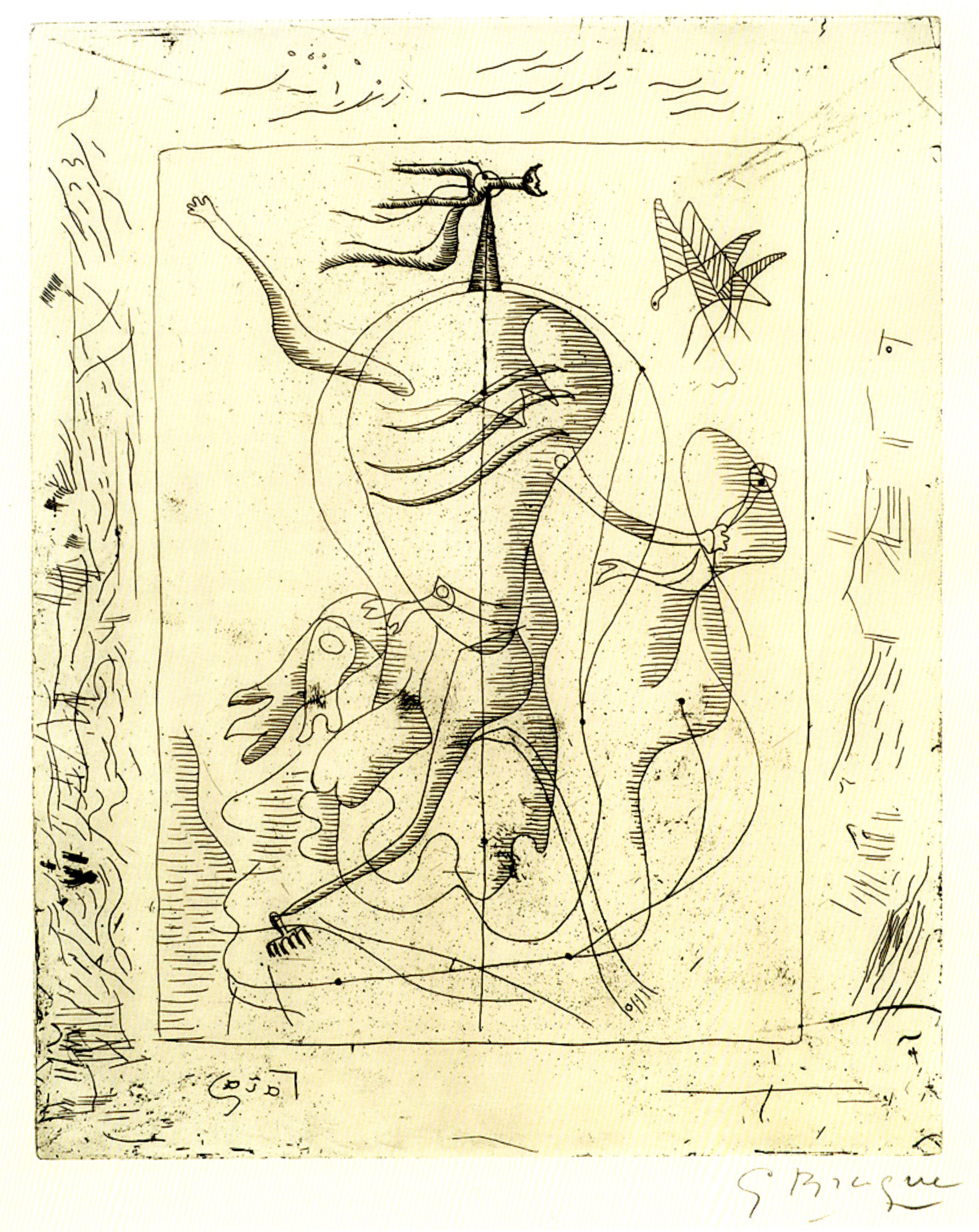

Gaia, déesse de la Terre

Planche 15

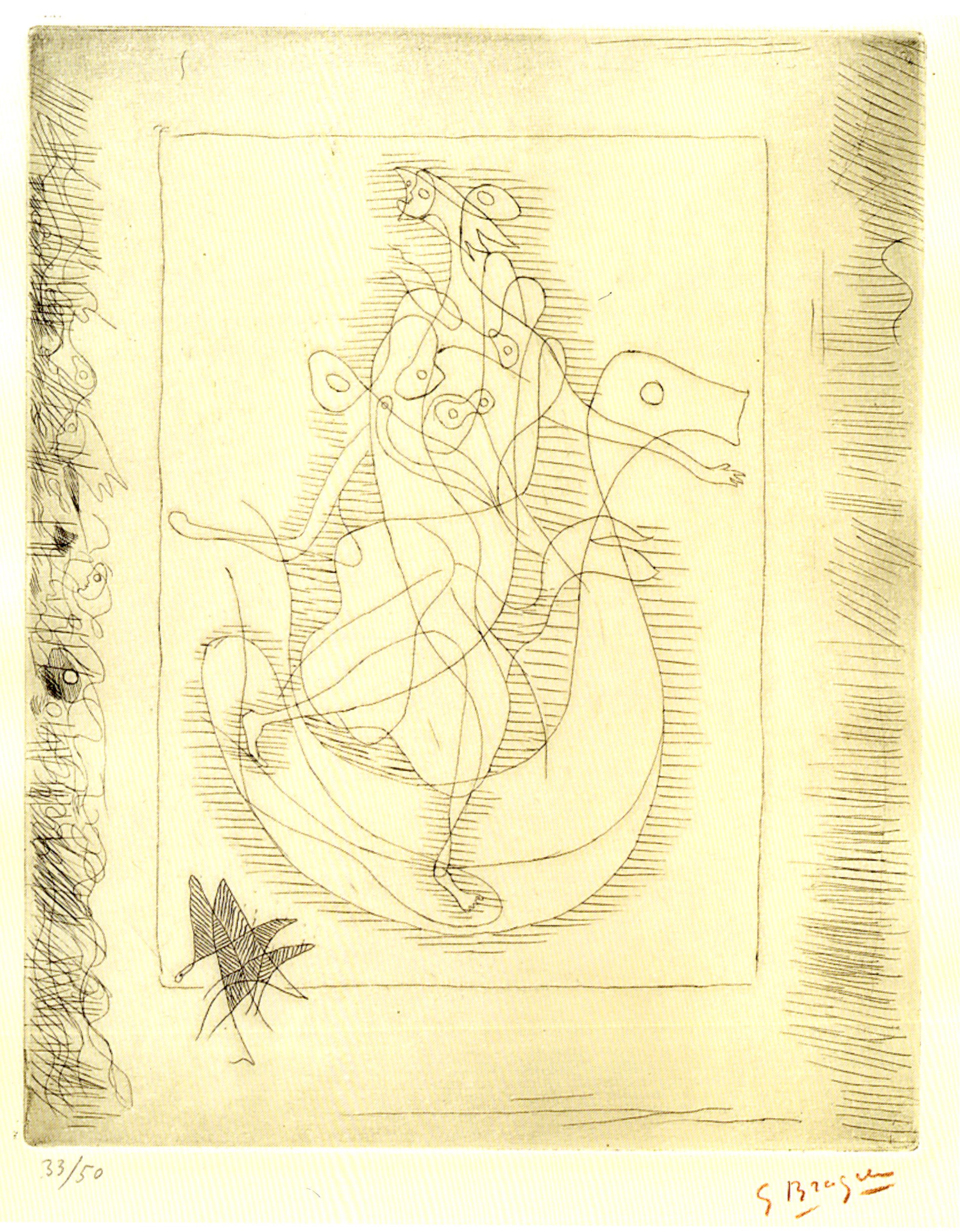

33/50

Saô, la néréide
Planche 13

s'oppose la stabilité monumentale de l'antique romaine. Et la ligne de partage est tellement signifiante qu'elle traverse toutes les régions du monde culturel ; elle décide en particulier du rapport de l'homme parlant à la langue »[54]. La remarque ne s'applique pas seulement aux problèmes de traduction que posent les termes grecs qu'il utilise, ils retrouvent leur portée originelle dans ce journal, dans la mesure où ce que le philosophe allemand visite et découvre « n'a de présence que dans la mesure où l'on peut compter sur l'élément d'une langue non parlée pour nous en procurer l'accès. Mais à ce *pays des Grecs* un don exceptionnel avait été conféré avec la langue qu'ils parlaient pour soutenir le sacré dans sa plénitude, ses menaces et l'abondance de ses grâces. Quel que soit leur goût pour la navigation, ses hommes et ses populations connaissaient encore leurs attaches et savaient les limites du monde barbare en lui préférant la résidence des lieux[55] ». Heidegger remet en cause « l'idée d'une origine comme présence perdue, ou d'une fin comme présence à venir. Dire cela c'est remettre en question et l'humanisme et le ton apocalyptique de toute pensée de la fin[56] ».

« Ce qu'on nomme tra*duction* (*Über*setzen) et paraphrase n'est jamais que la conséquence du *trans*fert (Über*setzen*) de tout notre être dans le domaine d'une vérité changée. C'est seulement lorsque nous sommes proprement livrés à ce *trans*fert que nous sommes soucieux du mot. Et c'est à partir du respect de la langue ainsi fondée que nous pouvons entreprendre la tâche plus aisée et plus limitée de traduire un mot étranger par un mot de notre propre langue[57]. »

Parce que la traduction renvoie à l'existence, ou plutôt à l'exister : « ex-ister c'est aussi bien " traduire " », c'est-à-dire « éprouver le rapport à un antérieur sans antériorité[58] », elle n'est autre pour Heidegger qu'un « transfert de l'expérience grecque en un autre univers de pensée » : « *La pensée romaine reprend les mots grecs, sans l'expérience originale correspondant à ce qu'ils disent, sans la parole grecque.* C'est avec cette traduction que s'ouvre, sous la pensée occidentale, le vide qui la prive désormais de tout fondement[59] ». Ce que Walter Benjamin appelle « la tâche du traducteur » consiste à libérer le langage captif de l'œuvre en le transposant, c'est-à-dire tout aussi bien la pensée[60]. Sa quête d'un pur langage répond à ce rêve d'une traduction parfaite, or « c'est précisément de ce gain sans perte qu'il faut faire le deuil[61] ». La Grèce pour Heidegger est l'expression *paradigmatique* de la pensée allemande en ce qu'elle fait de la traduction un problème éthique : « Abandonner le rêve de la traduction parfaite reste l'aveu de la différence indépassable entre le propre et l'étranger. Reste l'épreuve de l'étranger[62] ». Or l'épreuve de la traduction vient de cette « altercation entre les langues, l'allemand et Rome, l'allemand et le latin, voire l'allemand et le grec[63] ». Avec l'étranger (et, en ce qui concerne les philosophes, le grec en particulier), c'est « sa résistance à la traduction » qui est mise à l'épreuve. Son voyage *éprouve* littéralement l'usage de ce qui est propre, cet usage qui consiste à s'approprier ce qui est étranger. Si Homère figure le Grec par excellence, c'est parce qu'il a su faire sienne l'étrangeté, selon le principe occidental de « limitation » et de « différenciation[64] ». Or c'est par cette *captation* que Heidegger rend compte de la modernité[65] de la Grèce : « la confrontation avec l'Asiatique fut pour le *Dasein* grec une fructueuse nécessité. Pour nous elle est d'une tout autre manière et à une bien plus grande échelle décisive pour le destin de l'Europe et de ce qui se nomme le monde de l'Ouest[66] ».

Si le voyage de Heidegger répond (correspond) donc à ce qu'Antoine Berman appelle « l'épreuve de l'étranger[67] » et que Paul Ricœur qualifie de « choc de l'incomparable », c'est parce qu'il parle grec en allemand. « Parler grec : ελληνιζειν [*hellènizein*] c'est parler *en Grec*, c'est-à-dire de façon grecque : ελληνιστι [*hellènisti*][68] ». Les citations en grec ou l'utilisation de mots grecs dans son journal (comme dans ses raisonnements philosophiques) ne sont pas un prétexte à l'érudition (il serait bien cuistre), mais plutôt l'expression du *passage* de la traduction en tant qu'« élargissement de l'horizon[69] » de sa propre langue et de ses propres concepts. Heidegger montre par là même comment la parole grecque donne à réfléchir, se faisant ainsi l'écho de la complexité, des entrelacs et des détours de la pensée comme autant de rhizomes, de croisements et de bifurcations. L'agencement des mots en grec *dans* ses réflexions se confond pour Heidegger avec l'expression ontologique des méandres de sa pensée. « La langue, pour les Grecs de l'époque classique, n'est pas un système d'objectivités idéales auquel le parlant fait face, non plus qu'un instrument prêt à l'usage. La langue est une façon de se comporter au monde, de lui être instant, antérieurement et intérieurement à l'instance de discours. (…) Parler éolien, attique, dorien » sont autant de façons « d'articuler une présence au monde, des voies que l'existence s'ouvre, selon une certaine intonation culturelle[70] ». Il *est égal* pour Heidegger « de se tenir debout dans les γράμματα et de se présenter selon son être d'étant dans la grammaire qui leur doit son nom. La langue est un système institué dont le statut se manifeste visiblement dans les signes d'institution de l'écriture[71] ». Le philosophe allemand cherche dans la Grèce la présence (ou la justification) du *Dasein* : Le *Dasein* est un être-au-monde. « L'étant qui est essentiellement constitué par l'être-au-monde *est* lui-même chaque fois son " là ". Selon la signification familière du mot, le " là " indique : (…) "ici" et "là-bas" ne sont possibles qu'en un " là ", c'est-à-dire que s'il est un étant qui a, comme être du " là ", ouvert de la spatialité. Cet étant comporte en son être le plus propre le caractère de l'extériorité. L'expression " là " suggère cette essentielle ouverture[72] ». Le « le-là » du *Dasein* s'approche par le séjour qui se dévoile comme une modalité d'être au monde : est-ce à dire qu'il y aurait une façon d'être au monde comme on traduit une langue, et que le voyage en Grèce ne serait pas seulement une modalité culturelle et touristique, mais également pensante d'être sur (dans) le monde, de saisir comment on peut concrètement l'habiter ? L'adverbe « là » de l'être-là du *Dasein* renvoie au lieu d'ouverture où le terme prend son sens par son *extension* même : le « là » du Dasein est la visée, il est ce que l'on vise[73]. Le voyage en Grèce donne à réfléchir sur les rapports, les infléchissements et les interactions qui existent entre le *Dasein*, l'espace et la langue originelle : avec Heidegger, il est lié au principe de l'*avoir-lieu* au sens littéral de l'expression, l'être (existant) est ce qui possède avec le *lieu* un rapport qui n'est pas seulement circonstanciel, biologique ou alimentaire mais qui implique une nécessité, une *raison d'être* intellectuelle ou existentielle : parce que le *Dasein* grec se dévoile par la réunion d'un domaine, d'une essence et d'une représentation. La Grèce est le lieu où « le monde moderne se pose de lui-même dans un espace échappant à la représentation », l'essence moderne de la représentation, qui amène devant soi en ramenant à soi, passe par la convocation abstraite et intellectualisée d'images grecques, ce que Heidegger appelle les « images conçues[74] ».

LA GRÈCE : QUAND LE TOURISTE FAIT SON APPARITION

Si Heidegger utilise à plusieurs reprises dans son journal l'expression de « *Dasein* grec (*das griechische Dasein*)[75] », voir et approcher « le propre du *Dasein* grec » n'est pas si simple, à moins que ce ne soit trop facile… celui-ci préfère ainsi ses souvenirs de lecture (Héraclite, Eschyle, Platon, Pindare ou Homère, mais *surtout* Hölderlin[76]) aux visites guidées. Il évite certaines visites (parmi les plus célèbres ou les plus attendues) et reste dans le bateau ; il se dérobe au circuit culturel et choisit le palimpseste dialogué : « La journée entière se passa à dialoguer avec Héraclite jusqu'au soir où des visiteurs s'en revinrent enthousiastes de Lindos dont j'avais manqué d'aller voir l'acropole bâtie en forme de terrasse dominant de haut la mer[77] ». Mais éviter, fuir ou esquiver rappelle Derrida, c'est dire sans verbaliser (c'est dire en détournant le dire, ce que fait Heidegger avec les mots grecs), c'est aussi empêcher d'apparaître. Or la force pensive du voyage en Grèce est révélée par sa visualité et sa phénoménalité. Heidegger s'en approche par des allusions et des commentaires sur le pays et sur ces « lieux de mémoire »,

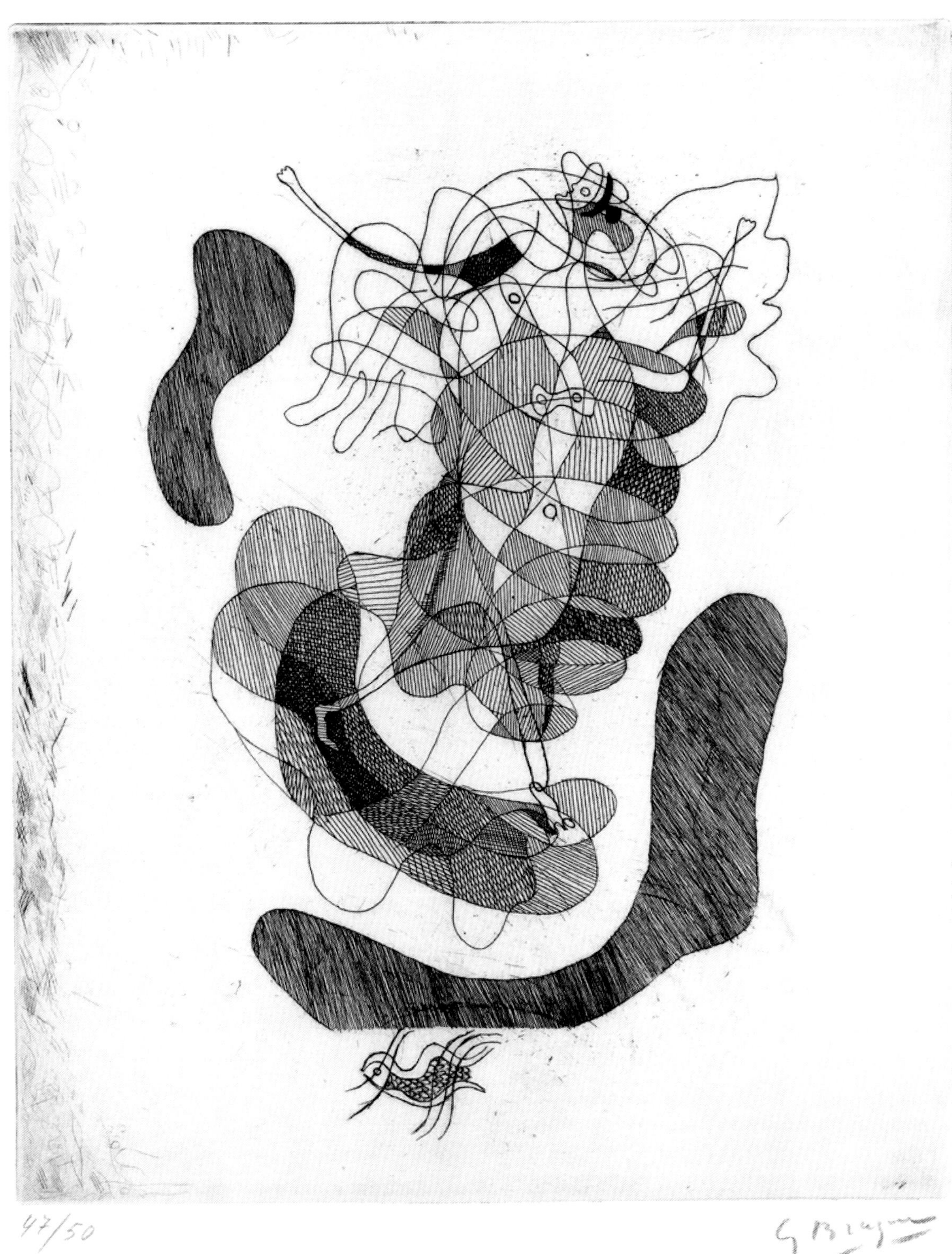

Allégorie de la Nuit

Planche 2

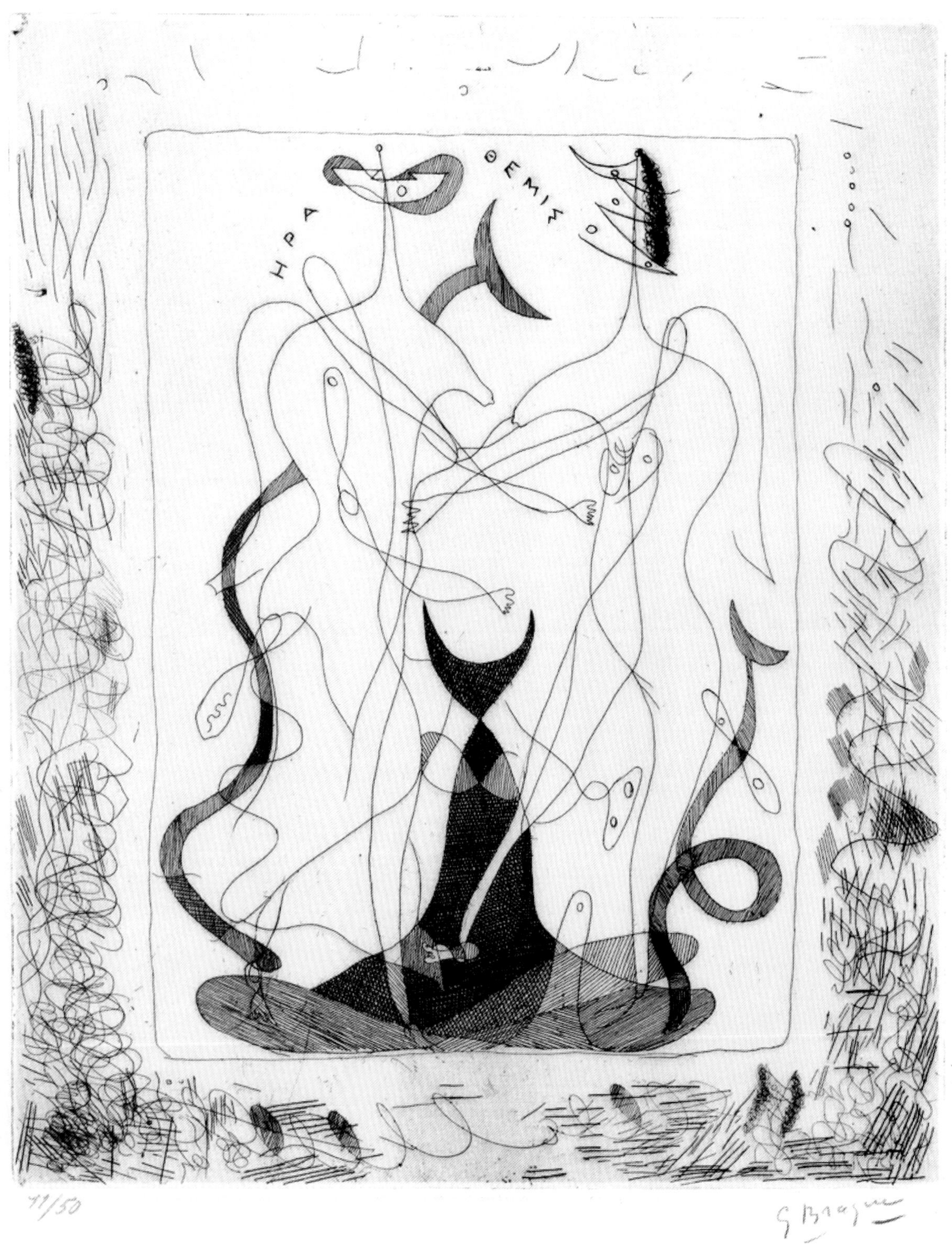

Thémis, déesse de l'Équité

Planche 4

par des réflexions sur les modalités et les configurations d'un voyage qui n'est pas touristique (même s'il en reprend les étapes et même si le voyage de Heidegger en Grèce n'est autre que l'itinéraire choisi des différentes étapes convenues d'une *découverte* du pays grec) mais éthique :

> « Grec ne signifie pas, dans notre façon de parler, une propriété ethnique (*völkisch*), nationale, culturelle ou anthropologique ; grec est le matin du destin sous la figure duquel l'être même s'éclaircit au sein de l'étant et en appelle à une futurition de l'homme qui, en tant qu'historiale, a son cours dans les différents modes selon lesquels elle est maintenue dans l'être ou délaissée par lui, sans pour autant jamais en être coupée.
>
> Le grec, le chrétien, le moderne, le planétaire et l'hespérial, nous les pensons à partir d'un trait fondamental de l'être, que celui-ci en tant qu'$A\lambda\eta\theta\epsilon\iota\alpha$, dérobe dans la $\Lambda\eta\theta\eta$ [*Lèthè*, oubli, occultation] plutôt qu'il ne le dévoile[78]. »

Ce que ce voyage en Grèce a d'*essentiel* pour Heidegger, c'est cette reconnaissance d'un paysage comme expression d'une essence, parce que la Grèce « est l'espace où se déploie l'histoire[79] », parce qu'il peut voir « la spatialité d'un espace qui est celui du *Dasein*[80] », et que « les rapports de déclosion et d'hébergement[81] » renvoient au *Dasein* grec. Ses rapprochements sont des « comparables » pour reprendre l'expression de Marcel Détienne entre le pays, le savoir, la langue mais aussi sur les enjeux existentiels de ce voyage. « Nous nous demandons quelle essence d'être les Grecs pensent, lorsque, dans la sphère des $o\nu\tau\alpha$ [*onta*, étants] ils éprouvent l'avancée et le départ comme trait fondamental de l'avent[82] ». Heidegger n'écrit pas seulement un journal de voyage, il *visite* au sens littéral du terme, en ce qu'il cherche « où rechercher ce qu'il y a de plus propre[83] » au *Dasein* grec. Il remotive ainsi la dimension éthique de l'*éthos grec*, citations d'Héraclite à l'appui : « rien n'est plus cher à l'éclosion que le retrait » ; « au spectacle qui attendait les arrivants convenait on ne peut mieux la parole que dit Héraclite (fr. 93) du dieu des Delphes : " Il ne déclôt ni ne cèle mais au contraire fait voir[84] " ». C'est surtout le commentaire de Heidegger qui nous paraît signifiant de l'enjeu phénoménologique de ce voyage : « Montrer (*Zeigen*) est une façon de faire voir (*Sehenlassen*) qui, en tant que telle, voile et préserve à la fois ce qui est voilé. Montrer de la sorte est l'événement qui caractérise le domaine de l'$A\lambda\eta\theta\epsilon\iota\alpha$, qui fonde le séjour attenant au sacré[85] ». Sa vision de la Grèce dont son journal est le récit est *apparition* en ce qu'elle est un phénomène en soi, quand « ce qui pouvait n'être qu'une construction intellectuelle prit corps, s'emplit de présence, de ce qui seul a, jadis en un éclair, accordé aux Grecs l'entrée en présence[86] ». Le *Dasein* s'exprime dans la manière dont l'espace grec *fait semblant*. Il importe moins pour Heidegger de rendre compte de ce qu'il *voit* que de ce qu'il *voit apparaître* : la dimension apparitionnelle n'est évidemment pas accidentelle, dans la pensée du philosophe allemand elle renvoie à la notion même de séjour, donnant à réfléchir sur ce qu'*est* un séjour en Grèce, sur sa signification et son engagement : ainsi, aux abords de l'île d'Égine – que Heidegger ne décrit pas, laissant la parole à Pindare qui la nomme $\alpha\lambda\iota\epsilon\rho\kappa\epsilon\alpha$ $\psi\omega\rho\alpha\nu$ (*halierkea chôran*) « l'îlot brise-lames », $\delta o\lambda\iota\psi\eta\rho\epsilon\tau\mu o\nu$ $\pi\alpha\tau\rho\alpha\nu$ (*dolichèretmon patran*) « la cité-patrie rompue aux armes », (*Olympiques*, VIII), $A\iota\gamma\iota\nu\alpha\nu$ $\pi\rho o\varphi\epsilon\rho\epsilon\iota$ $\sigma\tau o\mu\alpha$ $\pi\alpha\tau\rho\alpha\nu$ / $\delta\iota\alpha\pi\rho\epsilon\pi\epsilon\alpha$ $\nu\alpha\sigma o\nu$ (*Aiginan prophérei stoma patran / diaprepea nâson*) « la bouche proclame Égine la patrie, l'île splendide » (*Isthmiques*, V)[87] » – la vue du temple d'Aphaia lui permet de penser ensemble le séjour et l'apparition :

> « De nouveau apparut aux abords du temple ce qui a défini pour les Grecs leur séjour au monde et à l'intérieur de celui-ci leurs rapports avec ce qui entre en présence : l'$A\lambda\eta\theta\epsilon\iota\alpha$, l'abri au cœur de ce qui se déclôt.
>
> Déjà le nom de la très vieille divinité A-$\varphi\alpha\iota\alpha$ [*A-phaia*]– la non-apparaissante, se dérobant à l'apparaître, la disparaissante – nomme ce que veut dire $A\lambda\eta\theta\epsilon\iota\alpha$. Ainsi la déesse A-$\varphi\alpha\iota\alpha$ veille sur l'énigme de l'$A\lambda\eta\theta\epsilon\iota\alpha$[88]. »

Ce que la déesse Aphaia dit de la vérité (Αληθεια) est une mise en abyme du « rapport au monde de l'esprit grec[89] ». Si la Grèce est le lieu de l'apparaître, et plus encore de la façon dont la pensée peut apparaître, « qu'est-ce qui apparaît ainsi en elle ? À quoi fait-elle penser ? » Délos permet justement de *choisir* « l'ouvert sans retrait (la déclosion) en tant qu'il ne fait qu'un avec le retrait (mise à l'abri) : Αληθεια »[90]. Heidegger est venu voir – ou plutôt vérifier – que la Grèce est bien « la contrée de l'ouvert sans retrait »[91]. Cette étape de son voyage en tant qu'*événement* est révélatrice des relations analogiques qui existent entre l'apparition et la pensée, *comme* entre le paysage et le *logos* :

> « Αληθεια est le mot propre au Dasein grec, ο μυθοξ [*ho mûthos*, histoire, conte] la source du dire qui, pour la pensée grecque, trouve son développement dans le Λογοξ [*Logos*] dans le λεγειν [*legein*, dire] et le διαλεγεσυαι [*dialegesthai*, parler, discourir, dialoguer] là où ce qui entre en présence fait l'objet d'explication et de discussion. Généralement, ce λογοξ garde le trait fondamental de l'αληθευειν [*alètheuein*, dévoiler] qui lui non plus n'a pas été pensé, de ce mouvement où, dans l'horizon de l'abritement, ce qui entre en présence se déclôt en sa présence[92]. »

Ainsi, le mouvement du voyage en Grèce permet à Heidegger d'éprouver (de *phénoménaliser* pourrait-on dire) la façon de raisonner des Grecs, et de la comparer à la sienne. Les citations, allusions et références helléniques de Heidegger[93] sont des substitutions, des échanges aussi (et qui sont à réfléchir comme tels), elles disent combien la culture, la pensée et la langue grecques innervent la réflexion philosophique comme *recouvrement* (en tant qu'il faut penser la dimension spatiale, géographique et volumétrique de celui-ci), elles permettent de pallier les limites et les apories de la pensée moderne au regard de la philosophie grecque : face aux statues du musée de l'Acropole, « toute volonté de comprendre se voyait réduite au silence et au dépaysement le plus total[94] ». Et quand Heidegger cite le fragment 119 d'Héraclite (*Lettre sur l'humanisme*), il traduit le terme *éthos* par « séjour » en s'appuyant sur un des sens du mot *éthos* qui désigne la demeure, le séjour habituel avant de signifier le caractère ou la personne[95]. Le fragment d'Héraclite doit « être traduit par : " l'*éthos*, la demeure habituelle, est pour l'homme ce qui déchire et divise. " L'habitude, la demeure où il séjourne toujours déjà, est pour l'homme le lieu d'une fêlure ; elle est ce qu'il ne peut jamais saisir autrement que dans le déchirement et la dissension, le lieu où il ne peut jamais être vraiment *depuis le commencement*, mais auquel il ne peut faire retour qu'à *la fin*. Telle est la scission démonique, ce δαιμων [*daimôn*, démon, divinité] qui menace l'homme au cœur même de son *éthos*, de sa demeure habituelle, que la philosophie doit toujours penser et " absoudre "[96] ». Or la forme littéraire et intellectuelle que Heidegger donne à son *Aufenthalt*, correspond au sens même de l'*éthos* grec, comme si l'acception si particulière que Heidegger a donné à l'existant, le *Dasein*, trouvait son sens par le déplacement, la pérégrination dans un ailleurs à la fois réel et mythique. Cette circulation entre l'*éthos*, le séjour et le *Dasein* révèle le sens et les ramifications sémantiques de la modernité. Les configurations existentielles du voyage en Grèce s'inscrivent dans cette triangulation du séjour, du savoir et du *Dasein*. En définitive, c'est parce que Heidegger est venu reconnaître la phénoménalité de son savoir, qu'il lui *semble* que la Grèce est « une méditation à contre-courant pour regagner ce qu'une mémoire tient pour nous, de toute antiquité, en réserve mais qui nous demeure néanmoins méconnaissable à travers tout ce que nous imaginons savoir et posséder. Nous ne pouvons, de toutes façons, chercher que ce que nous connaissons déjà, fût-ce de manière voilée[97] ».

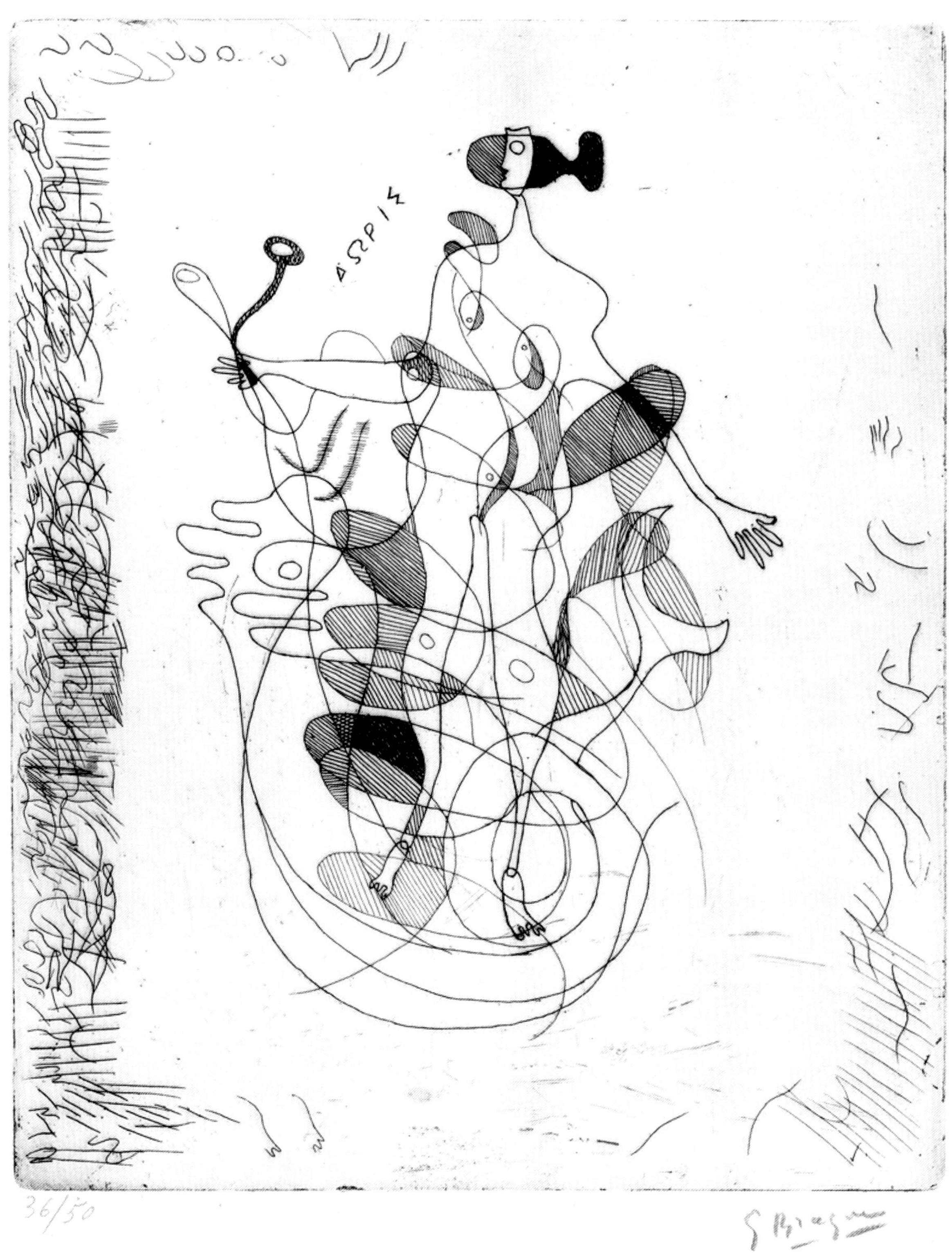

Dôris, fille de l'Océan
Planche 5

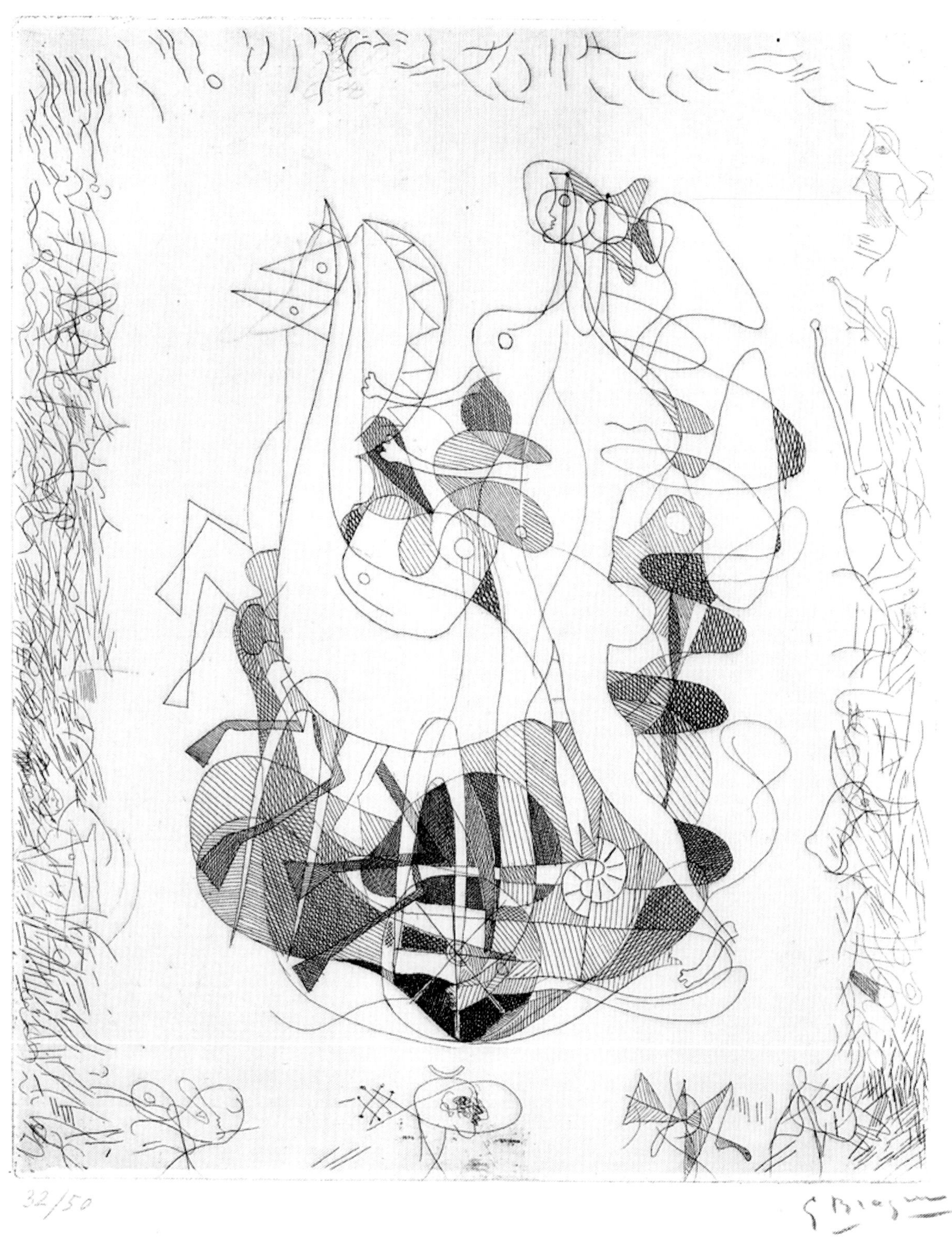

Divinité non identifiée

Planche 6

1 - Martin Heidegger – Erhart Kästner, *Correspondance*, éditée par H. W. Petzet, Francfort/Main, Insel, 1986, lettres n° 7 (16 juillet 1957) et n° 17 (23 août 1962). L'écrivain Erhart Kästner (1904-1974), ami de Martin Heidegger, a sans doute contribué au voyage de Heidegger en Grèce (cf. leur correspondance entre 1953 et 1974), il s'y est rendu plusieurs fois et il lui a consacré quelques ouvrages que Heidegger connaissait. Cf. les commentaires de Luise Michalsen et la postface de François Vezin, in *Séjours* de Martin Heidegger, Monaco, Éditions du Rocher, 1992, p. 86-113.

2 - Martin Heidegger, *Séjours, op. cit.*, p. 13.

3 - Même si logiquement Heidegger se défend de faire du tourisme : il *retourne*, ou plutôt détourne le problème en déclarant chercher la Grèce antique sous la nouvelle et en se demandant comment faire pour y parvenir : la Grèce est un palimpseste qui efface les traces et qui brouille les pistes.

4 - *Ibid.*, p. 21-23.

5 - Significativement Paul Ricœur évoque la « résistance » du travail de traduction qui s'apparente au « travail de deuil » et au « travail de souvenir » qui est comparable à une « parturition » – les deux fonctionnant d'ailleurs en chiasme. Cette « résistance » vient du fait que l'original ne pourra être redoublé par un autre original, elle revêt ainsi une forme fantasmatique qui émane d'un « complexe d'hétérogénéité », in *Sur la traduction*, Paris, Bayard, 2004, p. 9-13.

6 - Martin Heidegger, *Séjours, op. cit.*, p. 19.

7 - *Ibid.*, p. 21.

8 - Il faut entendre la même distinction que celle que Gérard Genette introduit entre « œuvre d'art » et « œuvre de l'art », la seconde expression désignant non seulement l'œuvre d'art mais aussi « l'œuvre de cette œuvre, qui est évidemment celle de l'art lui-même. *De l'art*, au singulier », car « le pluriel (« des arts ») me semble indiquer inévitablement une liste plus ou moins canonique – même si on la veut « ouverte » et si l'on refuse *a fortiori* la notion traditionnelle de « système des beaux-arts » – de pratiques marquées au sceau d'une définition d'essence : il y aurait un certain nombre (fini ou non) d'arts, marqués par des traits spécifiques et génériques qui mettraient chacun d'eux, et leur ensemble présent ou à venir, à l'écart des autres activités humaines, en permettant de décider que celle-ci est artistique et non celle-là », in *L'œuvre de l'art. Immanence et transcendance*, Paris, Le Seuil, « Poétique », 1994, p. 8.

9 - Marcel Détienne, *Dionysos mis à mort* [1977], Paris, Gallimard, « Tel », 1998, p. 7.

10 - Martin Heidegger, *Séjours, op. cit.*, p. 39.

11 - La note préliminaire de l'édition Gallimard de *Holzwege* (*Chemins qui ne mènent nulle part*) souligne l'ambiguïté du titre : « Si, en effet, le sens premier de *Holzweg* est bien celui de " chemin " (*Weg*) s'enfonçant en " forêt " (*Holz*) », un autre sens se fait entendre, éclipsant le premier, c'est « celui de " faux chemin ", " sentier qui se perd " ».

12 - Martin Heidegger, *Séjours, op. cit.*, p. 13.

13 - Dans la démarche heideggérienne, faire et créer reviennent au même.

14 - Martin Heidegger, *Séjours, op. cit.*, p. 75.

15 - *Ibid.*, p. 19.

16 - Heidegger a *personnellement* abordé la question du chemin (*Weg*) et du cheminement, à l'instar de sa formule dans la préface (inachevée) rédigée à l'occasion de la publication de ses œuvres complètes (*Gesamtausgabe*) : « *Wege — nicht Werke* (des chemins — non des œuvres) ». Cf. également *Mein Weg in die Phänomenologie* [1969] (*Mon chemin de pensée et la phénoménologie*, trad. J. Lauxerois et Cl. Roëls, in *Questions IV*, Paris, Gallimard, 1976, p. 161 sq.).

17 - Martin Heidegger, *Séjours, op. cit.*, p. 11.

18 - *Ibid.*, p. 19.

19 - *Ibid.*, p. 13.

20 - *Ibid.*, p. 19.

21 - Cf. les rapprochements entre son journal de voyage et « L'origine de l'œuvre d'art », *Être et Temps* ou encore son *Introduction à la métaphysique*.

22 - Le texte de Heidegger s'apparente, nous semble-t-il, à la forme du récit ou du journal de voyage dans la mesure où il relate les visites et les différentes étapes de son parcours, et même si les descriptions sont succinctes et qu'elles ouvrent (elles servent même d'ouverture) à différentes considérations philosophiques, elles en sont toujours à la source, elles les inspirent même (c'est-à-dire qu'elles en sont *l'origine*). Cf. le développement de Heidegger, « *Der Ursprung des Kunstwerkes* » (1935-1936), « L'origine de l'œuvre d'art », in *Chemins qui ne mènent nulle part* [*Holzwege*, 1949], Paris, Gallimard, « Tel », 2002, p. 13-98.

23 - Martin Heidegger, *Séjours, op. cit.*, p. 77-79.

24 - Martin Heidegger, « La parole d'Anaximandre » (1946), in *Chemins qui ne mènent nulle part, op. cit.*, p. 405.

25 - Martin Heidegger, « L'origine de l'œuvre d'art », *ibid.*, p. 60.

26 - *Alètheia* : non-occultation, décèlement, déclosion, vérité, cf. « ALETHEIA », in *Essais et Conférences* [1954], Paris, Gallimard, 1958, p. 313 sq.

27 - Martin Heidegger, *Séjours, op. cit.*, p. 55.

28 - Postface de François Vezin, *ibid.*, p. 97.

29 - *Ibid.*, p. 11.

30 - Françoise Dastur, *Hölderlin. Tragédie et modernité*, Fougères, Encre marine, 1992, p. 20.

31 - Martin Heidegger, « La parole d'Anaximandre », in *Chemins qui ne mènent nulle part, op. cit.*, p. 404.

32 - Martin Heidegger, *Séjours, op. cit.*, p. 13. De même, à la page suivante Heidegger fait allusion à « la violence exercée par la technique dans le monde moderne » (p. 15).

33 - Martin Heidegger, « L'origine de l'œuvre d'art », in *Chemins qui ne mènent nulle part, op. cit.*, p. 66.

34 - Martin Heidegger, *Séjours, op. cit.*, p. 13.

35 à 42 - *Ibid.*, (p. 75-77., p. 21., p. 83., p. 77., p. 81., p. 79., p. 85., p. 43.)

43 - Postface de François Vezin, *ibid.*, p. 96.

44 - Martin Heidegger, « *Der Ursprung des Kunstwerkes* » (*L'origine de l'œuvre d'art*, 1935-1936), in *Chemins qui ne mènent nulle part, op. cit.*, p. 95-96.

45 - Postface de François Vezin, *op. cit.*, p. 106.

46 - Françoise Dastur, *Hölderlin. Tragédie et modernité, op. cit.*, p. 74.

47 - Henri Maldiney, « Une phénoménologie à l'impossible : la poésie », in *L'art, l'éclair de l'être*, Chambéry, Éditions Comp'Act, 2003, p. 38.

48 - Martin Heidegger, *Introduction à la métaphysique*, trad. G. Kahn, Paris, Gallimard, 1967, p. 74.

49 - Heidegger écrit à Jean Beaufret dans une lettre datée du 23 novembre 1945, « *Dasein* ne signifie pas tellement pour moi " me voilà ! ", mais si je puis ainsi m'exprimer en un français sans doute impossible : être-le-là et le-là est précisément Αληθεια : décèlement-ouverture », cité par Giorgio Agamben, *Le langage et la mort. Un séminaire sur le lieu de la négativité* [*Il linguaggio e la morte*, 1982], traduit de l'italien par Marilène Riola, Paris, Christian Bourgois éditeur, « Détroits », 1997, p. 25.

50 - Paul Ricœur, *Sur la traduction, op. cit.*, p. 12-13.

51 - C'est-à-dire un comparatisme constructif permettant d'élaborer des concepts en puisant dans les ressources non pas tant du langage que des langues.

52 - *Ibid.*, p. 40.

53 - Martin Heidegger, « Le défaut des noms sacrés », in *Contre toute-attente*, n°23, trad. Munier et Lacoue-Labarthe. Cité dans l'entretien d'Alain David, Philippe Jandin, Philippe Lacoue-Labarthe et Jean-Luc Nancy, *Exercices de la patience, Cahiers de philosophie. Heidegger*, 1982, p. 224.

54 - Henri Maldiney, « Une phénoménologie à l'impossible : la poésie », in *L'art, l'éclair de l'être, op. cit.*, p. 38-39.

55 - Martin Heidegger, *Séjours, op. cit.*, p. 67.

56 - Martin Heidegger, « Le défaut des noms sacrés », in *Contre toute-attente, op. cit.*, p. 224.

57 - Martin Heidegger, *Parmenides*, Gesamtausgabe, t. 54, p. 18, traduit par Didier Franck, *Heidegger et le christianisme*, Paris, PUF, « Épiméthée », 2004, p. 25.

58 - Martin Heidegger, « Le défaut des noms sacrés », in *Contre toute-attente, op. cit.*, p. 224.

59 - Martin Heidegger, « L'origine de l'œuvre d'art », in *Chemins qui ne mènent nulle part, op. cit.*, p. 21.

60 - Walter Benjamin, « La tâche du traducteur », in *Mythe et violence*, Paris, Denoël, p. 173.

61 - Paul Ricœur, *Sur la traduction, op. cit.*, p. 18.

62 - *Ibid.*, p. 42.

63 - Jacques Derrida, *De l'esprit. Heidegger et la question*, Paris, Galilée, 1987, p. 17.

64 - Françoise Dastur, *Hölderlin. Tragédie et modernité, op. cit.*, p. 22.

65 - Dans ce cas, le terme de modernité est moins à entendre dans son sens historique que dans sa perspective poétique et avant-gardiste.

66 - Martin Heidegger, *Séjours, op. cit.*, p. 43.

67 - Cf. Antoine Berman, *L'épreuve de l'étranger. Culture et traduction dans l'Allemagne romantique* [1984], Paris, Gallimard, « Tel », 1995, ainsi que *La traduction et la lettre ou l'auberge du lointain*, Paris, Le Seuil, 1999.

68 - Henri Maldiney, « Une phénoménologie à l'impossible : la poésie », in *L'art, l'éclair de l'être, op. cit.*, p. 39.

69 - Paul Ricœur, *Sur la traduction, op. cit.*, p. 39. Il cite cette formule de Hölderlin : « Mais ce qui est propre doit tout aussi bien être appris que ce qui est étranger », citation que Françoise Dastur donne en la réintégrant dans son contexte : « C'est pourquoi les Grecs nous sont indispensables. Seulement nous ne pouvons pas les rejoindre précisément dans ce qui nous est propre, national, parce que, encore une fois, le libre usage de ce qui nous est propre est ce qu'il y a de plus difficile ». Dans cette perspective, c'est l'imitation des Grecs qui devient impossible. Si l'on ne doit pas chercher « nos modèles dans l'antiquité », nous avons « pourtant quelque chose en commun avec les Grecs qui n'est ni la nature, ni la culture, mais est plus haut que l'une et l'autre qui n'en sont que des éléments abstraits : *das lebendige Verhältnis und Geschick*, le rapport vivant et le destin ou l'adresse, lesquels impliquent que nous ayons comme eux à nous approprier ce qui nous est étranger » (*Hölderlin. Tragédie et modernité, op. cit.*, p. 25). Le substantif *Geschick* possède à la fois le sens de destin et de savoir-faire.

70 - Henri Maldiney, « Une phénoménologie à l'impossible : la poésie », in *L'art, l'éclair de l'être, op. cit.*, p. 39.

71 - *Ibid.*, p. 39.

72 - Martin Heidegger, *Sein und Zeit* [1927], Tübingen, Niemeyer, 1993 (17e éd.), § 28, p. 132.

73 - Pour Hegel, ce que l'on *vise* renvoie à ce que l'on *veut* dire.

74 - Pour tout ce raisonnement cf. « L'époque des conceptions du monde » (*Die Zeit des Weltbildes*, 1938), in *Chemins, op. cit.*, p. 118-125. « L'interprétation moderne de l'étant est encore plus étrangère au monde grec » souligne ainsi Heidegger (p. 118). Et significativement, il donne comme exemple un poème de Hölderlin (autrement dit le plus grec des poètes allemands) intitulé « Aux Allemands » (p. 125).

75 - Martin Heidegger, *Séjours, op. cit.*, p. 72-73.

76 - L'importance des écrits de Heidegger sur Hölderlin (*Approche de Hölderlin* ou encore *Les hymnes de Hölderlin* : « *La Germanie* » et « *Le Rhin* »), en atteste : le poète est pour Heidegger la représentation poétique allemande de la pensée grecque. Dans son journal, il cite ainsi un vers du poème « Grèce » : « Denn fest ist der Erde / Nabel » (« car ferme est l'ombilic / de la Terre »), vers qui fut le repère pour gagner le lieu où Gaia, la terre-mère, avait enfanté le monde grec et son grand destin » (p. 75). De même, c'est un hymne de Hölderlin qui remplace, du point de vue textuel et intellectuel, la visite de Patmos (p. 47).

77 - Martin Heidegger, *Séjours, op. cit.*, p. 47.

78 - Martin Heidegger, « La parole d'Anaximandre », in *Chemins qui ne mènent nulle part, op. cit.*, p. 405.

79 - *Ibid.*, p. 406.

80 - Martin Heidegger, *Séjours, op. cit.*, p. 29.

81 - *Ibid.*, p. 53.

82 - Martin Heidegger, « La parole d'Anaximandre », in *Chemins qui ne mènent nulle part, op. cit.*, p. 413.

83 - Martin Heidegger, *Séjours, op. cit.*, p. 37. Des expressions comme « *Griechischen* » ou « *das griechische Dasein* » sont récurrentes dans le texte (p. 23, 25, 33, 37, 41 et 47).

84 - *Ibid.*, p. 69. Une traduction plus littérale serait : « Ni dire ni cacher mais signifier ».

85 - *Ibid.*

86 - *Ibid.*, p. 53.

87 - *Ibid.*, p. 71-73.

88 - *Ibid.*, p. 73.

89 - *Ibid.*

90 - *Ibid.*, p. 51. Cette approche de la vérité comme domaine (« l'ouvert dans toute son extension, présentant, atteignant tout, délimitant et libérant qui accorde l'arrivée à chaque étant qui entre en présence et en absence et lui accorde la durée, le départ et le défaut ») renvoie au § 44 d'*Être et Temps*, Heidegger y fait une autre allusion dans *Séjours* (p. 73).

91 - Martin Heidegger, « La parole d'Anaximandre », in *Chemins qui ne mènent nulle part, op. cit.*, p. 417.

92 - Martin Heidegger, *Séjours, op. cit.*, p. 53.

93 - Celles d'Héraclite, mais également celles de Pindare, de Parménide ou de Platon, sans doute aussi, celles de la façon dont Heidegger mêle Eschyle, Pindare et Hölderlin pour commenter Salamine et la bataille qui s'y déroula en constitue un exemple tout à fait révélateur.

94 - Martin Heidegger, *Séjours, op. cit.*, p. 69.

95 - Pour cette analyse, nous renvoyons aux explications de Françoise Dastur, *Hölderlin. Tragédie et modernité, op. cit.*, p. 119. Elle cite ce fragment « Le caractère, pour l'homme est son démon », que Heidegger traduit de la façon suivante : « Le séjour (accoutumé) est pour l'homme le domaine ouvert à la présence du dieu (de l'in-accoutumé) » (*Lettre sur l'humanisme*).

96 - Giorgio Agamben, *Le langage et la mort, op. cit.*, p. 165.

97 - Martin Heidegger, *Séjours, op. cit.*, p. 11.

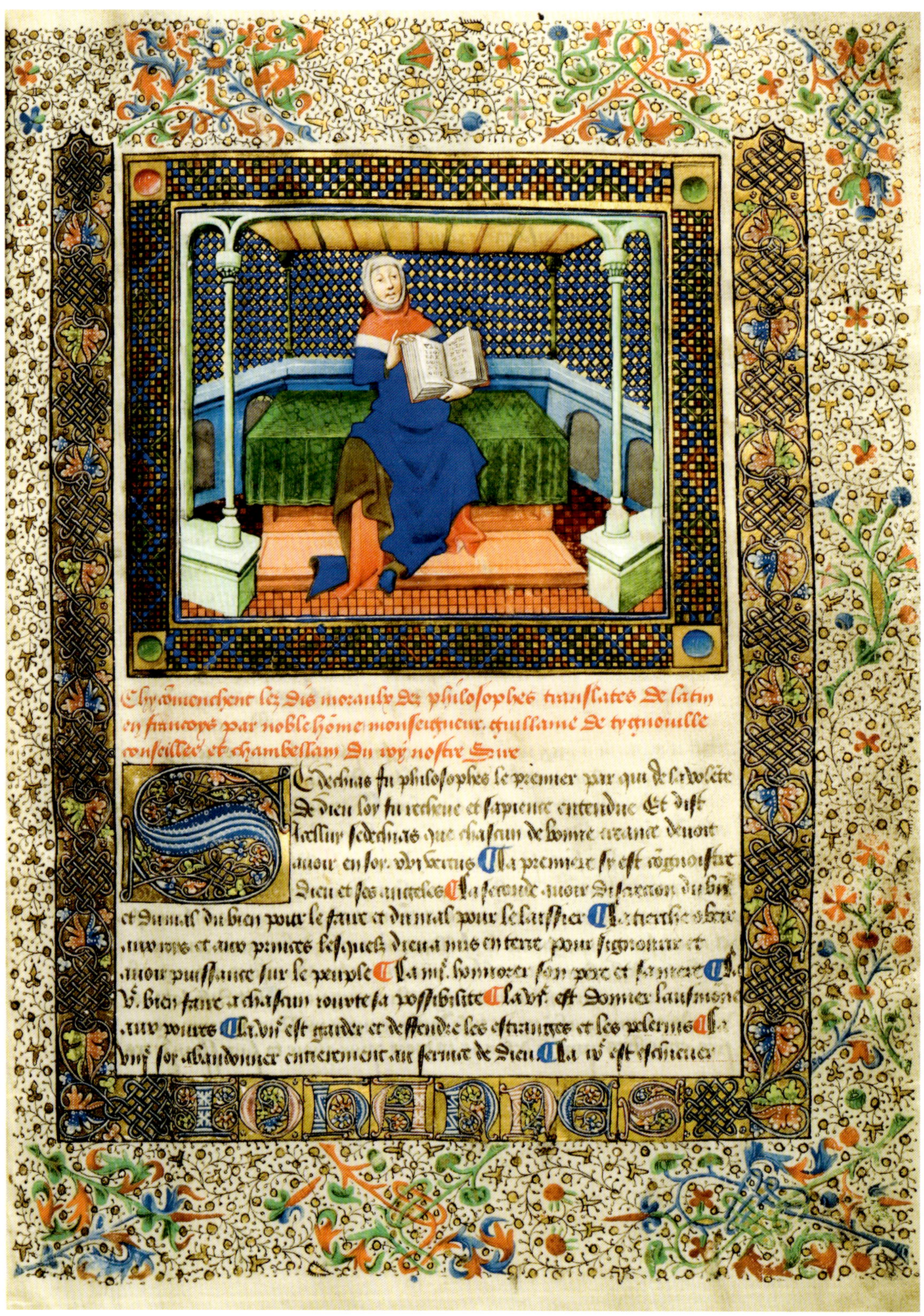

Les Dits moraux des philosophes
XVᵉ siècle, Bibliothèque municipale de Lille

Heureux qui, comme Ulysse,…
voyage dans les collections patrimoniales
de la Bibliothèque municipale de Lille

ISABELLE WESTEEL

De la périlleuse *Odyssée* aux *Avantures de Télémaque*, de la *Cosmographie universelle* à la *Description exacte des isles de l'archipel*, de l'édition humaniste à la douce traduction illustrée, la plupart des fonds patrimoniaux de bibliothèques conservent les traces de la civilisation grecque[1] au cœur de leurs trésors et de leurs *communia*. Autant d'ouvrages d'histoire, de géographie, de littérature ou encore de sciences pour témoigner des fastes antiques. Parmi eux, les récits mythologiques illustrés et les représentations gravées des paysages grecs, réels ou rêvés, sont fréquemment considérés comme les éléments les plus aisément accessibles et intelligibles. D'un accès a priori facile, l'interprétation des éditions de textes anciens maintes fois remaniés et des recueils de figures allégoriques complexes se révèle pourtant savante et subtile. La compréhension des mises en image nécessite des connaissances précises sur le cheminement des traditions orales et écrites de l'Antiquité aux temps médiévaux. Ainsi, il est trompeur d'établir un parallèle entre la représentation d'un héros grec destinée à illustrer une traduction et la mise en scène de ce même personnage dans le cadre d'un frontispice, genre qui relève de l'allégorie. Á côté des ouvrages illustrés, nombre de volumes d'apparence austère confirment l'intérêt pour le grec au cours des siècles. Les éditions sorties des presses de la famille Estienne ou d'un Alde Manuce font figure de chefs-d'œuvre typographiques de l'imprimé renaissant et humaniste. De nombreux ouvrages présentés ici affirment un art de la composition typographique parvenu à son apogée peu de temps après l'invention de l'imprimerie : l'élégance de la mise en page des textes des historiens grecs en atteste. Encyclopédique par son origine et par son histoire, le fonds de la Bibliothèque municipale de Lille fait émerger les témoignages vivaces d'une prestigieuse civilisation. Le déclin des études grecques depuis plusieurs décennies ayant occasionné une perte de mémoire collective sur un passé qui pourtant fonde notre modernité, il nous a paru intéressant de réveiller à nouveau quelques ouvrages endormis. La réserve patrimoniale de la Bibliothèque municipale de Lille[2] permet de glaner quelques-uns de ces fruits incomparables hérités de la culture grecque[3].

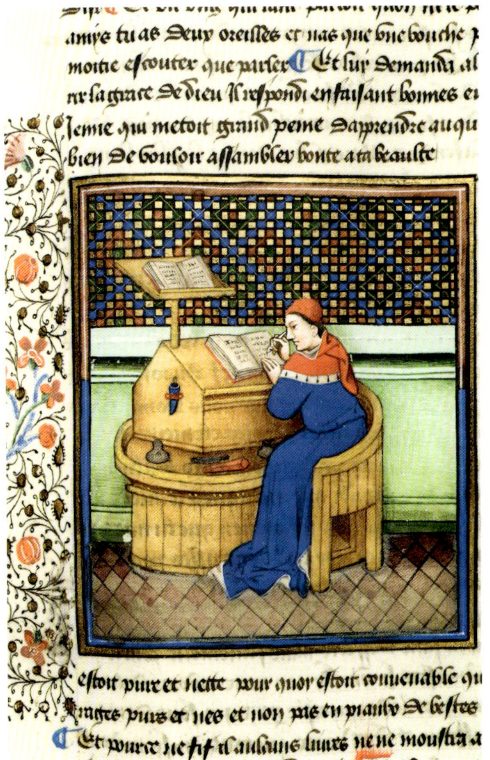

Les Dits moraux des philosophes Fig. 2
XVᵉ siècle, Bibliothèque municipale de Lille

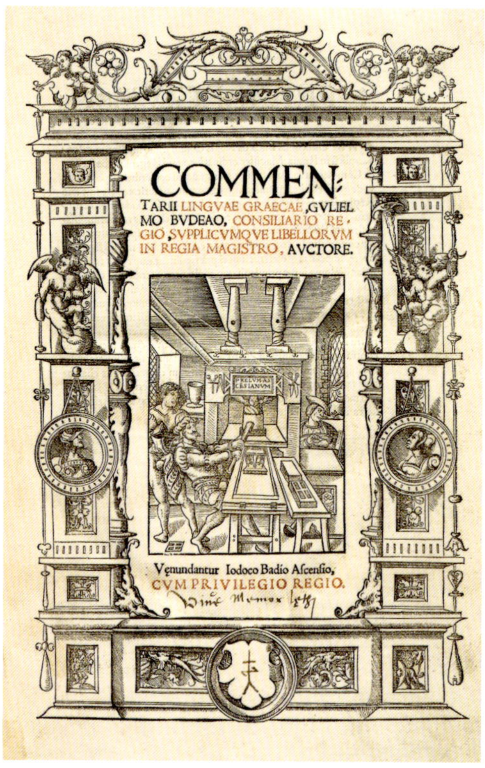

GUILLAUME BUDÉ   Fig. 3

Commentarii linguae graecae
1529, Bibliothèque municipale de Lille

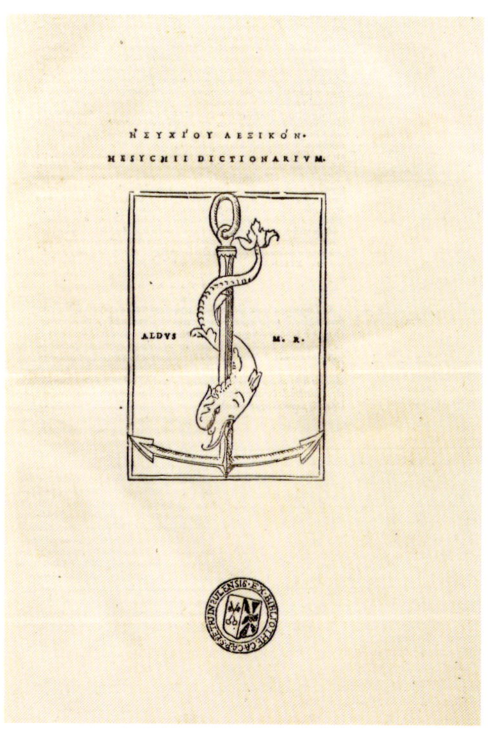

Hésychius d'Alexandrie, _Hesychii dictionarium_   Fig. 4
1514, Bibliothèque municipale de Lille

Les dits moraulx des philosophes

- _Chy commenchent lez Dis moraulx dez philosophes, translatés de latin en françoys par noble homme monseigneur Guillaume de Tygno[n]ville, conseiller et chambellain du Roy, nostre sire._
Fol. 3. « Sedechias fu philosophes le premier… » — « …Il respondi soy fiier en celluy dont on a aultrefoys esté deçeu. Explicit les Dis moraux des philosophes. »
XVe siècle. Parchemin. 65 feuillets. Miniatures représentant les philosophes. [Manuscrit 614 (315). Provenance Chapitre Saint-Pierre de Lille]
(Fig. 1 & 2)

- _Les Dits moraux des philosophes._
Fol. 1. « De Sedechias, le premier philosophe. Sedechias fut philozophes le premier… » — « …Il respondy soy fier en celui dont on a autreffois esté deçeu. »
XVe siècle. Parchemin. 112 feuillets. Miniatures représentant les philosophes. [Manuscrit 635 (316)]

- _Dits moraux des philosophes_ [trad. Guillaume de Tignonville]. Bruges : Colard Mansion, entre 1477 et 1484. [Ms 364, Incunable ; Provenance Dominicains de Lille]

Le XVIe siècle : âge d'or de la redécouverte du grec
Les philologues

Durant tout le Moyen Âge, la connaissance du grec s'était maintenue dans certaines régions d'Europe occidentale. À la fin du XIVe siècle, les premiers érudits venus de Constantinople commencent à donner des cours à Florence. À la fin du siècle suivant des chaires de grec sont créées dans les principales universités d'Europe, permettant à la langue de se répandre. En 1466, une chaire de grec est instaurée à l'université de Paris. En 1530 le roi de France, François Ier, nomme deux lecteurs royaux pour le grec, Pierre Danès et Jacques Toussain et permet ainsi la création du collège des trois langues (latin, hébreu, grec), futur Collège de France. Le grec devient la langue sans laquelle, déclarait Rabelais par la plume de Gargantua écrivant à Pantagruel, « c'est honte qu'une personne se dise savante[4] ».
Essence et fruit de l'humanisme, largement favorisée par la naissance de l'imprimerie et la nouvelle forme du _codex_, la découverte de l'Antiquité passe par des éditions, des commentaires et des traductions de poètes, historiens, grammairiens, orateurs et philosophes antiques, grecs et latins ; les philologues, spécialistes de la langue et de la civilisation grecque, en collaboration avec les imprimeurs savants et érudits, cherchent à rétablir et à éditer les textes dans leur pureté. En France, les premiers caractères grecs apparaissent à Lyon en 1499 et à Paris, chez Jean Petit, avec 34 ans de retard sur l'Allemagne et l'Italie. Gilles de Gourmont est le premier à imprimer des livres en grec, en 1507 : des manuels d'apprentissage et de grammaire essentiellement.
Les érudits réfugiés en Italie à la chute de Constantinople (1453) apportent avec eux des manuscrits anciens et précieux. Ils lancent un mouvement qui continue tout au long du XVIe siècle, de voyages dans les anciennes provinces de l'Empire romain d'Orient pour en ramener des collections de manuscrits ; ces collections sont achetées par les puissants : le roi de France pour sa bibliothèque, le pape pour la bibliothèque Vaticane mais aussi le Grand-duc de Toscane, etc.

En 1529 les _Commentaires sur la langue grecque_ de Budé sont les premiers pas d'une école française de philologie grecque, c'est-à-dire de spécialistes de la langue cherchant à éditer les textes le plus fidèles possible au texte original de l'écrit, vieux souvent de quinze siècles. Guillaume Budé (1468-1540 env.), fils d'un Grand audiencier de la Chancellerie, participe à la fondation par François Ier du Collège des lecteurs royaux où il occupe la chaire de grec. Il est chargé par François Ier de sa Librairie – c'est-à-dire de la bibliothèque du roi, à l'origine de la Bibliothèque nationale –, pour laquelle le roi fait acheter des manuscrits grecs en Italie et dans les anciennes terres de l'Empire romain d'Orient.

Plusieurs manuels de grec paraissent : les *Erotemata* de Chrysoloras (v. 1350-1355 – 1415), la grammaire de Constantin Lascaris (1434-1501) ou encore la grammaire grecque d'Alde Manuce lui-même éditée après sa mort par son beau-frère sur les presses aldines (1515), celle de Théodore Gaza, les *Institutiones Graecae grammatices* d'Urbano Bolzano ou bien la *Batrachomyomachie*[5] (attribuée à Homère) qui était utilisée comme manuel d'apprentissage. Le dictionnaire grec-latin de Crastoni est le premier du genre.

Budé, Guillaume (1468-1540). – *Commentarii linguae graecae, Gulielmo Budaeo,… auctore.* – *Parisiis : vaenundantur |. Badio, 1529. [44145]*
(Fig. 3)

Budé, Guillaume (1468-1540). – *Dictionnarium graeco-latinum supra omnes editiones postremo nunc ex variis et multis praestantioribus linguae graecae authoribus, commentariis, thesauris, etc…, locupletatum et emendatum per G. Budaeum, |. Tusanum, C. Gesnerum, H. Junium, R. Constantinum, Jo. Hartungum, Mar. Hopperum. – Basilae : ex officina Henricpetrina, 1505.* [50074]

Clenardus, Nicolaus ou Cleynaerts, Nicolaes (1495-1543). – *Institutiones ac meditationes in graecam linguam, N. Clenardo auctore ; cum succinctis annotationibus, ac latina graecarum vocum interpretatione. – Antverpiae : Ch. Plantini, 1562.* [41061]

Dinner, Conrad (153.-16..?). – *Epithetorum graecorum farrago locupletissima,… - Francofurdi : apud A. Wecheli heredes, 1589.* [41558]

Hésychius d'Alexandrie. – *Hesychii dictionarium (graecum) (edidit A.P. Manutius). – Venetiis : In aedibus Aldi et Andreae soceri, 1514.* [44130]
Le glossaire d'Hésychius, utile pour comparer le vocabulaire utilisé dans les différents textes, sort des presses du célèbre imprimeur vénitien Alde Manuce.
(Fig. 4)

Homère. – *Homeri quae exstant omnia, Ilias, Odyssea, Batrachomyomachia, Hymni, poematia aliquot, cum latina versione … Jo. Spondani… commentariis… – Basileae : per Sebastianum Henricpetri, 1606.* [44126]
La Batrachomyomachie, attribuée à tort à Homère a longtemps servi de manuel d'apprentissage de la langue grecque.
(Fig. 5)

Lexicon graecum et institutiones linguae graecae,… - Antwerpiae : Ch. Plantinus, 1572. [51336]
(Fig. 6)

Une famille d'imprimeurs humanistes : les Estienne

Parmi les éditeurs humanistes français qui concourent à la publication de textes grecs, la famille Estienne est sans conteste la plus importante.

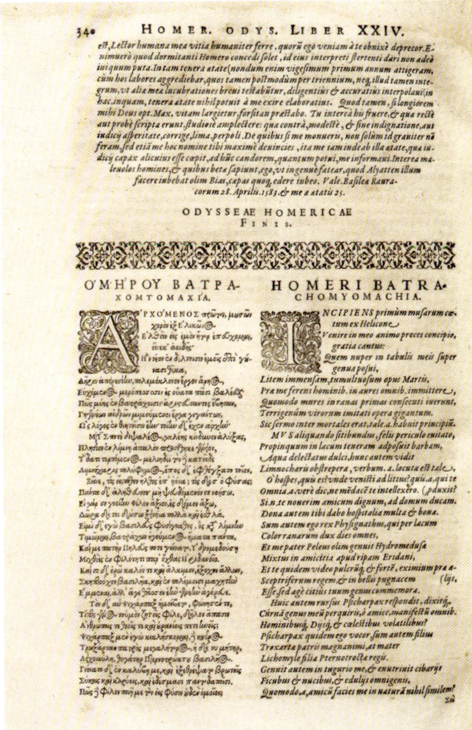

Batrachomyomachia
Ouvrage attribué à Homère
1606, Bibliothèque municipale de Lille

Fig. 5

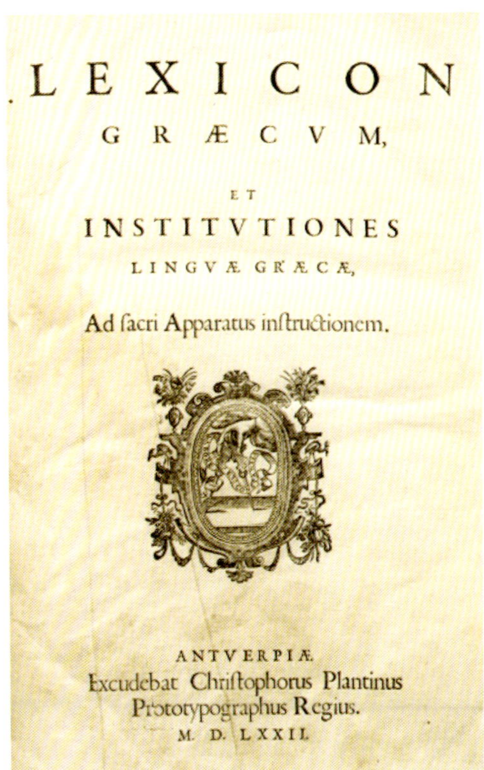

Lexicon graecum
Anvers, Ch. Plantin, 1572, Bibliothèque municipale de Lille

Fig. 6

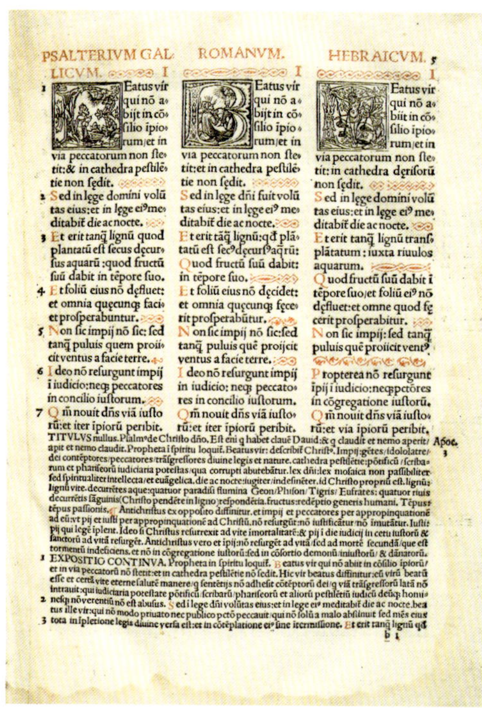

Quincuplex psalterium
Psautier d'Henri Ier Estienne
Paris, 1509, Bibliothèque municipale de Lille

Fig. 7

Henri Ier Estienne, né en 1470, imprimeur et libraire juré de l'Université, est l'éditeur des œuvres de Jacques Lefèvre d'Étaples, qui fut le premier traducteur de la Bible en français. En 1509, Henri Ier Estienne publie le *Quincuplex psalterium*[6] de Lefèvre d'Étaples et présente sur trois colonnes les trois versions de saint Jérôme : le Psautier romain, traduit des Septante, le Psautier gallican et la troisième version, rédigée en vue des controverses avec les Juifs. Le texte est suivi d'un apparat critique abondant destiné à accompagner l'interprétation du texte.

Quincuplex psalterium : gallicum, romanum, hebraicum, vetus, conciliatum / ed. J. Lefèvre d'Étaples. - Parisiis : Henri Estienne, 1509. [D 2-1 ; relié avec Cassiodore, *Expositio in Psalterium* ; ex-libris manuscrit de l'Abbaye de Loos.]
(Fig. 7)

Eusèbe de Césarée (265?-340). – *Eusebii Caesariensis episcopi Chronicon,...* - [Paris] : Henricus Stephanus, 1512. [42214]

Robert Estienne (1503-1559), qui épouse la fille du grand imprimeur Josse Bade, est nommé imprimeur du roi « ès lettres hébraïques et latines » et se voit confier de nouveaux caractères financés par le roi, les « grecs du roi ». Ces caractères[7], commandés pour lui à Claude Garamond, furent dessinés en suivant le modèle d'un copiste grec. Ils reproduisent les ligatures utilisées dans l'écriture manuscrite : outre les 24 caractères de l'alphabet grec, Garamond grave des ensembles de deux ou trois caractères et de mots abrégés. Ils sont utilisés pour la première fois en 1543 pour un alphabet grec. Les poinçons sont aujourd'hui conservés à l'Imprimerie nationale. Auteur lui-même d'un *Trésor de la Langue latine* (1539), Robert Estienne, philologue, imprime plus de cinq cents ouvrages, latins, grecs ou hébraïques. S'éloignant de la religion catholique, il se réfugie en 1550 à Genève pour échapper à la censure, bientôt rejoint par son fils Henri. Il y meurt en 1559.

Les Protestants, et particulièrement les Calvinistes, accordent une grande place à la traduction d'après le grec. C'est à Genève que Robert Estienne publie en 1551 la première édition gréco-latine du Nouveau Testament organisée en versets.

Budé, Guillaume (1468-1540). – *Commentarii linguae graecae...* – Paris : R. Etienne, 1548. [66297]

Son fils Henri II Estienne[8] (1531-1598) philologue et imprimeur peut être compté au nombre des humanistes, intervenant souvent lui-même dans la mise au point des textes qui sortent de ses presses. Il écrit et publie de très nombreux ouvrages dont le *Trésor de la langue grecque* (*Thesaurus graecae linguae*, 1572) et un traité de la *Conformité du langage françoys avec le grec* (1556). Il s'installe à Genève en 1557, et commence aussitôt à publier sous son nom des auteurs grecs jusqu'alors inédits (Appien, Maxime de Tyr...) ou partiellement édités (Eschyle). Il publie aussi des traductions latines de Théocrite, Pindare, Sextus Empiricus... Ses commentaires et ses traductions sont réédités par les autres imprimeurs humanistes comme André Wechel, à Francfort.

Thesaurus graecae linguae, ab Henrico Stephano constructus. – [Genevae] : excudebat H. Stephanus, 1572-1573. 6 tomes en 5 vol. [66294]

Apollonius de Rhodes (295 ?-230 av. J.-C.). – *Apollonii Rhodii Argonauticôn libri IIII... cum annotationibus Henrici Stephani.* – [Genevae] : excud. Henricus Stephanus, 1574. [60111]

Eschyle (525?-456 av. J.-C.). – *Tragoediae VII,...* - [Genevae] : H. Stephani, 1557. [42404]

Oratorum veterum orationes Aeschinis, Lysiae, Andocidis, Isaei, Dinarchi, Antiphontis, Lycurgi, Herodis et aliorum, ab Henrico Stephano. – [Genevae] : excud. Henricus Stephanus, 1575. [70346]

Xénophon (430?-355? av. J.-C.). – *Xenophontis omnia quae extant opera... in Xenophotem annotationes Henrici Stephani...* - [Genève] : excudebat Henricus Stephanus, 1561. [44042]

Xénophon (430?-355? av. J.-C.). – *Xenophontis ... quae extant opera. Annotationes Henrici Stephani... - Editio secunda...* - [Genève] : excudebat Henricus Stephanus, 1581. [44052 ; Saint-Pierre de Lille]

Epigrammatum graecorum annotationibus Ioannis Brodaei... libri VII. Accesserunt Henrici Stephani in quosdam anthologiae epigrammatum locos annotationes... – Francofurti : apud Andreae Wecheli heredes, 1600. [43950]

Éditions humanistes de textes grecs

Les[9] querelles religieuses accentuent la dissémination du grec, comme le montre l'éparpillement des lieux d'impression : Lausanne, Genève, Bâle, Paris, Lyon (occupée pendant deux ans par les Protestants). Le nombre des impressions suisses traduit l'importance du calvinisme dans la diffusion de la culture grecque antique. Christophe Plantin, Christian Wechel commencent leur carrière à Paris et la finissent, le premier à Bâle, le second à Anvers, travaillant pour le Très Catholique Philippe II. Au milieu du XVIe siècle, tous les grands auteurs grecs sont édités. La place du grec est importante dans la naissance de la Réforme et les efforts de résistance de l'Église catholique. Au début du XVIe siècle, les humanistes étudient la Bible comme ils le font pour l'Antiquité païenne, en cherchant le meilleur texte possible : ils ne se contentent plus de la traduction latine de saint Jérôme mais lisent les textes originaux en grec. Cette approche inquiète les autorités ecclésiastiques les plus frileuses, effrayées de voir certaines positions doctrinales remises en question. La Sorbonne est hostile à l'enseignement du grec qui donne accès à la lecture de la Bible et des Évangiles dans une autre version que celle retenue par l'Église.

Dans les autres pays catholiques, le grec est utilisé pour renforcer la position de l'Église. Dès 1514, le cardinal Ximénès fait publier une Bible polyglotte à Alcalà de Henares (la « Complutensienne »). Même après l'établissement du protestantisme, le puissant cardinal Granvelle fait de même : une Bible en latin, grec, hébreu et syriaque est publiée chez Plantin en 1568 sous la protection du roi d'Espagne. En Italie, le cardinal Cervini, représentant du pape au concile de Trente, finance l'édition des pères grecs de l'Église, à la fois en texte original et en traduction, pour apporter des arguments doctrinaux à la réaction catholique.

Aristophane (445 ?-386 ? av. J.-C.). – *Aristophanis facetissimi Comoediae undecim.* – Parisiis : apud Christianum Wechelum, 1540. [96514]

Aristote (384-322 av. J.-C.). – *Les Politiques d'Aristote...* - Paris : M. de Vascosan, 1576. [44088]

Ésope (620 ?-560 ? av. J.-C.). – *Aesopi Phrygis fabulae graece et latine, cum aliis opusculis, quorum index proxima refertur pagella.* – Basilae : Hervagiana, 1541. [41016]

Galien[10], Claude (131 ?-201 ?). – *Methodus medendi vel de morbis curandis, Thoma Linacro, anglo interprete.* – Parisiis : D. Mahieu, 1519. [44091]
(Fig. 8)

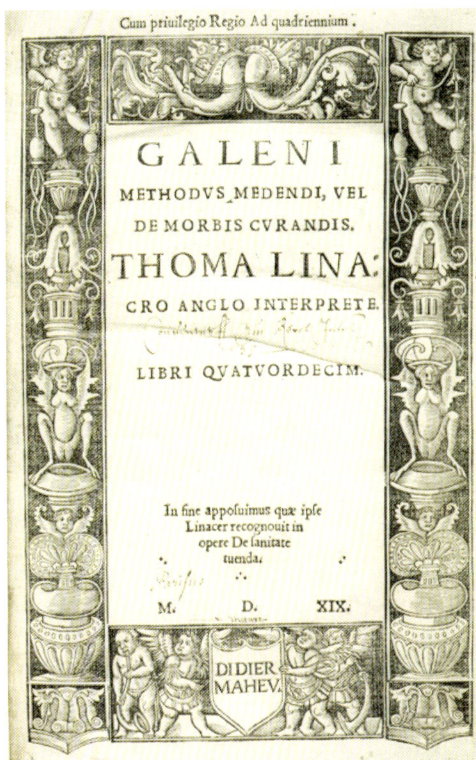

CLAUDE GALIEN   Fig. 8

Methodus medendi, vel de morbis curandis
Paris, 1519, Bibliothèque municipale de Lille

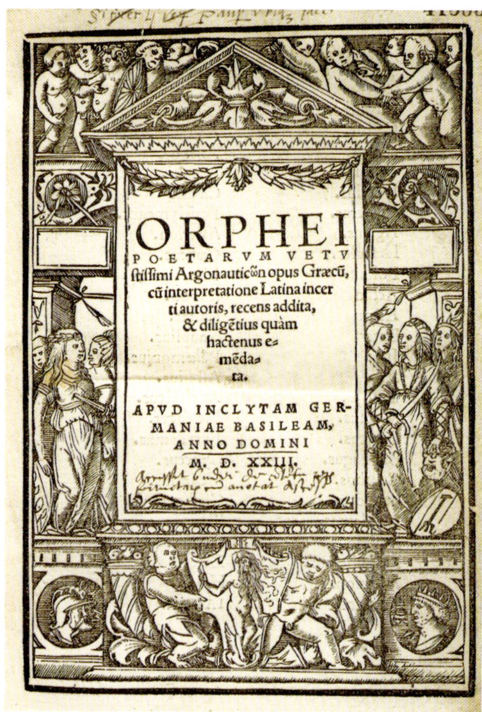

ORPHÉE   Fig. 9

Argonauticon opus graecum

1523, Bibliothèque municipale de Lille

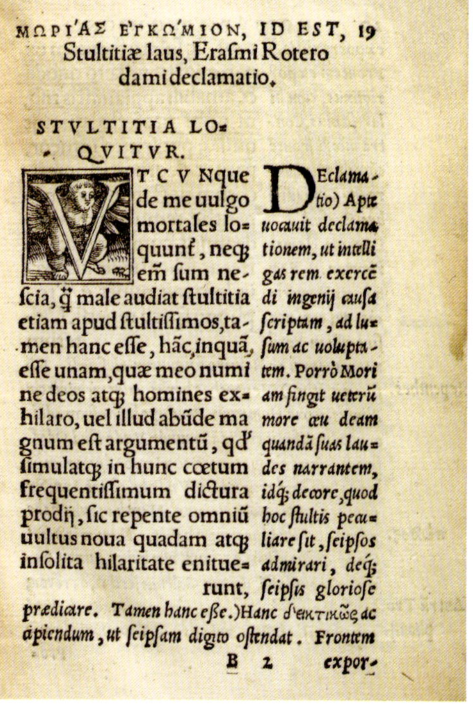

ERASME   Fig. 10

Morias Enkomion id est, Stultitiae laus

1523, Bibliothèque municipale de Lille

Hygin (2ᵉ s.). – *C. Iulii Hygini, augusti liberti, fabularum liber,…Procli, De Sphaera libellus, graece et latine ; Apollodori biblioth., sive de Deorum origine,…* – Parisiis : apud J. Parant, 1578. [41011]

Justinien (482-565). – *Institutiones Theophilo antecessore.* – Genevae : Guillelmum Laemarium, 1587. [60542]

Sophocle (496-406 av. J.-C.). - *Interpretatio tragoediarum Sophoclis… a Vito Winshemio.* – Francoforti : excudebat P. Brubachius, 1549. [41015]

Nicandre (250 ?-170 ? av. J.-C.). - *Les œuvres de Nicandre… traduictes en vers françois.* – Anvers : Ch. Plantin, 1567-1568. [42397]

Orphée (auteur prétendu). – *Argonauticon opus graecum.* – Basilae : A. Cratandi, 1523. [41565]
Un certain nombre de poèmes sont attribués à Orphée, époux d'Eurydice, par les éditeurs du XVIᵉ siècle.
(Fig. 9)

Pausanias (2ᵉ s.). – *Accurata Graeciae descriptio,… a G. Xylandro,…* – Francofurti : Andrea Wechel, 1583. [50047]

Strabon (60 ?-20 ? av. J.-C.). – *Geographia,… decem et septem libros continens, e graeco in latinum a Gregorio Typhernale et Buarino Veronense conversa,…* - Parisiis : Cl. Chevallon, 1512. [43507]

Erasme, Désiré. – *Morias Enkomion id est, Stultitiae laus, Erasmi Roterodami declamatio.* – s.l. s.n. 1523. [91056]
Stultitiae laus ou l'*Éloge de la folie* est un essai écrit par Erasme en 1509 et imprimé pour la première fois en 1511. Cette œuvre majeure de l'humanisme déclenche le mouvement de la Réforme. Son titre grec peut aussi être traduit par *Eloge de More* (le philosophe Thomas More)
(Fig. 10)

Parcours thématiques

De la science antique à la science moderne

Au XVIᵉ siècle, les connaissances de l'homme s'appuient sur les auteurs antiques. Les philosophes comme les scientifiques grecs et latins transmettent une science, qui va commencer à être remise en question : d'abord par les grandes expéditions, qui, à la suite de Christophe Colomb, partent à la découverte du monde inconnu, mais aussi grâce au développement de l'observation des phénomènes physiques. La géographie et les mathématiques s'appuyaient jusqu'alors sur Aristote et sur Ptolémée, qui paradoxalement est tardivement édité en grec alors que des traductions circulent très tôt. Ses théories étaient acceptées par l'Église ; les travaux de Copernic (1473-1543) et de Galilée – condamné par l'Église – vont bouleverser ce savoir acquis.

Pour Aristote, la terre est le centre de l'univers et elle est ronde. Le philosophe décrit une organisation complexe expliquant les observations astronomiques qui pouvaient être faites. Ptolémée modifie en partie ce système.

Les mathématiques étaient fondées sur les *Éléments* d'Euclide. Aux XVIe et XVIIe siècles, le savant italien Niccolò Tartaglia (1500 – 1557) mais surtout l'Allemand Christophorus Clavius [ou Klau] (1537 – 1612), principal professeur du Collège romain de la Compagnie de Jésus qui vient de naître, vont, eux aussi, révolutionner ces connaissances en intégrant les travaux des mathématiciens arabes.

Aristote (384-322 av. J.-C.). – *Aristotelis, … Opera, post omnes quae in huno usque diem prodierunt editiones, summo studio emaculata, et ad Graecum exempler diligenter recognita ab A. Jacobo Martino,…* - Lugduni : apud S. Michaëlem, 1581. [63351]

Ptolémée, Claude (100?-170?). – *Geographicae enarrationis libri octo.* – Prostant Lugduni : apud Hugonem a Porta, 1541. [44445]
(Fig. 11)

Clavius, Christophorus (1537-1612). – *Epitome Arithmeticae practicae.* – Moguntiae : Joan. Volmar, 1614. [85665]

Copernic, Nicolas (1473-1543). – *Nicolai Copernici,… de revolutionibus orbium coelestium libri VI…* - Norimbergae : apud J. Petreium, 1543. [43478]

Euclide (323-285 av. J.-C.)– *Euclidis elementorum libri XV…* - Coloniae : apud Maternum Cholinum, 1580. [3137]

Tartaglia, Niccolo (1500-1557). – *La Nova scientia de Nicolo Tartaglia con una gionta al terzo libro.* – Venetia : N. de Bascarini, 1550. [42484]

Tartaglia, Niccolo (1500-1557). – *Quesiti et inventioni diverse de Nicolo Tartaglia…* - Venetia : N. Bascarini, 1554. [42483]

La description de la Grèce au XVIe siècle

Les voyages au long cours menés à partir du XVe siècle, la découverte de l'Amérique renforcent l'intérêt pour la géographie. Les géographes antiques tiennent une grande place dans l'édition aux côtés des récits contemporains des grandes explorations et de voyages moins lointains, rapportant souvent une Grèce «décadente», éloignée des splendeurs passées.
En 1483 et 1484 Bernard de Breydenbach, chanoine de la cathédrale de Mayence, se rend en Terre Sainte. L'ouvrage racontant son pèlerinage, publié dans toute l'Europe, est célèbre pour ses grandes gravures sur bois réalisées par Erhard Reuwich, mettant en perspective les villes et régions traversées.
La *Chronique de Nuremberg*[11] ou *Liber chronicarum* est une chronique universelle, contant l'histoire du monde depuis la Création. Illustré de très nombreux bois représentant plans de villes et héros de l'histoire, ce «best-seller» de la Renaissance (800 exemplaires de l'édition latine et 400 de l'édition allemande) a pour auteur un médecin allemand, Hartmann Schedel et pour imprimeur Anton Koberger de Nuremberg. L'histoire grecque est retracée dans la première partie de l'ouvrage.
Plus tard, dans la seconde moitié du XVIe siècle, les historiographes et cosmographes du roi, André Thevet ou François de Belleforest compilent chronologies et contenus géographiques dans des ouvrages fabuleusement illustrés.

Breydenbach, Bernhard von (…..-1497). – *Peregrinatio in Terram sanctam.* – Mayence : Ehrard Reuwich (cum typis Peter Schöffer), 1486. [D 36]
(Fig. 12)

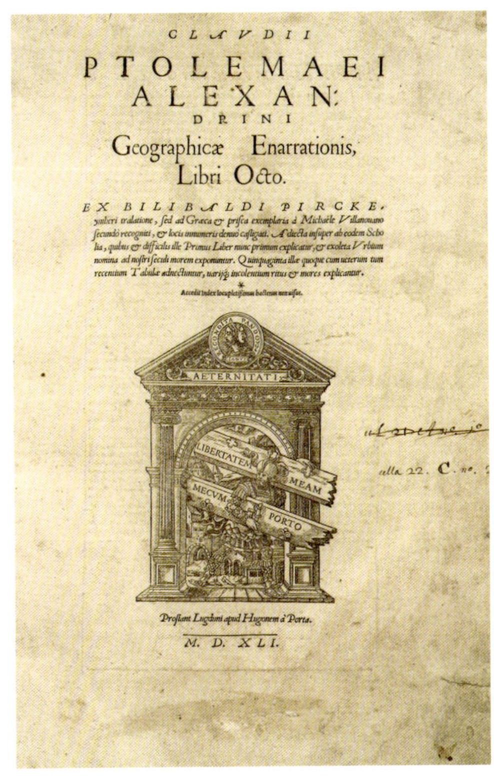

CLAUDE PTOLÉMÉE   Fig. 11
Geographicae enarrationis libri octo
1541, Bibliothèque municipale de Lille

« DES GRECS »   Fig. 12
DANS BERNHARD VON BREYDENBACH
Peregrinatio in Terram sanctam
Mayence, 1486, Bibliothèque municipale de Lille

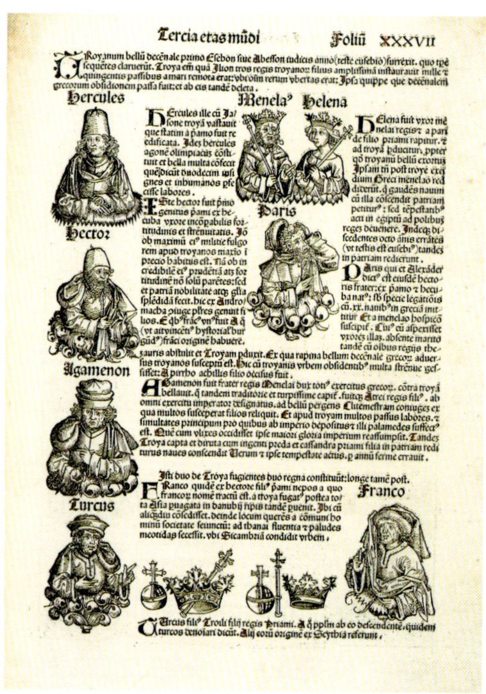

« Troyens » dans Hartmann Schedel   Fig. 13

Liber chronicarum

Nuremberg, 1493, Bibliothèque municipale de Lille

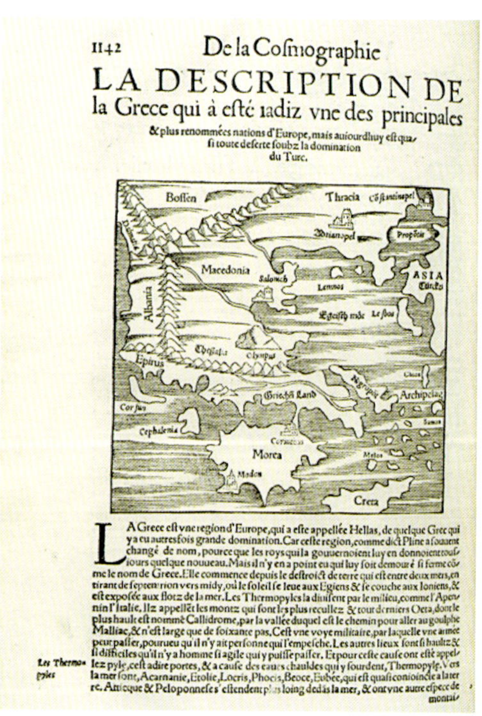

« La description de la Grèce »   Fig. 14

dans Sébastien Münster

La Cosmographie universelle

1552, Bibliothèque municipale de Lille

Breydenbach, Bernhard von (....-1497). – *Peregrinatio in Terram sanctam [Des sainctes pérégrinations de Iherusalem]* – Lyon : Gaspard Ortuin, 1489. [D 22]

Breydenbach, Bernhard von (....-1497). – *Le Grant Voyage de Jhérusalem...* – Paris : F. Regnault, 1522. [43291]

Schedel, Hartmann (1440-1514). – *[Liber chronicarum]*. – Nurembergae : impr. de A. Koberger, 1493. [F 17]

Ouvrage connu sous le titre de Chronique de Nuremberg, illustré par Michael Wolgemuth, maître de Dürer et Wilhelm Pleydenwurff.

(Fig. 13)

Schedel, Hartmann (1440-1514). – *[Liber chronicarum]*. – Augusta : a J. Schensperger, 1497. [D 34]

Thevet, André (1516-1590). – *Pourtraits et vies des hommes illustres grecz, latins et payens. Recueilliz de leurz tableaux, livres, medailles antiques, et modernes, par André Thevet...* – Paris : par la vefue I. Keruert et Guillaume Chaudiere, 1584. [16927]

André Thevet, aumônier de Catherine de Médicis est historiographe et cosmographe du roi. Il voyage en Italie, en Crète et dans les îles de l'Egée dans les années 1549 et 1551 et relate son expédition dans la « Cosmographie du levant ».

(Fig. 15)

Münster, Sebastian (1489-1552). – *La Cosmographie universelle.* – Bâle, 1552. [44024]

(Fig. 14)

Münster, Sebastian (1489-1552) ; Belleforest, François de (1530-1583).

– *La Cosmographie universelle.* – A Paris : Michel Sonnius, 1575, 3 vol. [44041]

De la poésie à l'histoire

Les Métamorphoses d'Ovide

La lecture des œuvres de la littérature antique n'est pas réservée aux seuls érudits, aux « humanistes » spécialistes des *humanae litterae*. Certains rencontrent un grand succès auprès d'un public varié. C'est le cas d'Ovide et particulièrement de ses *Métamorphoses*, qui ont fait l'objet jusqu'à nos jours de multiples éditions souvent exceptionnelles. À la croisée de la mythologie grecque et de la plus ancienne tradition chrétienne, le poète latin Ovide (43 av. J.C. – 17 ap. J.C.) établit une tradition dans les *Métamorphoses*, poème mythologique en quinze livres et 241 fables sur le thème de la transformation, reprises pour la plupart de la mythologie grecque. Ainsi à l'usage d'un public ignorant le latin, Ovide est traduit en français, en italien. Colard Mansion[12], spécialisé au début de sa carrière dans l'édition de manuscrits richement enluminés à l'usage de la noblesse, se reconvertit dans l'édition en produisant pour son public de magnifiques ouvrages illustrés. Ovide devient ensuite un auteur sûr, dont l'édition est d'un bon rapport : Françoise de Louvain[13], la veuve d'Abel L'Angelier, présente ainsi plusieurs œuvres antiques. Portant, comme Colard Mansion, un intérêt tout particulier à la décoration de ses livres, elle fait graver des lettres ornées, sur cuivre en taille-douce, accompagnées d'emblèmes renvoyant au contenu du livre auxquelles elles sont destinées. Ces lettres, dites « lettres grises », apparaissent dans son édition des *Métamorphoses* : la magnifique initiale S introduisant la dédicace au roi est accompagnée de la figure d'Hercule étouffant le lion de Némée.

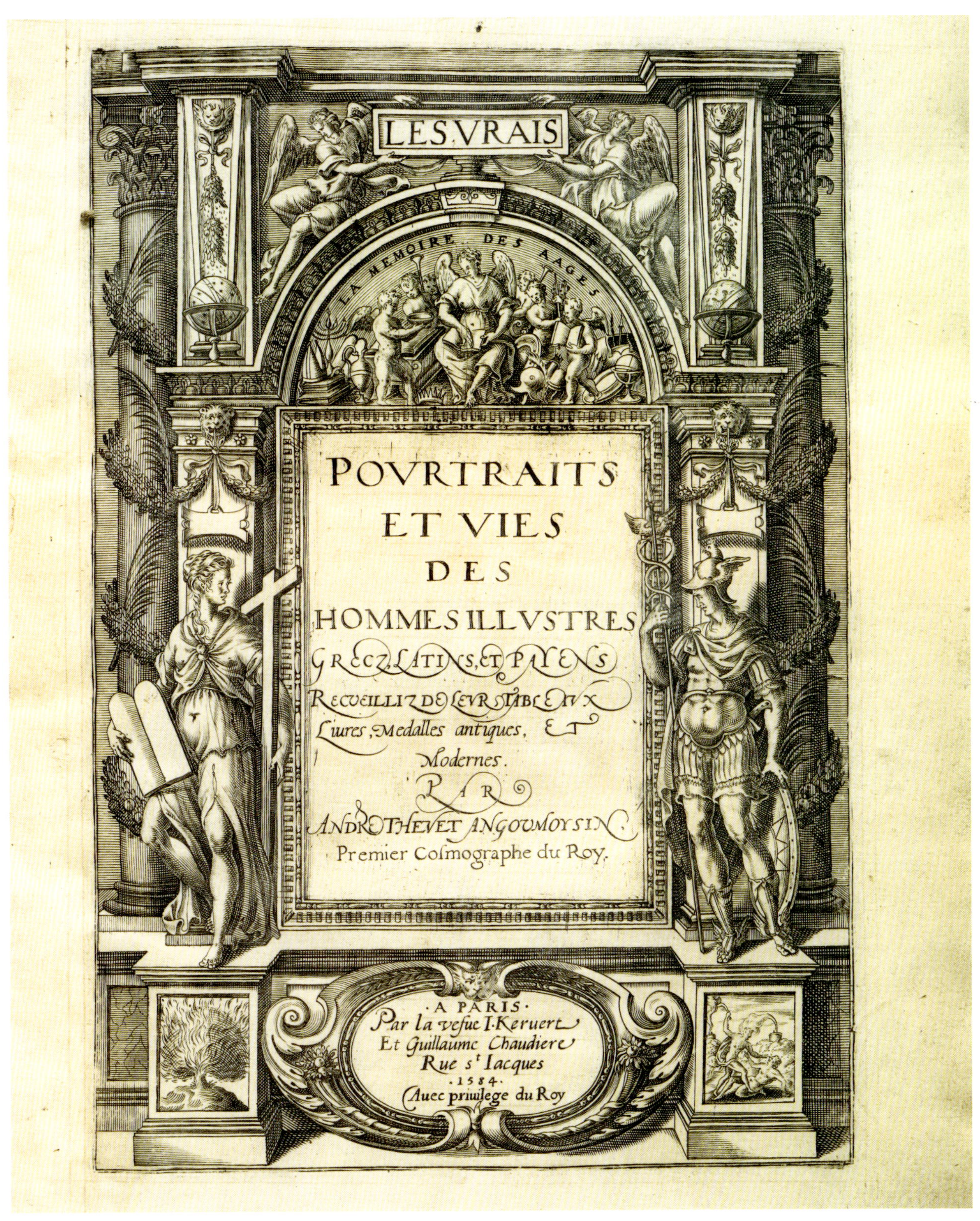

Pourtraits et vies des hommes illustres grecz, latins, et payens

1584, Bibliothèque municipale de Lille

ce dieu et des choses qui appar
tiennent au salut de lame.

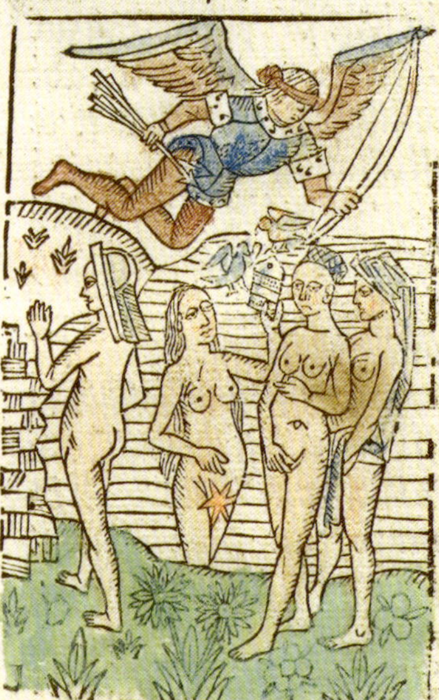

¶ Comment Venus doit
estre figuree et de ses inclina
tions.

Venus tient le .v. lieu en
tre les planetes, pourquoy
ie veil descrire en ce quint li
en la figure. Venus doit
estre painte en la forme du
ne tresbelle pucelle nue na
geant dessus la mer, tenant
en sa main une lamine dar
guise aornee et environnee de
roses et de fleurs et par dessg
des coulons voletans enui
ron elle, et si estoit assignee
en mariatge a vulcan le dieu
du feu qui estoit tres lait et
tres difforme. Deuant elle
estoient trois jones filles
nues qui sappelloient trois
graces, desqueles les faces
des deux estoient tournees
vers elle, et la tierce lui tour
noit le dos. Au plus pres
de venus estoit son filz cupi
do empenne de pennes pour
voler, mais il estoit aueu-
gle, et dun arc quil tenoit
tiroit a appollo une flesche,
pourquoy les dieux furent
troubles, et lenfant moule
paoureux sen feug muchier
decoste sa mere ¶ Lexposi
tion litterale a ceste fable si
est que toutes ces choses des
sus dittes peuent estre attri-
buees a la planete q est dicte
venus, car elle est de femi-
nine complexion. Et si est
painte en lespece dune pucel
le nue. Elle est chaude et hu
mide et si est ditte estre ma
riee a vulcan qui est le feu.
Elle est constituee sur mer
affin quelle soit continuelle
estre conjointe a chaleur et a
moisteur. Et pource diston
quelle concoit cupido le dieu

Métamorphoses
Bruges, Colard Mansion, 1484, Bibliothèque municipale de Lille

Ovide (43 av. |.-C. - 17). – *Métamorphoses*, éd. Colard Mansion. – Bruges : Colard Mansion, 1484. Bois coloriés. [F 5]

Ovide (43 av. |.-C. - 17). – *Di Ovidio. Le Metamorphosi, cioe trasmutationi tradotte dal latino diligentemente in volgar verso (composto per Nicolo di Agustini)*. – Venetia : N. Zoppino, 1537. [42422]
(Fig. 16)

Ovide (43 av. |.-C. - 17). – *Les Métamorphoses d'Ovide, traduites en prose française, par Nic. Renouard.* – Paris : Vve A. L'Angelier, 1618. [44263]
(Fig. 17)

Ovide (43 av. |.-C. - 17). – *Pub. Ovidii Nasonis Metamorphosean libri XV… opera et studio Thomae Farnabii…* – Parisiis : A. Morelli, 1637. [43844]

Ovide (43 av. |.-C. - 17). – *Die Verwandlungen des Ovidii…* – Augspurg : |.-U. Krauss, 1713. [42005]

Le roman antique grec

Dans le même mouvement de redécouverte des œuvres antiques, une place centrale est tenue par Jacques Amyot[14], grand humaniste français protégé de François Ier et brillant helléniste. Jacques Amyot (1513-1593) précepteur des deux fils de Henri II, les futurs Charles IX et Henri III, grand aumônier du roi puis évêque d'Auxerre (1570), est surtout connu pour la traduction des *Vies* de Plutarque (1559). « Il n'est pas un éditeur érudit mais un traducteur, il ne s'adresse pas aux érudits mais à un public plus large. » Il traduit deux romans grecs : *Daphnis et Chloé* de Longus (fin IIe - début du IIIe siècle ap. |.-C.), et *Les éthiopiques* ou *Théagène et Chariclée* d'Héliodore (1547), roman en dix livres racontant les aventures et les amours contrariées de deux héros à travers un parcours initiatique subtil et difficile. *Théagène et Chariclée* fut apprécié à la Renaissance, peut-être en partie parce qu'il correspondait au goût du jour et à une littérature très vivante à cette période.
Sa traduction sensible et juste des romans pastoraux grecs permet à Amyot de montrer son talent de prosateur. Les romans grecs furent édités et traduits à plusieurs reprises après Amyot. Sa traduction de *Daphnis et Chloé* fut complétée et corrigée en 1810 par Paul-Louis Courier (1772-1825) pamphlétaire antimonarchiste mais aussi excellent helléniste connu pour son travail sur les historiens Xénophon et Hérodote.

Héliodore d'Emèse (3e s.). – *Heliodori Historiae aethiopicae libri decem, numquam antea in lucem editi (éd. Vincent Obsopoeus)*. – Basilae : ex officina Hervagiana, 1534. [41505]

Héliodore d'Emèse (3e s.). – *Amours de Théagénes et Chariclée : Histoire éthiopique, traduite du grec d'Héliodore par l'abbé Fontenu.* – Genève, Paris : 1782. [90407]

Longus (2e s.). – *Les Amours pastorales de Daphnis et Chloé, escrites en grec, par Longus et translatées en françois par Jacques Amyot.* – Lille : C.F.|. Lehoucq, 1792. [40502]
(Fig. 18)

Longus (2e s.). – *Les Pastorales de Longus ou Daphnis et Chloé, trad. de Jacques Amyot, complétée par Paul-Louis Courier.* – Paris : Hetzel, 1863. [52686]

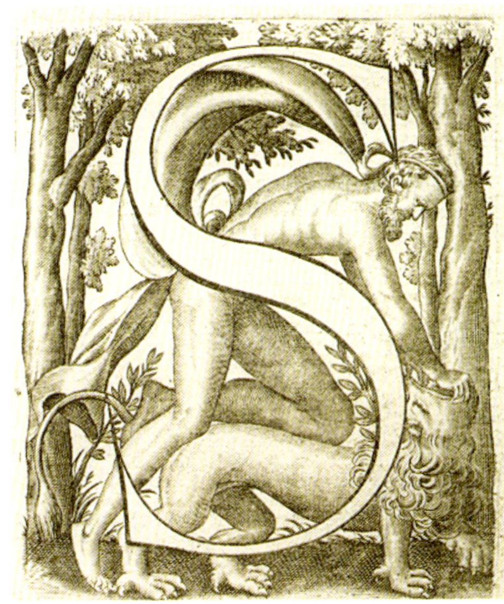

Hercule étouffant le lion de Némée dans *Les Métamorphoses d'Ovide*
Fig. 17
Paris, 1618, Bibliothèque municipale de Lille

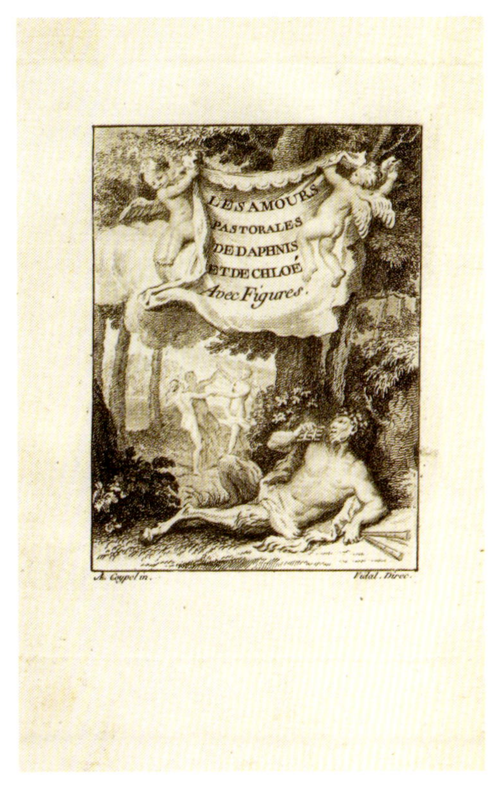

LONGUS
Fig. 18
Les Amours pastorales de Daphnis et Chloé
Lille, 1792, Bibliothèque municipale de Lille

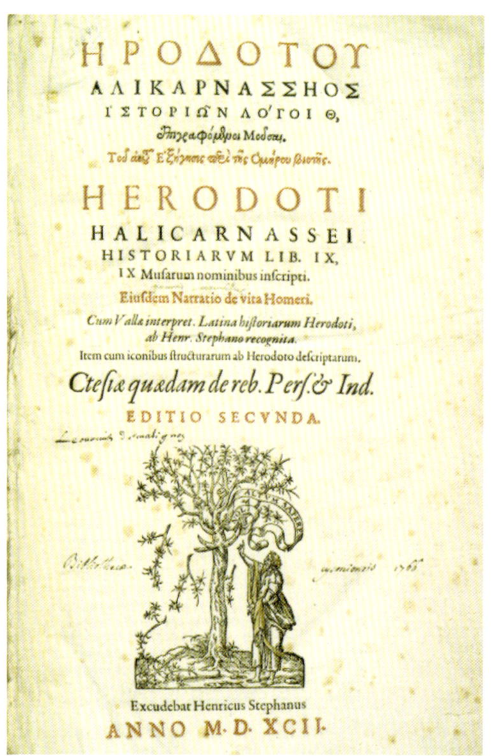

HÉRODOTE   Fig. 19

Herodoti Halicarnassei historiarum libri IX
[Genève], 1592, Bibliothèque municipale de Lille

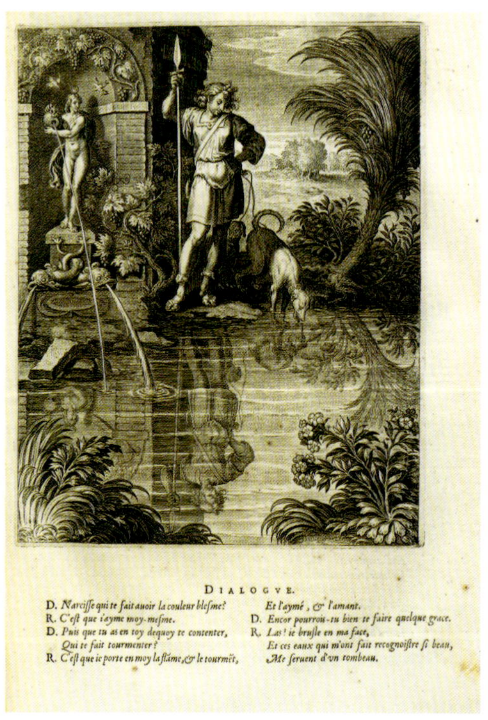

« NARCISSE »   Fig. 20

dans **Les Images des deux Philostrates**
1629, Bibliothèque municipale de Lille

La redécouverte de l'histoire et de l'art antiques

L'histoire romaine nous est en partie transmise par des historiens de langue grecque. C'est le cas de Diodore de Sicile, dont la *Bibliothèque historique*, écrite en 40 livres, est une histoire universelle depuis les origines jusqu'à la conquête de la Gaule par Jules César. Il n'en subsiste que les livres 1 à 5 et 11 à 20 et des fragments, retrouvés pour partie au XVIe siècle et édités par Fulvio Orsini chez Plantin à Anvers en 1582, complétés par un manuscrit trouvé au XVIIe siècle et édité par Henri Valois.
En 1559, Henri Estienne écrit dans sa préface à l'édition des œuvres de Diodore : « Notre Diodore brille parmi les historiens comme le soleil parmi les astres ».

Diodore de Sicile (90 ?-20 ? av. J.-C.). – *Diodori Siculi bibliothecae libri quindecim de quadraginta.* – [Genevae] : excudebat H. Stephanus, 1559. [44059]

Hérodote (484 ?-420 ? av. J.-C.). – *Historiae*, trad. lat. L. Valla. – Venezia, Giacomo, 1474. [C-40].

Hérodote (484 ?-420 ? av. J.-C.). – *Herodoti Halicarnasei libri novem. Herodoti historici incipit, Laurentii Vallen. conversio de graeco in latinum.* – Venezia, G. et C. de Gregori, 1494. [D-50-1] [Provenance Augustins de Lille].
(Fig. 21)

Hérodote (484 ?-420 ? av. J.-C.). – *Herodoti Halicarnassei historiae libri IX ; et de Vita Homeri libellus. Illi ex interpretatione Laurentio Vallae adscripta,... utraque ab Henr. Stephano recognita...* – Francofurti : apud haeredes Andreae Wecheli, 1594. [15200]

Hérodote (484 ?-420 ? av. J.-C.). – *Herodoti Halicarnassei historiarum libri IX,... cum Vallae interpret. Latina historiarum Homeri ab Henr. Stephano recognita...* - [Genevae] : excud. H. Stephanus, 1592. [50044]
(Fig. 19)

Plutarque (46 ?-120 ?). – *Plutarchi Cheronaei philosophi et historici vitae comparatae...* - Lugduni : apud Antonium Gryphium, 1566. 2 vol. [90369]

Plutarque (46 ?-120 ?). – *Les vies des hommes illustres.* – Lausanne : J. Le Preux, 1571. [44230]

L'intérêt pour la littérature antique ne s'arrête pas à la poésie ou au roman. En 1578 l'antiquaire Blaise de Vigenère traduit et annote les *Images* de l'Athénien Philostrate : il s'agit d'un recueil de description de tableaux[15]. Vigenère commente et interprète un certain nombre de thèmes mythologiques. Par l'illustration minutieuse et documentée de chaque thème, l'ouvrage devient un recueil de modèles pour les artistes du XVIIe siècle. Cette première édition, sans illustration, est rééditée à plusieurs reprises. En 1614, la veuve d'Abel L'Angelier publie une somptueuse édition grand format, ornée de 69 gravures sur cuivre de Léonard Gaultier (d'après Antoine Caron), du flamand Thomas de Leu, de l'Anversois Jaspar Isac et de deux autres artistes anonymes. Ce livre monumental, eut un succès considérable et fut réédité à quatre reprises. Il influença Nicolas Poussin. Georges de Scudéry (1601-1667) s'inspira de ces *Images* pour publier en 1646 des descriptions de tableaux dans *Le Cabinet de Mr de Scudéry,...* 1e partie – Paris : A. Courbé, 1646.

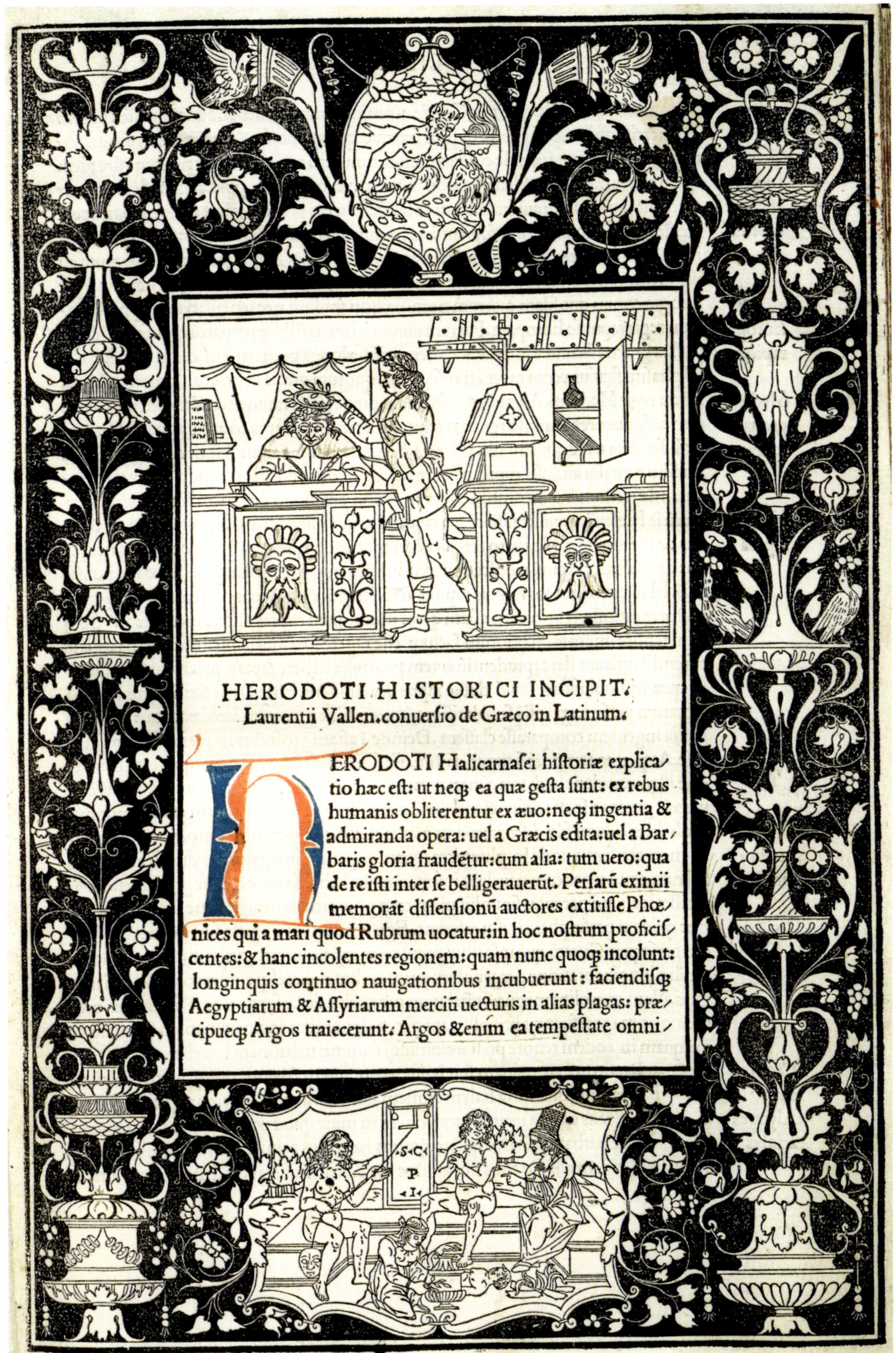

Historiae

Venise, 1494, Bibliothèque municipale de Lille

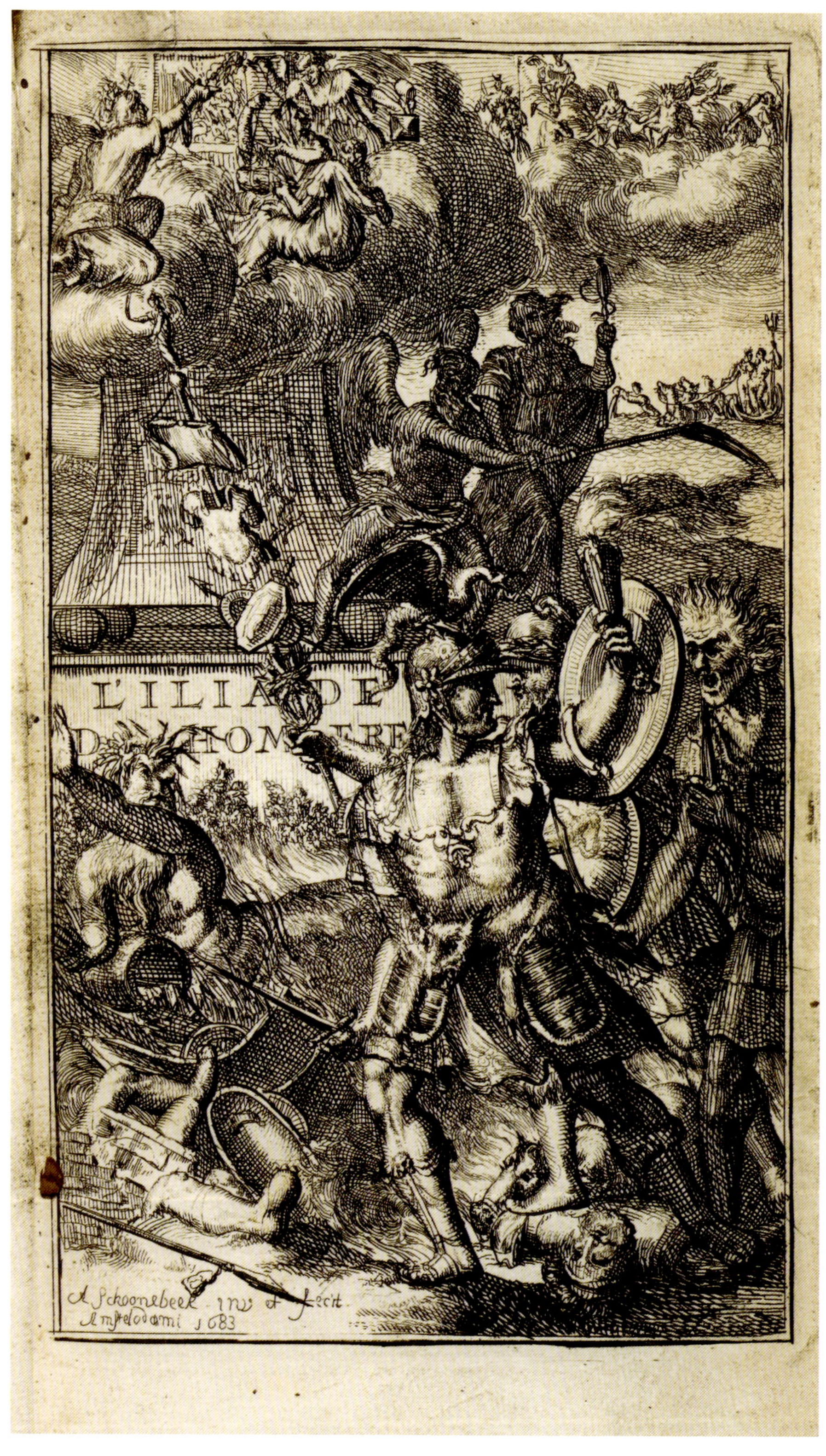

HOMÈRE

L'Iliade d'Homère

Frontispice.
Paris, 1682, Bibliothèque municipale de Lille

Fig. 22

Philostrate[16]. – *Les Images ou Tableaux de platte peinture des deux Philostrates sophistes grecs et les statues de Callistrate, mis en françois par Blaise de Vigenère... enrichis d'arguments et annotations... et représentez en taille douce... avec des épigrammes sur chacun d'iceux, par Artus Thomas, sieur d'Embry...* – Paris : Vve Mathieu Guillemot et Mathieu Guillemot, 1629. [44271] (Fig. 20)

Herculis labores ex archetypis N. Poussin. – Paris : chez G. Audran, 1678. [S 12]

Poussin, Nicolas (1594-1665). - *Travaux d'Hercule, seconde partie,... composés par N. Poussin pour la décoration de la grande galerie du Louvre / E. Gatteaux,...* – Paris : E. Gatteaux. – 1850. [53746]

Bassville, Nicolas-Jean Hugou de (1753-1793). – *Élémens de mythologie avec l'analyse des poëmes d'Homère et de Virgile, suivie de l'explication allégorique à l'usage des jeunes personnes de l'un et de l'autre sexe. – Nouv. éd. Revue et corrigée et ornée de vingt quatre figures contenant quarante trois sujets gravés...* - Amsterdam : Gabriel Dufour, 1797. [120936]

L'époque classique

Éditions de textes antiques à l'époque classique

Biblia sacra polyglotta. – Londini : Roycroft, 1653-1657. [51277]

Callimaque (305 ?-240 ? av. J.-C.). – *Hymni et epigrammata.* – Londini : G. Thurlbourne, 1741. [41564]

Conti, Natale (1520-1582). – *Mythologie, ou Explication des fables,... cy devant traduitte par I. de Montlyard, exactement reveüe... et augmentée d'un traitté des muses..., par I. Baudoin.* – Paris : P. Chevalier et S. Thiboust, 1627. [50109]

Ésope (620 ?-560 ? av. J.-C.). – *Fabellae aesopicae latine, cum imaginibus.* – Antverpiae : ex officina Plantiniana, 1604. [91229]

Eusèbe de Césarée (265?-340). – *Ecclesiasticae historiae.* – [Turin] : Augustae Taurinorum, 1746. [16880]

Hésiode (8e s. av. J.-C.) – *Hesiodi Ascraei quae extant (graece et latine). Ex recensione Georgii Graevii, cum ejusdem animadversionibus et notis. Accedunt notae ineditae Josephi Scaligeri et Francisci Guieti.* – Amstelodami : Danielem Elzevirium, 1667. [89051]

Homère. – *L'Iliade d'Homère, nouvelle traduction (par l'abbé de la Valterie).* – Paris : C. Barbin, 1682. [40422 ; ex-libris manuscrit de Valory ; Chapitre Saint-Pierre de Lille] Planches gravées à l'eau forte par Adriaan Schoonebeeck. (Fig. 22 & 23)

Homère. – *L'Odyssée d'Homère, nouvelle traduction (par l'abbé de la Valterie).* – Paris : C. Barbin, 1682. [40423 ; ex-libris manuscrit de Valory ; Chapitre Saint-Pierre de Lille] Planches gravées à l'eau forte par Adriaan Schoonebeeck.

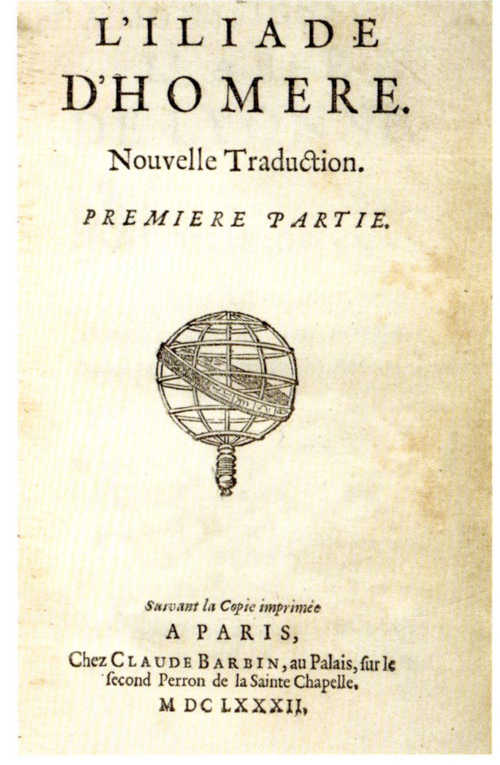

HOMÈRE   Fig. 23
L'Iliade d'Homère
Paris, 1682, Bibliothèque municipale de Lille

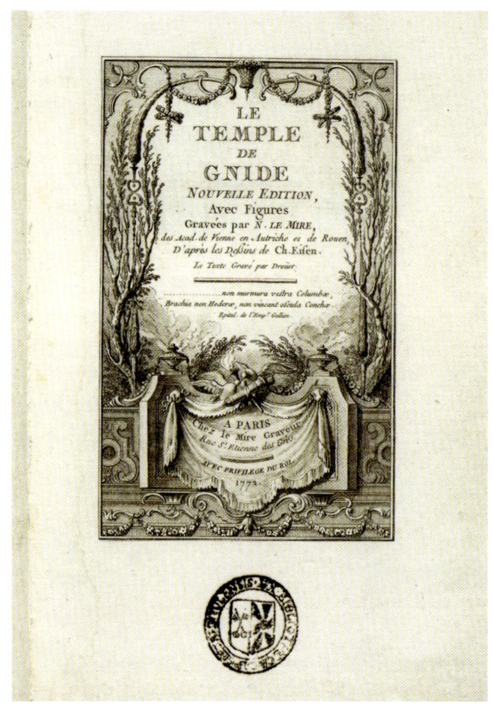

MONTESQUIEU   Fig. 24

Le Temple de Gnide
1772, Bibliothèque municipale de Lille

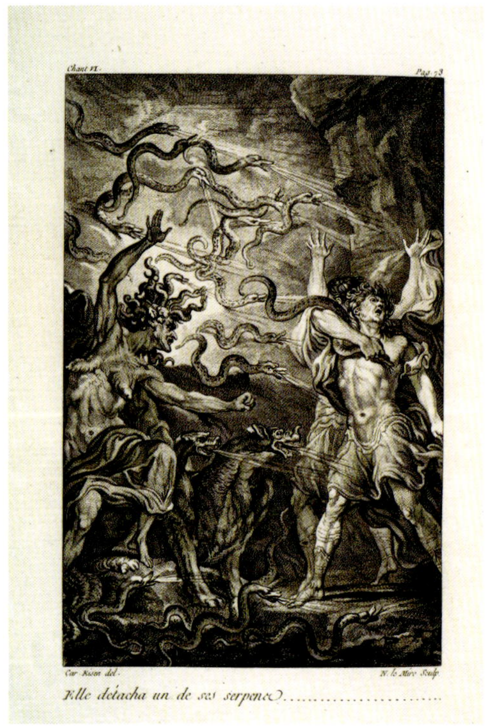

« LA FUREUR » DANS MONTESQUIEU   Fig. 25

Le Temple de Gnide
1772, Bibliothèque municipale de Lille

Lucien de Samosate (125 ?-192 ?). – *Lucien, de la traduction de N. Perrot, sr d'Ablancourt, divisé en deux parties. – Cinquième édition, nouvélement reveüe et corrigée.* – Amsterdam : Abraham Wolfgang, 1683. [89144]

Origène (185 ?-254 ?). - *Hexaplorum Origenis...* - Parisiis : Guérin, 1713. [50554-1]

Pausanias (2e s.). – *Pausanias ou voyage historique, pittoresque et philosophique de la Grèce, traduit du grec en français, par M. l'abbé Gedoyn,... ; augmentée du Voyage autour du Monde, par Scylax, traduit du grec en français par J. Ch. Poncelin...* - Paris : chez Debarle, 1797. 4 vol. [12977]

Strabon (60 ?-20 ? av. J.-C.). – *Rerum geographicarum libri XVII.* – Amstelaedami : J. Wolters, 1707. [44244]

Théophraste (372 ?-287 ? av. J.-C.). – *De Historia plantarum.* – Amstelodami : H. Laurentium, 1644. [44100]

Beger, Lorenz (1653-1705). - *Spicilegium antiquitatis sive variarum ex antiquitate elegantiarum vel novis luminibus illustrarum (...)* – Coloniae Brandenburgicae : typis U. Liebperti, 1692. [16850]

Veterum Mathematicorum, Athenaei, Apollodori, Philonis, Bitonis, Heronis, et aliorum Opera, graece et latine pleraque nunc primum edita, ex Manuscriptis codicibus Bibliothecae Regiae. – Parisiis : ex typographia Regia, 1693. [51227]

La Grèce sujet de fiction aux XVIIe et XVIIIe siècles

Le voyage en Grèce peut donner lieu à un récit ou à une fiction, comme le fait l'abbé Barthélémy. Le voyage imaginaire montre une Grèce rêvée, qui deviendra une destination idéale au XIXe siècle avec le philhéllénisme. Les *Avantures de Télémaque* de Fénelon sont éditées à Amsterdam par le français Bernard Picard, élève de Sébastien Leclerc, qui grave ses propres compositions. *Le Temple de Gnide* dont la première édition paraît en 1725 est un poème en prose composé de sept chants. Publié sous l'anonymat en raison du caractère sensuel et licencieux du texte, l'ouvrage de Montesquieu est mis en image par Charles Eisen en 1772. Le livre entièrement gravé connaît un réel succès pendant tout le XVIIIe siècle.

Barthélémy, Jean-Jacques (1716-1795). – *Voyage du jeune Anacharsis en Grèce dans le milieu du 4e siècle avant l'ère vulgaire.* – A Paris : chez De Bure l'aîné, 1788. [66719] *La première édition de ce texte date de 1736.*

Fénelon (1651-1715). – *Les avantures de Télémaque, fils d'Ulysse.* – Amsterdam : J. Wetstein et G. Smith, 1734. [43560]

Montesquieu (1689-1755). – *Le temple de Gnide, (par Montesquieu).* – Nouv. éd. Avec figures gravées par N. Le Mire... d'après les dessins de C. Eisen; texte gravé par Drouet. – Paris : Le Mire, 1772. [43278]
(Fig. 24 & 25)

Barbié du Bocage, Jean-Denis (1760-1825). - *Recueil de cartes géographiques, plans, vues et médailles de l'ancienne Grèce, relatifs au « Voyage du jeune Anacharsis », précédé d'une analyse critique des cartes [par M. Barbié du Bocage].* – À Paris : chez De Bure l'aîné, 1788. [66719]
En 1821, il est un des fondateurs de la Société de géographie.
(Fig. 26)

Voyages en Grèce au XVIIIᵉ siècle et XIXᵉ siècle

Les antiquaires-voyageurs[17] du XVIIIᵉ siècle

La Renaissance réveille un intérêt pour l'Antiquité qui va bien au-delà de la lecture des textes. A côté des philologues, spécialistes de la langue, ceux que l'on appelle les « antiquaires » se lancent dans l'histoire et l'étude de tous les vestiges de l'art et des techniques de l'Antiquité gréco-latine. Pendant tout le XVIIᵉ siècle, des cabinets d'antiquités se constituent conservant généralement monnaies et médailles. En 1754, l'abbé Barthélemy (1716-1795) est nommé directeur du cabinet des médailles. Plusieurs savants, souvent membres de l'Académie des inscriptions, bordent l'Antiquité dans leurs études et relatent dans des ouvrages abondamment illustrés des observations sur la « vie antique » : Charles César Baudelot de Dairval (1648-1722), garde du Cabinet des médailles, Jean-Pierre de Bougainville (1722-1763), garde de la salle des Antiques du Louvre. Dès 1730, le comte de Caylus[18] (1692-1765), s'intéresse à la sculpture grecque et acquiert des œuvres antiques décrites avec méthode dans son *Recueil d'antiquités…* Ces œuvres patiemment collectées se trouvent aujourd'hui au cabinet des médailles de la Bibliothèque nationale de France. Le comte de Choiseul-Gouffier, ambassadeur à Constantinople de 1784 à 1791, entreprend plusieurs voyages en Grèce et en transmet une vision romantique d'un pays sous le joug des turcs. Sa précieuse collection d'antiquités est conservée au musée du Louvre. Des érudits comme Bernard de Montfaucon, le comte de Caylus, Maffei et son secrétaire Séguier font de fréquents voyages en Italie et en rapportent des lots de « vestiges » : des textes en particulier qui permettront d'enrichir des corpus nécessaires aux sciences auxiliaires de l'histoire.

Baudelot de Dairval, Charles-César (1648-1722). – *De l'utilité des voyages et de l'avantage que la recherche des antiquités procure aux sçavans,… nouv. ed.* - Rouen : Charles Ferrand, 1727. – 2 vol. [4556-2]

Borch, Michel-Jean (1751-1810 ; comte de). – *Lettres sur la Sicile et sur l'Ile de Malte, de Monsieur… à Monsieur le C. de N. écrites en 1777… avec 27 estampes de ce qu'il y a de plus remarquable en Sicile.* – Turin : chez les frères Reycends, 1782. [941] *Le comte de Borch voyage de 1776 à 1777.*

Bougainville, Jean-Pierre de (1722-1763). – *Dissertation [touchant les droits des Métropoles Grecques sur les colonies, les devoirs des colonies envers les métropoles ; et les engagements réciproques des unes & des autres] qui a remporté le Prix de l'Académie Royale des Inscriptions & Belles Lettres en l'année 1745.* – Paris : Desaint et Saillant, 1745. [9476]

Caylus, Anne Claude Philippe (1692-1765 ; comte de). - *Recueil d'antiquités égyptiennes, étrusques, grecques et romaines, [par le comte A.C.P. de Caylus].* – Paris : Desaint et Saillant, 1752-1767. [65348]

Choiseul-Gouffier, Marie-Gabriel (1752-1817 ; comte de). – *Discours préliminaire du voyage pittoresque de la Grèce.* – A Paris : de l'imprimerie de Ph.-D. Pierres, 1783. [5624]

Choiseul-Gouffier, Marie-Gabriel (1752-1817 ; comte de). – *Voyage pittoresque de la Grèce.* – Paris, 1782-1809. 2 vol. [P 48] *Un troisième volume a été publié en 1822.* (Fig. 27)

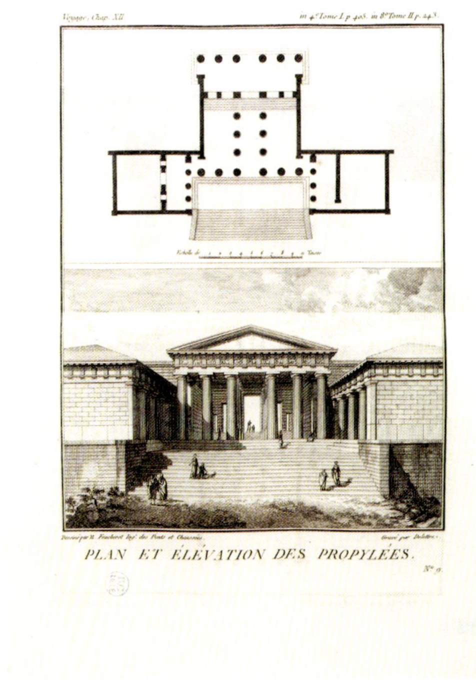

« Vue de Delphes et du Parnasse »   Fig. 26
dans Jean-Denis Barbié du Bocage

Recueil de cartes géographiques
1788, Bibliothèque municipale de Lille

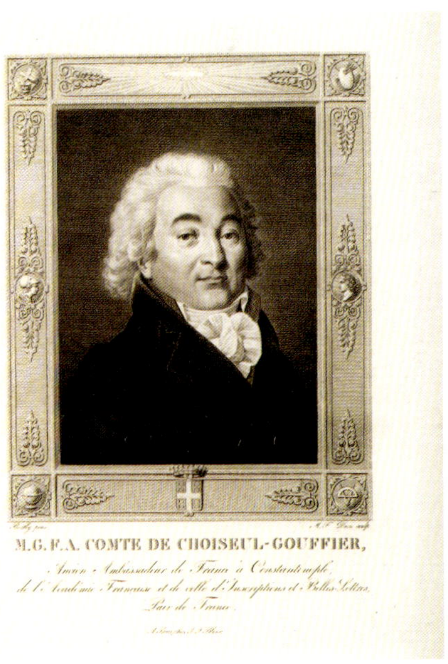

Portrait du comte   Fig. 27
de Choiseul-Gouffier

dans *Voyage pittoresque de la Grèce*

1782, Bibliothèque municipale de Lille

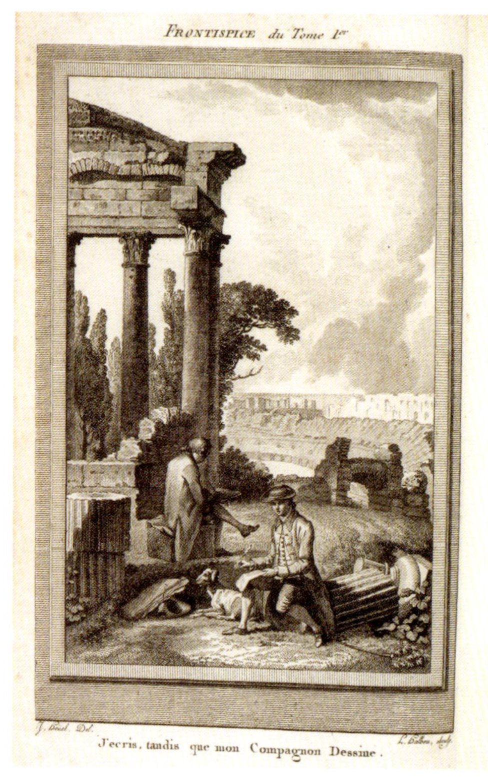

PIERRE-AUGUSTIN GUYS   Fig. 28

Voyage littéraire de la Grèce
1783, Bibliothèque municipale de Lille

Dapper, Olfert (1639-1689). – *Description exacte des isles de l'Archipel et de quelques autres adjacentes ; dont les principales sont Chypre, Rhodes, Candie, Samos, Chio, Negrepont, Lemnos, Paros, Délos, Patmos, avec un grand nombre d'autres. Comprenant leurs noms, leur situation, leurs villes, leurs châteaux, & l'histoire tant ancienne que moderne de leurs habitans, leur gouvernement, les révolutions qui y sont arrivées & les plantes, animaux, &c., qui s'y trouvent,… ; traduite du flamand d'O. Dapper, médecin.* – Amsterdam : George Gallet, 1703. [50384]

Démeunier, Jean Nicolas (1751-1814). – *Voyage en Sicile et à Malthe, traduit de l'anglais par M. Brydone F.R.S.,… -* Amsterdam, Paris : Pissot, 1775, 2 vol. [90-2]
Voyage en 1770.

Elgin, Thomas Bruce (1766-1841 ; comte de). – *Antiquités grecques ou notice et mémoire sur des recherches faites en Grèce… -* Bruxelles : Weissenbruch, 1820. [12660]

Gronovius, Jacobus (1645-1716). – *Thesaurus graecarum antiquitatum.* – Lugduni Batavorum : excud. P. et B. Van der Aa, 1697-1702. – 13 vol. [50956]

Guys, Pierre-Augustin. – *Voyage littéraire de la Grèce, ou Lettres sur les Grecs anciens et modernes, avec un parallèle de leurs mœurs.* – A Paris : chez la veuve Duchesne, 1783. 3 vol. [93631]
(Fig. 28)

La Lande, Jérôme de (1732-1807). – *Voyage en Italie,… -* Genève : [s.n.], 1790. 7 vol. [93627]
Voyage de 1765 à 1788.

Lechevalier, Jean-Baptiste. – *Recueil de cartes, plans, vues et médailles, pour servir au Voyage de la Troade.* – Paris : Dentu, an X (1802). [15253]
(Fig. 29)

Le Roy, David (1724-1803) . – *Les ruines des plus beaux monuments de la Grèce, par M. Le Roy, architecte.* – Paris : Guérin, Delatour, Nyon / Amsterdam : Neaulme, 1758. [P14]

Montfaucon, Bernard de (1655-1741). – *L'Antiquité expliquée et représentée en figures.* – Paris, Delaulne, 1719. 10 vol. [17019]
Bernard de Montfaucon, père des sciences auxiliaires de l'histoire publie un manuel de paléographie grecque.

Montfaucon, Bernard de(1655-1741). – *Supplément au livre de l'Antiquité expliquée et représentée en figures, par Dom. Bernard de Montfaucon.* – Paris : Delaulne, 1724. 5 vol. [51275]

Piacentini, Gregorio. – *Epitome graecae palaegraphiae… -* Romae : typis J. M. Salvioni, 1735. [96586]

Riedesel, Johann Hermann von. – *Voyage en Sicile et dans la Grande-Grèce, adressé par l'auteur à son ami Winckelman… -* Lausanne : François Grasset, 1773. [888]

Spon, Jacob (1647-1685). - *Voyage d'Italie, de Dalmatie, de Grèce et du Levant : fait aux années 1675 et 1676 par Jacob Spon, docteur médecin aggregé à Lyon et George Wheler gentilhomme anglais.* – Lyon : A. Cellier, 1678. [9469]

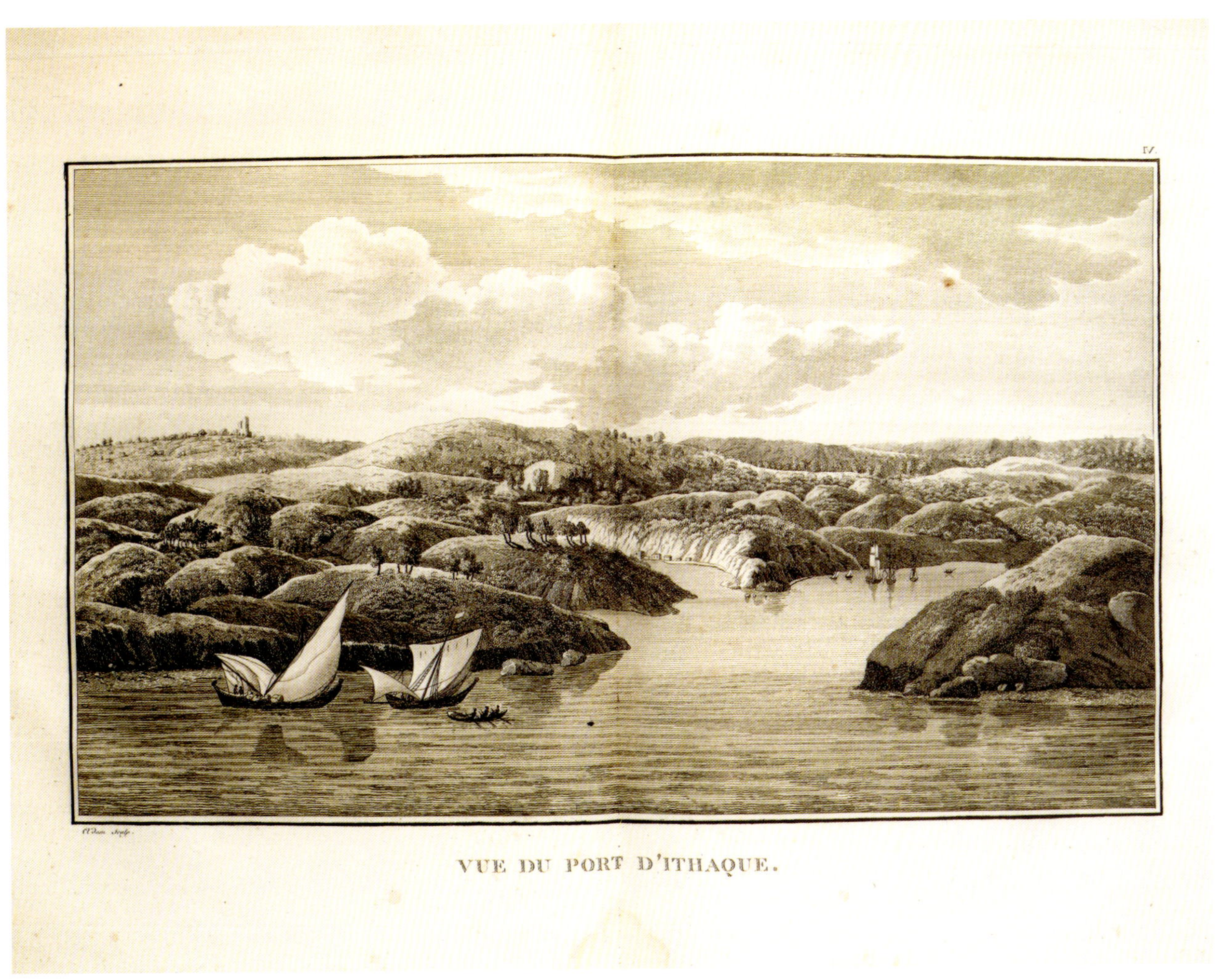

« Vue du port d'Ithaque » dans Jean-Baptiste Lechevalier

Recueil de cartes, plans, vues et médailles, pour servir au Voyage de la Troade

1802, Bibliothèque municipale de Lille

Fig. 29

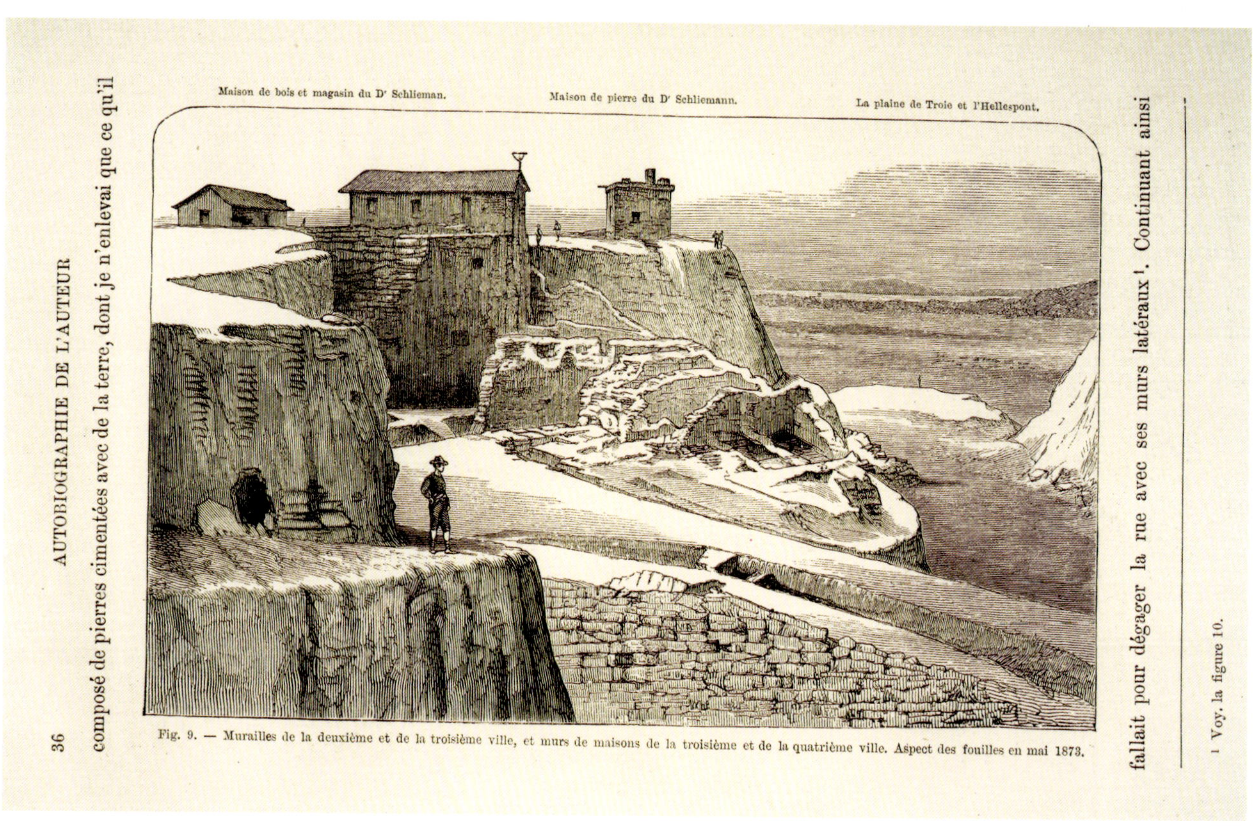

« Aspect des fouilles en mai 1873 » dans Heinrich Schliemann

Ilios, ville et pays des Troyens

1885, Bibliothèque municipale de Lille

Fig. 30

Le XIXe siècle ou l'étude de l'antique comme discipline historique

L'archéologie naît à la croisée du XVIIIe et XIXe siècle avec l' « affaire Elgin ». Thomas Bruce Elgin, officier britannique et ambassadeur en Turquie de 1799 à 1802 fait transporter à Londres une partie de la frise du Parthénon. La guerre d'indépendance de la Grèce et la participation de l'Europe à sa libération encouragent les expéditions scientifiques. En 1830, le protocole de Londres proclame l'indépendance de la Grèce sous la protection de l'Angleterre, la France et la Russie. C'est à cette époque que le richissime Lord Guilford entreprend de créer une Université des Îles ioniennes : il réunit pour ce faire une bibliothèque de manuscrits et imprimés fort rares, et crée des presses sur lesquelles sont imprimées de magnifiques éditions illustrées, comme celles d'Homère. Les gravures y représentent une Grèce archaïque vue à travers le prisme du Romantisme naissant. Cette évolution de l'étude de l'antique en une véritable discipline historique se fait sur une longue durée. Encore en 1900, l'archéologue britannique Sir Arthur Evans, découvrant des restes archéologiques à Cnossos, préférera une reconstruction fictive à un véritable travail historique, associant sa découverte au roi Minos et au labyrinthe. En 1868, l'archéologue amateur Heinrich Schliemann[19] (1822-1890) s'établit en Grèce pour retrouver les sites décrits par Homère. En 1870, il découvre le site présumé de Troie sur la colline d'Hissarlik en Turquie. D'autres chantiers de fouilles à Mycènes (1876-1878), Tirynthe et Ithaque permettent de fixer les prémices de l'archéologie grecque.

Alletz, Pons-Augustin (1703-1785). – *Abrégé de l'histoire grecque, depuis les temps héroïques jusqu'à la réduction de la Grèce en province romaine.* – Lille : Lefort, 1829. [84967]
Cette impression lilloise, plusieurs fois rééditée, est intéressante par le choix opéré par l'éditeur pour les illustrations faisant office de frontispice : Sardanapale, roi légendaire d'Assyrie au milieu d'un festin et « trois enfants dans le feu ».
(Fig. 31 & 32)

Beulé, Charles-Ernest (1826-1874). – *L'acropole d'Athènes*. – Paris : Didot, 1853-1854. [96795]

Choisy, Auguste (1841-1909). – *Études épigraphiques sur l'architecture grecque.* – Paris : Lib. de la soc. anonyme des publications périodiques, 1884. [63921]

Curtius, Ernest. – *Histoire grecque.* – Paris : E. Leroux, 1880-1883, 6 vol. [60651]

Expédition scientifique de Morée, ordonnée par le gouvernement français, architecture, sculptures, inscriptions et vues du Péloponnèse, des Cyclades et de l'Attique mesurées, dessinées, recueillies et publiées par Abel Blouet... Amable Ravoisié [et al.]. – Paris : Firmin-Didot, 1831-1838. [53739]

Millin, Aubin-Louis (1759-1818). – *Dictionnaire des Beaux-Arts.* – Paris : Desray, 1806. [108734]

Quarré-Reybourbon, Louis. – *Carnet de voyage... Italie et Sicile.* – Lille : L. Quarré, 1894. [24962]

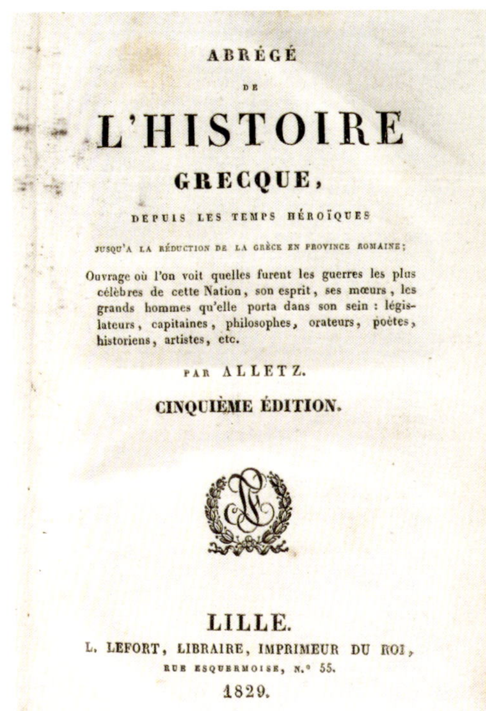

PONS-AUGUSTIN ALLETZ   Fig. 31

Abrégé de l'histoire grecque
Lille, Lefort, 1829, Bibliothèque municipale de Lille

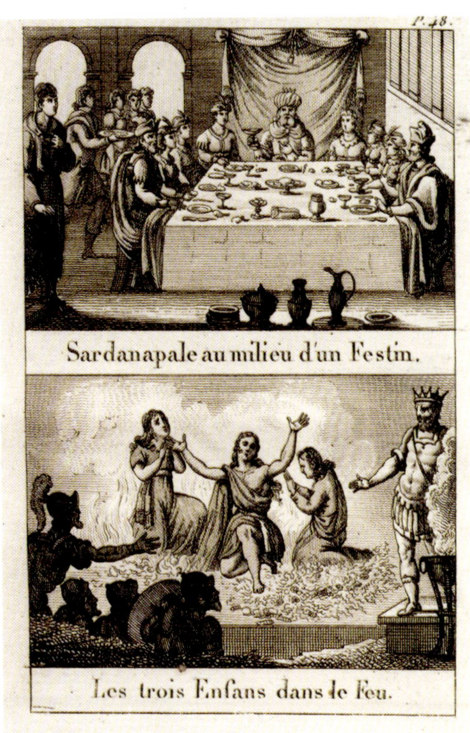

FRONTISPICE   Fig. 32
DANS PONS-AUGUSTIN ALLETZ

Abrégé de l'histoire grecque
Bibliothèque municipale de Lille

Rich, Anthony (180.-1891). – *Dictionnaire des antiquités romaines et grecques, accompagné de 2000 gravures d'après l'antique...* – Paris : Firmin Didot, 1861. [151231]

Schliemann, Heinrich (1822-1890). – *Ilios, ville et pays des Troyens. Résultat des fouilles sur l'emplacement de Troie et des explorations faites en Troade de 1871 à 1882, avec une autobiographie de l'auteur.* – Paris : Firmin-Didot, 1885. [64103]
(Fig. 30)

Schliemann, Heinrich (1822-1890). – *Mycènes : récit des recherches et découvertes faites à Mycènes et à Tirynthe.* – Paris : Hachette, 1879. [62045]
(Fig. 31)

« Pour la première fois depuis la prise de Mycènes par les Argiens en 468 avant Jésus-Christ, par conséquent pour la première fois depuis deux mille trois cent quarante-quatre ans, l'acropole de Mycènes a une garnison dont les feux de bivouac, aperçus pendant la nuit de tous les points de la plaine d'Argos, rappellent à l'imagination l'homme de garde qui guettait l'arrivée d'Agamemnon à son retour de Troie, et le signal qui avertit de son approche Clytemnestre et son amant Mais cette fois l'objet de cette occupation militaire est d'un caractère plus pacifique, car elle est destinée tout simplement à tenir les paysans en respect et à les empêcher soit de pratiquer des fouilles clandestines dans les tombeaux, soit d'en approcher quand nous sommes au travail

Tout en m'occupant des fouilles du quatrième grand tombeau, dont j'ai fait connaître les résultats, j'ai exploré le *cinquième et dernier tombeau*, qui est immédiatement au nord-ouest du quatrième (voy. les plans B et C, et l'ichnographie, pl VI). Ce tombeau est celui dont l'emplacement était marqué par la grande stèle, ornée de frettes ou méandres sculptés, en formes de serpents, et par une seconde stèle sans sculptures... »

Heinrich Schliemann, *Mycènes...*, 1879, p. 372.

1- Marguerite Yourcenar parle de la « foule humaine » grecque à travers les siècles. *Lettre de Marguerite Yourcenar à Wilhelm Gans, 13 février 1980* dans Marguerite Yourcenar, *Lettres à ses amis et quelques autres*, édition établie, présentée et annotée par Michèle Sarde et Joseph Brami avec la collaboration d'Elyane Dezon-Jones, Paris, Gallimard, 1997 (Folio ; 2983), p. 820-821.

2 - Une sélection d'ouvrages sur le thème de l'héritage grec à travers le fonds ancien de la Bibliothèque municipale de Lille a été présentée à la Médiathèque Jean Lévy du 11 janvier au 19 février 2000 à l'occasion de l'exposition photographique de l'Association franco-hellénique ACOGIF. Lors de cette manifestation, les ouvrages ont été présentés par Catherine De Boel.

3 - Merci à Raphaële Mouren et à Didier Queneutte pour leur aide précieuse à la rédaction de cet article.

4 - François Rabelais, *Pantagruel*, 1532.

5 - La *Batrachomyomachie* (la bataille des grenouilles et des rats) est une épopée parodiant l'*Iliade* longtemps attribuée à Homère.

6 - Sur le psautier d'Henri Ier Estienne, voir Henri-Jean Martin, *La naissance du livre moderne : mise en page et mise en texte du livre français : XIVe-XVIIe siècles*, Paris, Éditions du Cercle de la librairie, 2000, p. 286.

7 - Annie Parent-Charon, « Humanisme et typographie. Les " Grecs du Roi " et l'étude du monde antique », dans *L'art du livre à l'Imprimerie nationale*, Paris, 1972, p. 55-67.

8 - *La France des humanistes : Henri II Estienne, éditeur et écrivain*, J. Céard, J. Kecsemeti, B. Boudou (éds) H. Cazès, Brépols, 2003 (Europa Humanistica, 2).

9 - Raphaele Mouren, « Les philologues et leurs éditeurs au XVIe siècle », dans *La memoria de los libros : estudios sobre la historia del escrito y de la lectura en Europa y America*. Salamanque : Instituto de historia del libro y de la lectura, 2004, t. I, p. 495-507.

10 - *L'enseignement de la médecine selon Galien : études rassemblées par Jacques Boulogne et Antoine Drizenko*. Villeneuve d'Ascq, Université Charles-de-Gaulle – Lille 3, 2006 (Collection UL3).

11 - Martine Lefèvre, « Chronique de Nuremberg » dans *Dictionnaire encyclopédique du livre*, [volume 1], Paris, Editions du Cercle de la Librairie, 2002, p. 527.

12 - *Le cinquième centenaire de l'imprimerie dans les anciens Pays-Bas. Exposition à la Bibliothèque royale Albert Ier, 11 septembre - 27 octobre 1973*, Catalogue, Bruxelles, Bibliothèque royale Albert Ier, 1973, Colard Mansion, p. 212-238.

13 - Michel Simonin, « Trois femmes en librairie : Françoise de Louvain, Marie L'Angelier, Françoise Patelé (1571-1645) » dans *Des femmes et des livres. France et Espagnes, XIVe-XVIIe siècle. Actes...* réunis par Dominique de Courcelles et Carmen Val Julian. Paris, École des chartes (Études et rencontres de l'École des chartes, 4).

14 - Jean Plattard, *La Renaissance des lettres en France : de Louis XII à Henri IV*, Paris, Armand Colin, 1967.

15 - « Un autre Ovide : Philostrate » dans *Histoire de l'édition française, t. I : Le livre conquérant*, Paris, 1983, p. 524-525.

16 - Probablement une œuvre des deux Philostrate : Philostrate de Lemnos (190 ?-2..) et son petit fils Philostratus sophiste (3e siècle)

17 - Les voyages d'écrivains font l'objet d'articles dans ce catalogue.

18 - *Caylus, mécène du roi : collectionner les antiquités au XVIIIe siècle*, présentée au musée des Monnaies, médailles et antiques de la Bibliothèque nationale de France, site Richelieu, du 17 décembre 2002 au 17 mars 2003. Paris, Institut national d'histoire de l'art, 2002. (Portiques).

19 - Hervé Duchêne, *L'Or de Troie ou le rêve de Schliemann*, Paris, Gallimard, 1995 (Découvertes).

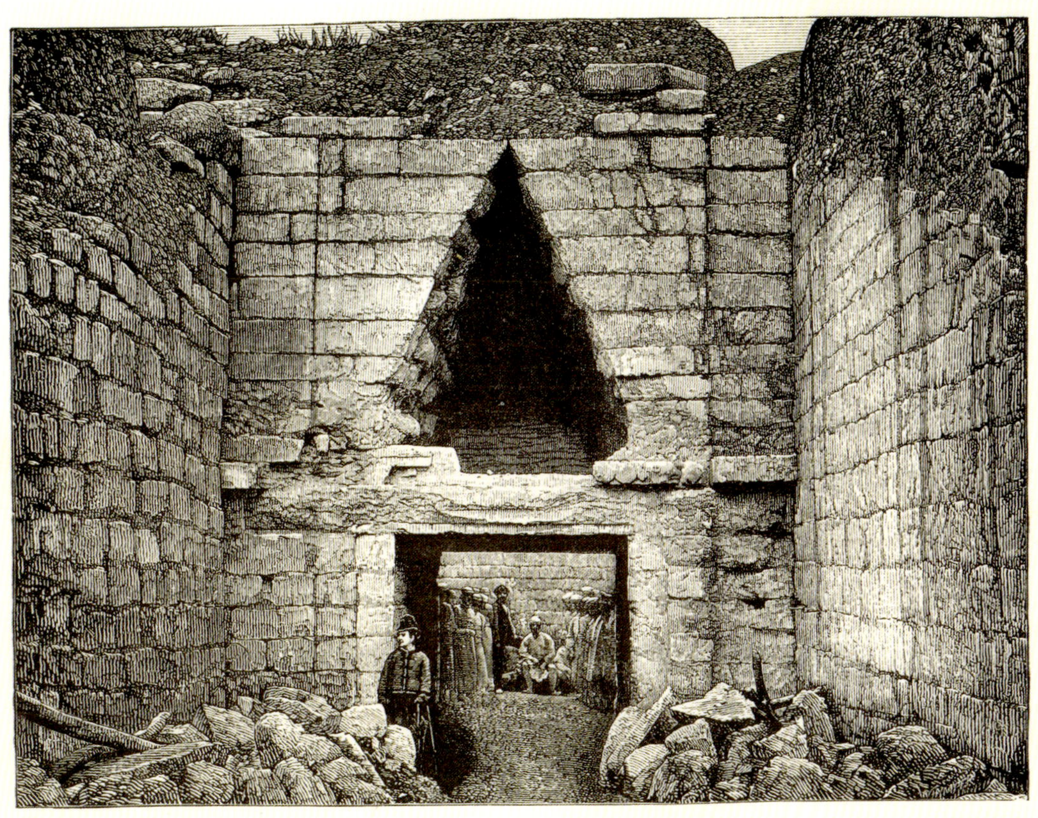

« Le Trésor près de la Porte des Lions » dans Heinrich Schliemann

Mycènes

1879, Bibliothèque municipale de Lille

Fig. 31

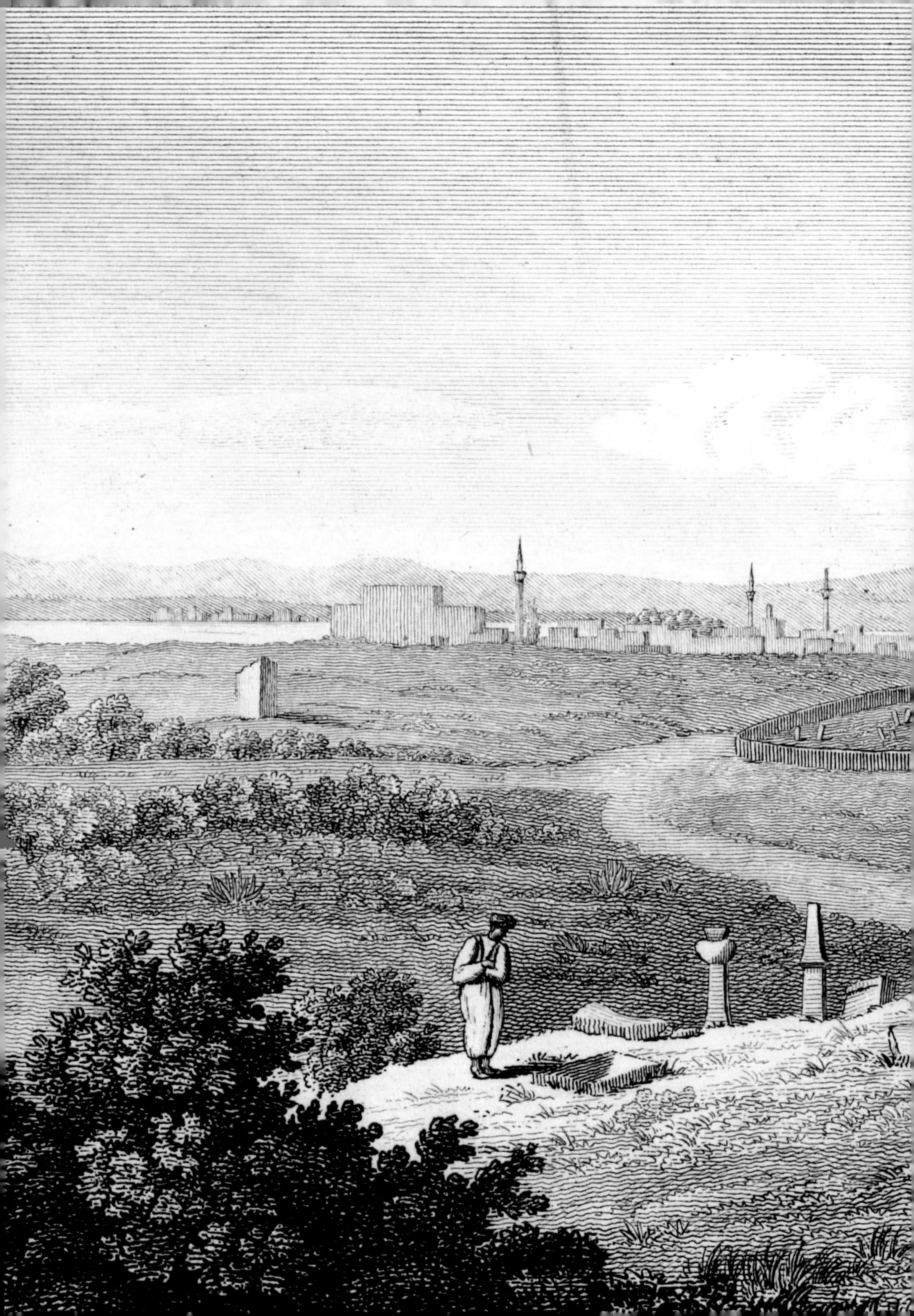

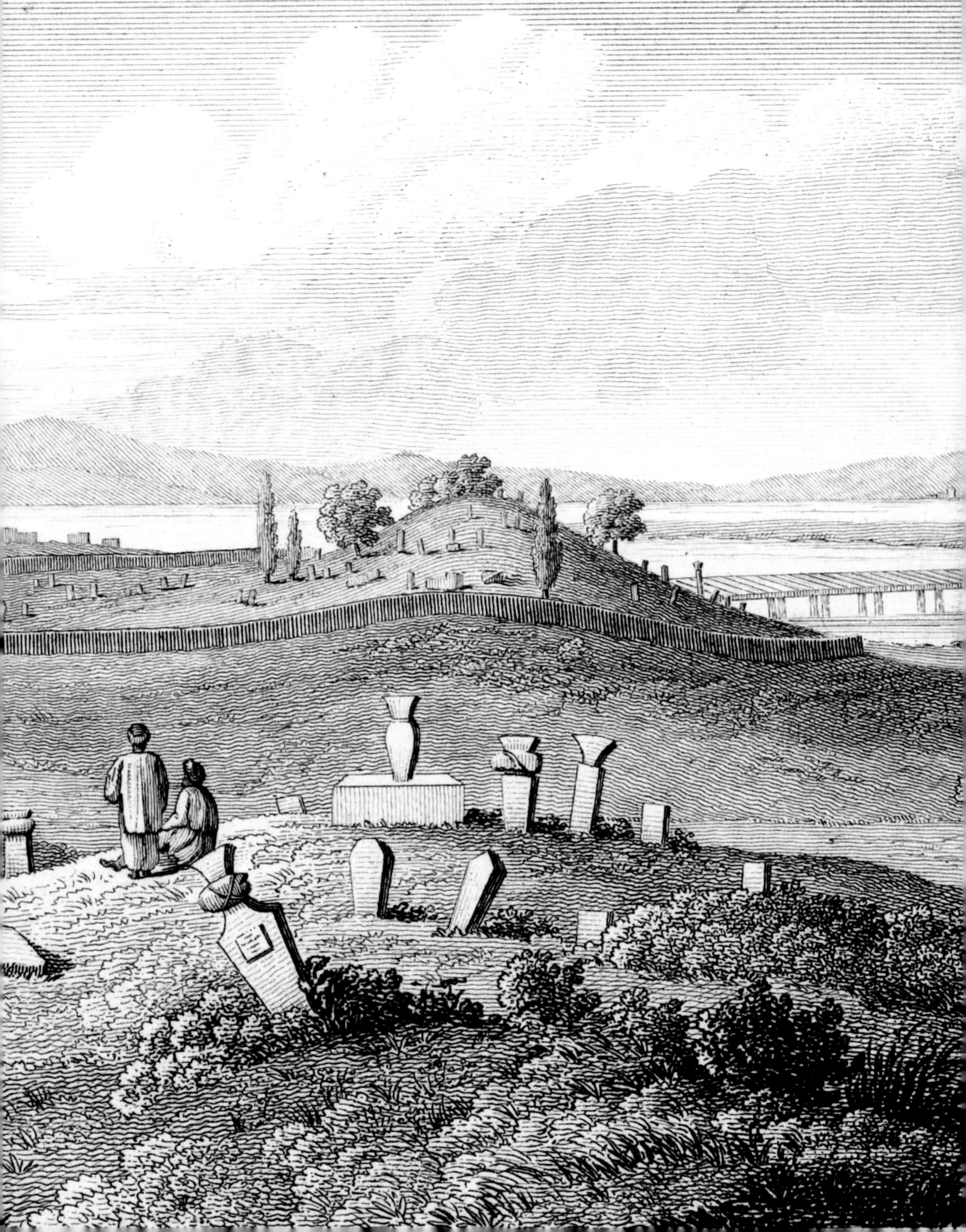

Bibliographie

*La Grèce des Modernes :
l'impression d'un voyage,
Artistes, écrivains et la Grèce
(1933-1968)*

Établie par Corinne Barbant
Didier Queneutte
Nicolas Surlapierre

OUVRAGES

François Augieras, *Un voyage au Mont
Athos*, Paris, Flammarion, 1970
Louis Aragon, *Les aventures
de Télémaque*, Paris, Gallimard, 1922
Louis Aragon, *Je n'ai jamais appris à lire
ou Les incipit*, Genève, Skira, 1969
Maurice Barrès, *Le Voyage de Sparte*,
Paris, Juven, 1906
Roland Barthes, *Mythologies*, Paris,
Seuil, 1957
Sophie Basch, *Le Voyage imaginaire, Les
écrivains français en Grèce au xxᵉ siècle*,
Paris, Hatier, « Confluences », 1991
Sophie Basch, *Le Mirage grec, la Grèce
moderne devant l'opinion française
depuis la création de l'École d'Athènes
jusqu'à la guerre civile grecque,
1846-1946*, Paris, Hatier, 1995
D. Baud-Bovy, *En Grèce par monts et
par vaux*, Genève, Boissonnas & Co.,
Éditions d'Art et de Sciences, 1910
D. Baud-Bovy, *L'Épire, berceau des
Grecs : cent héliogravures*, Genève,
Boissonnas & Co.,
« L'image de la Grèce », 1915
D. Baud-Bovy, *La Macédoine
occidentale*, Genève, Éditions d'art
Boissonnas, « L'image de la Grèce »,
1921
André Beaunier, *Le sourire d'Athéna*,
Paris, Plon, 1911
André Bellessort, *Parmi les âmes
étrangères*, Paris, Perrin, 1942
Victor Bérard, *Dans le sillage d'Ulysse*,
Paris, Armand Colin, 1933
Simone de Beauvoir, *La Force de l'âge*,
Paris, Gallimard, 1960
Simone de Beauvoir, *Les Belles images*,
Paris, Gallimard, 1966
Louis Bertrand, *La Grèce du soleil
et des paysages*, Paris, Fasquelle, 1908
Louis Bertrand, *Le Mirage oriental*, Paris,
Perrin, 1909
Louis Bertrand, *Les bains de Phalère*,
Paris, Fayard, 1910
Louis Bertrand, *Vers Cyrène,
terre d'Apollon*, Paris, Fayard, 1935
André Billy, *La Grèce*, Paris, Arthaud,
1937
Jean Blot, *Le Soleil de Cavouri*, Paris,
Gallimard, 1956
Jean Blot, *La Jeune géante*, Paris,
Gallimard, 1968

Jean Blot, *Sporades*, Paris, Arthaud, 1979
Madeleine Boisson, *Apollinaire
et les mythologies antiques*,
Saint-Genouph, Nizet, 1989
Fred. Boissonnas, *L'Image de la Grèce*,
Genève, Éditions d'Art Boissonnas, 1921
Fred. Boissonnas, *Le Tourisme en
Grèce*, Genève, Éditions d'Art
Boissonnas, 1930
Yves Bonnefoy, *L'Improbable*, Paris,
Mercure de France, 1959
Yves Bonnefoy, *Un Rêve fait à Mantoue*,
Paris, Mercure de France, 1967
Henri Bordeaux, *Voyageurs d'Orient*
(2 vol.), Paris, Plon, 1926
Jorge Luis Borges, *Labyrinthes*, Paris,
Gallimard, 1953
Jorge Luis Borges, *L'Aleph*, Paris,
Gallimard, 1966
Henri Bosco, *Le Récif*, Paris,
Gallimard, 1971
Myriam Boucharenc, *L'Écrivain reporter
au cœur des années trente*, Villeneuve
d'Ascq, Presses Universitaires
du Septentrion, 2004
Édouard Bourdet, *Jean Giraudoux*, Paris,
Les Publications techniques et
artistiques, 1944
Émile Bourguet, *Delphes*, Paris,
Les Belles lettres, 1925
Horst Bredekamp, *La Nostalgie de
l'antique. Statues, machines et cabinets
de curiosités*, Paris, Diderot,
« Arts et Sciences », (1993), 1996
Henri Bremond, *Le charme d'Athènes*,
Paris, Sansot, 1905
Attilio Brilli, *Quand voyager était un art*,
Paris, Gérard Montfort, 2001
Pierre Brunel, *L'Arcadie blessée
– le monde de l'idylle dans la littérature
et les arts de 1870 à nos jours*, Paris,
Eurédit, 2005
Michel Butor, *Le génie du lieu*, Paris,
Grasset, « La Galerie », 1958
Michel Butor, *Curriculum vitae,
entretiens avec André Clavel*, Paris,
Plon, 1996
Catherine Camboulives dir.,
Les Métamorphoses d'Orphée,
Gand, Snoeck Publishers, 1995
Albert Camus, *Carnets III*, Paris,
Gallimard, 1989
René Canat, *L'Hellénisme des
romantiques*, (3 vol.), Paris, Didier,
1951-1955
Pierre de Caraman Chimay, *Impressions
d'Attique*, Bruxelles, Albert Dewit, 1913
Marta Caraion, *Pour fixer la trace.
Photographie, littérature et voyage au
milieu du XIXᵉ siècle*, Genève, Droz,
2003
Jacques Chardonne, *Demi-jour*, Paris,
Albin Michel, 1964
Claude Michel Cluny, *Le Silence
de Delphes. Journal littéraire 1948-
1962*, Paris, La Différence, 2002
Jean Cocteau, *Le Tour du monde
en 80 jours (Mon premier voyage)*,
Paris, Gallimard, 1936
Jean Cocteau, *Maalesh*, Paris,
Gallimard, 1949

Jean Cocteau, *Journal d'un inconnu*,
Paris, Bernard Grasset, 1953
Jean Cocteau, *Le Passé défini 1951-1952*,
Paris, Gallimard, 1983-1985
José Corti, *Souvenirs désordonnés
(…-1965)*, Paris, José Corti, 1983
Georges Daux, *Les Merveilles de l'art
antique*, Paris, Nathan, 1946
Régis Debray, *Vie et mort de l'image.
Une histoire du regard en Occident*,
Paris, Gallimard, « Bibliothèque
des idées », 1992
Marie Delcourt, *La Vie d'Euripide*, Paris,
Gallimard, 1930
Marie Delcourt, *Eschyle*, Paris, Rieder,
« Maîtres de littérature », 1934
Marie Delcourt, *Légendes et cultes
de héros en Grèce*, Paris,
Presses Universitaires de France, 1942
Marie Delcourt, *Images de Grèce,
Notes de lecture et de voyage*,
Bruxelles, Libris, 1943
Charles Demange, *Notes d'un voyage
en Grèce*, Paris, Impression de Chaix,
1910
Michel Déon, *Rêver de la Grèce*, Paris,
Vilo, 1968
Michel Déon, *Le Rendez-vous
de Patmos*, Paris, La Table Ronde, 1971
Michel Déon, *Le Balcon de Spetsai*,
Paris, Gallimard, 1979
Waldemar Deonna, *Athènes ancienne*,
Éditions d'Art Boissonnas, « L'image de
la Grèce », 1921
Christian Derouet dir., *Cahiers d'art,
musée Zervos à Vézelay*, Hazan, 2006
Gaston Deschamps, *Chemin fleuri
- Chroniques de voyages*, Paris, Calmann
Lévy, 1896
Gaston Deschamps, *La Grèce
d'aujourd'hui*, Paris, Armand Colin, 1930
André Dhôtel, *Ce Lieu déshérité*, Paris,
Gallimard, 1949
André Dhôtel, *Ma Chère âme*, Paris,
Gallimard, 1961
André Dhôtel, *Idylles*, Paris, Gallimard,
1961
André Dhôtel, *Un soir*, Paris, Gallimard,
1977
André Dhôtel, *L'Île de la Croix D'Or*,
Paris, Gallimard, 1978
André Dhôtel, *Je ne suis pas d'ici*, Paris,
Gallimard, 1982
Albert Dresdner, *La Genèse de la cri-
tique d'art*, Paris, École nationale des
Beaux Arts – Institut Allemand d'Histoire
de l'Art, 2005
Pierre Drieu La Rochelle, *Une Femme
à sa fenêtre*, Paris, Gallimard, 1929
Pierre Drieu La Rochelle, *Histoires
déplaisantes*, Paris, Gallimard, 1934
Jean-Marie Drot, *Le Retour d'Ulysse
manchot*, Paris, Julliard, 1990
Maxime Du Camp, *Egypte, Nubie,
Palestine et Syrie*, Paris, Gide et Baudry,
1852
Hervé Duchêne, *Le Voyage en Grèce.
Anthologie, du Moyen Âge à l'époque
contemporaine*, Paris, Robert Laffont,
« Bouquins », 2003
Georges Duhamel, *Géographie cordiale*

de l'Europe, Paris, Mercure de France,
1931
Georges Duhamel, *Images de la Grèce*,
Paris, Editions du Sablier, 1928
Lawrence Durrell, *L'Île de Prospero*,
Paris, Buchet/Chastel, 1962
Lawrence Durrell, *Citrons acides*, Paris,
Buchet/Chastel, 1961
Lawrence Durrell, *Vénus et la mer*,
Paris, Buchet/Chastel, 1973
Lawrence Durrell, *Les Îles grecques*,
Paris, Albin Michel, 1978
Luc Durtain, *Le Globe sous le bras*,
Paris, Flammarion, 1936
Paul Eluard, *Grèce ma rose de raison*,
Paris, Réclame, 1949
Claude Farrère, *Une aventure amou-
reuse de Monsieur de Tourville*, Paris,
Flammarion, 1925
Claude Farrère, *Mes voyages en
Méditerranée*, Paris, Flammarion, 1926
Élie Faure, *Œuvres Complètes*, Paris,
Jean-Jacques Pauvert, 1964
André Fraigneau, *Les Voyageurs
transfigurés*, Paris, Gallimard, 1933
André Fraigneau, *La Fleur de l'âge*,
Gallimard, 1941
André Fraigneau, *Bagage grec*, Paris,
La Table Ronde, 1947
André Fraigneau, *La Grèce que j'aime*,
Paris, Sun, 1960
André Fraigneau, *La Grâce humaine
(sentiment grec, connaissances des sites
et de la statuaire)*, Paris, Gallimard, 1939
Émile Gebhardt, *Souvenirs d'un vieil
Athénien*, Paris, Bloud, 1911
Jean Giono, *Naissance de l'Odyssée*,
Paris, Kra, 1930
Ernst Hans Gombrich, *Réflexions sur
l'histoire de l'art*, Nîmes, Jacqueline
Chambon, 1992
Laurent Greilsamer, *L'Éclair au front,
la vie de René Char*, Paris, Fayard,
« Documents », 2004
Jean Grenier, *Les Îles et Inspirations
méditerranéennes*, Paris, Gallimard,
1947
Roger Grenier, *Les Embuscades*, Paris,
Gallimard, 1957
Édouard Herriot, *Sous l'Olivier*, Paris,
Hachette, 1930
Édouard Herriot, *L'Orient*, Paris,
Hachette, 1934
Hugo von Hofmannsthal,
Heures grecques, GLM, 1948
Th. Homolle, G. Deschamps, Ch. Diehl
et al., *La Grèce immortelle*, Genève,
Éditions d'art Boissonnas, 1919
Paul Houyoux, *La Grande Grèce,
de Stamboul à Naples*,
Bruxelles, Dechenne et Cie, 1906
Abel Hermant, *Platon*, Paris,
Grasset, 1925
Abel Hermant, *Le Nouvel Anacharsis*,
Paris, Grasset, 1928
Martin Heidegger, *Séjours*, Monaco,
Éditions du Rocher, 1992
Paul Jamot, *En Grèce avec Charalambos
Eugénidis*, Paris, Floury, 1914
Jacques Lacarrière, *Promenades dans
la Grèce antique*, Paris, Hachette, 1967

Jacques Lacarrière, *L'Été grec*, Paris, Plon, 1975

Jacques de Lacretelle, *Le Demi-Dieu ou Le Voyage de Grèce*, Paris, Grasset, 1931

Jacques de Lacretelle, *La Grèce que j'aime*, Paris, Grasset, 1960

Valery Larbaud, *Journal 1912-1935*, Paris, Gallimard, 1955

Valery Larbaud, *Œuvres*, Paris, Gallimard, « Bibliothèque de la Pléiade », 1957

Le Corbusier, *La Charte d'Athènes*, Paris, Minuit, 1957

Le Corbusier, *Le Voyage d'Orient*, Paris, Parenthèses, 1987

Fermor Patrick Leigh, *Mani : voyage dans le Péloponnèse*, Harmondsworth, Penguin books, 1984

Richard Lefebvre des Noëttes, *De la marine antique à la marine moderne*, Paris, Masson et Cie, 1935

Michel Leiris, *La Règle du jeu, III. Fibrilles*, Paris, Gallimard, 1966

Jacques Le Rider, *Freud, de l'Acropole au Sinaï. Le retour à l'antique des modernes viennois*, Paris, Presses Universitaires de France, « Perspectives Germaniques », 2002

Jean Leune, *L'Éternel Ulysse ou la vie aventureuse d'un Grec d'aujourd'hui*, Paris, Plon, 1923

Robert Levesque dir., *Domaine grec (1930-1946)*, Genève-Paris, Éditions des trois Collines, 1947

Albert Londres, *Si je t'oublie Constantinople*, Paris, Christian Bourgois, « 10/18 », 1985

Pierre Loti, *Suprêmes visions d'Orient*, Paris, Calmann Lévy, 1921

André Malraux, *La Tentation de l'Occident*, Paris, Bernard Grasset, 1926

André Malraux, *Le Miroir des Limbes*, Paris, Gallimard, « Bibliothèque de la Pléiade », 1976

Gabriel Marcel, *L'Heure théâtrale, chroniques dramatiques*, Paris, Plon, 1959

Maurice Martin Du Gard, *Henri Bremond*, Paris, Kra, 1927

Lya et Raymond Matton, *Athènes et ses monuments du XVIIe siècle à nos jours*, Athènes, Institut Français, 1963

Camille Mauclair, *Le Pur visage de la Grèce*, Paris, Grasset, 1934

François Mauriac, *Journal, T. II*, Paris, Fayard, 1952

Thierry Maulnier, *Cette Grèce où nous sommes nés*, Paris, Arthaud, 1964

Charles Maurras, *Anthinéa : d'Athènes à Florence*, Paris, Juven, 1901

Joseph Melot, *Entre l'Olympe et le Taygète*, Paris, Plon, 1913

Éric Michaud, *Un art de l'éternité : l'image et le temps du national-socialisme*, Paris, Gallimard, « Le temps des images », 1996

Henry Miller, *Le Colosse de Maroussi*, Paris, Éditions du Chêne, 1941

Henry Miller, *Premiers regards sur la Grèce*, Paris, Arléa, « L'étrangère », 1999

Roger Milliex, *Hommage à la Grèce, 1940-1944*, Athènes, Institut français d'Athènes, 1979

Octave Merlier, *Athènes moderne*, Paris, Les Belles Lettres, 1930

Octave, Merlier, *Lettres et documents - Un grand Français, un ami de la Grèce*, Paris, Les Belles Lettres, 1984

Henry de Montherlant, *Pasiphaé*, Tunis, Mirages, 1936

Paul Morand, *Lewis et Irène*, Paris, Grasset, 1926

Paul Morand, *La route des Indes*, Paris, Grasset, 1936

Jean Moréas, *Le Voyage de Grèce*, Paris, Éditions de la Plume, 1902

Jean Moréas, *Préface à la Grèce éternelle de E. Gomez-Carillo*, Paris, Perrin, 1909

Paul Moreau-Vauthier, *Daïdalos l'aventureux*, Paris, Rivarol, « Voyages et Aventures », 1936

Paul Nizan, *Les Matérialistes de l'Antiquité*, Paris, Éditions sociales internationales, « Socialisme et culture », 1938

Doré Ogrizek, *La Grèce*, préface de Jean Cocteau, textes de Jacques de Lacretelle et al., Paris, Odé, 1953

Didier Ottinger, *Surréalisme et mythologie moderne, les voies du labyrinthe d'Ariane à Fantômas*, Paris, Gallimard, « Art et artistes », 2002

Marthe Oulié et Hermine de Saussure, *La croisière de « Perlette », 17 000 milles dans la mer Egée*, Paris, Hachette, 1926

Marthe Oulié et Hermine de Saussure, *Les Animaux dans la peinture de la Crète préhellénique*, Paris, F. Allan, 1926

Octavio Paz, *Le Labyrinthe de la solitude*, Paris, Fayard, 1959

Charles Picard, *L'Acropole d'Athènes*, Paris, Albert Morancé, 1929-1932

Christine Peltre, *Retour en Arcadie, le voyage des artistes français en Grèce au XIXe siècle*, Paris, Klincksieck, 1997

Hubert Pernot, *L'Ile de Chio*, Paris, Maisonneuve, 1903

Saint-John Perse, *Amers*, Paris, Gallimard, 1957

Roger Peyrefitte, *L'Oracle*, Paris, Flammarion, 1948

Roger Peyrefitte, *Les Ambassades*, Paris, Flammarion, 1951

Ezra Pound, *Cantos*, Paris, Three Mountains Press, 1925

Mario Praz, *Le Monde que j'ai vu*, Paris, Julliard, 1991

René Puaux, *Le Déclin de l'Hellénisme*, Paris, Payot, 1916

René Puaux, *Constantinople et la question d'Orient*, Paris, [s.n.], 1920

René Puaux, *Revenons en Grèce*, Paris, Éditions du S.C.E.L., 1932

Robert Quatrepoint, *Mort d'un Grec*, Paris, Denoël, 1970

Robert Quatrepoint, *Le Soleil vert*, Paris, Denoël, 1971

Robert Quatrepoint, *Les Yeux d'Orphée*, Paris, Denoël, 1978

Robert Quatrepoint, *Terres d'Egée*, Paris, Denoël, 1981

Raymond Queneau, *Le Voyage en Grèce*, Paris, Gallimard, 1973

Henri de Régnier, *Escales en Méditerranée*, Paris, Flammarion, 1931

Pierre Reverdy, *La Balle au bond*, Marseille, Les Cahiers du Sud, 1928

Maurice Ricord, *Croisières en Méditerranée*, Paris, Arthaud, 1953

Rainer Maria Rilke, *Les Élégies de Duino ; Les Sonnets à Orphée*, Paris, Aubier, « Collection Bilingue », 1943

C. P. Rodocanachi, *Ulysse fils d'Ulysse*, Paris, Corréa, 1949

Jacqueline de Romilly, *La Douceur dans la pensée grecque*, Paris, Les Belles Lettres, « Etudes anciennes », 1979

Jean Roudaut, *Trois villes orientées*, Paris, Gallimard, 1967

Jeanne et Georges Roux, *La Grèce*, Paris, Arthaud, 1964

Clément Rosset, *L'Anti-nature, éléments pour une philosophie tragique*, Paris, Presses Universitaires de France, 1973

Clément Rosset, *Le Régime des passions et autres textes*, Paris, Minuit, 2001

Claude Roy, *Le Commerce des classiques*, Paris, Gallimard, 1953

Claude Roy, *Permis de séjour : 1977-1982*, Paris, Gallimard, 1983

Félix de Saulcy, *Étude et reproduction photographique des monuments de la Terre sainte depuis l'époque judaïque jusqu'à nos jours*, Paris, Gide et Baudry, 1856

Georges Séféris, *Essais : hellénisme et création*, Paris, Mercure de France, 1987

Terence Spencer, *Fair Greece, Sad Relic, Literary Philhellenism from Shakespeare to Byron*, London, Weidenfeld & Nicolson, 1954

William James Stillman, *The Acropolis of Athenes. Illustrated Picturesquely and Architecturally in Photography*, Londres, F.S.Ellis, 1870

Richard Stoneman, *A Literary Companion to Travel in Greece*, Londres, Penguin, 1984

Regards sur Minotaure, la revue à tête de bête, Genève, Musée d'Art et d'Histoire, 1987

Jules Supervielle, *Premiers pas de l'univers*, Paris, Gallimard, 1950

Albert Thibaudet, *Les Heures de l'Acropole*, Paris, Nouvelle Revue Française, 1913

Albert Thibaudet, *Les Images de Grèce*, Paris, Messein, « La Phalange », 1926

Albert Thibaudet, *L'Acropole*, Paris, Gallimard, 1929

Fani-Maria Tsigakou, *La Grèce retrouvée. Artistes et voyageurs des années romantiques*, Paris, Seghers, 1984

Georges Toudouze, *La Grèce au visage d'énigme*, Paris, Berger-Levrault, 1923

Roger Vailland, *Écrits intimes*, Paris, Gallimard, 1968

Jean-Louis Vaudoyer, *D'Athènes à la Havane via Berlin*, Paris, Plon, 1931

Paul Veyne, *Comment on écrit l'histoire*, Paris, Seuil, 1971

Johann Joachim Winckelmann, *Histoire de l'art dans l'Antiquité*, Paris, Livre de Poche, « La Pochothèque », 2005

Marguerite Yourcenar, *La Nouvelle Eurydice*, Paris, Grasset, 1931

Marguerite Yourcenar, *Pindare*, Paris, Grasset, 1932

Marguerite Yourcenar, *Nouvelles orientales*, Paris, Gallimard, 1963

Marguerite Yourcenar, « Qui n'a pas son Minotaure », *Théâtre II*, Paris, Gallimard, 1971

Marguerite Yourcenar, *En Pèlerin et en étranger*, Paris, Gallimard, 1989

Jean-Pierre Vernant, *Mythe et pensée chez les Grecs – Etude de psychologie historique, vol. I*, Maspéro, « Petite collection », 1965

Paul Vigneron, *Le Cheval dans l'Antiquité*, Nancy, Presses Universitaires, « Annales de l'Est », 1968

Ossip Zadkine, *Voyage en Grèce. Trois lumières*, Amsterdam, K. van Boeschoten, 1955

Christian Zervos, *Georges Braque – Nouvelles sculptures et plaques gravées*, Paris, Albert Morancé, 1946

Christian Zervos, *L'Art en Grèce*, Paris, Éditions des Cahiers d'Art, 1946

Christian Zervos, *La civilisation hellénique (XI – VIII siècle avant J.C)*, Paris, Éditions des Cahiers d'Art, 1969

ARTICLES

Pierre Amandry, « La Grèce en guerre », *Messages de la Grèce*, 1946, p.51-53

Fivos Anoyanakis, « Survivance de l'ancienne rythmique dans la musique populaire grecque », *Les Cahiers d'Art*, 1956-1957 p. 246-247

Louis Aragon, « Philosophie des paratonnerres », *La Révolution surréaliste*, n° 9-10, 1927, p.43-54

Gabriel Audisio, « Ulysse à la Colonne » *Messages de la Grèce*, 1946, p.40

Gabriel Audisio, « Le Nom d'Athéna ou La Confiance en l'homme », numéro spécial des *Cahiers du Sud* « Permanence de la Grèce », Jean Ballard dir., 1948, p.9-20

Jean Babelon, « Un eldorado macédonien cinq cents ans avant Jésus-Christ », *Documents* n° 2, 1929, p.65-74

Georges Bataille, « Dionysos redivivus », *Messages de la Grèce*, 1946, p.32-33

Georges Bataille, « Le Cheval académique », *Documents* n° 1, avril 1929, p.27

Roland Barthes, « Culture et tragédie » repris dans *Œuvres complètes 1942-1961*, t. I, Paris, Seuil, p.29-32

Roland Barthes, « En Grèce » repris dans *Œuvres complètes 1942-1961*, t. I, Paris, Seuil, p. 68-74

Yves Batistini, « Parménide et l'absolu », *Cahiers d'Art*, 1947, p.9-13

Germain Bazin , « Variations muséologiques », *Cahiers d'Art*, 1954, p. 93-96

Germain Bazin, « Cheminée d'usine », *Documents* n° 6, 1929, p. 329-332

Maurice Blanchot, « Le Regard d'Orphée », *Cahiers d'Art,* 1953, n° 1-4, p.73-75

Xavier Bordes, « Odysseus Elytis du Surréalisme à l'Architecture solaire », *Surréalisme grecs*, Paris, Éditions du Musée national d'art moderne – Centre Georges Pompidou, « Cahiers pour un temps », 1991, p.70

Jacques Boulenger, « Sur la mer de l'archipel », *Les Cahiers du Sud*, août-septembre 1939, n.p.

Nicolas Calas, « L'Amour de la révolution à nos jours », *Minotaure*, n° 11, mai 1938, p. 52-53

Roger Caillois, « Jeux d'ombres sur l'Hellade, styles de vie du monde minoen », *Le Voyage en Grèce*, printemps 1937

Roger Caillois, « Les Vertus dionysiaques », *Acéphale*, n° 3-4, juillet 1937, p. 24-25

Roger Caillois, « Le Complexe de Polycrate tyran de Samos », *Cahiers d'Art*, 1939, n° 1-4, p. 51-56

Albert Camus, « Prométhée aux Enfers », *Messages de la Grèce*, 1946, p.17-18

Albert Camus, « L'Exil d'Hélène », numéro spécial des *Cahiers du Sud*

« Permanence de la Grèce », Jean Ballard dir., 1948, p.381-386

Jean Cassou, « Message », *Messages de la Grèce*, 1946, p.49

Jean Cassou, « Les Grèces », *Le voyage en Grèce*, 1936, n° 4

Jean Cau, « Notes sur un voyage en Grèce », *Les Temps Modernes*, n° 76, février 1952, p. 7-19

André Chamson, « Jeunesse de peuples », *Messages de la Grèce*, 1946, p.29

Jean Charbonneaux, « Le Théâtre et les arts plastiques dans la Grèce ancienne », *Le Voyage en Grèce*, printemps 1939, p. 4-6

Jean Charbonneaux, « L'Antiquité de l'art grec classique », numéro spécial des *Cahiers du Sud* « Permanence de la Grèce », Jean Ballard dir., 1948, p. 91-99

André Chastel, « L'Épopée de la Méditerranée », numéro spécial des *Cahiers du Sud*, « Les Mythes grecs », août – septembre 1939, p. 133

Jean Cocteau, « D'un voyage en Grèce », *La Parisienne*, n° 1, janvier 1953, p.47

Contoleon, « Notes sur l'architecture grecque moderne », *Cahiers d'Art*, n° 1-4, 1934, p. 115-121

Panos Dejpely, « Les Maisons de l'archipel grec observées du point de vue de l'architecture moderne », *Cahiers d'art*, n° 1-4, 1934, p. 93-97

Waldemar Deonna, « La Grèce des archéologues et l'art contemporain », *Le Voyage en Grèce*, printemps 1939, p.8-9

Pierre Drieu La Rochelle, « Athènes et L'Attique », *La Nouvelle Revue Française*, février 1942, p. 9-13

Loukia Droulia, « La Révolution française et l'image de la Grèce : de l'hellénisme au philhellénisme » *La Révolution française et l'hellénisme moderne*, Athènes, Centre de Recherches, Actes du IIIe colloque d'histoire, 1989

Odysseas Elytis, « Equivalences de Picasso », *Verve* n° 25-26, automne 1951, p. 35-44

Albert Flocon, « Traité du burin (extraits) », *La Parisienne*, n° 1, janvier 1953, p.82

André Fraigneau, « Les Aînés immédiats », *Le Voyage en Grèce*, printemps 1938, p. 25

André Gide, « Reconnaissance à la Grèce », *Messages de la Grèce*, 1946, p.9

S. Giedon, « Pallas Athénée ou le visage de la Grèce », *Cahiers d'Art*, 1934, n° 1-4, p. 77-80

Jean Grenier, « Voyageurs français du XIXe siècle », *Le Voyage en Grèce*, printemps 1938, p.12-14

Jean Grenier, « Une visite à Ithaque », *Les Cahiers Nouveaux*, Bruxelles, août 1940, n° 78

Jean Grenier, « Une libre sagesse », *Messages de la Grèce*, 1946, p.36-37

Roger Grenier, « La Macédoine en guerre », *Combat*, 24 décembre 1946 au 2 janvier 1947, non paginé

Pierre Guéguen, « En marge de la Théogonie », *Cahiers d'art*, n° 8-10, 1940, p. 389-390 et p. 392

Louis Guilloux, « Sortir du Cercle Maudit », *Messages de la Grèce*, 1946, p.27-28

Georges Henri Rivière, *Un sondage dans l'art égéen*, 1927, III, p. 130-104

Fernand Léger, «·Au Plafond de la Liberté », *Messages de la Grèce*, 1946, p.21

Fernand Léger, « De l'Acropole à la tour Eiffel », *Le Voyage en Grèce*, printemps-été 1934, p.6

Michel Leiris, « Péninsule hellénique », *Messages de la Grèce*, 1946, p.63

Georges Limbour, « Eschyle le carnaval des Civilisés », *Documents* n° 2 (deuxième série), 1930, p. 99-101

André Malraux, « La Psychologie de l'art », *Verve* n° 1, hiver 1937, p. 41-48

S. Marinatos, « Le Développement de l'art minoen et son influence aux bords de la Méditerranée », *Cahiers d'Art*, n° 6-7, 1932, p. 271-276 et n° 5-6, 1933, p. 225-229

Etienne Michon, « Idoles des Cyclades », *Cahiers d'Art*, 1929, n° 6, p. 251-257

Milorad, « La Clé des mythes dans l'œuvre de Cocteau », *Cahiers Jean Cocteau 2*, 1971, p. 123

Jules Monnerot, « Dionysos philosophe », *Acéphale*, n° 3-4, juillet 1937, p. 9-14

Valentin Mueller, « La Sculpture grecque de L'Asie Mineure au 6e siècle avant JC », *Documents* n° 6 (deuxième série), 1930, p. 346-351

Amédée Ozenfant, « *Du canon* », *Cahiers d'Art*, n° 8-10, 1932, p. 343-361

Amédée Ozenfant « Photo de Delphes, simple exemple », *Le voyage en Grèce*, printemps 1935

Charles Picard, « La Grèce des Archéologues », *Le voyage en Grèce*, printemps 1939, p. 4-6

Édouard Pommier, « Winckelmann : l'Antiquité entre l'initiation et l'histoire », *Antiquités Imaginaires, La référence antique dans l'art moderne de la Renaissance à nos jours*, Philippe Hoffman et Paul-Louis Rinuy dir., Presse de L'École Normale Supérieure, 1996, p. 59-77

Jacques Prévert, « Terres cuites de Boétie », *Minotaure*, n° 9, 15 octobre 1936, p. 40-43

Henry-Charles Puech, « Le Dieu Besa et la magie hellénistique », *Documents* n° 7 (deuxième série), 1930, p.415

Raymond Queneau, « Harmonies grecques », *Le voyage en Grèce*, printemps 1935, p.28-29

Max Raphaël, « À propos du fronton de Corfou », *Minotaure*, n° 1, juin 1933, p.6-7

Pierre Reverdy, « Le Mythe de la Liberté », *Messages de la Grèce*, 1946, p.10-11

Georges Ribemont-Dessaignes, « G de Chirico », *Documents* n° 6 (deuxième série), 1930, p. 336-345

Alberto Savinio, « Dieux de là-haut »,

L'usage de la parole, n° 1, 1939, p. 7-8

C.T. Seltmann, « Sculptures archaïques des Cyclades », *Documents* n° 4, septembre 1929, p. 188-190

Albert-Marie Schmidt « Ingratitude des humanistes envers Byzance », numéro spécial des *Cahiers du Sud* « Permanence de la Grèce », Jean Ballard dir., 1948, p.135-141

Pierre Sonrel, « Entrée de Dionysos », *Le Voyage en Grèce*, printemps 1939, p. 4-6

Tériade, « L'Été grec », *Le Voyage en Grèce*, été 1935, p. 13-14

N.-M. Verdelis, « Les Stèles de Démétrias », *Cahiers d'Art*, vol. XXIX, 1954, p.191-201

Charles Vildrac, « Résistance de la Grèce », *Messages de la Grèce*, 1946, p.45-46

Roger Vitrac, « Au retour de la XVe croisière du Patris II », *Le Voyage en Grèce*, printemps 1934, p.20

Marguerite Yourcenar, « Apollon Tragique », *Le Voyage en Grèce*, été 1935, p.25

Christian Zervos, « Braque et la Grèce primitive », *Cahiers d'Art*, 1940-1944, vol. I –II, p.3-13

Christian Zervos, « Pour une nouvelle évaluation des valeurs esthétiques », *Cahiers d'Art*, 1940-1944, p. 9-19

Christian Zervos, « Notes sur le sculpture contemporaine. À propos de la récente exposition internationale de sculptures », *Cahiers d'Art*, n° 10, 1929, p. 465-473

Christian Zervos, « Céramiques de Picasso », *Cahiers d'Art*, vol. XXIII, 1948, p.72-73

Christian Zervos, numéro spécial des *Cahiers d'Art* consacré à la Grèce, n° 7-10, 1933, n.p.

Une fois de plus, la nuit grecque dévoile au-dessus de nous les constellations que regardaient le veilleur d'Argos, quand il attendait le signal de la chute de Troie, Sophocle quand il allait écrire Antigone — et Périclès, lorsque les chantiers du Parthénon s'étaient tus...

Mais pour la première fois, voici surgi de cette nuit millénaire, le symbole de l'Occident.

André Malraux, Hommage à la Grèce, Athènes le 28 mai 1959.

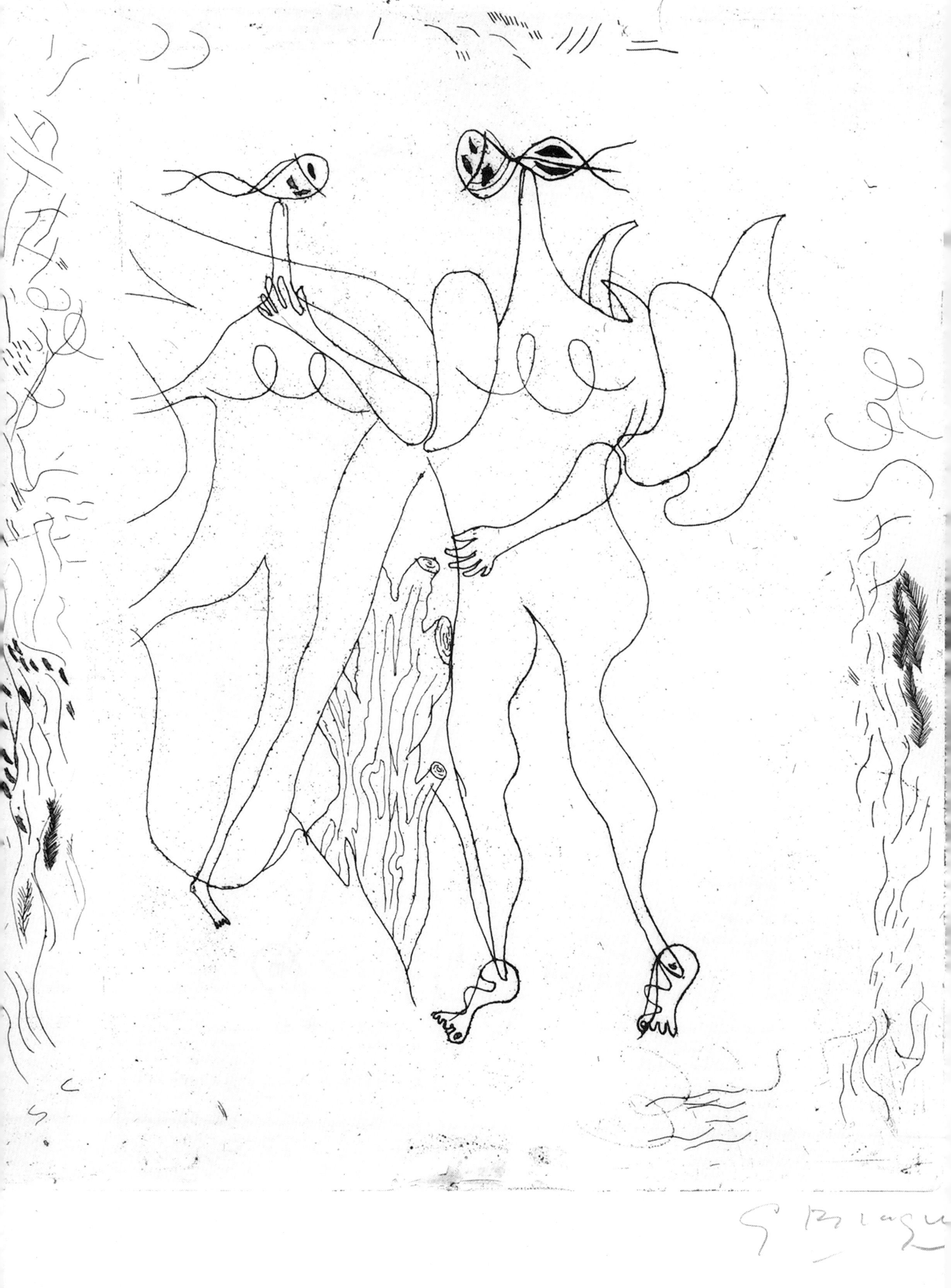